Europäisierung des Gewaltmonopols

Birger Thomas Hansen

Europäisierung des Gewaltmonopols

Die Staatsfundamentalaufgaben Sicherheit und Freiheit und die Implikationen ihrer Denationalisierung im Raum der Freiheit, der Sicherheit und des Rechts

PL ACADEMIC RESEARCH

Bibliografische Information der Deutschen Nationalbibliothek
Die Deutsche Nationalbibliothek verzeichnet diese Publikation in der Deutschen Nationalbibliografie; detaillierte bibliografische Daten sind im Internet über http://dnb.d-nb.de abrufbar.

Zugl.: Berlin, Freie Univ., Diss., 2013

Gedruckt auf alterungsbeständigem, säurefreiem Papier.

D 188
ISBN 978-3-631-65364-7 (Print)
E-ISBN 978-3-653-04779-0 (E-Book)
DOI 10.3726/978-3-653-04779-0

PL Academic Research ist ein Imprint der Peter Lang GmbH.

Peter Lang – Frankfurt am Main · Bern · Bruxelles · New York · Oxford · Warszawa · Wien

Diese Publikation wurde begutachtet.

www.peterlang.com

Vorwort

Die vorliegende Arbeit ist vom Fachbereich Rechtswissenschaft der Freien Universität Berlin im Sommersemester 2012 als Dissertationsschrift zur Erlangung des akademischen Grades eines Doktors des Rechts angenommen worden. Sie wurde mit dem 1. Preis der Deutschen Hochschule der Polizei 2011 ausgezeichnet.

Entstanden ist die Arbeit in den Jahren 2007 bis 2011 in einem Zeitraum, in dem ihr Verfasser in verschiedenen Positionen als wissenschaftlicher Mitarbeiter tätig war. Viele der in dieser Zeit gesammelten Eindrücke haben, direkt oder mittelbar, Eingang in das vorliegende Werk gefunden. Danken möchte ich daher allen, die die Stationen in Göttingen, Berlin und Hamburg zu einem gleichermaßen abwechslungs- wie erfahrungsreichen Lebensabschnitt gemacht haben.

Meine Familie hat mich während der gesamten Zeit des Dissertationsvorhabens rückhaltlos unterstützt. Ihr ist diese Arbeit gewidmet.

Darmstadt, Frühjahr 2014 Birger Hansen

Inhaltsverzeichnis

A. Einleitung

Wozu noch Staaten?[1] Die Gegenwart stellt diese Frage in neuer Dringlichkeit: Vermehrt ist von der Überforderung, gar vom Rückzug des Staates die Rede. Mit der im Jahr 2008 angebrochenen weltweiten Finanz- und Schuldenkrise ist diese Entwicklung zuletzt eindrucksvoll bestätigt worden. Allen voran die europäischen Staaten wirkten darin wie von den Märkten getrieben.

So überrascht es nicht, dass nun wieder der lange Zeit verstummte Ruf nach den Vereinigten Staaten von Europa ertönt. Danach soll allein das „Abenteuer"[2] Europa die richtige Antwort auf die Globalisierung sein.[3]

Doch was ist Wunsch, was Wirklichkeit? In diesem Zusammenhang trug jedenfalls der jüngere Integrationsverlauf weiteres Wasser auf die Mühlen der Föderalisten. Denn angesichts kontinuierlich an Quantität und Qualität hinzugewinnender Unionskompetenzen schienen Europas Staaten regelrecht „in eine europäische Föderation hineinzuwachsen"[4]. In der Folge sind einst trennscharf verlaufende Grenzen nationaler und europäischer Zuständigkeiten verschwommen. Sogar die beiden übergeordneten Staatszwecke – die Gewähr persönlicher

---

1 Dieser Fragestellung wird bereits seit geraumer Zeit nachgegangen, so etwa explizit von *Saladin*, Wozu noch Staaten? Zu den Funktionen eines modernen demokratischen Rechtsstaats in einer zunehmend überstaatlichen Welt, 1995; unter Erweiterung auf den Begriff der Staatsaufgaben auch *Schuppert*, Staatswissenschaft, S. 317 ff.

2 So noch Präambelabsatz 5 des Entwurfs einer Europäischen Verfassung, Konventsdokument CONV 850/3 vom 18. Juli 2003.

3 Exemplarisch für diese vor allem innerhalb der Eliten weit verbreitete Einschätzung *Lübkemeier*, in: Die Vermessung Europas, F.A.Z. Nr. 220 vom 21. September 2011, S. 8: „Heute gilt es für Europa, sich in einer Welt großer Chancen und Risiken zu behaupten und dazu beizutragen, dass die Chancen genutzt und die Risiken eingedämmt werden. Die Globalisierung menschlich gestalten – wer das will, sollte sich nicht auf andere verlassen, sondern für ein machtvolles Europa sorgen."; ferner *Schröder*, in: Der schwache Nationalstaat, Handelsblatt Nr. 119 vom 22. Juni 2012, S. 72: „Europäisierung ist eine konsequente politische Antwort auf die Globalisierung".

4 So *Nettesheim*, der ein „Hineinwachsen des deutschen Staates in eine europäische Föderation" feststellt und begrüßt, in: Nicht weiter so, F.A.Z. Nr. 209 vom 8. September 2011, S. 8.

Freiheit und physischer Sicherheit – sind in einen sich stetig vergrößernden kompetentiellen Graubereich geraten. Sind also die europäischen Nationalstaaten *de facto* verzichtbar geworden? Kann die Union dem Einzelnen – wie namentlich von Artikel 6 der EU-Grundrechtecharta versprochen – „das Recht auf Freiheit und Sicherheit" garantieren? Verfügt „Europa" zu diesem Zweck gar über ein eigenständiges Gewaltmonopol?

Diese und weitere Ungewissheiten der Gegenwart lassen sich bündeln in der Frage, wer bzw. welche Institution nunmehr die tradierten Staatsfundamentalaufgaben Sicherheit und Freiheit verantwortet.[5]

Sicherheit und Freiheit – an der Erfüllung eben dieser beiden Aufgaben hat sich seit jeher die Akzeptanz eines Gemeinwesens durch die in ihm lebenden Menschen bestimmt. Es handelt sich hierbei um jene beiden übergeordneten Faktoren, von denen die praktische Lebensqualität einer ökonomisch abgesicherten Gesellschaft im entscheidenden Maße abhängt.[6] Sie bilden so besehen das immaterielle Pendant zum materiellen Wohlstandsauftrag des Staates.[7] Dabei stellt sich das grundlegende Begriffspaar aus Sicherheit und Freiheit als gleichermaßen abstrakt wie konkret dar: Abstrakt, weil es sich zunächst um sinnvariable Umschreibungen zweier grundlegender Aspekte der europäischen Rechtsentwicklung handelt.[8] Konkret, weil die Erfüllung oder Nichterfüllung dieser Staatsaufgaben die Lebensqualität unmittelbar beeinflusst. Deshalb handelt es sich bei dem in der Rechtswirklichkeit erlebten und gefühlten Maß an Sicherheit und Freiheit stets um einen zentralen Faktor der Auseinandersetzung der Bürger mit „ihrem" Gemeinwesen und folglich um eine Möglichkeit für Identifikation oder Ablehnung.

So haben etwa die Feierlichkeiten zum sechzigjährigen Bestehen des Grundgesetzes sowie zahlreiche aus diesem Anlass herausgegebene Schriften verdeutlicht, dass die Gewährleistung von Sicherheit und Freiheit durch die Bundesrepublik

---

5 Eine solche Aufgabenkonkurrenz scheint bereits im europäischen Primärrecht auf. Gemäß Art. 4 Abs. 2 S. 2 EUV ist die Union zu besonderer Rücksichtnahme verpflichtet: „Sie achtet die grundlegenden Funktionen des Staates".

6 Hierzu etwa *Clages*, „Das Sicherheitsgefühl ist ein wesentlicher Teil der Lebensqualität", Kriminalistik 1997, S. 771; mit Blick auf 60 Jahre bundesdeutsche Lebensqualität *Ziercke*, in: Brenneisen/Staack/Kischewski (Hrsg.), 60 Jahre Grundgesetz, S. 19.

7 „Sicherheit – Freiheit – Wohlstand" – mit diesem Dreiklang ließe sich wohl jener Idealzustand umschreiben, den alle modernen Gemeinwesen zu erreichen suchen.

8 Vgl. etwa *Isensee*, Das Grundrecht auf Sicherheit, S. 22: „An sich ist der Ausdruck Sicherheit aber sinnvariabel. Sicherheit dient nicht selten als Synonym für Freiheit, verstanden als Freiheit vom Staat".

Deutschland neben der wohl ebenso bedeutsamen ökonomischen Absicherung zu dem nach wie vor hohen Maß an Akzeptanz des Staates durch die Bundesbürger beigetragen hat.[9]

Aus der Rückschau auf zwanzig Jahre Mauerfall und Deutsche Einheit wurde umgekehrt ersichtlich, dass die massiven staatlichen Freiheitsbeschränkungen die wesentliche Ursache für die letztlich entscheidende, im Slogan „Wir sind das Volk"[10] kulminierende Ablehnung der Deutschen Demokratischen Republik durch ihre Bürger war.[11]

Vor dem so beschriebenen Hintergrund der „Identifikationsfunktion" von Sicherheit und Freiheit stellen diese beiden gleichermaßen abstrakten wie konkreten Begriffe einen zentralen Teil jener Rechtswirklichkeit dar, an dem die Bürger das Gelingen oder Versagen ihres Gemeinwesens festmachen können und werden.

---

9 So etwa Brenneisen/Staack/Kischewski (Hrsg.) in ihrem Vorwort zu „60 Jahre Grundgesetz", S. 6: „Seit nunmehr 60 Jahren garantiert das Grundgesetz der Bundesrepublik Deutschland seinen Bürgerinnen und Bürgern ein Leben in Freiheit, Gleichheit und Sicherheit"; ferner *Papier*, in: 60 Jahre Grundgesetz – 60 Jahre Bundesrepublik Deutschland, blickpunkt bundestag Spezial, S. 5: „Das Grundgesetz ist ein zentraler Faktor der Identifikation des Volkes mit dem Staat geworden."; vgl. ferner *Sachs*, Das Grundgesetz in seinem sechsten Jahrzehnt, NJW 2009, S. 1441, der in seinem Beitrag einen Schwerpunkt auf „das rechte Verhältnis von umfassend verstandener Freiheit und Sicherheit" legt (S. 1448 f.) und hofft, dass „das Grundgesetz auch bis zu seinem nächsten Jubiläum als erfolgreiche Verfassung" bewahrt werden kann (S. 1449).

10 Zu den Hintergründen dieses Revolutions-Rufs vgl. *Locke*, Wer ist das Volk?, F.A.Z. Nr. 64 vom 16.03.2013, S. 1 und 3.

11 So etwa *Kirchhof*: „Das Grundgesetz hat auf der Grundlage einer gemeinsamen, kontinuierlich wirkenden Kultur an dieser schroffen Demarkationslinie zwischen Verfassungsstaat und realem Sozialismus die Aufmerksamkeit und Sympathie der Menschen in der DDR gewonnen, die dann für die Freiheit demonstrierten und damit den Weg zur Einheit Deutschlands bahnten", in: Das Grundgesetz – ein oft verkannter Glücksfall, DVBl 2009, S. 541 (543); ebenso *Zollitsch*: „Die individuelle Perspektive, das persönliche Glücksempfinden vor allem der DDR-Bürger über ein künftiges Leben in Freiheit und Selbstbestimmung, und die nationale Perspektive aller Deutschen nach 40 Jahren Trennung erfassen jeweils einen zentralen Aspekt des vielschichtigen 9. November 1989", in: Zwanzig Jahre danach – Anmerkungen zum Vermächtnis der deutschen Einheit, Pressemeldung der Deutschen Bischofskonferenz Nr. 122 vom 24.09.2009; ferner Die Bundesregierung: „20 Jahre nach der Wiedervereinigung ist eine junge Generation herangewachsen. Sie ist in ein Deutschland geboren, in dem alle Menschen in Freiheit leben. Das Ende von Mauer, Stacheldraht und Schießbefehl hat den Weg in die Zukunft eröffnet", in: 20 Jahre Deutsche Einheit, Publikation der Bundesregierung, Juni 2010, S. 112.

Folglich werden sich nicht nur Staaten, sondern auch überstaatliche Organisationen mit Identifikationsanspruch darum bemüht zeigen, den im Geltungsbereich ihrer Rechtsordnung lebenden Menschen ein hohes Maß an Sicherheit und Freiheit zu bieten.

Spätestens mit der Schaffung des Raums der Freiheit, der Sicherheit und des Rechts im Vertrag von Amsterdam hat sich auch die Europäische Union eben diesen Anspruch auferlegt.[12] Hierdurch ergeben sich grundlegend neue Integrationsperspektiven. Denn mit Blick auf globale Risiken, wie namentlich den internationalen Terrorismus, kann die Europäische Union möglicherweise einen Teil ihres bisherigen „sozialen Legitimationsdefizits“[13] dadurch kompensieren, dass sie durch effektive sicherheitspolitische Kooperation mit den Mitgliedstaaten zu einem insgesamt hohen Maß an Sicherheit und Freiheit beiträgt und dafür im Gegenzug die Legitimation und Akzeptanz durch die Unionsbürger erhält.[14]

Im Sinne eines solchen ausgewogenen Ausgleichs von Sicherheit und Freiheit besteht freilich seit jeher das grundlegende Problem einer komplexen Interaktion.[15] Wie sehr das Verhältnis zwischen den beiden Staatsfundamentalaufgaben noch immer – oder in einer durch den Terrorismus latent bedrohten Gegenwart erneut und erst recht – Gegenstand eines rechtswissenschaftlichen Diskurses ist, beweist etwa die aus unterschiedlichsten Ausgangspositionen erfolgende Bezugnahme[16] auf jenes bekannte, aus dem Jahre 1792 stammende

---

12 Siehe dazu auch *Calliess*, in: Calliess/Isak (Hrsg.), Der Konventsentwurf für eine EU-Verfassung im Kontext der Erweiterung, S. 9 (15), wonach eben jener Anspruch der EU, künftig Wertegemeinschaft zu sein, in entscheidendem Maße die Konstitutionalisierungsphase des Integrationsprozesses eingeleitet habe.

13 So *Haltern*, in: v. Bogdandy/Bast (Hrsg.), Europäisches Verfassungsrecht, S. 279 (283 ff.), der das soziale Legitimationsdefizit unter anderem anhand der Auswertung von Ergebnissen der Europawahlen sowie verschiedener Meinungsumfragen beleuchtet; ebenso *Kirchhof*, in: v. Bogdandy/Bast (Hrsg.), Europäisches Verfassungsrecht, S. 1009 (1010 f.); jüngst auch *Lübkemeier*, F.A.Z. Nr. 220 vom 21. September 2011.

14 So auch *Ruffert*, in: Pernice (Hrsg.), Der Vertrag von Lissabon, S. 169 (172).

15 Dazu eingehend *Schäuble*, Was ist Freiheit ohne Sicherheit? Rede vom 19.10.2009 im Rahmen der Ringvorlesung „Der internationale Terrorismus als Herausforderung des Rechts“ an der Freien Universität Berlin. Online im Internet: URL: http://www.bmi.bund.de/SharedDocs/Reden/DE/2009/10/bm_fu.html (Stand 01.01.2014).

16 Vgl. etwa *Calliess*, in: Müller/Schneider (Hrsg.), Die Europäische Union im Kampf gegen den Terrorismus: Sicherheit vs. Freiheit?, S. 83 ff.; *Papier*, DVBl 2010, S. 801 (802); *Schavan*, Mit Sicherheit: für Freiheit – die gesellschaftlichen Dimensionen der Sicherheitsforschung, Rede vom 05.11.2008, S. 5. Online im Internet: URL:

Diktum *Wilhelm von Humboldts (1767–1835)*: „Denn ohne Sicherheit ist keine Freiheit.“[17]

Dieser besonderen Akzentuierung der Sicherheit ließen sich im gleichen Atemzug die aus nämlicher Epoche von *Benjamin Franklin (1706–1790)* überlieferten Worte entgegenhalten: „*They who can give up essential liberty to obtain a little temporary safety, deserve neither liberty nor safety.*“[18]

Dass nun auch dieser Ausspruch als Argumentations- und Diskussionsgrundlage in den gegenwärtigen Sicherheits- und Freiheitsdiskurs einbezogen wird,[19] veranschaulicht zunächst, wie komplex und wie bedeutsam die zugrundeliegende Thematik des adäquaten Ausgleichs noch immer ist.[20] Zugleich steht der vermehrte Rückgriff auf den Erfahrungs- und Ideenschatz der Vergangenheit für das zunehmende Bedürfnis nach Vergleichswerten und Orientierung. Denn im Zeitalter der Globalisierung, das durch sich immer rasanter ändernde globale Kontextbedingungen,[21] durch Migration und Digitalisierung geprägt ist, gewinnen Tradition, Kultur und Geschichte an Bedeutung.

Während also, wie zu zeigen sein wird, die Detailfragen des Verhältnisses zwischen Sicherheit und Freiheit Gegenstand eines Generationen umfassenden juristischen Diskurses sind, dürfte insoweit Einigkeit bestehen, dass für die Beziehung zwischen Sicherheit und Freiheit ein zumindest in Bezug auf konkrete

---

http://www.bmbf.de/pub/1105_Sicherheitsforschung_M1.pdf (Stand 01.01.2014); *Hanning*, Sicherheit zuerst!, S. 17.

17 *v. Humboldt*, Ideen zu einem Versuch, die Grenzen der Wirksamkeit des Staates zu bestimmen (1792), 1947, S. 51.

18 Aus den Anmerkungen *Franklins* für einen Entwurf vor der Pennsylvania Assembly 1775, veröffentlicht in *Memoirs of the life and writings of Benjamin Franklin* (1818).

19 So etwa *Schäuble*, Was ist Freiheit ohne Sicherheit? Rede vom 19.10.2009 im Rahmen der Ringvorlesung „Der internationale Terrorismus als Herausforderung des Rechts“ an der Freien Universität Berlin. Online im Internet: URL: http://www.bmi.bund.de/SharedDocs/Reden/DE/2009/10/bm_fu.html (Stand 01.01.2014); zuletzt Bundespräsident Gauck im ZDF-Sommerinterview vom 30.06.2013, Online im Internet: URL: http://www.bundespraesident.de/SharedDocs/Reden/DE/Joachim-Gauck/Interviews/2013/130630-ZDF.html (Stand 01.01.2014.)

20 Aus Anlass des sechzigjährigen Bestehens des BKA beschreibt dessen Präsident *Ziercke* diesen adäquaten Ausgleich als Gradmesser erfolgreicher BKA-Arbeit: „Wir wissen, dass wir uns tagtäglich daran messen lassen müssen wie es uns gelingt, die erforderliche Balance zwischen Freiheitsgrundrechten und Sicherheitsbedürfnissen zu gewährleisten.“, 60 Jahre BKA – eine Zeitreise, in: Flurfunk – Zeitung für Mitarbeiterinnen und Mitarbeiter des BKA, Sonderausgabe vom 8. März 2011, S. 1.

21 Vgl. auch *Sommermann*, in: FS Steiner, S. 796 (797 f.).

Einzelmaßnahmen vorhandener unmittelbarer Antagonismus als konsentiert gelten dürfte.[22] Wenn nämlich ein Gesetz oder eine hoheitliche Maßnahme ausschließlich und isoliert die Erhöhung des Sicherheitsniveaus bezweckt – als anschauliches Beispiel sei hier etwa das Instrument der Sicherungsverwahrung genannt[23] – so wird diese Norm bzw. Maßnahme im Regelfall mit einer Freiheitseinbuße des jeweiligen Adressaten einhergehen.[24] Umgekehrt wird „die Garantie individueller Freiheit einschließlich der Individualisierung ihres Gebrauchs [regelmäßig] eine Quelle von Verunsicherung und Unsicherheitsgefühlen bei Dritten"[25] sein. Ungeachtet dieser gegenläufigen Interaktionstendenz mangelt es gleichfalls nicht an Stimmen, die – zumeist abstrakt und auf mittelbare Zusammenhänge abhebend – den Gegensatz zwischen Sicherheit und Freiheit negieren und beide als Synergisten im Komplementärverhältnis des Gemeinwohls begreifen wollen.[26] Demnach „sind Freiheit und Sicherheit keine Antipoden, die sich unversöhnlich gegenüberstehen. Freiheit und Sicherheit ergänzen sich. Man kann sogar sagen: sie bedingen einander."[27]

---

22 So im Ergebnis auch *Isensee*, Das Grundrecht auf Sicherheit, S. 1 f., 21, der im übrigen aber ausdrücklich davor warnt, Sicherheit und Freiheit in struktureller Antinomie zu begreifen und die Sicherheit gemäß dem Grundsatz *in dubio pro libertate* gegen die Freiheit auszuspielen.

23 Auf das im deutschen Recht der Sicherungsverwahrung angelegte Spannungsverhältnis aus Sicherheit und Freiheit und auf die diesbezüglichen Auswirkungen der EGMR-Rechtsprechung näher eingehend *Grosse-Brömer/Klein*: „Das Recht der Sicherungsverwahrung ist hochkomplexer Ausdruck des staatlichen Ringens um einen angemessenen Ausgleich zwischen dem Freiheitsrecht auch des gefährlichsten Straftäters und dem Schutzanspruch möglicher Opfer von Straftaten", ZRP 2010, S. 172.

24 Dieser konkrete Antagonismus in Bezug auf Einzelmaßnahmen wird mitunter auf das grundsätzliche Verhältnis von Sicherheit und Freiheit übertragen, vgl. *Darnstädt*, Im Vorfeld des Bösen, in: Der Spiegel, Nr. 28/2007, Titel, S. 18 ff. Dort wurde, inmitten der deutschen Antiterrorismus-Debatte 2007, davor gewarnt, den behaupteten immanenten Gegensatz von Sicherheit und Freiheit im Wege „einer neuen, harmonischen Sicht der Dinge" (S. 26) aufzugeben. Diesbezüglich wurde insbesondere der seinerzeitige Bundesinnenminister *Schäuble* verdächtigt, er wolle den zwischen dem Leviathan und den Bürgern geschlossenen historischen Kompromiss aufkündigen und so „dem wüstem Kerl im Kettenhemd" erlauben, wieder ungezügelt „die Keule des staatlichen Gewaltmonopols" zu schwingen (S. 25).

25 So *Gusy*, JZ 2009, S. 217 (222).

26 Etwa *Di Fabio*, Sicherheit in Freiheit, NJW 2008, S. 421.

27 *Schäuble*, Was ist Freiheit ohne Sicherheit? Rede vom 19.10.2009 im Rahmen der Ringvorlesung „Der internationale Terrorismus als Herausforderung des Rechts" an der Freien Universität Berlin. Online im Internet: URL: http://www.bmi.bund.de/SharedDocs/Reden/DE/2009/10/bm_fu.html (Stand 01.01.2014).

Vor dem Hintergrund dieses so zunächst nur skizzierten komplexen Interaktionsverhältnisses von Sicherheit und Freiheit stellt sich die Frage, welche Folgen sich aus der Verlagerung von Teilen einschlägiger nationalstaatlicher Zuständigkeiten auf die Ebene der Europäischen Union ergeben können. Der auf nationaler Ebene regelmäßig zu beobachtende Automatismus, dass eine der Erhöhung der Sicherheit dienende Maßnahme von Maßnahmen zur Absicherung der Freiheit flankiert wird und umgekehrt, lässt die Möglichkeit deutlich werden, dass durch die Hochzonung zunächst nur begrenzter Bereiche von Sicherheit und Freiheit sukzessive eine Erosion erfolgt und daraufhin – gleichsam einer Sogwirkung – wesentliche Bereiche hochsensibler nationaler Kompetenzen auf die europäische Ebene verlagert werden.[28] Eingedenk der eingangs geschilderten Integrations- und Identifikationsfunktion der Staatsfundamentalaufgaben Sicherheit und Freiheit könnte auf diese Weise tatsächlich das viel beschworene Ende des Staates eingeleitet sein. Möglicherweise wäre so – entgegen aller Versicherungen – der Grundstein zur Entstehung europäischer Staatlichkeit gelegt.[29]

Eben diesen Fragestellungen ist auch das Bundesverfassungsgericht in seinem vieldiskutierten Urteil zum Lissabon-Vertrag[30] nachgegangen. Zur Beruhigung der nationalstaatlich gesonnenen Stimmen haben die Verfassungsrichter im Juni 2009 ein scheinbar eindeutiges Votum abgegeben: In Ermangelung aller drei staatskonstitutiven Elemente bilde die Europäische Union (lediglich) „eine enge, auf Dauer angelegte Verbindung souverän bleibender Staaten“[31] und stelle gerade deshalb keinen Bundesstaat dar. Auch in Bezug auf das Schicksal der im Rahmen dieser Arbeit gegenständlichen Staatsfundamentalaufgaben Sicherheit und Freiheit mahnte das Bundesverfassungsgericht einen nationalstaatlichen Vorbehalt in Form einer „Identitätskontrolle“[32] an: Einen „ausreichenden Raum zur politischen Gestaltung der wirtschaftlichen, kulturellen und sozialen Lebensverhältnisse“[33]

28 So bereits 2003 *Calliess*, in: Calliess/Isak (Hrsg.), Der Konventsentwurf für eine EU-Verfassung im Kontext der Erweiterung, S. 9 (13 f.), der für den Bereich des Raums der Freiheit, der Sicherheit und des Rechts vor einer „stillen Dynamik“ warnt, die einen „zentralistischen, machtvollen Superstaat“ entstehen lassen könnte.

29 Vgl. dazu *Calliess*, in: Calliess/Isak (Hrsg.), Der Konventsentwurf für eine EU-Verfassung im Kontext der Erweiterung, S. 9 (13 f.), wonach dieser europäische Superstaat im schlimmsten Falle jener Leviathan wäre, vor dem *John Locke* bereits vor über dreihundert Jahren gewarnt hatte.

30 BVerfG, 2 BvE 2/08 vom 30.06.2009 (Lissabon).

31 BVerfG, 2 BvE 2/08 vom 30.06.2009, 1. Leitsatz (Lissabon).

32 Vgl. dazu vertiefend *Calliess*, ZEuS 2009, S. 559 (569 ff.).

33 BVerfG, 2 BvE 2/08 vom 30.06.2009, 3. Leitsatz, S. 1 (Lissabon).

einfordernd, hat das Gericht mittelbar auch auf das grundlegende Begriffspaar aus Sicherheit und Freiheit abgehoben: „Dies gilt insbesondere für Sachbereiche, die die Lebensumstände der Bürger, vor allem ihren von den Grundrechten geschützten privaten Raum der Eigenverantwortung und der persönlichen und sozialen Sicherheit prägen.“[34]

Aufgrund ihrer weitreichenden Bedeutung hat die Lissabon-Entscheidung nicht nur in Deutschland, sondern auch europaweit viel Beachtung gefunden. Dies nicht nur wegen ihres Inhaltes, der vielfach auch durchaus kritischen Stimmen begegnete,[35] sondern vor allem deshalb, weil der Urteilsspruch auf drängende und lange aufgeschobene Fragen aufmerksam machte.[36] Tatsächlich berührten die von den Karlsruher Richtern behandelten Fragen das grundlegende Verhältnis zwischen der Union und ihren Mitgliedstaaten. Deshalb könnte das umstrittene Diktum des Bundesverfassungsgerichts – zumindest was die mittelfristige Integrationsperspektive betrifft – in eine Transformations- und Finalitätsdebatte einmünden.[37]

Vor dem so umrissenen Hintergrund wird sich die folgende Arbeit also zunächst mit der Frage befassen, welchen Verlauf die Europäisierung der Staatsfundamentalaufgaben Sicherheit und Freiheit bislang beschrieben hat. Es wird dabei zu hinterfragen sein, ob den Mitgliedstaaten mit dem am 1. Dezember 2009 in Kraft getretenen Lissabon-Vertrag tatsächlich noch ein „ausreichender Raum“ verblieben ist, die grundlegende Frage des Ausgleichs von Sicherheit und Freiheit in politischer Eigenverantwortlichkeit unmittelbar selbst zu gestalten.

Auf den so gewonnenen Erkenntnissen aufbauend, sollen sodann die von der Europäisierung ausgehenden Implikationen hinsichtlich des tradierten staatlichen Gewaltmonopols herausgearbeitet werden. Letzterem kommt im Rahmen des Austarierens der gegenläufigen Staatsfundamentalaufgaben – wie zu zeigen sein wird – eine herausragende Bedeutung zu. Es wird hier namentlich zu klären sein, ob tatsächlich noch von der Souveränität der Mitgliedstaaten,

---

34 BVerfG, 2 BvE 2/08 vom 30.06.2009, 3. Leitsatz, S. 2 (Lissabon).

35 *Ruffert*, DVBl 2009, S. 1197.

36 Für die deutsche Literatur etwa *Schorkopf*: „ein die Territorialgrenzen überschreitendes Gesprächsangebot an Praxis und Wissenschaft über den Vertragsverbund zwischen Union und Mitgliedstaaten“, EuZW 2009, S. 718 (724); am Beispiel schwedischer Literatur *„det problem som det tyska författningsdomstolen nu pekar på var viktigt att uppmärksamma“*, *Bergström*, Den tyska författningsdomstolens avgörande om Lissabonfördraget, Sieps, S. 1.

37 Eine solche Debatte über die Integrationsbewegung als „einen großen historischen Transformationsprozess“ und „über das, was geschieht und geschehen sollte“ forderte bereits vor über fünfzehn Jahren *v. Bogdandy*, HFR 1997, Rdnrn. 2, 5.

beziehungsweise vom staatlichen Gewaltmonopol im überkommenen Sinne gesprochen werden kann. Denn wenn wie zuletzt die Lissabon-Entscheidung des Bundesverfassungsgerichtes suggeriert, dass das Gewaltmonopol des Staates und damit auch der Nationalstaat an sich auf absehbare Zeit unverändert bestehen bleiben,[38] so wirft die in der Wissenschaft wohl von vielen geteilte Einschätzung, wonach die europäische Integration „einen der großen historischen Transformationsprozesse“ darstelle, „vergleichbar etwa mit der Herausbildung des souveränen Territorialstaates“[39], zahlreiche bislang ungeklärte Fragen auf. Denn worin genau besteht dieser rechtshistorische Übergangsprozess? Führt dieser nicht vielleicht doch, wenn auch über verschlungene Umwege, hin zu einem „Herrschaftsverband Europa“?

Unausweichlich muss sich die Arbeit also auch mit der demokratisch-legitimatorischen Thematik befassen, inwieweit entsprechend Art. 20 Abs. 2 GG tatsächlich noch konsequent alle Staatsgewalt vom Volke ausgeht oder ob die Transformation nicht längst auch schon die Staatsgewalt erfasst hat. Denn in diesem Zusammenhang hat insbesondere das gescheiterte Verfassungsprojekt verdeutlicht, dass die europäischen Eliten bislang dazu neigten, die Integration zunächst auf demokratisch ungesichertem Terrain in dem Kalkül voranzutreiben, dass über den Integrationserfolg gewissermaßen die nachholende Akzeptanz und Identifikation durch die Unionsbürger erreicht wird. Inzwischen aber erscheint dieser Ansatz mehr und mehr wirklichkeitsfremd und demokratisch befremdlich. So etwa dann, wenn noch inmitten der europäischen Wirtschafts- und Staatsschuldenkrise und ungeachtet einer Vielzahl von Haltesignalen weiterhin jene Vereinigten Staaten von Europa gefordert werden[40], auf die die Präambeln und Verträge bislang nur höchst nebulös verweisen konnten.[41]

Mit der Darstellung der Europäisierung von Sicherheit und Freiheit sowie den diesbezüglichen Auswirkungen auf das Gewaltmonopol will die folgende Arbeit also eine Aussage darüber treffen, in welchem Umfang die Integration auch in bereits politisch sensiblen Bereichen vorangeschritten ist.

---

38 BVerfG, 2 BvE 2/08 vom 30.06.2009, Leitsatz 3, Rdnr. 252 (Lissabon).

39 So *v. Bogdandy*, HFR 1997, Rdnr. 1 ff.

40 So Kommissionspräsident *Barroso* in der Debatte des Europaparlaments am 14.09.2011, wonach die Zeit für einen neuen „moment federateur“ gekommen sei, hierzu *Busse*, Permanenter Krisenrat ohne Echo, F.A.Z. Nr. 215 vom 15. September 2011, S. 2.

41 Vgl. hier insbesondere die Forderung nach einem „immer engeren Zusammenschluss der europäischen Völker“ (*„an ever closer union“*), nunmehr Präambelabsatz 1 AEUV.

Die so gewonnenen Ergebnisse sollen daraufhin mit den vom Bundesverfassungsgericht in der Lissabon-Entscheidung getroffenen Aussagen zur Integrität von Souveränität und Gewaltmonopol abgeglichen werden. Den Abschluss der Arbeit bildet ein wertender Ausblick. Hier werden insbesondere jene Unwägbarkeiten beleuchtet, die mit der Europäisierungstendenz möglicherweise verbunden sind.

Die vorliegende Arbeit versteht sich dabei sowohl als Anregung wie auch als Beitrag zu der von vielen zu Recht für notwendig erklärten Debatte über das Gestaltungsziel der europäischen Integration.[42]

42 Eine solche Debatte fordern etwa *Nettesheim*, NJW 2009, S. 2867; *v. Bogdandy*, HFR 1997, Rdnr. 1 ff.; *Läufer*, S. 7; *Folz*, ZIS 2009, S. 427 (431), der mit Blick auf die unionalen Strafrechtskompetenzen von einer „überfälligen Debatte“ spricht.

B. Sicherheit und Freiheit als interagierende Zentralmotive europäischer Staatsentwicklung

I. Die Staatsaufgabe Sicherheit

1. Allgemeines

Im weiten Spektrum der rechtswissenschaftlichen Literatur wird der Gewährleistung von physischer Sicherheit nahezu ausnahmslos ein elementar hoher Stellenwert eingeräumt:

Bei der Sicherheit soll es sich demnach um „*die* elementare Staatsfunktion“[43] handeln; sie wird als eigentlicher „Kern“[44] und „ureigenste“[45] bzw. „Uraufgabe“[46] der Staatlichkeit angesehen.[47] Diese Qualifizierung als „vornehmste staatliche Aufgabe“[48] lässt sich rechtshistorisch auf den Umstand zurückführen, dass der Staat nicht als Selbstzweck oder gar aus Zufall gegründet wurde, sondern „damit er seinen Bürgern Sicherheit gewährt“[49]. Insoweit ist der Staatszweck der Sicherheit einmal anschaulich als „Triebkraft der Idee moderner Staatlichkeit“[50] bezeichnet worden.

---

43 Vgl. *Nolte*, VVDStRL 67 (2008), S. 132.

44 Vgl. *Papier*, DVBl 2010, S. 801 (803); *Gusy*, DÖV 1996, S. 573.

45 *Hopfauf*, in: Schmidt-Bleibtreu/Hofmann/Hopfauf (Hrsg.), Grundgesetz, Vorb. v. Art. 92, Rdnr. 7.

46 So *Calliess*, Auswärtige Gewalt, in: Isensee/Kirchhof (Hrsg.), HStR IV 2006, § 83 Rdnr. 4.

47 Dieser Befund wird im übrigen auch von der nicht rechtswissenschaftlichen Literatur geteilt, vgl. etwa für die Kriminalwissenschaft *Kugelmann*, der von einer „der zentralsten Staatsaufgaben“ spricht, Die Kriminalpolizei 2007, S. 8, sowie *Haurand*, der „die Gefahrenabwehr […] als Kernaufgabe des Staates, ja als seine Existenzberechtigung“ ansieht, Kriminalistik 1997, S. 770 (778); für den Bereich der politischen Bildung *Mair*, Staatsversagen und Staatszerfall, in: Informationen zur politischen Bildung, Heft Nr. 303, Afrika – Schwerpunktthemen, 2/2009, S. 8.

48 *Grosse-Brömer/Klein*, ZRP 2010, S. 172 (175).

49 *Kirchhof*, DVBl 2009, S. 541 (549).

50 So *Hoffmann-Riem*, ZRP 2002, S. 497.

Eine solche Bewertung der Sicherheit als Fundamentalstaatszweck[51] wird sich den im 21. Jahrhundert in der Europäischen Union lebenden Menschen nicht mehr ohne weiteres als Selbstverständlichkeit aufzwingen.

Weitaus höhere Bedeutung werden der Sicherheit jedoch vermutlich noch jene Menschen zumessen, die auch heute unter höchst prekären Sicherheitsverhältnissen zu leben und zu leiden haben. Hier bedarf es nur eines raschen Blickes auf die unzähligen Konflikte der Erde, etwa auf die vielen Brennpunkte des afrikanischen Kontinentes oder die ab 2011 im Zuge der „Arabellion"[52] entstandenen Bürgerkriegsschauplätze Nordafrikas und des Nahen Ostens. Doch während die Blicke der Weltöffentlichkeit hier zuletzt auf den Bürgerkrieg in Syrien als jüngsten Höhepunkt in einer ganzen Reihe von Dramen gerichtet waren, hat die Problematik mangelnder physischer Sicherheit eine weit hierüber hinausgehende, fast jeden vierten Menschen betreffende Dimension: Denn nach dem Weltentwicklungsbericht der Weltbank 2011 (*World Development Report 2011*) leben noch immer rund eineinhalb Milliarden Menschen in Gesellschaften, die vor allem durch die Abwesenheit physischer Sicherheit gekennzeichnet sind:

„Violence and conflict have not been banished: one in four people on the planet, more than 1.5 billion, live in fragile and conflict-affected states or in countries with very high levels of criminal violence."[53]

Ein ebenso gesteigertes Sicherheitsbedürfnis dürften jedoch auch jene Europäer gehabt haben, die noch in eigener Person unter kriegerischen Auseinandersetzungen zu leiden hatten.[54]

---

51 Vgl. dazu ausführlich *Calliess*, Rechtsstaat und Umweltstaat, S. 88 ff.

52 Zu den Hintergründen dieses maßgeblich von der F.A.Z. geprägten Begriffes vgl. die vertiefenden Beiträge in APuZ 39/2011 – Arabische Zeitenwende.

53 The International Bank for Reconstruction and Development / The World Bank, „*World Development Report 2011 – Conflict, Security, and Development*", Washington, DC, 2011, S. 2. Auch Online im Internet: URL: http://wdr2011.worldbank.org/sites/default/files/pdfs/WDR2011_Full_Text.pdf (Stand 15.09.2011). Die Tatsache, dass noch immer rund einer von vier Menschen im Zustand physischer Unsicherheit lebt, ist wesentliche Erkenntnis und Ursache für den vom WDR 2011 erkannten Handlungsbedarf, vgl. nur dessen Cover-Rückseite. Auch in Deutschland hat das im Weltentwicklungsbericht 2011 vorgestellte Lagebild zur globalen Sicherheit Beachtung gefunden, vgl. etwa die ausführliche Rezension von *Weede*, „Gewalt und Unsicherheit – Der Weltentwicklungsbericht zeichnet ein düsteres Bild", in: F.A.Z. Nr. 182 vom 8. August 2011, S. 10.

54 Vgl. zu diesem permanenten Wandel des Bedürfnisses nach Sicherheit *Volkmann*, der es sogar für eine „triviale Feststellung" hält, „dass sich das Bedürfnis moderner

Dies alles verdeutlicht, dass die Rangfolge und die Bedeutung der vom Staat zu gewährleistenden Aufgaben im hohen Maße dem Wandel der Zeiten und dem Wandel der Lebensumstände unterliegen.[55] Auf diesem Umstand beruht insofern der „Antwortcharakter" des Rechts – es „antwortet stets auf die Fragen, die sich aus den jeweiligen Lebensbedingungen der Menschen ergeben."[56]

Um aber die Bedeutung der Sicherheit im Verhältnis zu anderen Staatsaufgaben objektiv erfassen zu können, soll im Folgenden den wesentlichen Stationen der rechtsgeschichtlichen Entwicklung nachgegangen und auf diese Weise geklärt werden, inwieweit sich auf dem langen Weg vom theoretischen Naturzustand hin zum modernen Verfassungsstaat die Gewichtung der Staatsaufgaben verschoben hat.

2. Gesellschaftlich-historische Determinanten

Der durch die bekannte Formulierung *„homo homini lupus"* von *Thomas Hobbes (1588–1679)* beschriebene theoretische Naturzustand war zunächst durch die Abwesenheit einer übergeordneten und ordnenden Macht und dem daraus resultierenden Kampf aller gegen alle gekennzeichnet.[57]

In einer so verfassten menschlichen Gesellschaft – als Muster könnte die aus Kindern bestehende, fiktive Inselgesellschaft in *William Goldings (1911–1993) „Lord of the flies"*[58] dienen – war relative Sicherheit allein durch Zusammenschlüsse zu Stämmen, Sippen und ähnlichen sozialen Verbänden zu erlangen.[59] Je ausdifferenzierter, je komplexer und je mächtiger diese Herrschaftsordnungen wurden, desto effektiver konnte das Schutzniveau im Inneren einer Gruppe und

---

Gesellschaften nach Sicherheit gegenüber früheren Gesellschaften quantitativ und qualitativ verändert hat", NVwZ 2009, S. 216.

55 *Gusy*, DÖV 1996, S. 573 (574).

56 So *Kirchhof*, DVBl 2009, S. 541.

57 Ausführlich zur Staatslehre des *Thomas Hobbes* und dem Zusammenhang zwischen der Natur des Menschen und dessen Streben hin zum „Staat als Schutz- und Friedensordnung" *Zippelius*, § 17 II, S. 103 ff.; ferner *Schuppert*, Staatswissenschaft, S. 261 ff.

58 *William Golding*, Lord of the flies, Faber and Faber Limited, London 1954.

59 Vgl. etwa für die sog. Phase der freien Konkurrenz in der germanischen Zeit *Müller*, S. 3 ff.; in diesem Zusammenhang anschaulich auch *Weber*, Politik als Beruf: „In der Vergangenheit haben die verschiedensten Verbände – von der Sippe angefangen – physische Gewaltsamkeit als ganz normales Mittel gekannt.", in: Winckelmann (Hrsg.), Max Weber – Gesammelte Politische Schriften, 3. Auflage, S. 505 (506).

somit deren innere Sicherheit anwachsen.[60] Problematisch blieb hingegen stets die Gefahr von Übergriffen durch Angehörige fremder Zusammenschlüsse, mithin die äußere Sicherheit. Dieses gesellschaftliche Entwicklungsstadium spiegelt sich anschaulich wider in jenem Herrschaftssystem, welches beispielsweise prägend für die chinesische Geschichtsperiode „der streitenden Reiche"[61] oder aber das europäische Frühmittelalter war. Aber auch im europäischen Hochmittelalter bildete diese Ordnung noch die Grundlage der weiteren Entwicklung hin zum modernen Staat. In jenen beiden Epochen Europas (ca. 500 bis 1050 n. Chr. bzw. ca. 1050 bis 1250 n. Chr.) bildete sich in zunehmender Dichte ein „Flickenteppich" von Klein- und Kleinstherrschaften heraus,[62] in denen nur innerhalb des jeweiligen menschlichen Siedlungsbereiches – zumeist Städte oder durch Burgen gesicherte Bauerndörfer – relative Ordnung und Sicherheit herrschte. Innerhalb eines solchen Verbandes war die Gewaltausübung im Regelfall ausschließlich dem jeweiligen Inhaber der Zentralherrschaftsgewalt gestattet, woher im Übrigen auch der sprichwörtliche Begriff vom „Burgfrieden"[63] rührt. Die äußere Sicherheit dagegen blieb permanent durch rivalisierende Herrschaftsverbände beziehungsweise durch Raubritter und Marodeure gefährdet. Aus dem sich im Mittelalter vollziehenden Übergang von der Agrar- zur Handelsgesellschaft erwuchs weiterhin das Bedürfnis, im Sinne der Intensivierung des Handelsverkehrs die rechtsfreien Räume zwischen den Klein- und Kleinstherrschaften zu schließen.[64] Allerdings konnte das Problem unsicherer

---

60 Hierzu anschaulich auch *Reuter*, Die Polizei 1986, S. 73; ferner *Roellecke*, JZ 2006, S. 265 f.

61 Dazu *Fukuyama*, der die „historische Bedeutung von Gewalt für die Entstehung von politischen Institutionen" am Beispiel Chinas verdeutlicht. Dort hatten sich ab 1100 v. Chr. mehr als tausend politische Herrschaftsgebiete über 500 Jahre hinweg solange bekämpft, bis zunächst noch sieben Reiche, und schließlich nur noch der Staat Quin übrig geblieben war. Diese geschichtliche Erfahrung, wonach Staaten oft aus Kriegen oder Konflikten hervorgegangen seien, werfe laut Fukuyama „düstere Schatten auf die Zukunft der EU", in: Warum Staaten aufsteigen und fallen, Handelsblatt Nr. 30 vom 10./11.2.2012, S. 52 (54).

62 *Calliess*, ZRP 2002, S. 1 (2).

63 Siehe zum Stichwort „Burgfriede" Brockhaus Enzyklopädie in 30 Bänden, Band 5 (BUCI–COME), S. 153: „der im Bereich der mittelalterl. Stadt (Burgbann) herrschende dauernde Friede (Ausschluss der Fehde), im Unterschied zu den zeitlich beschränkten Markt- oder Landfrieden. Der B. wirkte nicht allgemein, sondern war als gewillkürter (beschworener) Stadtfriede auf die Bürger untereinander beschränkt; sein Rechtsgrund war der Bürgereid."

64 Zur Parallelität der Bedeutung des freien Handels im Mittelalter und im unionalen Binnenmarkt *Calliess*, ZRP 2002, S. 1 (2 ff.).

Handelswege nur sehr langsam durch das Erstarken der Kleinstherrschaften zu überregionalen Herrschaftsmächten, beziehungsweise durch die sukzessive Etablierung der Nationalstaaten beseitigt werden.[65] Je komplexer und ausgedehnter sodann aber die jeweiligen Herrschaftsbereiche wurden, desto effektiver wurde zumeist auch die Monopolisierung privater Gewalt bei einer zentralen Institution.[66] Insoweit hat der Begriff des Gewaltmonopols einen entscheidenden, an Macht und Herrschaft orientierten faktischen Entstehungshintergrund.[67]

Die wissenschaftliche Darstellung und Fundierung eben dieser Entwicklung erfolgte zunächst durch *Jean Bodin (1530–1596)* und dessen Idee von einer souveränen Staatsgewalt.[68] Mit der Lehre vom Gewaltmonopol des Staates wurde dieses Ideenfundament sodann durch *Thomas Hobbes* weiterentwickelt und anschließend durch *John Locke (1632–1704)* weiter ausdifferenziert.[69]

Im Rahmen der deutschen Geschichte markiert der Ewige Landfriede von 1495 den Ausgangspunkt zur Etablierung des Gewaltmonopols.[70] Mit Blick auf die Lebensqualität dürfte der Ewige Landfriede „eine wirkliche Trendwende“[71] bedeutet haben. Denn nachdem sich im 15. Jahrhundert die Klagen über zahlreiche Missstände im Reich gemehrt hatten – etwa über allgemeine Rechtsunsicherheit durch Mängel der Gerichtsverfassung, über das zunehmende Fehdewesen bis hin zur Schutzlosigkeit des Reiches vor äußerer Bedrohung – wurden auf verschiedenen Reichstagen umfassende Reformen beschlossen.[72] Am bedeutsamsten war hier der Wormser Reichstag von 1495. Denn der als dessen „Kernstück“ erlassene Ewige Landfriede war keiner zeitl. Beschränkung unterworfen und sollte „tatsächlich als Reichsgrundgesetz bis zum Ende des Hl. Röm. Reiches (1806) in Kraft“ bleiben.[73] Dennoch sollte sich der mit dem Fehdeverbot angestrebte innere Frieden noch

---

65 Vgl. die Beispiele bei *Müller-Graff*, wonach nun die Rheinschiffer von den Raubrittern erlöst wurden und die Mailänder Kaufleute sichere Handelswege nach Florenz hatten, EuR 2009, Beiheft 1, S. 105 (125).

66 Zur historischen Entwicklung des Gewaltmonopols *Müller*, Das staatliche Gewaltmonopol, S. 3 ff.

67 Dieser Entstehungshintergrund des Gewaltmonopols als reines Macht- und Herrschaftsmonopol wird verkannt, wenn das staatliche Gewaltmonopol generell als „Rechtsmonopol“ aufgefasst wird, so aber *Möllers*, Staat als Argument, S. 276.

68 *Bodin*, *Les six livres de la République* (1576).

69 *Calliess*, ZRP 2002, S. 1 (2 f).

70 Vgl. *Papier*, DVBl 2010, S. 801 (801 f.); *Becker*, NJW 1995, S. 2077.

71 So *Roellecke*, JZ 2006, S. 265 (266).

72 *Müller*, Schlaglichter der deutschen Geschichte, Kapitel 3.26, S. 87.

73 So zum Stichwort „Ewiger Landfriede“ Brockhaus Enzyklopädie in 30 Bänden, Band 8 (EMAS–FASY), S. 622 f.

über Jahrhunderte hinweg als durchaus brüchig erweisen.[74] Nicht zuletzt bezeugen dies die aus dem 16. Jahrhundert überlieferten Vorgänge um dem Cöllner Kaufmann *Hans Kohlhase (um 1500–1540)*[75], die *Heinrich von Kleist (1777–1811)* als Vorlage für dessen Novelle Michael Kohlhaas[76] dienten.

Aber auch die seit dem Mittelalter erfolgende Vergrößerung und Straffung der Herrschaftsverbände konnte nicht generell eine Steigerung der physischen Sicherheit bewirken. Denn durch nahezu alle Jahrhunderte hindurch war das Europa der Vergangenheit ein mehr oder minder regelmäßiger Schauplatz von Kriegen und Konflikten, wobei als Höhepunkte – und somit als Tiefststände der Sicherheit – zum einen der 30-jährige Krieg des 17. Jahrhunderts und zum anderen die beiden verheerenden Weltkriege des 20. Jahrhunderts zu nennen sind.

Die am längsten währende Friedensphase in der Geschichte Europas setzte erst mit dem Ende des Zweiten Weltkriegs und dem Beginn der Europäischen Integration ein.[77] Diese mittlerweile fast sieben Friedensjahrzehnte haben bei vielen Menschen das Bedürfnis nach Sicherheit im Verhältnis zu anderen Wünschen zurücktreten lassen. Während etwa vielen Europäern im Zeitalter des 30-jährigen Krieges Frieden zum Fremdwort geworden war und eine Welt ohne Krieg manchem gar nicht mehr vorstellbar erschien,[78] ist wohl den meisten jungen Europäern heutzutage umgekehrt der Frieden zur Selbstverständlichkeit und der Krieg zum Fremdwort geworden.[79] Die Konflikte im zerfallenden Jugoslawien der 1990er Jahre und die im Zuge der „Arabellion“ ab 2011 entstandenen Konflikte

74 *Becker*, NJW 1995, S. 2077 (2080); zum Ewigen Landfrieden und der Durchsetzung des Gewaltmonopols im deutschen Raum aus kriminalpolitischer Sicht vgl. *Haurand*, Kriminalistik, 1997, S. 770 (776).

75 Vgl. zum historischen Kohlhaas, Brockhaus Enzyklopädie in 30 Bänden, Band 15 (KIND–KRUS), Stichwort „Kohlhase“, S. 264.

76 Michael Kohlhaas, erste Fragmente 1808 in der Literaturzeitschrift Phöbus erschienen, vollständige Veröffentlichung 1810; zum „privaten Kleinkrieg“ des *Hans Kohlhase* im Kontext des Gewaltmonopols vgl. auch *Becker*, Das Gewaltmonopol des Staates und die Sicherheit des Bürgers. Der Ewige Landfriede – vor 500 Jahren, NJW 1995, S. 2077 (2081).

77 Vor dem Hintergrund der ersten Hälfte des 20. Jahrhunderts wird deshalb zu Recht festgestellt, dass das Ziel, „weitere kriegerische Auseinandersetzungen in Europa unmöglich zu machen“, die wesentliche Triebfeder der Integration war, so etwa von *Schily*, NVwZ 2000, S. 883 (884).

78 Großer Atlas zur Deutschen Geschichte, Isis Verlag 1994, S. 76.

79 Vgl. hierzu auch *Lübkemeier*, nach dem das Ursprungsmotiv der EU – Frieden durch Integration – „so erfolgreich gewirkt [habe], dass es nicht mehr ausreicht“ in: Die Vermessung Europas, F.A.Z. Nr. 220 vom 21. September 2011, S. 8.

in Nordafrika und im Nahen Osten sind allerdings mahnende Beispiele für die Bedeutung der Sicherheit. Denn aus vielen Zeugnissen von Schriftstellern und Dichtern aus kriegerischen und damit weniger glücklichen Epochen Europas ist überliefert, wie sehr die Menschen unter den seinerzeitigen Auseinandersetzungen zu leiden hatten und dass der vornehmste Wunsch damals der Wunsch nach Frieden und Sicherheit war. Ein eindrucksvolles Beispiel liefert der im Zeitalter des 30-jährigen Krieges lebende *Andreas Gryphius (1616–1664)* in seinem Gedicht „Tränen des Vaterlandes“[80].

Dass das Bedürfnis des Menschen nach Sicherheit für Leib und Leben allen anderen Bedürfnissen vorangeht, scheint dabei nicht nur in der Natur des Menschen zu liegen, sondern wird auch durch die Befunde in der frühen staatsphilosophischen und staatsrechtlichen Literatur getragen. In den Werken von *Bodin, Hobbes* und *Locke* sollte zunächst vorrangig die Sicherheit der Menschen gewährleistet werden. Erst dann wurden weitere Forderungen, etwa nach politischer Teilhabe und nach persönlichen Freiheitsrechten, gegenüber der Herrschaft erhoben.

Als Ergebnis der obigen rechtsgeschichtlichen und lebenspraktischen Untersuchung bleibt folglich festzuhalten, dass es sich bei der Staatsaufgabe Sicherheit um die erste und deshalb ursprünglichste Aufgabe jeder Form von Staatlichkeit handelt. Die Gewährleistung der Sicherheit steht daher „am Anfang aller Legitimationsgründe“[81], sie ist staatliche „Uraufgabe“[82] schlechthin.

Diese alle anderen Staatsfunktionen weit überragende Bedeutung der Sicherheit ist im Jahre 1978 und somit vor dem zeitgeschichtlichen Hintergrund des Terrors der Rote-Armee-Fraktion in der heute noch vielfach zitierten[83] Entscheidung des Bundesverfassungsgerichts zum Kontaktsperregesetz[84] sehr prägnant herausgestellt worden:

---

80 Vgl. hier nur dessen zweite Strophe: „Die Türme stehn in Glut, die Kirch ist umgekehret, das Rathaus liegt im Graus, die Starken sind zerhaun, die Jungfraun sind geschändt, und wo wir hin nur schaun, ist Feuer, Pest und Tod, der Herz und Geist durchfähret.“

81 *Isensee*, Das Grundrecht auf Sicherheit, S. 3 f.

82 *Gusy*, DÖV 1996, S. 573.

83 Etwa *Calliess*, Rechtsstaat und Umweltstaat, S. 88; *Schäuble*, Was ist Freiheit ohne Sicherheit? Rede vom 19.10.2009 im Rahmen der Ringvorlesung „Der internationale Terrorismus als Herausforderung des Rechts“ an der Freien Universität Berlin. Online im Internet: URL: http://www.bmi.bund.de/SharedDocs/Reden/DE/2009/10/bm_fu.html (Stand 01.01.2014).

84 BVerfGE 49, S. 24 (Kontaktsperregesetz).

„Die Sicherheit des Staates als verfasster Friedens- und Ordnungsmacht und die von ihm zu gewährleistende Sicherheit seiner Bevölkerung sind Verfassungswerte, die mit anderen im gleichen Rang stehen und unverzichtbar sind, weil die Institution Staat von ihnen die eigentliche und letzte Rechtfertigung herleitet."[85]

3. Definitionen und Abgrenzungen zu einem sich wandelnden Begriff

Im Verlaufe mehrerer Jahrhunderte war der Begriff der Sicherheit vor allem durch die Einteilung in einen äußeren und einen inneren Bedeutungsgehalt gekennzeichnet.[86]

Die äußere Sicherheit zielte traditionell auf den Erhalt der Souveränität sowie der territorialen Unversehrtheit eines Staates ab. Diesbezügliche Bedrohungen wurden in aller Regel von außen, beispielsweise durch „Söldnerheere eroberungslustiger Fürsten und Diktatoren"[87] – eben den „auswärtigen Feind"[88] – an die Staatsgrenzen herangetragen.

Die innere Sicherheit dagegen bezweckte – wie schon die „*homo homini lupus*"-Formulierung verdeutlicht – den Schutz der in einem Gemeinwesen verfassten Menschen unter- und voreinander, wobei es hier ideentheoretisch in erster Linie um den Schutz von Leib und Leben ging.[89]

Im weiteren Geschichtsverlauf gewann der Schutzauftrag der Sicherheit jedoch an Komplexität und Intensität. Wie bereits erwähnt trat im Rahmen des Übergangs von der Agrar- zur Handelsgesellschaft ein ökonomischer Sicherheitsauftrag hinzu, welcher durchaus als früher Vorläufer der Warenverkehrsfreiheit und der Idee des europäischen Binnenmarktes angesehen werden kann.[90] Auch der Europäische Gerichtshof hat in seiner Rechtsprechung zum Binnenmarkt ein maßgebliches Ziel darin gesehen, eine Atmosphäre der Sicherheit für die „gesamten Handelsströme" zu gewährleisten.[91]

---

85 BVerfGE 49, S. 24, 56 f. (Kontaktsperregesetz).

86 Vgl. *Calliess*, in: Müller/Schneider (Hrsg.), Die Europäische Union im Kampf gegen den Terrorismus: Sicherheit vs. Freiheit?, S. 83 (85).

87 *Hoffmann-Riem*, ZRP 2002, S. 497 (498).

88 So *Kirchhof*, DVBl 2009, S. 541 (549).

89 Vgl. zu diesem *status positivus* der Grundrechte *Isensee*, Das Grundrecht auf Sicherheit, S. 21 ff.

90 Vgl. *Calliess*, ZRP 2001, S. 1 (2 ff.).

91 EuGH, Slg. 1997, S. I-6959, Rdnr. 53 (Agrarblockaden).

Voranschreitend auf der Zeitachse der Geschichte ließ die Industrialisierung sodann ein Bedürfnis nach ökologischer Sicherheit entstehen.[92] Letzteres ließ sich nicht mehr eindeutig dem Bereich der inneren Sicherheit zuordnen. Verwiesen sei in diesem Zusammenhang nur auf das in den 1980er Jahren aufsehenerregende Phänomen des sauren Regens, der, vermeintlich in England entstehend, für das Absterben von Wäldern und Gewässern in ganz Europa verantwortlich gemacht wurde.[93] Einen noch nachhaltigeren und bis heute andauernden Effekt für die Schärfung des europäischen Umweltbewusstseins hatte sodann die Tschernobyl-Katastrophe von 1986, zuletzt erneuert und – insbesondere in Deutschland – verstärkt durch die Ereignisse in Fukushima aus März 2011. Diese neuartige, da länder- und grenzüberschreitende europäische Umweltgefährdung – die auch und unmittelbar den Menschen einschließt – bewirkte ein Umdenken hin zu einer nachhaltigen Europäisierung des Umweltschutzes.[94]

Ebenso wenig wie die neuartige ökologische Dimension fügt sich die aus den gesellschaftlichen Umbrüchen der Industrialisierung entstandene Forderung nach sozialer Sicherheit in das traditionelle Begriffspaar aus innerer und äußerer Sicherheit ein.[95]

Als abschließendes, aber vorliegend höchstrelevantes Beispiel der Vielschichtigkeit des Sicherheitsbegriffs ist der Schutz vor den Gefahren des internationalen Terrorismus zu nennen. Letzterer stellt, wie die Anschläge von New York, Madrid und London verdeutlicht haben, eine vollkommen neuartige Herausforderung dar. Diese lässt sich nach herrschender Meinung kaum mehr eindeutig in die Kategorien innere und äußere Sicherheit einfügen. Vielmehr überschreitet und verwischt sie deren Grenzen zusehends.[96] Eben jenes Phänomen der Verschmelzung bislang

---

92 In diesem Zusammenhang etwa zum Spannungsverhältnis von Sicherheit und Freiheit auf dem Gebiet der umweltrechtlichen Risikovorsorge *Calliess*, Rechtsstaat und Umweltstaat, 2001.

93 Vgl. zuletzt zu diesem vor allem in Deutschland vielbeachteten (je nach Sichtweise) Phänomen bzw. Phantom „Die Tagesfrage – Was wurde eigentlich aus dem sauren Regen, der in den 80er-Jahren unsere Wälder entlauben sollte?“, in: Handelsblatt Nr. 168 vom 02.09.2013, S. 1, 6.

94 Vgl. *Papier*, DVBl 2010, S. 801 (806); zum hohen Rang, den der Umweltschutz bereits früh in der EU einnahm, *Zuleeg*, NJW 1993, S. 31; zuletzt die treffende und unmissverständliche Feststellung von *Teufel*, wonach – ungeachtet eines leidenschaftlichen Plädoyers für eine Renaissance des Subsidiaritätsprinzips – „grenzüberschreitender Umweltschutz“ eine europäische Aufgabe sei, in: Europa vom Kopf auf die Füße stellen, F.A.Z. Nr. 74 vom 28. März 2014, S. 20.

95 Vgl. *Kirchhof*, DVBl 2009, S. 541 (548).

96 *Di Fabio*, NJW 2008, S. 421 f.; *Schäuble*, ZRP 2007, S. 210.

vorherrschender und trennscharfer Kategorien ist in der deutschen Antiterrorismus-Debatte einmal anschaulich mit Blick auf das „Nationale Lage- und Führungszentrum Sicherheit im Luftraum (Silura)" dargestellt worden, welches in Reaktion auf die Flugzeugentführungen des 11. Septembers 2001 rund zwei Jahre später im nordrhein-westfälischen Uedem eingerichtet worden war:

„Ist schon Krieg oder noch Frieden? Krieg oder Frieden, Soldaten oder Polizisten, im Halbdunkel des Silura-Kommandoraums verschwimmen die Unterschiede. Da arbeiten, erstmals in der Geschichte der Bundesrepublik, Polizisten und Soldaten in einer gemeinsamen Einrichtung, da vereinigen sich die Logik des Krieges und die Logik der inneren Sicherheit. Welt-Innenpolitik ist, wenn die innere/äußere Sicherheit am Hindukusch verteidigt wird."[97]

Was also in Zeiten der Europäisierung und Internationalisierung ohnehin schon ganz allgemein gelten mag, nicht zuletzt mit Blick auf die bereits eingangs erwähnte Staatsschuldenkrise, trifft im besonderen Maße für die Sicherheit als „eigentliche und vornehmste staatliche Aufgabe"[98] zu: Der Staat als überkommene Regelungsinstitution scheint überfordert und ausgelaugt. Will dieser im 21. Jahrhundert noch seinen Schutzpflichten nachkommen, stößt er angesichts der grenzüberschreitenden Dimension vieler Regelungsprobleme vermehrt „auch rein tatsächlich und im wahrsten Sinne des Wortes"[99] an seine Grenzen.[100] Dieses Phänomen ist jüngst anlässlich des sechzigjährigen Bestehens des Bundeskriminalamtes besonders betont worden:

„Heute wird unsere Arbeit von der komplexen, technisch anspruchsvollen und zeitaufwändigen Bekämpfung der weltweit vernetzten Organisierten Kriminalität ebenso bestimmt wie von den Herausforderungen des internationalen Terrorismus. Eine besondere Rolle spielt die IuK-Kriminalität: Hier zeigt sich, wie schnell wir angesichts der technischen Möglichkeiten, die sich Straftäter heute zu Nutze machen, mit den klassischen Ermittlungsinstrumentarien an funktionale und territoriale Grenzen stoßen."[101]

---

97 *Darnstädt*, Im Vorfeld des Bösen, in: Der Spiegel, Nr. 28/2007, Titel, S. 18 (20).

98 *Grosse-Brömer/Klein*, ZRP 2010, S. 172 (175).

99 *Calliess*, Auswärtige Gewalt, in: Isensee/Kirchhof (Hrsg.), HStR IV 2006, § 83 Rdnr. 4; ausführlich zu den diesbezüglichen Implikationen für Souveränität und Legitimität von Herrschaftsgewalt *Schliesky*, S. 444 ff.

100 So auch *March*, der sogar von einem „Verlust des Gewaltmonopols durch Kriminalität und Terrorismus" ausgeht, S. 38 ff.

101 *Ziercke*, 60 Jahre BKA – eine Zeitreise, in: Flurfunk – Zeitung für Mitarbeiterinnen und Mitarbeiter des BKA, Sonderausgabe vom 8. März 2011, S. 1.

Die so beschriebene Überforderung des Staates in Bezug auf die Gewährleistung von Sicherheit stellt sich daher als einer der wesentlichen Gründe für die beinahe schon als konsentiert geltende Notwendigkeit einer Stärkung der europäischen Handlungsmöglichkeiten dar.[102]

Wenn allerdings – wie vorliegend aufgezeigt – der Begriff der Sicherheit von einer dergestalt hohen Vielschichtigkeit und Komplexität geprägt ist, so lässt die Untersuchung der Europäisierung dieses Staatszwecks eine thematische Eingrenzung als zwingend erforderlich erscheinen. Angesichts der Volatilität des Begriffes soll in diesem Zusammenhang zunächst die strenge Einteilung in eine innere und äußere Sicherheit entfallen. Ferner soll – unter Ausklammerung der ökologischen und sozialen Sicherheitsdimension – maßgeblich die traditionelle innere Sicherheit den Gegenstand der Untersuchung bilden, wobei hier wiederum eine Erweiterung um die Bedrohungen durch den internationalen Terrorismus erfolgen wird.

Keine Berücksichtigung wird demnach die äußere Sicherheit im klassisch völkerrechtlichen Sinne finden, so dass namentlich der Bereich der Gemeinsamen Außen-, Sicherheits- und Verteidigungspolitik ausgeklammert bleibt.

II. Die Staatsaufgabe Freiheit

1. Allgemeines

Bei näherer Betrachtung erweist sich die inhaltliche Auseinandersetzung mit dem Freiheitsbegriff als höchst diffizil. Denn ebenso wie die Sicherheit ist „die" Freiheit ein – wenn überhaupt – nur sehr schwer fassbarer historisch-normativer Leitbegriff. Unstreitig dürfte allein ihre herausragende Stellung innerhalb des europäischen Wertekanons sein. Dies wird bereits anhand der „großen Parolen der Französischen Revolution *‚liberté, égalité, fraternité'*"[103] deutlich.[104] So ist vor dem geistesgeschichtlichen Hintergrund der Aufklärung zu Recht bildhaft festgestellt worden, dass „am europäischen Wertefirmament die Freiheit am hellsten strahlt"[105]. Doch was genau macht den Wert der Freiheit aus, dass diese – so betrachtet – nicht nur zum Fixstern Europas, sondern der gesamten westlichen Wertehemisphäre, insbesondere auch der USA, aufgestiegen ist?

---

102 So etwa *Nettesheim*, NJW 2009, S. 2867.

103 Dazu ausführlich *Zippelius*, § 34, S. 271 ff.

104 Vgl. dazu auch *Hoffmann-Riem*, ZRP 2002, S. 497 (497 f.).

105 So *Nonnenmacher*, Freiheit und Sicherheit, F.A.Z. Nr. 165 vom 19.07.2013, S. 1.

In ihrer überkommenen Bedeutung meint Freiheit negativ die Abwesenheit von jedweder Form der Tyrannei und positiv die Möglichkeit der Selbstbestimmung des Individuums. Neben dieser ganz grundsätzlichen Bedeutung als Vorrang des Individuums vor dem Kollektiv weist der Freiheitsbegriff noch eine Vielzahl weiterer Dimensionen auf.[106] Denn über die geschichtliche und geisteskulturelle Bedeutung hinaus gilt es auch auf der Ebene des täglichen Lebens zumindest im westlichen Kulturkreis als konsentiert, dass zu einer lebenswerten gesellschaftlichen Ordnung neben physischer Sicherheit und wirtschaftlicher Absicherung immer auch ein adäquates Maß an persönlicher Freiheit gehört.

Dabei handelt es sich hier nicht allein um jene „großen Zukunftsfreiheiten", wie etwa die Berufswahl oder die Entscheidung hinsichtlich der Gründung einer Familie. Auch und insbesondere die „kleinen Gegenwartsfreiheiten" des Alltags, also sich etwa nach freiem Belieben zu kleiden oder zu ernähren, sind zu einem wesentlichen Teil für die kulturellen Grundlagen und die Lebenswirklichkeit eines Gemeinwesens verantwortlich.[107] Ein kurzer Vergleich mit diesbezüglich radikalen Gegenentwürfen, wie etwa dem der Taliban, nach dem unter anderem nicht nur westliche Pop-Musik, sondern Musik per se verboten sein soll, verdeutlicht die elementare Bedeutung der Freiheit für ein menschenwürdiges Dasein. Nicht der größte Wohlstand noch die bestmögliche Sicherheit lassen ein Leben als lebenswert erscheinen, wenn nicht grundsätzlich gilt: „Jeder kann tun und lassen was er will."[108]

Insbesondere im Rahmen der seit dem 11. September 2001 anhaltenden Diskussion um den adäquaten Ausgleich von Freiheit und (innerer) Sicherheit gab und gibt es angesichts des Rufes nach strengeren Sicherheitsvorkehrungen immer auch eine große Anzahl von Stimmen, die vor unverhältnismäßiger Freiheitsaufgabe warnen.[109]

Dabei war die Bedeutung der Freiheit für ein selbstbestimmtes Leben auch schon jenen Generationen sehr bewusst, die Krieg und Gewaltherrschaft noch

---

106 Vgl. Kirchhof, DVBl 2009, S. 541 (547), der im Freiheitsrecht im Einzelnen sechs unterschiedliche Gewährleistungen erblickt; ferner *Zippelius*, § 34, S. 271.

107 So *Kirchhof*, DVBl 2009, S. 541 (547).

108 So lautete ein aus sprachlichen Gründen nicht berücksichtigter Formulierungsvorschlag für die durch Art. 2 Abs. 1 GG geschützte allgemeine Handlungsfreiheit, vgl. BVerfGE 6, 32, Urteil vom 16.01.1957, 1 BvR 253/56 (Elfes) unter Zitierung *v. Mangoldt*, Parlamentarischer Rat, 42. Sitzung des Hauptausschusses, S. 533.

109 Vgl. etwa *Gerhart Baum* im Streitgespräch mit *Wolfgang Bosbach*, Schützen wir uns um den Preis der Freiheit?, blickpunkt Bundestag, Juni 2008; ferner *Hoffmann-Riem*, ZRP 2002, S. 497 (500 f.).

unmittelbar selbst miterlebt hatten und sich eigentlich in erster Linie primär nach physischer und ökonomischer Sicherheit sehnen mussten:

„Frieden und Freiheit, das sind die Grundlagen jeder menschenwürdigen Existenz. [...] Ohne Frieden und Freiheit gibt es keinen Aufstieg der Völker, kein Glück, keine Ruhe für die Menschheit“, so Bundeskanzler *Konrad Adenauer (1876–1967)* in seiner Weihnachtsansprache von 1952.

Aus alledem wird also jene die Zeiten überdauernde, elementare Bedeutung der Freiheit erkennbar, die in gleichem Maße wie die innere und äußere Sicherheit im Sinne des Gemeinwohls unbedingt zu gewährleisten ist.

2. Gesellschaftlich-historische Determinanten

Am Beginn der Entwicklung des modernen Staates stand wie beschrieben zunächst das Bedürfnis nach physischer Sicherheit. Um Sicherheit zu erzielen, zeigten sich die Staatsphilosophen *Bodin* und *Hobbes* willens, dem Souverän totale Macht und unbegrenzte Autorität einzuräumen. Das Monopol staatlicher Gewalt war so entstanden. Die Aufgabe der Freiheit der Untertanen sah dabei vor allem *Hobbes* als unumgänglich an. Der Gedanke, dass physische Sicherheit auch zu einem niedrigeren Preis zu erhalten ist als das Opfer der Freiheit, kam in aller Deutlichkeit erst bei *Locke* auf, der „insoweit weiter als *Hobbes* sieht, weil er auf seinen Schultern steht.“[110]

Insoweit baut der Gedanke der Vereinbarkeit von Sicherheit und Freiheit ideentheoretisch auf der Entwicklung des staatlichen Gewaltmonopols auf. Hierdurch wird ein Stufenverhältnis der vom Staat zu erfüllenden Aufgaben erkennbar. Dieses lässt sich verkürzt und schlagwortartig als „zunächst Sicherheit, sodann auch Freiheit“ beschreiben.

Diese Abfolge dürfte in der Entwicklungsphase des modernen Staates durchaus auch jener Wertigkeit entsprochen haben, die die Menschen den Rechtsgütern Sicherheit und Freiheit im Lebensalltag einräumten. So wären die Menschen im Zeitalter des 30-jährigen Krieges gewiss bereit gewesen, auf wesentliche Freiheiten zu verzichten, wenn sie dadurch nur physische Sicherheit erlangt hätten. Dagegen räumen die Menschen, die in den vergleichsweise sicheren Rechtsstaaten des 21. Jahrhunderts leben, der Freiheit nunmehr einen wesentlich höheren Stellenwert ein. Überspitzt und plakativ ließe sich ferner vergleichend feststellen, dass etwa der „Wilde Westen“ frei aber nicht sicher, der DDR-Alltag dafür vergleichsweise

110 *Isensee*, Grundrecht auf Sicherheit, S. 5 ff.

sicher, aber wiederum unfrei gewesen sein mag. Dementsprechend willkommen und angesehen mag so bei vielen der Sheriff, dagegen unbeliebt und gefürchtet bei vielen der Stasi-Mitarbeiter gewesen sein.

Aus diesen Betrachtungen und Vergleichen lässt sich – den menschlichen Elementarbedürfnissen entsprechend – folgende skizzenhafte Formel des Grundverhältnisses aus Sicherheit und Freiheit ableiten:

Zuerst Sicherheit, dann Freiheit; je intensiver die physische Sicherheit gewährleistet wird, desto stärker tritt auch der Freiheitsdrang hervor. Fällt dagegen das praktische Maß an physischer Sicherheit, tritt entsprechend auch das Verlangen nach Freiheit zurück.

Vor dem Hintergrund dieser Kurzformel rankt sich gegenwärtig der im Rahmen der Terrorismusprävention bestehende Streit, wie sehr das Sicherheitsniveau absinken muss, damit die Preisgabe bestimmter Freiheiten als eben noch verhältnismäßig erscheint.[111] Verkomplizierend wirkt sich hierbei aus, dass zum einen „der sich sicher fühlende (oder fühlen sollende) Normmensch“[112] nicht existiert, sowie zum anderen, dass auch im Regelfall Uneinigkeit über das konkrete Ausmaß der notwendigen Freiheitseinschränkung besteht.[113]

Doch wenn auch die Sicherheit der Freiheit in fragilen Staaten noch heute vorangehen mag – die internationalen Einsätze etwa im Kosovo, in Afghanistan oder im Irak belegen dies – so gilt es gleichwohl festzuhalten, dass die Freiheit im etablierten modernen Rechtsstaat nunmehr einen ebenso hohen Stellenwert einnimmt wie die Sicherheit.[114]

Für die Europäische Union, die seit den Anfängen ihrem Selbstverständnis nach immer eine Friedens- und Freiheitsordnung war,[115] gilt der hohe Stellenwert der Freiheit in besonderem Maße. Deshalb wird der Wert des Freiheitsgutes in den Verträgen an prominentester Stelle widergespiegelt: Nicht nur in den Präambeln von EUV und AEUV wird sie besonders herausgestellt. Sie bildet

111 Dazu etwa *Hoffmann-Riem*, ZRP 2002, S. 497 (498 ff.).

112 *Gusy*, JZ 2009, S. 217 (222).

113 Am Beispiel des Terrorismus beschreibt *Hoffmann-Riem*, ZRP 2002, S. 497 (499 ff.) die Problematik der Verletzbarkeit moderner Gesellschaften.

114 Diese Gleichrangigkeit kommt auch in Art. 6 der Grundrechtecharta zum Ausdruck, der ein „Recht auf Freiheit und Sicherheit“ garantiert, vgl. dazu *Bernstorff*, in: Meyer (Hrsg.), Kommentar zur Charta der Grundrechte der EU, Art. 6 EU-GRCharta, Rdnrn. 10 ff.

115 Vgl. die Präambel des EWG-Vertrages vom 25. März 1957: „Entschlossen, durch diesen Zusammenschluss ihrer Wirtschaftskräfte, Frieden und Freiheit zu wahren und zu festigen.“

vielmehr den unionalen Leitwert an sich und steht insofern an der Spitze der unionalen Verfassungsprinzipien.[116] Unmittelbar hinter dem universellen Wert der Menschenwürde nimmt sie auch im Unionswertekatalog des Art. 2 EUV den zweiten Rang ein.

Darüber hinaus enthält auch die durch den Vertrag von Lissabon für rechtsverbindlich erklärte EU-Grundrechtecharta mit den Artikeln 6 bis 19 einen eigenständigen, mit „Freiheiten" überschriebenen Titel, was deren Bedeutung sowohl für Europa wie auch für den Einzelnen zusätzlich unterstreicht. Eben diese Existenz verbindlicher und die persönlichen Freiheiten der Bürger gegenüber der Union absichernder Grundrechte kann bereits an dieser Stelle als erstes Indiz für das Entstehen einer europäischen Gewalt festgehalten werden.

Abschließend verdeutlicht sich der fundamentale Wert der Freiheit auch dadurch, dass sich in den Verfassungen aller gegenwärtigen Mitgliedstaaten Garantien zum Schutze der persönlichen Freiheit nachweisen lassen.[117] Als wichtige Rechtserkenntnisquellen speisen die nationalen Verfassungen wiederum das gemeineuropäische Verfassungsrecht und somit auch die europäischen Grundrechte.[118]

III. Der Ausgleich von Sicherheit und Freiheit als politisches und gesellschaftliches Leitthema des frühen 21. Jahrhunderts

Mit der Frage, wie die beiden Staatsfundamentalaufgaben Sicherheit und Freiheit in einen adäquaten, also für die Menschen möglichst lebenswerten Ausgleich gebracht werden können, hat sich die Wissenschaft seit den Werken von *Bodin, Hobbes* und *Locke* intensiv auseinandergesetzt.[119] Aussprüche wie jenes vielzitierte

---

116 Vgl. Art. 6 Abs. 1 EUV nach dem Vertrag von Nizza bzw. Art. 2 EUV nach dem Vertrag von Lissabon.

117 *Bernstorff*, in: Meyer (Hrsg.), Kommentar zur Charta der Grundrechte der EU, Art. 6 EU-GRCharta, Rdnrn. 2 ff.

118 Dazu *Jarass*, Charta der Grundrechte der Europäischen Union, Art. 52, Rdnrn. 66 ff.

119 Als jüngstes Beispiel kann hier die 50. Assistententagung Öffentliches Recht angeführt werden, die unter dem Titel „Risiko im Recht – Recht im Risiko" 2010 in Greifswald stattfand. Vgl. dazu *Schröder*, Risiko im Recht – Recht im Risiko: Bericht über die 50. Assistententagung Öffentliches Recht vom 23. bis 26.2.2010 in Greifswald, DVBl 2010, S. 833; ferner *Gusy*, JZ 2009, S. 217 (221), der in Bezug auf den Sicherheitsdiskurs in Deutschland von einem „abgegrenzten und seit nahezu 150 Jahren diskutierten Kreis von Rechtsnormen und Rechtsfragen" spricht.

Diktum *Wilhelm von Humboldts* aus dem Jahre 1792 „Denn ohne Sicherheit ist keine Freiheit“[120] sind anschauliche Belege hierfür.

Seither sind die Begriffe immer wieder aufs Neue und auf höchst unterschiedliche Art und Weise zueinander ins Verhältnis gesetzt worden. Dabei scheint die Beschäftigung mit dem Begriffspaar bis in die Gegenwart nichts von ihrem Reiz verloren zu haben.[121]

Vor dem Hintergrund dieser anhaltenden Aktualität und der Bedeutung des Sicherheits-Freiheits-Ausgleiches für den modernen Rechtsstaat[122] ist bildhaft festgestellt worden, dass sich „die Entwicklung des Rechtsstaates von seinen Anfängen im Ewigen Landfrieden bis heute zusammenfassend als nach oben strebende spiralenförmige Bewegung beschreiben lässt, die nach einem immer perfekteren Ausgleich zwischen den Polen Freiheit und Sicherheit zu streben scheint.“[123]

Die Gründe für diese fortwährende Relevanz sind in der bereits angeklungenen Interdependenz zwischen den konkreten Lebensumständen der Menschen und deren jeweiligem Bedürfnis nach Sicherheit und Freiheit zu finden. Entsprechend dem „Antwortcharakter“[124] des Rechts ist die Frage nach dem Ausgleich dieser Aufgaben mit wechselnden Lebensumständen gleichfalls stetem Wechsel unterworfen.[125] Während also stabile politische Verhältnisse und äußere Lebensumstände auch die Sicherheits- und Freiheitsbedürfnisse konstant bleiben lassen, bewirken große Krisen oder politische Umbrüche entsprechend signifikante Veränderungen im Bedürfnishorizont der Menschen.

Als epochale und den Ausgleich von Sicherheit und Freiheit bis zum heutigen Tage tangierende Ereignisse sind mit Blick auf die jüngere Geschichte das Ende des Ost-West-Konfliktes[126] sowie die Terroranschläge des 11. Septembers 2001[127]

---

120 Vgl. *v. Humboldt*, Ideen zu einem Versuch, die Grenzen der Wirksamkeit des Staates zu bestimmen (1792), 1947, S. 51.

121 Vgl. etwa *Di Fabio*, Sicherheit in Freiheit, NJW 2008, S. 421; *v. Westphalen*, Gratwanderung zwischen Sicherheit und Freiheit, AnwBl 2008, S. 801; *Hoffmann-Riem*, Freiheit und Sicherheit im Angesicht terroristischer Anschläge, ZRP 2002, S. 497.

122 Vgl. hier nur exemplarisch das Thema der BKA-Jubiläumstagung vom 6. bis 7. Dezember 2011 in Wiesbaden: „60 Jahre BKA – Im Spannungsfeld zwischen Sicherheit und Freiheit“.

123 *Papier*, DVBl 2010, S. 801 (803).

124 *Kirchhof*, DVBl 2009, S. 541.

125 So auch *Gusy*, DÖV 1996, S. 573 (574).

126 Zum Ende des Ost-West-Konfliktes und dessen Folgewirkungen hinsichtlich des Gewaltmonopols vgl. *Jachtenfuchs*, in: Leibfried/Zürn (Hrsg.), Transformationen des Staates?, S. 69 (72 ff.).

127 Vgl. *Schliesky*, S. 507.

zu nennen. Diese im wahrsten Sinne des Wortes weltbewegenden Ereignisse hatten auf das sich bei den Menschen immer neu austarierende Bedürfnisgleichgewicht unterschiedlichen Einfluss:

Die deutsche Wiedervereinigung und das Ende des Ost-West-Konfliktes brachten zunächst einen Hinzugewinn an äußerer Sicherheit. Ein Dritter Weltkrieg oder gar eine alles vernichtende nukleare Konfrontation waren erheblich unwahrscheinlicher geworden. Den einst hinter dem Eisernen Vorhang lebenden Menschen bot sich in der Folgezeit ein bislang unbekanntes Maß an persönlicher Freiheit. Gleichzeitig hinterließ das Ende des Kalten Krieges aber auch eine Orientierungslosigkeit, in der manche bereits das Ende der Geschichte erblicken wollten.[128]

Während also die Wendejahre zunächst einen Hinzugewinn an kollektiver Sicherheit und Freiheit brachten, wurde das neue freie und sichere Weltbild unmittelbar zu Beginn des neuen Jahrtausends auf eine unerwartete Zerreißprobe gestellt. Die Anschläge des 11. Septembers 2001 warfen gleichsam über Nacht die Frage auf, wie viel Freiheit sich der moderne Staat in Zeiten der Globalisierung noch leisten kann.[129] Damit erlangte die bereits vor über dreihundert Jahren im „Leviathan" aufgestellte und später durch *Locke* überwundene Hobbessche Radikalalternative, entweder Anarchie im Naturzustand oder absolute Herrschaft durch den Leviathan – *tertium non datur*[130] – eine längst nicht mehr für möglich gehaltene Aktualität.[131] Seither steht das Modell der modernen Demokratie in der Pflicht, eine Antwort auf die schwierige und unpopuläre Aufgabe zu finden, wie sich effektive Terrorismusbekämpfung und der Zentralwert der eigenen Freiheit nachhaltig vereinbaren lassen.[132] Eben jene höchst komplexe und diffizile Abwägung kommt in der Einleitung zu *Michael Ignatieffs* vielbeachtetem Werk *„The lesser evil"*[133] prägnant zum Ausdruck:

„When democracies fight terrorism, they are defending the proposition that their political life should be free of violence. But defeating terror requires violence. It may also require coercion, deception, secrecy, and violation of rights. How can democracies resort to these means without destroying the values for

---

128 Etwa *Fukuyama*, Das Ende der Geschichte (The End of History), 1992.

129 Vgl. *Hecker*, DÖV 2006, S. 273, der dem 11. September 2001 in Bezug auf die Europäisierung der inneren Sicherheit zu Recht eine katalysatorische Wirkung zuschreibt.

130 Dazu *Calliess*, ZRP 2002, S. 1 (4).

131 Vgl. dazu auch *Darnstädt*, Im Vorfeld des Bösen, in: Der Spiegel, Nr. 28/2007, Titel, S. 18 (25).

132 Zu dieser schwierigen und umfassenden Frage etwa *Hoffmann-Riem*, Freiheit und Sicherheit im Angesicht terroristischer Anschläge, ZRP 2002, S. 497.

133 *Ignatieff, The lesser evil – political ethics in an age of terror*, Princeton 2004.

which they stand? How can they resort to the lesser evil, without succumbing to the greater?"[134]

Als Folge der in den Ereignissen des 11. Septembers 2001 offenbar gewordenen ubiquitären Bedrohung verspürten auch die Menschen in Europa ein deutlich gesteigertes Bedürfnis nach physischer Sicherheit. Dieses neue Sicherheitsbedürfnis macht sich unter anderem wirtschaftlich durch einen unaufhaltsamen Aufstieg der „Angst AG"[135] bemerkbar; private Sicherheitsfirmen und Hersteller von Überwachungstechnik vermelden seit dem 11. September 2001 immer neue Rekordumsätze.[136] Politisch ließ sich „eine Renaissance von Souveränitätsvorstellungen"[137] beobachten. Für die USA und die NATO wurde der Kampf gegen den Terrorismus im Zuge des Eingreifens unter anderem in Afghanistan und am Horn von Afrika zum dominierenden (außen-)politischen Thema. Und spätestens seit den Anschlägen von Madrid 2004 und London 2005 stellt die Bekämpfung des Terrorismus auch ein „wichtiges EU-Anliegen"[138] dar.

Die damit stets einhergehende Frage des adäquaten Ausgleichs von Sicherheit und Freiheit ist so zu einem Leitthema der europäischen Zusammenarbeit im Rahmen der EU geworden.

Auf die evident gewordene, neuartige Bedrohungslage haben sowohl die EU-Mitgliedstaaten individuell, als auch kollektiv im Verbund der Union mit neuen Gesetzesinitiativen, beziehungsweise mit einer Verschärfung bestehender Gesetze reagiert.[139] So ließen sich etwa für die Bundesrepublik Deutschland zu Jahresbeginn 2009 über 25 solcher Maßnahmen des Bundes ausmachen.[140] Exemplarisch lassen sich diesbezüglich nennen die Sofortmaßnahmen der

---

134 So die Einleitung von *Ignatieff* zu *The lesser evil – political ethics in an age of terror*, Princeton 2004.

135 So die treffende Umschreibung des Phänomens von *Iwersen*, „Der unaufhaltsame Aufstieg der Angst AG", Handelsblatt Nr. 136 vom 19.07.2010, S. 4.

136 Im Zeitraum 2001 bis 2006 betrug die Steigerungsrate der Summe der Aufträge der US-Regierung an Xe Services (früher Blackwater) 84.700 Prozent, vgl. Handelsblatt vom 19.07.2010 Nr. 136, S. 6 unter Bezugnahme auf US-DoD.

137 *Schliesky*, S. 507.

138 So mit Blick auf die Rechtslage nach dem Lissabon-Vertrag *Rackow*, Die Polizei 2011, S. 1.

139 Vgl. dazu eingehend *Reinisch, The Action of the European Union to Combat International Terrorism*, in: Bianchi, S. 118; weiterhin *Sturm*, in Lange (Hrsg.), Wörterbuch zur Inneren Sicherheit, S. 101 (106 f.).

140 Vgl. auch „*Maßnahmen zur Terrorismusbekämpfung seit dem 11. September 2001*", Aktueller Begriff Nr. 63/07 des Wissenschaftlichen Dienstes des Deutschen Bundestages in der aktualisierten Fassung vom 19. Januar 2009. Online im Internet: URL:

Sicherheitspakete I[141] und II[142] sowie einige zum Teil sehr umstrittene Einzelvorhaben, allen voran die Novelle des BKA-Gesetzes[143] sowie das gemeinhin unter dem Stichwort der „Terror-Camps" firmierende „Gesetz zur Verfolgung der Vorbereitung von schweren staatsgefährdenden Straftaten (StraftVVG)".

Die infolge der Anschläge in den USA, Spanien und Großbritannien notwendig gewordene „verfassungsrechtliche Gratwanderung"[144] hat sich insbesondere auch dann anschaulich manifestiert, wenn das Bundesverfassungsgericht – wie etwa im Falle des Luftsicherheitsgesetzes[145] – einzelne Normen[146], oder – wie im Falle der Vorratsdatenspeicherung[147] – ein durch den demokratischen Souverän verabschiedetes Gesetz in seinen Kernregelungen für nichtig erklärte.[148] Insgesamt war die sechste Dekade des bundesdeutschen Grundgesetzes in einem besonderen Maße durch die verfassungsrechtliche „Auseinandersetzung um das rechte Verhältnis von umfassend verstandener Freiheit und Sicherheit"[149] geprägt. Doch ungeachtet zahlreicher neuer umstrittener Kompetenzen – etwa bei der Terrorismusbekämpfung – ist insgesamt festzustellen, dass die bundesdeutschen

---

http://www.bundestag.de/wissen/analysen/2009/terrorismusbekaempfung.pdf (Stand 15.09.2011).

141 Erstes Gesetz zur Änderung des Vereinsgesetzes (Sicherheitspaket 1), BGBl. I 2001, S. 3319 ff.

142 Terrorismusbekämpfungsgesetz (Sicherheitspaket 2), BGBl. I 2002, S. 361 ff.

143 Gesetz zur Abwehr von Gefahren des internationalen Terrorismus durch das Bundeskriminalamt, Gesetz vom 25.12.2008, BGBl. 2008 I, S. 3083.

144 Vgl. zu dieser trefflichen Beschreibung *Calliess*, ZRP 2002, S. 1; *v. Westphalen*, AnwBl 2008, S. 801; *Volkmann*, NVwZ 1999, S. 225.

145 Luftsicherheitsgesetz vom 11. Januar 2005, BGBl. 2005 I, S. 78.

146 Vgl. BVerfG, 1 BvR 357/05 vom 15.2.2.2006 (Luftsicherheitsgesetz). Danach war § 14 Abs. 3 des Luftsicherheitsgesetzes, der zum Abschuss von zu Terrorzwecken entführten Flugzeugen ermächtigte, mit dem Recht auf Leben nach Art. 2 Abs. 2 Satz 1 GG in Verbindung mit der Menschenwürdegarantie des Art. 1 Abs. 1 GG unvereinbar und nichtig.

147 Gesetz zur Neuregelung der Telekommunikationsüberwachung und anderer verdeckter Ermittlungsmaßnahmen sowie zur Umsetzung der Richtlinie 2006/24/EG vom 21. Dezember 2007 (BGBl. I S. 3198).

148 Vgl. BVerfG, 1 BvR 256/08 vom 2.3.2010 (Vorratsdatenspeicherung). Danach waren die wesentlichen Regelungen des Gesetzes mit Art. 10 Abs. 1 GG unvereinbar und nichtig.

149 So unter Verweis auf die im Jahr 2000 mit dem Rasterfahndungsurteil beginnende Entscheidungsserie des Bundesverfassungsgerichtes *Sachs*, NJW 2009, S. 1441 (1448).

Sicherheitskräfte, wie auch in den fünf Jahrzehnten zuvor, bislang verantwortungsvoll mit dem ihnen anvertrauten Gewaltmonopol umgegangen sind.[150]

Ebenso wie die einzelnen Mitgliedstaaten reagierte auch die Union mit verschiedenen Initiativen, wobei auf das Rechtsakterepertoire aller drei vormaligen EU-Säulen zurückgegriffen wurde.[151] Dabei fanden von den weit über 150 EU-Einzelmaßnahmen nur wenige ähnlich hohe Beachtung wie etwa der europäische Haftbefehl[152], die Richtlinie über die Vorratsdatenspeicherung[153] oder die Errichtung der europäischen Grenzschutzagentur Frontex[154].

Auch sämtliche Ratspräsidentschaften des betreffenden Zeitraums waren zumindest zu einem wesentlichen Teil mit Fragen der Sicherheit und Freiheit befasst.[155]

Über Gesetzgebung und Außenpolitik hinaus ist das Thema seit dem 11. September 2001 aktuell geblieben. Im rechtswissenschaftlichen Schrifttum, aber auch in der gesellschaftlichen, behördlichen und parteipolitischen Auseinandersetzung befindet es sich nach wie vor auf der Tagesordnung.[156] So hat beispielsweise die CDU Deutschland auf ihrem 21. Parteitag im Dezember 2007 ein neues Grundsatzprogramm unter dem Titel „Freiheit und Sicherheit – Grundsätze für Deutschland“[157]

---

150 Auf der Frühjahrstagung 2011 der Konferenz Evangelischer Polizeipfarrerinnen und Pfarrer (KEPP) wurde der Polizei sogar bescheinigt, dass Polizisten „sensibler für [das] Gewaltmonopol“ würden und insgesamt „die Polizei mit ihrem Gewaltmonopol verantwortlicher umgehe“, so die Pressemitteilung der Evangelischen Zeitung für Westfalen und Lippe vom 21.03.2011. Online im Internet: URL: http://www.unserekirche.de/gesellschaft/aktuell/polizisten-werden-sensibler-fr-gewaltmonopol_6830.html (Stand 15.09.2011).

151 Anschaulich zu den *„immediate and general foreign policy responses of the EU to 11 September 2001“*, *Reinisch*, S. 123 ff.

152 Rahmenbeschluss vom 13. Juni 2002 über den Europäischen Haftbefehl und die Übergabeverfahren zwischen den Mitgliedstaaten, ABl. 2002 Nr. L 190 S. 1.

153 Richtlinie 2006/24/EG des Europäischen Parlaments und des Rates vom 15. März 2006, ABl. L 105/54 vom 13.04.2006.

154 Geschaffen durch die Verordnung des Rates VO (EG) Nr. 2007/2004 vom 26.10.2004 zur Errichtung einer Europäischen Agentur für die operative Zusammenarbeit an den Außengrenzen der Mitgliedstaaten der EU, ABl. Nr. L 349 vom 25.11.2004, S. 1 ff.

155 *Bergner*, S. 48 bringt dies mit Blick auf die deutsche Präsidentschaft zum Ausdruck: „Unsere vordringlichste Aufgabe ist, Freiheit und Sicherheit zu gewährleisten“.

156 Vgl. etwa das Thema der UNION 1/2008 „Frei und sicher leben“ oder das Streitgespräch zwischen *Gerhart Baum* und *Wolfgang Bosbach* „Schützen wir uns um den Preis der Freiheit?“, in blickpunkt bundestag Juni 2008, S. 21.

157 Auch Online im Internet: URL: http://www.cdu.de/doc/pdfc/071203-beschluss-grundsatzprogramm-6-navigierbar.pdf (Stand 15.09.2011).

beschlossen. Und die BKA-Jahrestagung 2011 fand bezeichnenderweise zum Thema „60 Jahre BKA – im Spannungsfeld zwischen Sicherheit und Freiheit“ statt.

Noch weitaus bedeutsamer als die Folgen der bereits realisierten Terrorismusgefahr erscheint jedoch die dem Thema Sicherheit und Freiheit in Zeiten des internationalen Terrorismus innewohnende unterschwellige Brisanz und Dynamik. Die Beachtung und Bedeutung, die zahlreiche vereitelte Anschläge erfahren haben, verdeutlichen nur ansatzweise, welche weitreichenden Folgen erneute Terroranschläge in den USA oder in Europa haben würden. Da das Sicherheitsbedürfnis dem Bürger nahezu heilig ist,[158] würde sich die Stimmungslage vermutlich rasch umkehren und sich zugunsten höherer Sicherheit verschieben: „Sollte es in Deutschland einmal einen verheerenden Anschlag geben, wird sich die öffentliche Meinung sofort drehen. Dann werden die Menschen fragen, warum Politik und Polizei nicht in der Lage waren, solche Anschläge zu verhindern.“[159]

Da das Sicherheitsgefühl im Übrigen ein wesentlich entscheidungs- und wahlbestimmendes Motiv ist,[160] kann einer grundrechtlich konstituierten Demokratie, in deren Mitte nun einmal der Mensch steht, die Gefühlslage ihrer Bürger nicht

---

158 So völlig zutreffend *v. Westphalen*, AnwBl 2008, S. 801.

159 *Wolfgang Bosbach* im Streitgespräch mit *Gerhart Baum*, in blickpunkt bundestag, Juni 2008, S. 24.

160 Vgl. „Spanien im Schatten des Terrors“, so der Kommentar von *Leidel* unter DW-World.de. Online im Internet: URL: http://www.dw-world.de/dw/article/0,,1143384,00.html (Stand 15.09.2011). Dort wird mit Blick auf die Anschläge in Madrid vom 11. März 2004 und den deutlichen Sieg der oppositionellen PSOE bei den spanischen Parlamentswahlen nur drei Tage später eine klare Schlussfolgerung gezogen: „Die Anschläge in Madrid haben zu einem unerwarteten Regierungswechsel geführt.“ Tatsächlich sprechen gute Gründe dafür, dass im März 2004 der Terrorismus mittels des Hebels des Sicherheitsgefühls über die Politik gesiegt hat. So hatte die Volkspartei des amtierenden Regierungschefs *Aznar* noch bis zu den Terroranschlägen als klarer Favorit gegolten. Des Weiteren stieg die Beteiligung an den Wahlen vom 14. März 2004 gegenüber der letzten Parlamentswahl um rund acht Prozent an. Schließlich warnten Sicherheitskreise auch im Vorfeld der deutschen Bundestagswahl 2009 vor einem ähnlichen Effekt. Vgl. dazu etwa das Interview des Hamburger Abendblatts mit dem Präsidenten des Bundesamtes für Verfassungsschutz *Fromm* vom 31.01.2009. Online im Internet: URL: http://www.abendblatt.de/politik/deutschland/article149059/Die-Terrorgefahr-in-Deutschland-ist-sehr-gross.html (Stand 15.09.2011). Auf die Frage des Abendblatts „Zielt al-Qaida auf die Bundestagswahl? Will die Terrororganisation den Abzug Deutschlands aus Afghanistan erzwingen – so wie sie vor fünf Jahren den Abzug Spaniens aus dem Irak erzwungen hat?“ antwortete *Fromm*: „Diese Überlegung liegt nahe.“

gleichgültig sein.[161] Namentlich die Unberechenbarkeit des Terrorismus ist geeignet, das Grundvertrauen in den Staat zu erschüttern sowie die eingangs erwähnte Identifikation der Bürger mit ihrem Gemeinwesen erodieren zu lassen:

„Diese Entgrenzung der Bedrohung zielt darauf ab, das Vertrauen der Bürger in ihre Sicherheit zu untergraben und damit auch das Vertrauen in den Staat als Gewährleister der öffentlichen Ordnung zu erschüttern – in der Erwartung, dass eine Gesellschaft, in der sich niemand mehr sicher fühlt, auch ihren inneren Zusammenhalt verliert. Denn Gemeinschaftsgefühl kann nur entstehen, wo Menschen sich in ihrer Umgebung sicher und geborgen fühlen. Wer also die Sicherheit der Bürger bedroht, ob als Terrorist oder als Krimineller, der bedroht am Ende immer auch die Grundlagen unseres Zusammenlebens.“[162]

Indem also permanent die Möglichkeit besteht, dass Terroristen in Form von Anschlägen „den Hebel des Sicherheitsbedürfnisses betätigen“, ist der Rechtsstaat als Gratwanderer zwischen Sicherheit und Freiheit latent bedroht, die Freiheit aus dem Blick zu verlieren und auf der Seite der Sicherheit abzustürzen.[163] Hieraus ergibt sich die prekäre Situation, dass über dem jeweiligen in der Union und den Mitgliedstaaten gewährleisteten Maß an Sicherheit und Freiheit stets die düstere Bedrohung des Terrorismus schwebt. Deshalb ist der moderne globale Terrorismus zu Recht nicht nur als Herausforderung des Rechtsstaats, sondern des Verfassungsrechts an sich angesehen worden.[164]

Da es den Sicherheitsbehörden allerdings seit 2005 gelungen ist, Terroranschläge größerer Dimension in den USA und Europa zu verhindern, wurde die existentielle Frage nach dem adäquaten Ausgleich von Sicherheit und Freiheit wieder durch andere Themen überlagert. An erster Stelle ist hier die sich seit Mitte 2008 vertiefende weltweite Finanz- und Wirtschaftskrise zu nennen. Unter der Prämisse, dass weitere terroristische Großereignisse ausbleiben, deutet also einiges daraufhin, dass die Politik- und Integrationsdekade 2010–2020 hauptsächlich unter ökonomischen Vorzeichen stehen wird.

Ungeachtet dieser Überlagerung der Antiterrorismus-Debatte durch Fragen der Ökonomie sollte aber keineswegs in Vergessenheit geraten, dass Terroristen mit

---

161 *Gusy*, JZ 2009, S. 217 (221).

162 *Schäuble*, Was ist Freiheit ohne Sicherheit? Rede vom 19.10.2009 im Rahmen der Ringvorlesung „Der internationale Terrorismus als Herausforderung des Rechts“ an der Freien Universität Berlin. Online im Internet: URL: http://www.bmi.bund.de/SharedDocs/Reden/DE/2009/10/bm_fu.html (Stand 01.01.2014).

163 Vgl. *v. Westphalen*, AnwBl 2008, S. 801.

164 So *Nolte* in Leitsatz 2 seines Berichtes auf der Jahrestagung der deutschen Staatsrechtslehrer 2007, VVDStRL 67 (2008), S. 157.

nur einem einzigen Schlag das freiheitliche Gesellschaftsmodell der Demokratie in den Abgrund stürzen könnten. Angesprochen ist damit das „Armageddon" terroristischer Anschläge mit Massenvernichtungswaffen. Dieses mitunter als Panikmache bezeichnete Szenario könnte entgegen aller historischen Erfahrungen dazu führen, dass die Demokratie im Kampf gegen den Terror unterliegt. Mit Blick auf die langfristige Lebensqualität wären die möglichen Folgen einer solchen Niederlage geradezu katastrophal.[165]

Vor dem Hintergrund der bereits eingetretenen tiefgreifenden Folgen sowie angesichts der latent fortbestehenden existenziellen Bedrohung durch den Terrorismus erscheint es nach alledem nicht übertrieben festzustellen, dass der Ausgleich von Sicherheit und Freiheit infolge der „welthistorischen Zäsur"[166] des 11. Septembers 2001 nicht nur eine Renaissance erlebt hat, sondern sogar zur dringlichsten und bedeutsamsten Frage des frühen 21. Jahrhunderts geworden ist.

Es kann nach alledem kein Zweifel bestehen: Die modernen, aufgeklärten und auf Offenheit und Mobilität angewiesenen Gesellschaften haben ihre in der Fragilität der öffentlichen Sicherheit liegende Achillesferse erkannt. Mit Blick auf diese

---

165 Vgl. das düstere Szenario bei *Ignatieff*:
„*What would defeat look like? It would not be like invasion, conquest, or occupation, of course, but rather would entail the disintegration of our institutions and way of life. A succession of mass casualty attacks, using weapons of mass destruction, would leave behind zones of devastation sealed off for years and a pall of mourning, anger, and fear hanging over our public and private lives. Such attacks would destroy the existential security on which democracy depends. Recurrent attacks with weapons of mass destruction might not just kill hundreds of thousands of people. We might find ourselves living within a national security state on permanent alert, with sealed borders, constant identity checks, and permanent detention camps for suspicious aliens and recalcitrant citizens. A successful attack would poison the wellsprings of trust among strangers that make the relative liberty of liberal democracy possible. Our police forces might descend to torturing suspects in order to prevent future attacks, and our secret security forces might engage in direct assassination on perpetrators or mere suspects as well. Our military might itself use weapons of mass destruction against terrorist enemies. If our institutions were unable to stop the attacks, the state's monopoly of force might even break down, as citizens took the law into their own hands seeking to defend themselves against would-be perpetrators. Vigilantes would patrol blighted and deserted streets.*
This is what the face of defeat might look like. We would survive, but we would no longer recognize ourselves or our institutions. We would exist but lose our identity as free peoples.", S. 153 f.

166 So *Lerch*, in: „11. September 2001 – Zehn Jahre danach", F.A.Z. Nr. 211 vom 10. September 2011, S. 7.

Bewußtseinsschärfung ist es von Interesse, inwieweit sich die bislang ohnehin schon sehr dynamisch verlaufende europäische Integration inzwischen auch auf den Bereich der Staatsfundamentalaufgaben Sicherheit und Freiheit erstreckt. Insbesondere fragt sich, inwieweit die Zusammenarbeit in der Europäischen Union einen unverzichtbaren Beitrag zum dauerhaften Erhalt einer adäquaten Balance aus Sicherheit und Freiheit leisten kann.

C. Die Europäisierung der Staatsaufgaben Sicherheit und Freiheit

Der Begriff der „Europäisierung“ hat sich im Verlauf der Integration zunehmender Beliebtheit erfreut. Gerade wegen dieser Beliebtheit steht er auch zunehmend in der Kritik: Denn das vermeintliche „Zauberwort“[167] werde – so wird bemängelt – oft leichtfertig, mitunter gar „inflationär“[168] verwendet.

Eingedenk dieser Kritik fragt sich, ob vorliegend im Kontext der Staatsfundamentalaufgaben Sicherheit und Freiheit überhaupt noch materiell berechtigt und sprachlich griffig vom Phänomen der „Europäisierung“[169] gesprochen werden kann?

Doch auch wenn sich diese Frage abschließend erst nach einer genauen Prüfung beantworten lässt, so legt doch der bereits nur überschlägige Blick den Schluss nahe, dass der Gebrauch des vermeintlichen „Allerweltsbegriffes“[170] hier seine Berechtigung habe. Denn unbenommen der nachfolgend detailliert vorzunehmenden Untersuchung liefert bereits die Integrationswirklichkeit zahlreiche Anhaltspunkte dafür, dass sich tatsächlich auch die Staatsfundamentalzwecke Sicherheit und Freiheit nicht der Dynamik des europäischen Rechts haben entziehen können.[171] So verdeutlichten nicht nur das Ratifikationsverfahren zum

---

167 *Häberle*, S. 53.

168 So mit zahlreichen Beispielen aus verschiedenen Wissenschaften *Häberle*, S. 53; ferner *Schuppert*, der gar von einem „Europäisierungs-Dschungel“ spricht und diesen aus verschiedenen Betrachtungsperspektiven zu durchdringen sucht, Staatswissenschaft, S. 835 ff. Tatsächlich erfreut sich der Begriff auf verschiedensten Forschungsgebieten des Rechts großer Beliebtheit, jüngst etwa *Petersen*, der eine „Europäisierung der Diplomatie“ feststellt, Dissertation Berlin 2011.

169 So etwa *Schily*, „Die Europäisierung der Innenpolitik“, NVwZ 2000, S. 883; *Kugelmann*, der von „einer Internationalisierung und Europäisierung auch der Gewährleistung von Sicherheit“ spricht, Die Kriminalpolizei 2007, S. 8; *Walter*, „Europäisierung der Inneren Sicherheit“, Die Polizei 2002, S. 33; ferner *Möllers/v. Ooyen* (Hrsg.), Europäisierung und Internationalisierung der Polizei.

170 *Häberle*, S. 53.

171 Diese erste Einschätzung wird auch durch einen überschlägigen Blick in das Schrifttum gestützt. Vgl. etwa den von *Glaser* auf der 50. Assistententagung Öffentliches Recht gehaltenen Vortrag „Die Europäisierung des Risikoverwaltungsrechts am Beispiel des Beweisrechts“; ferner *Beukelmann*, Europäisierung des Strafrechts – Die

Lissabon-Vertrag, sondern auch zahlreiche Rückblicke aus Anlass des 60-jährigen Bestehens des Grundgesetzes, in welch beträchtlichen Ausmaß das deutsche Verfassungsrecht mittlerweile vom Phänomen der Europäisierung und Internationalisierung durchdrungen ist.[172]

Unter dem Stichwort der Globalisierung lässt sich diese voranschreitende Entgrenzung des Staates auf weite Teile der Welt und auf fast alle Lebensbereiche übertragen.[173] So werden unter anderem Recht, Wirtschaft, Wissenschaft, Kultur, Sport und Kommunikation weltweit in zunehmendem Maße vernetzt, wobei diese Entwicklung im zusammenwachsenden Europa als besonders augenfällig erscheint. Die siebenundzwanzig Unionsmitglieder definieren sich in immer größeren quantitativen und qualitativen Anteilen ihrer Aktivitäten als Mitgliedstaat und damit nicht mehr als singuläres und souveränes (Staats-) Subjekt.[174] In einer durch den rasanten Wandel der globalen Kontextbedingungen geprägten Zeit rezipieren die mitgliedstaatlichen Verfassungen über Öffnungs- und Integrationsklauseln die kulturellen und verfassungskulturellen Änderungsimpulse und gleichen sich auf diese Weise untereinander an.[175]

Vor dem Hintergrund einer so beschriebenen Europäisierung und Internationalisierung fragt sich, inwieweit insbesondere auch die Staatsfundamentalzwecke Sicherheit und Freiheit in diese Entwicklung einbezogen sind.[176] Maßgeblich

---

neue strafrechtliche Ordnung nach dem Vertrag von Lissabon, NJW 2010, S. 2081; *Hecker*, Die Europäisierung der inneren Sicherheit, DÖV 2006, S. 273; *Schily*, Die Europäisierung der Innenpolitik, NVwZ 2000, S. 883; schließlich auch *Maurer*, „Europäisierung des Verfassungsrechts", § 4 Rdnr. 34 ff., S. 126 ff.

172 Etwa *Kokott*, The Basic Law at 60 – From 1949 to 2009: The Basic Law and Supranational Integration, GLJ 2010, S. 99; *Calliess*, 60 Jahre Grundgesetz – ein Jubiläum im Lichte der Europäisierung, AnwBl 2009, S. 478; ferner *Sachs*: „Einflüsse der europäischen und internationalen Verflechtungen auf die unterschiedlichsten Bereiche des nationalen Rechts sind auch in der Verfassungsjudikatur festzustellen; in einer Reihe von Zusammenhängen sind sie in der letzten Dekade besonders spürbar geworden", NJW 2009, S. 1441 (1447); *Kirchhof*, DVBl 2009, S. 541 (543 f.).

173 Vgl. hierzu: Das Verfassungsrecht vor den Herauforderungen der Globalisierung, Zweiter Beratungsgegenstand der Staatsrechtslehrertagung 2007 und die diesbezüglichen Berichte von *Nolte*, VVDStRL 67 (2008), S. 129 und *Poscher*, VVDStRL 67 (2008), S. 160.

174 *Calliess*, AnwBl 2009, S. 478.

175 *Sommermann* in FS Steiner, S. 796 (797 f.).

176 Diesbezüglich sagte etwa *Koppensteiner* bereits im Jahre 1963 voraus, dass die politische Dynamik der Integration „immer weitere Bereiche des öffentlichen Lebens gemeinschaftlicher Lenkung" unterwerfen wird, S. 70.

erscheint von Interesse, ob eine gegebenenfalls festgestellte Entgrenzung auch dieser zum Kernbereich der staatlichen Souveränität zählenden Bereiche in einer ähnlichen Dynamik verläuft, wie dies mit Blick auf andere, tendenziell souveränitätsfernere Bereiche zweifelsohne der Fall ist. Als Maßstab wird hier wohl die sich noch immer weiter vertiefende Wirtschaftsverflechtung heranzuziehen sein, so etwa das Recht der Grundfreiheiten, in deren Zusammenhang etwa die umstrittene Dienstleistungsrichtlinie[177] fällt[178], oder aber das europäische Kartell- und Vergaberecht.

Zur Untersuchung dieser Fragen lässt sich die Zeitachse der europäischen Einigung in die Abschnitte des bislang geltenden Rechts (Montanunion von 1951 bis Nizzavertrag aus 2001), der angestrebten aber gescheiterten Verfassung sowie der nunmehr aktuellen, nach dem Inkrafttreten des Vertrags von Lissabon geltenden Rechtslage unterteilen.

Bemerkenswert erscheint bereits an dieser Stelle, dass sich die epochalen Ereignisse des 11. Septembers 2001 sowie die für Europa so bedeutsamen und folgenreichen Anschläge von Madrid 2004 und London 2005 inmitten der Phase rechtlicher Neuorientierung und Neufundierung ereigneten. Insoweit kann und soll bei der nachfolgenden primärrechtsorientierten Untersuchung auch auf die Frage eingegangen werden, inwieweit die genannten terroristischen Großereignisse Niederschlag in den Vertragsreformen gefunden haben.

I. Die Europäisierung von Sicherheit und Freiheit auf der Zeitachse der europäischen Integration

Für die Gründungsmütter und -väter des europäischen Einigungswerkes dürfte die Diskussion um strafrechtliche Gemeinschaftskompetenzen wahrscheinlich noch ebenso unvorstellbar gewesen sein wie etwa die Existenz eines Europäischen Polizeiamtes. Dennoch stellen beide Phänomene längst Tatsachen der heutigen Integrationsrealität dar.

Und so genügt bereits ein nur überschlägiger Blick in das Primärrecht der Lissabon-Union um festzustellen, dass die Integration seit ihren frühen Anfängen auch im Elementarbereich aus Sicherheit und Freiheit signifikante Vertiefungen

177 Richtlinie 2006/123/EG des Europäischen Parlaments und des Rates vom 12. Dezember 2006 über Dienstleistungen im Binnenmarkt. (ABl. Nr. L 376 S. 36).

178 Zu den Hintergründen, Neuerungen sowie den Kontroversen rund um die auch „*Bolkestein*-Richtlinie" genannte Richtlinie 2006/123/EG vgl. *Korte*, NVwZ 2007, S. 501.

gezeitigt hat. Hier verdeutlichen bereits Art. 3 Abs. 2 EUV und der Titel V. des AEUV eindrucksvoll das diesbezüglich erreichte Integrationsniveau.

Deshalb erscheinen nicht allein die wesentlichen Entwicklungsfortschritte der Europäisierung von Sicherheit und Freiheit als erörterungswürdig. Von Relevanz ist vor allem die Frage, mit welcher Dynamik die Integrationsvertiefung verlief. Dabei scheint denkbar, dass die vorliegende Dimension der Europäisierung auf der Integrationszeitachse einen konstant linearen, einen exponentiellen oder einen unregelmäßig-wellenförmigen Verlauf beschreibt. Um hier Tendenzen aufzeigen zu können, soll die europäische Integration im Folgenden in die verschiedenen Stufen der Vertragsreformen unterteilt und sodann die jeweils darin erfolgte Europäisierung von Aufgaben der Sicherheit und der Freiheit beschrieben werden. Das Ziel ist insoweit eine Verlaufsanalyse.

1. Die EGKS – sektorale Hochzonung äußerer Sicherheit

Auf der Grundlage des am 9. Mai 1950 verkündeten *Schuman*-Plans, der insoweit „die Keimzelle der weiteren Entwicklung der europäischen Integration“[179] bildete, kam es am 18. April 1951 zur Gründung der Europäischen Gemeinschaft für Kohle und Stahl (EGKS). Bereits dieser erste Zusammenschluss zu einem supranationalen System beruhte auf ganz konkreten sicherheitspolitischen Erwägungen, nämlich der Überlegung, dass mit der Vergemeinschaftung der rüstungsstrategischen Kohle- und Stahlproduktion erneuten kriegerischen Auseinandersetzungen vorgebeugt werden könne. Im Ergebnis ging es den sechs an der Montanunion teilnehmenden Staaten also darum, durch die Gewinnung des Schutzes *vor*einander ein erhöhtes Sicherheitsniveau *unter*einander zu erzielen.[180] Dies mag mit Blick auf die thematische Umgrenztheit der EGKS zunächst kleinteilig und unbedeutend erscheinen. Hinsichtlich ihrer weg- und zukunftsweisenden Symbolkraft kann diese Motivlage aber in ihrer Bedeutung bis hin zum heutigen Tage nicht überschätzt werden. Denn die Beweggründe, die bei der Entstehung der Montanunion offen oder unterschwellig mitgewirkt haben, offenbaren höchst interessante Parallelen zu eben jener Motivik, die, wie oben beschrieben, einst zur Entstehung des Gewaltmonopols geführt haben mag. Denn in beiden Fällen versprachen sich Mitglieder eines Gemeinwesens – hier die Montanunion-Staaten, dort die Menschen

179 *Calliess*, Die neue Europäische Union nach dem Vertrag von Lissabon, S. 17.

180 Vgl. dazu nur den Beginn der Präambel des EGKS-Vertrages: „IN DER ERWÄGUNG, dass der Weltfriede nur durch schöpferische, den drohenden Gefahren angemessene Anstrengungen gesichert werden kann.“

des Naturzustandes – erhöhte Sicherheit dadurch, dass sie die Entscheidung über den legitimen Einsatz von Gewalt einer zentralen Instanz übertragen.[181]

Beim *Schuman*-Plan und der Gründung der EGKS handelte es sich somit zwar zunächst um nur begrenzte, aber dennoch bereits konkrete Maßnahmen zur effektiveren Gewährleistung der äußeren Sicherheit. Da auf diesem Wege insbesondere auch kriegsrelevante Entscheidungsfreiheit auf die europäische Ebene – zunächst in Form der Hohen Behörde – verlagert wurde, kann bereits in dieser Frühphase der Integration von einer zwar lediglich sektoralen, aber dennoch bedeutsamen Europäisierung der Staatsaufgabe Sicherheit gesprochen werden.

Die über die EGKS hinausgehende politische Integrationsvertiefung in Form einer Europäischen Verteidigungsgemeinschaft (EVG) sollte indes 1954 am Veto der französischen Nationalversammlung scheitern, denn deren Mehrheit betrachtete damals „die vorgesehenen Souveränitätseinschränkungen als ein zu großes Opfer in einem Kernbereich souveräner Staatlichkeit"[182]. In der Frühphase der Integration blieb es somit beim EGKS-Ansatz, Sicherheit zunächst vor allem durch wirtschaftliche Verflechtung zu schaffen.

2. Die Römischen Verträge – umfassende ökonomische Integration

Mit der Unterzeichnung der Verträge über die Europäische Atomgemeinschaft (EAG, Euratom) und die Europäische Wirtschaftsgemeinschaft (EWG) begann eine lang anhaltende Phase primär wirtschaftlich ausgerichteter Zusammenarbeit.

Doch während die sektoral begrenzte EGKS-Integration der Gewährleistung von Sicherheit diente, stieg die Errichtung eines europäischen Binnenmarktes im Rahmen der EWG und später der EG zum maßgeblichen Integrationstelos auf. Geschuldet war dies vor allem der nach dem Scheitern der *Fouchet*-Pläne im Jahr 1962 wachsenden Einsicht, dass eine echte politische Union auf absehbare Zeit unrealistisch sei. In den drei Folgejahrzehnten wurde somit mittels der

181 Angesichts der seit der Montanunion stetig angewachsenen Fülle der Unionskompetenzen erscheint es daher erst recht naheliegend, die heutige Lissabon-Union als ein Bürger und Staaten integrierendes Gemeinwesen aufzufassen, so etwa *Calliess*, in: Calliess/Ruffert (Hrsg.), EUV/AEUV, Art. 1 EUV, Rdnr. 39, wonach die einen Staaten- und Verfassungsverbund bildende Union „als ein die Mitgliedstaaten und ihre Verfassungen verbindendes und ergänzendes überstaatliches Gemeinwesen angesehen werden" könne.

182 *Calliess*, Die neue Europäische Union nach dem Vertrag von Lissabon, S. 17.

Grundfreiheiten an der Errichtung eines Gemeinsamen Marktes gearbeitet. Mit der Einheitlichen Europäischen Akte von 1986 wurde dieser europäische Binnenmarkt schließlich weitgehend vollendet.

3. Die Einheitliche Europäische Akte

Mit der am 1. Juli 1987 in Kraft getretenen Einheitlichen Europäischen Akte (EEA)[183] erfolgte die erste signifikante Vertragsrechtsreform. Zwar fiel der Umfang der Vertragsurkunde im Vergleich zu späteren Reformen geradezu spärlich aus.[184] Dennoch sollte die EEA – im Verein mit dem Schengener Abkommen – „eine erste Qualitätsänderung“[185] insbesondere auch im Bereich der europäischen sicherheitspolitischen Zusammenarbeit bewirken.

Diese sicherheitspolitische Facette der EEA ist oft in ihrer Bedeutung unterschätzt worden. Denn für gewöhnlich wird es als das einzige integrationshistorische Verdienst der EEA angesehen, die Vollendung des Binnenmarktes initiiert zu haben.[186] Letzterer war gemäß Art. 13 EEA bis zum 31. Dezember 1992 schrittweise zu verwirklichen.

Mit der von der EEA vorgesehenen Einführung der Europäischen Politischen Zusammenarbeit (EPZ)[187] erfolgte jedoch gleichzeitig auch eine politische Ausrichtung und somit die Begründung eines neuartigen, dualistischen Ansatzes: Während nämlich die Vollendung des Binnenmarktes noch ein Element der ökonomischen Finalität darstellte, steht die Einführung der EPZ bereits symbolhaft für den avisierten Aufbruch zu neuer politischer Dynamik.[188] Angesichts der ausweislich des Vertragstextes von der Zusammenarbeit erfassten Materien schien die neue politische Dynamik zwar zunächst auf die Zusammenarbeit im Rahmen der Außenpolitik und damit der äußeren Sicherheit im Sinne der späteren GASP

---

183 BGBl. 1986 II, S. 1104; ABl. 1987, Nr. L 169/1.

184 Vgl. ABl. 1987, Nr. L 169/1, wonach die EEA gerade einmal 29 Seiten in Anspruch nahm, während etwa der Vertrag von Lissabon im Amtsblatt vom 17. Dezember 2007 ganze 231 Seiten umfaßt.

185 *Suhr*, in: Calliess/Ruffert (Hrsg.), EUV/AEUV, Art. 67 AEUV, Rdnr. 6.

186 Europa – Zusammenfassungen der EU-Gesetzgebung. Online im Internet: URL: http://europa.eu/legislation_summaries/institutional_affairs/treaties/treaties_singleact_de.htm (Stand 15.09.2011).

187 Vgl. hierzu *Cremer*, in: Calliess/Ruffert (Hrsg.), EUV/EGV, Art. 50 EUV, Rdnr. 2.

188 Vgl. hierzu Online im Internet: URL: http://europa.eu/legislation_summaries/institutional_affairs/treaties/treaties_ singleact_de.htm (Stand 15.09.2011).

begrenzt zu sein. In Wirklichkeit aber leitete die Einheitliche Europäische Akte auch einen maßgeblichen Aufbruch bei der Zusammenarbeit in Bezug auf die innere Sicherheit ein. Dies vor allem mittelbar über die Vollendung des Binnenmarktes, der gemäß Art. 13 „einen Raum ohne Binnengrenzen [umfasst], in dem der freie Verkehr von Waren, Personen, Dienstleistungen und Kapital gemäß den Bestimmungen dieses Vertrages gewährleistet ist".

Denn zweifelsohne war den beteiligten Staaten bewusst, dass die mit der Abschaffung der Personenkontrollen einhergehende Freiheitserhöhung nicht ohne sicherheitsrechtliche Kompensationsmaßnahmen möglich sein würde. Entsprechend waren bereits wesentliche Ausgleichsmaßnahmen zuvor im Schengener Abkommen vom 14. Juni 1985 angelegt worden, welches insoweit den Boden für die Einheitliche Europäische Akte bereitete. Das zur Konkretisierung dieser Maßnahmen am 19. Juni 1990 geschlossene Schengener Durchführungsübereinkommen (SDÜ) enthielt sodann folgerichtig Bestimmungen zur operativen Zusammenarbeit und behandelte so bereits wesentliche Elemente des späteren Raums der Freiheit, der Sicherheit und des Rechts.[189]

Folglich trat mit der Einheitlichen Europäischen Akte nicht nur „deutlich der Wille zutage, das ursprüngliche Ziel einer politischen Union Europas wiederaufzunehmen."[190] Vielmehr wird auf der Integrationszeitachse der Beginn einer neuen Epoche markiert. Dieses neue Zeitalter der Integration sollte mit der Ablösung des bisherigen Raumkonzeptes „Binnenmarkt" durch den „Raum der Freiheit, der Sicherheit und des Rechts" nur elf Jahre später im Vertrag von Amsterdam seinen augenscheinlichen Ausdruck verliehen bekommen. Und obgleich spätere Vertragsreformen weitaus umfassender ausfallen sollten und den Raum der Freiheit, der Sicherheit und des Rechts erst förmlich konstituierten beziehungsweise konkret ausgestalteten, ist in der Einheitlichen Europäischen Akte doch der „Initialfunke" für die Europäisierung der Staatsfundamentalaufgaben Sicherheit und Freiheit zu erkennen.

4. Der Unionsvertrag von Maastricht

Noch bis zum Vertrag von Maastricht hatte der Schwerpunkt der europäischen Integration maßgeblich auf der Vollendung des Binnenmarktes gelegen. Dementsprechend war dem Sicherheitsanliegen – wie bereits seinerzeit im Rahmen der

---

189 *Suhr*, in Calliess/Ruffert (Hrsg.), EUV/AEUV, Art. 67 AEUV, Rdnr. 7.

190 BVerfG, 2 BvE 2/08 vom 30.06.2009, Rdnr. 8 (Lissabon).

Montanunion – hauptsächlich mittelbar in Form wirtschaftlicher Verflechtung gedient worden.

Mit dem Unionsvertrag von Maastricht sollte es diesbezüglich zu einer grundlegenden Wende kommen. Neben die Europäischen Gemeinschaften, die im Rahmen der vielzitierten bildhaften Tempelkonstruktion die erste Säule bildeten, traten nunmehr eine gemeinsame Außen- und Sicherheitspolitik (GASP) als zweite, sowie die polizeiliche und justizielle Zusammenarbeit in Zivil- und Strafsachen (PJZS) als dritte Unionssäule. Und obgleich die Kooperation in der zweiten und dritten Säule in Ermangelung echter Gemeinschaftskompetenzen weitgehend intergouvernemental angelegt blieb, manifestierte sich im Vertrag von Maastricht insoweit ein Wendepunkt, als dass mit der Europäischen Union ein nicht mehr bloß wirtschaftlich ausgerichtetes, sondern fortan auch politisches Gemeinwesen entstanden war.[191] Mit der Schaffung der GASP und der PJZS bekundeten die EU-Mitgliedstaaten zudem ihren Willen, die in den Art. 11 bis 42 EUV geregelten Belange der äußeren und inneren Sicherheit künftig zwar nicht supranational, aber zumindest doch im Verbund regeln zu wollen.

Vor dem Hintergrund der eingangs beschriebenen Bedeutung der ureigenen und den Staat gewissermaßen erst legitimierenden Aufgabe der Sicherheit erscheint der mit dem Vertrag von Maastricht erfolgte erste Offizialschritt hin zu einer Europäisierung der Sicherheit als außerordentlich bedeutsam. Zudem bestand bezüglich der in der GASP beziehungsweise der PJZS geregelten Bereiche von vornherein die Option, diese zu vergemeinschaften.

5. Der Vertrag von Amsterdam

Der am 1. November 1999 in Kraft getretene Vertrag von Amsterdam führte in Art. 2 Spgstr. 4; 29 EUV sowie in Art. 61 EGV den Terminus des „Raums der Freiheit, der Sicherheit und des Rechts“ ein. Somit wurde mit der Amsterdamer Reform erstmals „eine prägnante, begriffliche Klammer für die bisherige Zusammenarbeit in den Bereichen Justiz und Inneres“[192] geschaffen. Während also für dieses Tätigkeitsfeld der Union ein zentraler und große Orientierungswirkung ausstrahlender Begriff entstand, wurde die Regelungsmaterie insoweit aufgeteilt, dass ein Teil des Sicherheits- und Freiheitsraums – nämlich die Bereiche Visa, Asyl

191 Vgl. dazu *Blanke*, der die Verantwortlichkeit für die „Realisierung politischer Einheit“ weiterhin bei den Mitgliedstaaten sieht, DÖV 1993, S. 412 (S. 418).

192 *Suhr*, in Calliess/Ruffert (Hrsg.), EUV/AEUV, Art. 67 AEUV, Rdnr. 10.

und Einwanderung – fortan in den Art. 61 ff. EGV geregelt wurden und somit deren Vergemeinschaftung erfolgte. Doch obgleich sich auch die Regelungsmaterie in der Folgezeit aus einem supranationalen und einem intergouvernementalen Teil zusammensetzte, war mit dem Vertrag von Amsterdam eine neue europäische Vision entstanden.[193] Diese Integrationsvision eines „rechtlich befriedeten Freiheitsraums“[194] glich in ihrer dogmatischen Doppelstruktur dem „Gesamtkonstrukt EU“, deren Rechtsnatur nach wohl vorherrschender Ansicht zwischen internationaler Organisation und Bundesstaat zu verorten war.[195]

Die Bedeutung der Sicherheitsgewährleistung durch die EU wurde schließlich durch die Tatsache unterstrichen, dass der EU-Vertrag das Unionsziel der Sicherheit auch explizit benennt. Während das deutsche Grundgesetz keine entsprechende „Staatszielbestimmung Sicherheit“ aufweist, sondern die Sicherheit vielmehr als seine Grundlage voraussetzt,[196] normierten im Recht der EU Art. 2 und 29 EUV sowie Art. 61 EGV das Unionsziel, „den Bürgern in einem Raum der Freiheit, der Sicherheit und des Rechts ein hohes Maß an Sicherheit zu bieten“.

Hinsichtlich der Bedeutung der inneren Sicherheit für die EU markiert der Vertrag von Amsterdam also insoweit einen Wendepunkt, als dass die Zusammenarbeit in diesem Bereich nicht mehr länger als bloße Kompensation und Ausgleich der ökonomischen Integration erfolgte, sondern die gemeinsame Sicherheitspolitik insbesondere im Raum der Freiheit, der Sicherheit und des Rechts zu einem eigenständigen und bedeutsamen EU-Anliegen avancierte.[197]

6. Der Vertrag von Nizza

In die Verlaufsgeschichte der Europäischen Integration ist der am 26. Februar 2001 unterzeichnete und am 1. Februar 2003 in Kraft getretene Vertrag von Nizza

193 Zur Bedeutung und Ernsthaftigkeit dieser Vision als „Verfassungsziel der EU“ schon früh *Götz*, Ein Raum der Freiheit, der Sicherheit und des Rechts, in: Ipsen/Schmidt-Jortzig (Hrsg.), FS für Rauschning, S. 185 ff.

194 So *Müller-Graff*, EuR 2009, Beiheift 1, S. 105 (106 ff).

195 So etwa bildhaft *Calliess*, in Calliess/Isak (Hrsg.), Der Konventsentwurf für eine EU-Verfassung im Kontext der Erweiterung, S. 9 (17), wonach die Union „zwar das Ufer der klassischen Internationalen Organisation verlassen hat, jedoch das andere Ufer des Staates noch nicht erreicht hat und vielleicht auch niemals erreichen wird“.

196 *Calliess*, in: Müller/Schneider (Hrsg.), Die Europäische Union im Kampf gegen den Terrorismus: Sicherheit vs. Freiheit?, S. 83 (86 f.).

197 So auch *Glaeßner/Lorenz*, Europäisierung der inneren Sicherheit, S. 41.

allgemein als große Enttäuschung eingegangen.[198] In Umkehrung des Entwicklungsverlaufs aus *H.C. Andersens (1805–1875)* bekanntem Kunstmärchen *Den grimme Ælling*[199] war aus dem geplanten großen Zukunftsentwurf letztlich ein bloßer Reformvertrag ohne positive Impulse und ohne politische Ausstrahlungswirkung geworden.

Doch auch wenn das als „technische Übergangslösung"[200] bezeichnete Vertragswerk von Nizza insbesondere keine grundlegende Vertiefung des Raums der Freiheit, der Sicherheit und des Rechts mit sich brachte,[201] erscheint es für die vorliegende Untersuchung dennoch aus zwei Gründen interessant: So ist zum einen, im Sinne der Keimzelle einer europäischen Staatsanwaltschaft, die Einfügung der Europäischen Stelle für justizielle Zusammenarbeit (Eurojust) in Art. 29 Abs. 2, 2. Spstr. und 31 EUV als bedeutsam einzustufen. Zum anderen ist die auf dem Nizza-Gipfel am 8. Dezember 2000 erfolgte, feierliche Proklamation der seinerzeit noch unverbindlichen, aber dennoch höchst bedeutsamen Europäischen Grundrechtecharta zu erwähnen.[202]

Während die Grundrechtecharta allerdings erst neun Jahre später mit dem Vertrag von Lissabon Rechtsverbindlichkeit erlangen sollte, erhielt die Union in Gestalt von Eurojust erstmals eine Einrichtung zur Ermittlung und Verfolgung von Fällen der Schwerkriminalität, die mindestens zwei Mitgliedstaaten betreffen. Aufgabe von Eurojust war es fortan, die Koordinierung zwischen den zuständigen Behörden der einzelnen Mitgliedstaaten zu fördern, aber auch die internationale Rechtshilfe und die Erledigung von Übergabe- und Auslieferungsersuchen zu erleichtern.[203] Vor dem Hintergrund der Ereignisse des 11. Septembers 2001 ist ferner von Bedeutung, dass Eurojust gemäß dem Beschluss 2002/187/JI, ABl. 2002 L 63 eine entscheidende Rolle bei der Bekämpfung des Terrorismus spielen soll.

Als im Vergleich zur Schaffung von Eurojust weniger bedeutsam und als bloße Symbolik erschien seinerzeit noch die erwähnte Verkündung einer unverbindlichen Grundrechtecharta. Gleichwohl kann vor dem Hintergrund der Europäisierung von Sicherheit und Freiheit nicht verkannt werden, dass in der bloßen Schaffung eines Grundrechtekataloges bereits ein Indiz für das Entstehen

198 Vgl. zum Nizza-Vertrag insgesamt *Fischer*, Der Vertrag von Nizza, 2001, sowie *Pache/Schorkopf*, NJW 2001, S. 1377.

199 *H.C. Andersen*, Den grimme Ælling, Nye eventyr, 1843.

200 *Pache/Schorkopf*, NJW 2001, S. 1377 (1386).

201 *Suhr*, in: Calliess/Ruffert (Hrsg.), EUV/EGV, Art. 29 EUV, Rdnr. 13.

202 Speziell zur Grundrechtecharta *Calliess*, Die Charta der Grundrechte der Europäischen Union, EuZW 2001, S. 261.

203 *Röben*, in: Grabitz/Hilf (Hrsg.), Art. 29 EUV, Rdnr. 31.

europäischer Gewalt gesehen werden kann. Tatsächlich lässt sich in der Schaffung von Unionsgrundrechten, deren Anwendungsbereich sich gemäß Artikel 51 Abs. 1 der Grundrechtecharta ausschließlich auf das Handeln der Organe und Einrichtungen der Union, beziehungsweise auf mitgliedstaatliche Durchführungshandlungen erstreckt,[204] nur dann ein Sinn erkennen, wenn diesbezüglich aufgrund der Wirkweise des Unionsrechts eine Notwendigkeit hierzu besteht.

Schließlich kommt der Grundrechtecharta eine Funktion zu, die weit über das grundrechtstypische Element der Begrenzung der Hoheitsgewalt hinausgeht: Denn die europäische Grundrechtecharta soll – zumindest ihrer Idee nach – europäische Identität stiften.[205] Entsprechend des einleitend aufgezeigten, in der Gewährleistung von Sicherheit und Freiheit liegenden Identifikations- und Integrationspotentials wurde mit der Grundrechtecharta also eine weitere Möglichkeit dafür geschaffen, dass sich die Unionsbürger über die ihnen zuerkannten Individualrechte mit dem Gemeinwesen der Union auch emotional verbinden können. Insoweit kommt der feierlichen Verkündung der Grundrechtecharta auf dem Nizza-Gipfel durchaus eine grundlegendere Bedeutung zu als anfänglich vermutet. Dass das Unionsrecht über eine geschriebene Grundrechtecharta hinaus unbedingt noch an Transparenz und Bürgernähe gewinnen müsse, entsprach im Übrigen der im Rahmen des Post-Nizza-Prozesses vielfach erhobenen Forderung, wonach „die Zukunft Europas ... nicht weiterhin in Marathonsitzungen hinter verschlossenen Türen“[206] entschieden werden dürfte.

Die mit dem Inkrafttreten des Lissabon-Vertrages einhergehende Rechtsverbindlichkeit der Grundrechtecharta bedeutet jedenfalls, dass es nunmehr – für die Union wie für die Unionsbürger – „zum Schwure“ kommt.[207] In der Folgezeit bleibt abzuwarten, ob die Grundrechte faktisch das einhalten können, was sie rechtlich versprechen. Von Relevanz erscheint dies vorliegend vor allem zunächst mit Blick auf das in Art. 6 der Charta niedergelegte „Recht auf Freiheit und Sicherheit“[208]. Vor dem Hintergrund des weiten Sinngehalts der Begriffe muss es allerdings als unwahrscheinlich gelten, dass mit Art. 6 künftig – entgegen dem scheinbaren Wortlaut – ein allgemeines Recht auf Sicherheit geschaffen wird.[209] Während das

204 Dazu *Jarass*, Charta der Grundrechte der Europäischen Union, Art. 51.
205 *Calliess*, EuZW 2001, S. 261 (268).
206 So exemplarisch die Forderung *Pache/Schorkopf*, NJW 2001, S. 1377 (1386).
207 So schon seinerzeit *Calliess*, EuZW 2001, S. 261 (268).
208 Art. 6 GRCh lautet: „Jeder Mensch hat das Recht auf Freiheit und Sicherheit.“
209 Es ist nicht unproblematisch, wenn die Verträge mehr versprechen, als die Rechtswirklichkeit später halten kann.

Recht auf Sicherheit vermutlich maßgeblich dem Schutz vor willkürlicher Verhaftung dienen wird,[210] sind als relevante Chartaartikel für den Schutz der Bürger etwa vor Terroranschlägen vor allem Art. 2 und Art. 3 zu nennen.[211]

7. Der gescheiterte Vertrag über eine Verfassung für Europa

Der am 29. Oktober 2004 feierlich unterzeichnete, aber 2005 an den Referenden in Frankreich und in den Niederlanden gescheiterte Vertrag über eine Verfassung für Europa sah sowohl hinsichtlich der Integration im Allgemeinen als auch mit Blick auf die Europäisierung von Sicherheit und Freiheit grundlegende Integrationsvertiefungen vor.

Die insgesamt wohl bedeutendste Neuerung des Verfassungsvertrages war dessen vom Laekener Konvent erarbeitete Konzeption, die in der Schaffung eines neuartigen „Gebildes" bestand, das – ausgestattet mit eigener Rechtspersönlichkeit und einheitlicher Vertragsgrundlage – dem Bürger gegenüber als *die* Europäische Union auftreten sollte.[212]

Unter Überwindung der Säulen- bzw. Tempelkonstruktion war vorgesehen, die noch bis zum Vertrag von Nizza intergouvernemental ausgestaltete PJZS in den Katalog der Politikbereiche nach Teil III des Verfassungsvertrages zu integrieren. Hierdurch sollte es zu einer Vereinigung der ehemals in erster und dritter Säule getrennt geregelten Materien des Raums der Freiheit, der Sicherheit und des Rechts kommen. Letzterer wurde als in Art. I-3 Abs. 2 gelistetes Unionsziel durch die Art. I-42 und Art. III-257 ff. primärrechtlich ausgestaltet und einheitlich konstituiert.[213] Indem also künftig anstelle der Mitgliedstaaten die Union selbst Zurechnungsobjekt der Handlungsinstrumente der PJZS werden sollte, sah der Verfassungsvertrag einen qualitativen Sprung in einem politisch sensiblen Kompetenzbereich vor. Dieser wurde von manchem Beobachter als die insgesamt wichtigste materielle Kompetenzverschiebung zugunsten der Union angesehen.[214]

---

210 So *Jarass*, Charta der Grundrechte der Europäischen Union, Art. 6, Rdnr. 6.

211 *Jarass*, Charta der Grundrechte der Europäischen Union, Art. 6, Rdnr. 5.

212 *Calliess*, in: Calliess/Ruffert (Hrsg.), Verfassung der Europäischen Union, Art. I-1, Rdnrn. 6 f.

213 *Ruffert*, in: Calliess/Ruffert (Hrsg.), Verfassung der Europäischen Union, Art. I-3, Rdnr. 21.

214 So etwa *Görlitz*, DÖV 2004, S. 374 (376).

Neben diesen signifikanten materiellen Integrationsfortschritten lag die übergeordnete Bedeutung des Verfassungsvertrages jedoch vor allem in dessen politischer Symbolik. Von großer etatistisch-symbolischer Wirkung war unter anderem die Tatsache, dass die im Bereich der Sicherheit und Freiheit ergehenden Sekundärrechtsakte nicht länger als Rahmenbeschlüsse und Gemeinsame Standpunkte, sondern gemäß Art. I-33 als Europäische Gesetze und Europäische Rahmengesetze erlassen werden sollten.[215] Insgesamt waren die mit dem Verfassungsvertrag verbundenen Hoffnungen sehr groß. Namentlich zielte das bislang anspruchsvollste EU-Reformprojekt als „Vertrag von historischer Tragweite"[216] darauf ab, ein neues Zeitalter der Integration einzuleiten. Hiernach sollte die Verfassung die Projektionsgrundlage für ein künftiges Europa der Bürger bilden. Dass so auch die Vereinigten Staaten von Europa näher rücken würden, wurde von niemanden ernsthaft bestritten, wobei in diesem Zusammenhang nicht nur die Europahymne und die Europafahne, sondern auch das zu schaffende Amt des europäischen Außenministers zu nennen waren. Vor dem Hintergrund der identitätsstiftenden Funktion der Gewährleistung von Sicherheit und Freiheit ist nicht zuletzt auch die in Art. I-43 und Art. III-329 normierte Solidaritätsklausel für den Fall von Terroranschlägen zu erwähnen.[217]

8. Der Reformvertrag von Lissabon

Der am 13. Dezember 2007 unterzeichnete und am 1. Dezember 2009 in Kraft getretene Lissabon-Vertrag hat hinsichtlich der Gewährleistung von Sicherheit und Freiheit insgesamt ähnlich tiefgreifende Veränderungen mit sich gebracht, wie dies ursprünglich auch vom Verfassungsvertrag beabsichtigt war.[218]

a.) Struktur und Konzeption

Größtes konzeptionelles Positivmerkmal des Vertrags von Lissabon ist zweifellos die mit dem Wegfall der Unterscheidung von EU und EG sowie mit der Aufhebung

215 *Ruffert*, in: Calliess/Ruffert (Hrsg.), Verfassung der Europäischen Union, Art. I-33, Rdnr. 5.

216 *Läufer*, S. 8.

217 Als eine der wenigen Vorschriften des Verfassungsvertrags trat die Solidaritätsklausel zumindest politisch in Kraft. Nach den Anschlägen von Madrid im März 2004 wurden Art. I-43 und III-329 durch eine Erklärung des Europäischen Rates für politisch anwendbar erklärt.

218 Vgl. *Hoppe*, in: Lenz/Borchardt (Hrsg.), EU-Verträge, Vorb. Art. 67 AEUV, Rdnr. 5; *Weber*, BayVBl 2008, S. 485.

der Säulenstruktur einhergehende neue „Unions-Architektur“. Mit Blick auf die so oft geforderte Transparenz bewirkt diese eine begrüßenswerte Reduktion der rechtlichen und begrifflichen Komplexität des Europarechts.[219]

Einer der diesbezüglich bedeutsamsten Schritte betrifft unmittelbar auch die Frage der Europäisierung von Sicherheit und Freiheit: Die zuvor in der sogenannten dritten EU-Säule verortete polizeiliche und justizielle Zusammenarbeit in Strafsachen ist – dem Konzept des gescheiterten Verfassungsvertrages folgend – in den Vertrag über die Arbeitsweise der Europäischen Union überführt und somit weitgehend der Gemeinschaftsmethode unterworfen worden.[220]

Dies hat insgesamt nicht nur eine Dynamisierung dieses Politikbereiches zur Folge, sondern auch eine wesentliche Vereinfachung des bislang eher unübersichtlichen Systems der europäischen Rechtsakte. Denn obgleich auf den Terminus des „Europäischen Gesetzes“ beziehungsweise des „Europäischen Rahmengesetzes“ verzichtet wurde, wird anstelle der besonderen Rechtsinstrumente „Rahmenbeschluss“ und „Beschluss“ nunmehr auch im Bereich der ehemaligen PJZS ausschließlich das Rechtsakterepertoire des früheren Art. 249 EGV (nunmehr Art. 288 AEUV) zur Verfügung stehen. Der damit einhergehende Hinzugewinn an Übersichtlichkeit ist beachtlich, zumal dadurch zahlreiche kompetenzrechtliche Streitfragen der Vergangenheit angehören.[221] Auch die im konzeptionellen Gesamtansatz des „Raums der Freiheit, der Sicherheit und des Rechts“ erfolgende Vereinigung der bereits vergemeinschafteten, dem Bereich der inneren Sicherheit entstammenden Materien – Asyl, Einwanderung, Kontrolle der Außengrenzen, Zusammenarbeit auf dem Gebiet des Zivilrechts – mit der ehemals intergouvernementalen PJZS ist im Sinne eines politischen Gegenentwurfs zum vornehmlich ökonomisch orientierten Binnenmarktkonzept zu begrüßen.[222]

Mit Blick auf die Gewährleistung der Aufgaben Sicherheit und Freiheit enthält der Vertrag von Lissabon allerdings auch manche Enttäuschung. So steht gleich zu Beginn die bedauerliche Erkenntnis, dass es nicht gelungen ist, eine einheitliche Vertragsgrundlage zu schaffen. Zwar sind beide Vertragsteile – EUV und AEUV – gemäß Art. 1 Abs. 3 S. 2 EUV ausdrücklich rechtlich gleichrangig. Allerdings wird diese primärrechtliche Koexistenz beim interessierten Unionsbürger zumindest für Verwunderung, wenn nicht gar für Unverständnis sorgen.

---

219 *Lindner*, BayVBl 2008, S. 421 (422).

220 *Hoppe*, in: Lenz/Borchardt (Hrsg.), EU-Verträge, Vorb. Art. 67 AEUV, Rdnr. 5.

221 Vor allem die Streitfrage, ob ein Rechtsakt auf die erste oder dritte EU-Säule zu stützen sei, entfällt, vgl. etwa *Suhr*, ZEuS 2008, 45 (64).

222 Titel V, Art. 67 bis 89 AEUV.

Ein überschlägiger Blick in den Text des Lissabonner Vertragswerks ergibt weiterhin, dass die nicht nur für die vorliegende Untersuchung so bedeutsamen Aufgabenbereiche der Freiheit und Sicherheit in beiden Verträgen und in diesen wiederum an verschiedensten Stellen Erwähnung finden. So findet etwa der Terminus des „Raums der Freiheit, der Sicherheit und des Rechts" in der Präambel und in Art. 3 Abs. 2 des EUV, in Art. 4 Abs. 2 und Art. 67 des AEUV, sowie in den Protokollen Nr. 21 und 22 vielfältige Erwähnung. Darüber hinaus wird auch durch Art. 6 der nunmehr rechtsverbindlichen EU-Grundrechtecharta ein „Recht auf Freiheit und Sicherheit" garantiert. Somit wird eine Aussage über die Intensität und das Ausmaß der Europäisierung des Ausgleiches von Sicherheit und Freiheit bereits allein durch Struktur und Konzeption des Lissabon-Vertrages erheblich erschwert.

b.) Im Kontext bedeutsame Einzelregelungen

Im Kontext der Staatsfundamentalaufgaben Sicherheit und Freiheit ist der Lissabon-Vertrag maßgeblich durch eine sowohl inhaltliche wie auch symbolische Aufwertung des Raums der Freiheit, der Sicherheit und des Rechts gekennzeichnet. Letzterer wird in Art. 3 EUV nicht nur in unmittelbar vertragstextlicher Nähe zum Binnenmarkt aufgeführt. Vielmehr erfolgt mit Art. 3 Abs. 2 EUV sogar eine Voranstellung gegenüber dem bislang prioritären, nunmehr in Art. 3 Abs. 3 EUV aufgelisteten Ziel der Marktintegration. Von dieser Anordnung der beiden „großen Unionsräume" geht indes hohe Symbolkraft aus.[223] Denn Visionäre könnten hierin bereits die „Morgenröte europäischer Staatswerdung"[224] erkennen.

Mit Blick auf Aufbau und Funktionsweise wird der insoweit zum vorrangigen Unionsziel erklärte Sicherheits- und Freiheitsraum sodann im Vertrag über die Arbeitsweise der Union näher ausgestaltet. In dessen fünftem Titel wird der Raum der Freiheit, der Sicherheit und des Rechts in insgesamt 23 Vertragsartikeln – den Art. 67 bis 89 AEUV – erstmals im Rahmen eines einheitlichen Politikfeldes zusammengefasst. In systematischer und so recht übersichtlicher Art und Weise ist Titel V des AEUV in ein Kapitel allgemeiner Bestimmungen sowie in vier Kapitel Sachpolitiken untergliedert.

Von besonderer Relevanz für die vorliegende Untersuchung erscheint hierbei das die Justizielle Zusammenarbeit in Strafsachen regelnde vierte Kapitel (Art. 82

---

223 *Ruffert* etwa sieht in der Zielbestimmung des Art. 3 Abs. 2 EUV den Beleg dafür, dass sich die Union nun „endgültig als Sicherheitsunion etabliert" habe, in: Pernice (Hrsg.), Der Vertrag von Lissabon, S. 169 (170).

224 So *Müller-Graff*, EuR 2009, Beiheft 1, S. 105 (125).

bis 86 AEUV), steht doch das Strafrecht wie kaum eine andere Rechtsmaterie in engstem Zusammenhang mit der Gewährleistung der Staatsaufgaben Sicherheit und Freiheit.[225] Mit seiner generalpräventiven Wirkung bezweckt das Strafrecht zum einen die Aufrechterhaltung der öffentlichen Sicherheit, zum anderen bedeutet es regelmäßig aber auch empfindlichste Grundrechtseingriffe, „mit der schärfsten der Gesellschaft zu Gebote stehenden Waffe, dem Strafrecht, gegen den Täter vorzugehen."[226] Insbesondere aber im Strafrechtsbereich bewirkt der Lissabon-Vertrag eine bemerkenswerte Integrationsverdichtung. Nachdem bereits der Europäische Gerichtshof in seiner Judikatur die Festlegung bestimmter Mindeststrafen durch den Gemeinschaftsgesetzgeber für zulässig erklärt hatte,[227] ist mit Art. 83 AEUV erstmals eine primärrechtliche Verankerung einer Unionskompetenz zur Festlegung von Mindeststrafen für bestimmte, in Art. 83 Abs. 1 S. 2 AEUV festgelegte Kriminalitätsbereiche erfolgt. Als besonders dynamisch erscheint hierbei die in Art. 83 Abs. 1 S. 3 AEUV vorgesehene Möglichkeit der Erweiterung der festgelegten Kriminalitätsbereiche. Zwar setzt eine Inanspruchnahme dieser Kompetenz zunächst eine besondere Schwere und die grenzüberschreitende Dimension der in Rede stehenden Straftaten voraus. Ferner gilt zusätzlich das Erfordernis der Einstimmigkeit im Rat und der vorherigen Zustimmung des Europäischen Parlamentes. Dennoch kann die Bestimmung des Art. 83 Abs. 1 S. 3 AEUV zumindest rein juristisch als Ausgangspunkt eines sich weiter vertiefenden europäischen Strafrechts angesehen werden.[228]

Auch die durch Art. 6 EUV für rechtsverbindlich erklärte Grundrechtecharta bietet, was den Ausgleich von Sicherheit und Freiheit anbelangt, interessante Anknüpfungspunkte. Denn wie erwähnt garantiert deren Art. 6 nunmehr explizit ein Grundrecht auf Freiheit und Sicherheit.

Als Einschränkung und als mögliche Rechtfertigung mitgliedstaatlicher Vorbehalte ist hinsichtlich sämtlicher Kompetenzvertiefungen freilich auf Art. 72 AEUV hinzuweisen. Danach bleiben weiterhin allein die Mitgliedstaaten für die Aufrechterhaltung der öffentlichen Ordnung und den Schutz der inneren Sicherheit zuständig.[229]

---

225 Vgl. BVerfG, 2 BvE 2/08 vom 30.06.2009, Rdnr. 253 (Lissabon).

226 So das Bundesverfassungsgericht mit Blick auf das Strafrecht, BVerfGE 32, 98, Beschluss vom 19.10.1971, Rdnr. 109 (Lebenslange Haftstrafe).

227 EuGH Rs. C-440/05, Slg. 2007, I-0000 (Meeresverschmutzung).

228 In diese Richtung *Oppermann/Classen/Nettesheim*, § 37, Rdnrn. 32, 36, wonach die Annäherung des materiellen Strafrechts noch in den Anfängen stecke, aber eben die Harmonisierungsbefugnis durch den Lissabon-Vertrag ausgeweitet würde.

229 *Fastenrath/Skerka*, ZEuS 2009, S. 260.

II. Zwischenergebnis

Mit fortschreitender Integration sind auch die Staatsaufgaben Sicherheit und Freiheit vom vielzitierten „Sog des Integrationsprozesses“[230] erfasst worden. In der Integrationswirklichkeit hat diese Entwicklung längst dazu geführt, dass die europäische Einigung auch in politisch durchaus sensiblen Bereichen rasch voranschreitet.[231] Zu Recht ist daher festgestellt worden, dass das europäische Recht „zu einem überragenden Faktor [auch] der deutschen Innenpolitik geworden ist.“[232] Die Aufgabe, innere Sicherheit zu gewährleisten, hat somit ihren ausschließlich nationalstaatlichen Charakter verloren.[233]

In Anbetracht der seit dem *Schuman*-Plan nunmehr rund sechzig Jahre abbildenden Zeitachse der europäischen Einigung erscheint vor allem jene sich beschleunigende Dynamik bemerkenswert, mit der sich die Union der Themen Sicherheit und Freiheit sukzessive angenommen hat. Im vorliegenden Zusammenhang stellt sich die Verwendung des mitunter kritisierten „Zauberwortes“ der Europäisierung daher weder als leichtfertig, geschweige denn als „inflationär“[234] dar. Vor dem Hintergrund der einleitend beschriebenen, elementaren Bedeutung des Begriffspaares aus Sicherheit und Freiheit sowie mit Blick auf die Schaffung und die Dynamik des Raums der Freiheit, der Sicherheit und des Rechts liegt es vielmehr auf der Hand, vom Vorliegen eines Teilbereiches der Integration zu sprechen, der nicht nur gleichermaßen bedeutsam wie aktuell ist, sondern auch aus eben diesen Gründen geradezu als mustergültiges Beispiel für die ungebrochene Dynamik der Integration angesehen werden kann.

Beginnend mit der Montanunion bis hin zum Maastricht-Vertrag, also während der ersten vier Integrationsjahrzehnte, hatte das Hauptaugenmerk noch auf der Wirtschaftskooperation gelegen.[235] Erst allmählich wurden die sich aus der Verwirklichung des Binnenmarktes ergebenden neuen Freiheiten sukzessive durch sicherheitsrelevante Ausgleichsmaßnahmen flankiert.[236] Die sicherheitspolitische

---

230 Vgl. *Terhechte*, EuZW 2009, S. 724 (725), der in der „Furcht vor dem Verlust der (eigenen) Staatlichkeit im Sog der Dynamik des europäischen Integrationsprozesses“ sogar das Grundmotiv für die Europakritik des Lissabon-Urteils sieht.

231 *Calliess*, ZEuS 2009, S. 559 (580).

232 *Schily*, NVwZ 2000, S. 883.

233 So bereits 2002 *Pitschas*, NVwZ 2002, S. 519.

234 Vgl. die mit diesen Worten erfolgende Kritik am Terminus der Europäisierung bei *Häberle*, S. 53.

235 *Schily*, NVwZ 2000, S. 883 (884).

236 *Oppermann/Classen/Nettesheim*, § 37 Rdnr. 3, S. 656.

Kooperation vollzog sich somit letztlich in einer Art „Reflex" auf das Voranschreiten des Binnenmarktes. Dabei stellte dieser sukzessiv-duale Ansatz keineswegs einen Automatismus oder gar eine Zufälligkeit dar. Vielmehr war diese funktional ausgerichtete europäische Langfriststrategie, erst recht nach dem Scheitern der Europäischen Verteidigungsgemeinschaft und der Europäischen Politischen Gemeinschaft, die einzig verbleibende Möglichkeit, um über den „Umweg" einer Wirtschaftsintegration doch noch zur politischen Einheit zu gelangen. Es entsprach dabei eben diesem Ansatz, „über eine möglichst weitgehende wirtschaftliche Verflechtung, über einen Gemeinsamen Markt, [...] die praktische Notwendigkeit politischer Vergemeinschaftung"[237] herbeizuführen. Es sollten demnach bewusst und gezielt solche „Handels- und Wirtschaftsbedingungen entstehen, die eine politische, auch außen- und sicherheitspolitische Einheit dann als allein folgerichtig erscheinen lassen würden."[238]

In diesem Kalkül offenbart sich übrigens eine frappante Ähnlichkeit mit der späteren Argumentation im Zusammenhang der Euro-Krise: Zunächst wird – bewusst oder unbewusst, gezielt oder zufällig – eine mit tiefgreifenden Problemen und Herausforderungen beladene Gegenwart geschaffen. Sodann werden – unter Verweis auf die Brisanz eben dieser Probleme – die Unumkehrbarkeit der bisherigen und die Alternativlosigkeit bestimmter künftiger Schritte proklamiert.[239]

Rückblickend hat sich diese wie oben beschriebene Langfriststrategie durchaus als erfolgreich erwiesen. Denn als mit der Einheitlichen Europäischen Akte von 1986 der Binnenmarkt formell vollendet wurde, begann sich das Thema des Ausgleichs von Sicherheit und Freiheit allmählich vom Binnenmarkt zu lösen und sich diesem gegenüber zu emanzipieren. Nachdem dann in der Folge der Unionsvertrag von Maastricht mit der polizeilichen und justiziellen Zusammenarbeit in Strafsachen in materieller Hinsicht die entscheidende Integrationsvertiefung gebracht hatte, trat mit dem im Amsterdam-Vertrag eingeführten Terminus des Raums der Freiheit, der Sicherheit und des Rechts schließlich ein hinsichtlich der Themen Sicherheit und Freiheit erstmals eigenständiges, visionäres und in sich geschlossenes Integrationskonzept hinzu.

---

237 BVerfG, 2 BvE 2/08 vom 30.06.2009, Rdnr. 7 (Lissabon).

238 BVerfG, 2 BvE 2/08 vom 30.06.2009, Rdnr. 7 (Lissabon).

239 Geradezu prophetisch wurde diese spätere Argumentation, insbesondere der Bundeskanzlerin Merkel, bereits im Rahmen der Maastricht-Debatte von *Seidel*, EuR 1992, S. 125 (136) vorausgesehen. Denn während vor Maastricht noch die Binnenmarktintegration zur Notwendigkeit politischer Integration geführt hatte, wird eben diese Notwendigkeit im Lissabon-Europa nunmehr von der Währungsintegration verursacht.

Angesichts dieser Entwicklungen und ihrer Implikationen für die deutsche Justiz- und Innenpolitik ist bereits im Jahre 2000 konstatiert worden, dass die europäische Zusammenarbeit inzwischen „Kernbereiche der nationalen Identität betreffe" und so ein noch vor einer Generation nicht für möglich gehaltener Zustand erreicht worden sei.[240]

In tragischer Weise durch die Terroranschläge des 11. Septembers 2001 „begünstigt", erlangten die Themen Sicherheit und Freiheit schließlich eine unerwartete Aktualität und Relevanz.[241] Dies verlieh der Zusammenarbeit auch und gerade innerhalb der Union nicht nur weitere Dynamik, sondern einen regelrechten Schub.[242] Die endgültige Renaissance des rund dreihundert Jahre umfassenden, das Grundverhältnis von Sicherheit und Freiheit betreffenden Diskurses lösten dann die Anschläge von Madrid (2004) und London (2005) aus. In Reaktion auf diese Ereignisse ließ sich eine entschiedene Fokussierung der Union auf sicherheitspolitische Themen beobachten.[243]

Seit den genannten Ereignissen und aufgrund dieser Ereignisse konnte sich der Raum der Freiheit, der Sicherheit und des Rechts zum dynamischsten aller Integrationsprojekte entwickeln.[244] Vor dem Hintergrund unzähliger Einzelmaßnahmen sowie ehrgeiziger Programme der Ratspräsidentschaften erscheint es insoweit als gerechtfertigt, von einer insgesamt neuen Dimension der Europäisierung innerer Sicherheit zu sprechen.[245]

Vor dem Hintergrund der terroristischen Ereignisse sind sowohl der Verfassungsvertrag als auch der Vertrag von Lissabon Zeugnis dafür, dass sich der Raum der Freiheit, der Sicherheit und des Rechts endgültig zu einer gegenwärtig zwar noch visionären, aber dennoch eigenständigen Politik „von verfassungsrechtlicher Bedeutung"[246] entwickelt hat.

Die rückblickende Feststellung, dass die Europäisierung der Staatsaufgaben Sicherheit und Freiheit eine sich sukzessiv beschleunigende Tendenz aufweist, gilt insbesondere für die zwei Jahrzehnte seit Ende des Kalten Krieges. In dieser

---

240 So unter Verweis auf andere *Schily*, NVwZ 2000, S. 883 (884).

241 Vgl. dazu mit einer Reihe von Beispielen aus nationaler und europäischer Gesetzgebung *Sturm*, in Lange (Hrsg.), Wörterbuch zur Inneren Sicherheit, S. 101 (106 f.).

242 Vgl. nur *Wasmeier/Jour-Schröder*, in v. d. Groeben/Schwarze, Art. 29 EUV, Rdnr. 34.

243 Die Union ist insoweit eine „Sicherheitsunion", so auch *Ruffert*, in: Pernice (Hrsg.), Der Vertrag von Lissabon, S. 169 (170).

244 Vgl. *Haack*, EuR 2009, S. 282 (284); ebenso *Monar*, in: v. Bogdandy/Bast (Hrsg.), Europäisches Verfassungsrecht, S. 749 (750).

245 *Hecker*, DÖV 2006, S. 273 ff.

246 *Monar*, in: v. Bogdandy/Bast (Hrsg.), Europäisches Verfassungsrecht, S. 749 (750).

Zeit drängte sich – nach anfänglicher Orientierungslosigkeit – die Bekämpfung des internationalen Terrorismus mit großer Macht in den Fokus der europäischen Zusammenarbeit.[247]

Zwar ist spätestens seit dem Zusammenbruch der New Yorker Lehman-Bank im September 2008 die sich verschärfende Finanz-, Wirtschafts- und zuletzt auch Staatsschuldenkrise zunehmend in den Blickwinkel der Öffentlichkeit gerückt. Dennoch deutet vieles darauf hin, dass auch künftig ein Schwerpunkt der strategischen Ausrichtung europäischer Integration im Bereich der inneren Sicherheit liegen wird. Insbesondere das im Rahmen der schwedischen Ratspräsidentschaft 2009 erarbeitete „Stockholmer Programm“[248] belegt, dass in der angestrebten Einbeziehung des Unionsbürgers in den Raum der Freiheit, der Sicherheit und des Rechts ein Ausweg aus den wirtschaftlichen und politischen Schwierigkeiten der Gegenwart sowie ein Konzept zur Bewältigung der komplexen Herausforderungen der Zukunft gesehen wird. Das Thema des Ausgleichs von Sicherheit und Freiheit, in dem unzählige Einzel- und Folgeproblematiken angelegt sind, könnte hier zum Schlüsselthema für die Union insgesamt werden. Denn neben der hauptsächlich negativ besetzten Thematik der „Euro- und Vertrauenskrise“ kann Europa hier für den Bürger positiv in Erscheinung treten. Daher ist die Kommissions-Mitteilung „Ein Raum der Freiheit, der Sicherheit und des Rechts im Dienste der Bürger“[249] nicht etwa zufällig um dem Slogan „Mehr Freiheit und mehr Sicherheit“ ergänzt worden. Innerhalb des Schlüsselthemas des Ausgleiches von Sicherheit und Freiheit wird wiederum – rechtlich wie konzeptionell – der die sicherheits- und freiheitsrechtlichen Themen zusammenfassende Raum der Freiheit, der Sicherheit und des Rechts das zentrale Instrument und die zentrale Projektionsfläche europäischer Identitätshoffnung sein.

---

247 So etwa auch *Nettesheim*, NJW 2009, S. 2876.

248 „Das Stockholmer Programm – ein offenes und sicheres Europa im Dienste der Bürger“ beschlossen vom Rat der Europäischen Union, EU-Dok. 17024/09.

249 KOM-Mitteilung KOM(2009) 262/4, „Ein Raum der Freiheit, der Sicherheit und des Rechts im Dienste der Bürger“.

D. Der europäische Raum der Freiheit, der Sicherheit und des Rechts als territoriale Grundlage und das Rechtsstaatsprinzip als Steuerungsmodus im Rahmen des Ausgleichs von Freiheit und Sicherheit

Nachdem als Ergebnis der Untersuchung der unionalen Primärrechtsentwicklung eine zuletzt sprunghaft zunehmende Europäisierung der Staatsaufgaben Sicherheit und Freiheit festzuhalten ist, fragt sich nunmehr zum einen, mittels welcher rechtlichen Konzepte und Strategien sich dieser Prozess gegenwärtig und womöglich auch künftig fortsetzen wird. Zum anderen ist von Interesse, welche Implikationen diese Entwicklung auf das tradierte staatliche Gewaltmonopol haben könnte.

Wie bereits deutlich wurde, nimmt im Zusammenhang dieser Fragen der Raum der Freiheit, der Sicherheit und des Rechts (RFSR) einen besonderen Stellenwert ein. Denn dieser Begriff weist eine vielschichtige und multidimensionale Bedeutung auf, von der wiederum eine besondere Integrationskraft ausgeht: Der Sicherheits- und Freiheitsraum ist politische Idee, vertragliches Vorhaben und Normenbestand zugleich.[250]

Potenziert wird diese Bedeutung durch die materiell nicht minder umfängliche Inhaltstrias. Wie einleitend geschildert, handelt es sich bei den Begriffen „Freiheit", „Sicherheit" und „Recht" nicht nur um zentrale Werte des zeitgenössischen europäischen Gesellschaftsmodells, sondern der europäischen Kultur an sich. Diese bilden – insoweit im RFSR gebündelt und miteinander verwoben – einen der Eckpfeiler der europäischen Integration.[251]

Des Weiteren kommt im Konzept eines Sicherheit und Freiheit bietenden Raums der selbstauferlegte Unionsanspruch zum Ausdruck, wonach sich diese der Aufgaben Sicherheit und Freiheit künftig in zunehmenden Maße eigenhändig anzunehmen gedenkt und sich hierbei, statt tagespolitischem Druck oder weltanschaulichen Überzeugungen, vor allem des Rechts als Steuerungsmodus zwischen Sicherheit und Freiheit zu bedienen.[252]

---

250 So *Nettesheim*, EuR 2009, S. 24.

251 KOM-Mitteilung KOM(2009)262/4, „Ein Raum der Freiheit, der Sicherheit und des Rechts im Dienste der Bürger", S. 2.

252 *Calliess*, AnwBl 2009, S. 481.

Schließlich sind auch die gegenwärtige politische Bedeutung sowie das integrative Potential des RFSR in hohem Maße bemerkenswert. So hat dieses Integrationsprojekt seit seinem im Vertrag von Amsterdam vollzogenen „Sprung ins Primärrecht“[253] nicht nur dramatisch an Bedeutung hinzugewonnen.[254] Vielmehr hat sich dieser Politikbereich – wie besehen – innerhalb nur eines Jahrzehnts zu einem der wichtigsten, ehrgeizigsten und dynamischsten Integrationsprojekte überhaupt entwickelt.[255]

Die politische Agenda der Union spiegelt diese hohe Bedeutung wider: Nicht nur die deutsche Ratspräsidentschaft, auch die darauf folgenden portugiesischen, slowenischen, französischen, tschechischen und schwedischen Präsidentschaften haben sich schwerpunktmäßig mit diesem Thema auseinandergesetzt. Mit dem „Stockholmer Programm“[256], dem strategischen Arbeitsprogramm für die Justiz- und Innenpolitik der Union für den Zeitraum 2010 bis 2014, hatte der RFSR zuletzt 2009 einen zentralen inhaltlichen Bezugspunkt erhalten. Danach sollte der RFSR den Unionsbürger gezielt in den Fokus rücken und so neues Integrationspotential entfalten. Dabei sollte das Stockholmer Programm nicht weniger sein als eine „echte Vision“, um „langfristige Perspektiven aufzuzeigen und sich vorzustellen, wie der europäische Raum der Freiheit, der Sicherheit und des Rechts in fünfzehn Jahren aussehen soll.“[257]

Angesichts dieser Aktualität und der evident grundlegenden Bedeutung für die Frage des Ausgleichs von Sicherheit und Freiheit werden im Folgenden zunächst die wesentlichen Entwicklungsstufen des Sicherheits- und Freiheitsraums nachgezeichnet. Darüber hinaus soll der integrationsrechtliche und gegebenenfalls auch der integrationsstrategische Auftrag des RFSR hinterfragt werden. Auf diese Weise erfolgt eine Annäherung an jene offen erscheinende Wortschöpfung, der gerade wegen ihrer scheinbaren Unverbindlichkeit ein „faszinatives, aber auch nebulöses oder gar suggestionsanfälliges Perspektivpotential“[258] bescheinigt wurde. Hiermit

---

253 So zunächst mit Blick auf die Bereiche Justiz und Inneres im Maastrichter Vertrag *Hoppe*, in: Lenz/Borchardt (Hrsg.), EU-Verträge, Vorb. Art. 67, Rdnr. 3.

254 So *Haack*, EuR 2009, S. 282 (284); ebenso *Monar*, Integration 2002, S. 171 und Integration 2003, S. 536.

255 *Nettesheim*, EuR 2009, S. 24.

256 „Das Stockholmer Programm – ein offenes und sicheres Europa im Dienste der Bürger“ beschlossen vom Rat der Europäischen Union, EU-Dok. 17024/09.

257 *Jacques Barrot*, Beitrag des Vizepräsidenten der Europäischen Kommission anlässlich der Anhörung vor dem Deutschen Bundestag am 18. März 2009 in Berlin, S. 1.

258 So allgemein in Bezug auf das Denken in europäischen Räumen *Müller-Graff*, EuR 2009 Beiheft 1, S. 105 (106 f.).

angesprochen ist die mit Blick auf die europäische Geschichte in der Tat fast schon mythisch und sagenhaft anmutende Verheißung eines sicheren und zugleich freien europäischen Raumes. Im Folgenden soll daher eine einführende Betrachtung zum „Raumdenken“ den Einstieg in die Auseinandersetzung mit dem RFSR bilden.

I. Europa, die Union und das Denken in Räumen

Eine Facette politischen Denkens und menschlichen Trachtens ist das „Denken in Räumen“. Letzteres ist seit jeher besonders ausgeprägt bei Angehörigen herrschender Schichten, Militärs oder Politikern, mithin bei solchen Menschen, die andere von einer in ihrer eigenen Gedankenwelt wurzelnden Idee begeistern und so die Wirklichkeit verändern wollen.

Mit Blick auf diesen insoweit missionarischen Charakter des Raumdenkens überrascht es nicht, dass auch der Raum der Freiheit, der Sicherheit und des Rechts einige jener visionären Denkmuster und Gedankenstrukturen aufzuweisen scheint, die für das „Denken in Räumen“ an sich als typisch erscheinen mögen.

Die Vergangenheit ist diesbezüglich reich an Beispielen und Vergleichsvorlagen. So war den in der Menschheitsgeschichte erfolgten Proklamationen nach Aufbrüchen in neue Räume nicht nur stets ein betont mitreißendes, dynamisches Element gemeinsam. Vielmehr war mit ihnen immer auch die Hoffnung verbunden, dass ein solcher Aufbruch gegenwärtige Herausforderungen überwinden könne und das Ziel eine insoweit bessere Zukunft sei. Nirgends wird diese hoffnungsfrohe Erwartung wohl deutlicher zum Ausdruck gebracht als im Entwurf der europäischen Verfassung. In deren Präambel wurde die Europäische Integration als „großes Abenteuer“ bezeichnet, „das einen Raum eröffnet, in dem sich die Hoffnung der Menschen entfalten kann“[259].

Beim Raumdenken handelt es sich zudem immer auch um Denken in Herrschaftskategorien. Über die europäische Integration hinaus gibt es zahllose Beispiele, bei denen Visionäre – mit positiven wie negativen Folgen – die Erschließung neuer Räume proklamiert haben. Erinnert sei etwa an den „Lebensraum im Osten“, dessen versuchte Eroberung den Zweiten Weltkrieg zum Flächenbrand werden ließ. Teils positivere, teils ambivalente Beispiele lassen sich dem Pioniergeist der USA entnehmen:

---

259 Präambelabsatz 5 des Vertragsentwurfes über eine Verfassung für Europa, vom Europäischen Konvent am 13. Juni und 10. Juli 2003 im Konsensverfahren angenommen, dem Präsidenten des Europäischen Rates am 18. Juli 2003 in Rom überreicht.

So wurden die auf den irischen Bischof *George Berkeley (1685–1753)* zurückgehenden Worte *„westwards the course of empire takes its way"*[260] zum Leitspruch für den amerikanischen Mythos der *western expansion.* Diese war für viele Neuankömmlinge gleichermaßen Verheißung wie Mission, sollte aber gleichzeitig den Ureinwohnern Lebensgrundlage und Lebensraum nehmen.[261] Aus der jüngeren amerikanischen Geschichte ist die Vision *John F. Kennedys (1917–1963)* von der *New Frontier* zu nennen, die ein gesellschaftliches Umdenken avisierte und letztendlich in der Mondlandung gipfelte. Schließlich fügt es sich auch in die Macht- und Herrschaftskategorien des Raumgedankens ein, wenn das Bundesverfassungsgericht in seinem als „Grenzziehung"[262] und „Konfrontation"[263] gewerteten Lissabon-Urteil den Mitgliedstaaten „einen ausreichenden Raum zur politischen Gestaltung der wirtschaftlichen, kulturellen und sozialen Lebensverhältnisse"[264] garantierte.

Demnach gilt es auch zu klären, inwieweit der Raum der Freiheit, der Sicherheit und des Rechts – dem Raumgedanken entsprechend – Ausdruck eines visionären Aufbruchs ist und ob dieser möglicherweise darauf abzielt, die Schwelle von einem ökonomischen Zweckverbund hin zu einem echten politischen Gemeinwesen zu überschreiten.[265]

II. Die Entwicklung des Raums der Freiheit, der Sicherheit und des Rechts

Die durch den Vertrag von Lissabon bewirkte Fortentwicklung des für diese Arbeit besonders relevanten Raums der Freiheit, der Sicherheit und des Rechts kann als insgesamt symbolhaft für die Vertiefung der europäischen Integration angesehen werden:

---

260 So der Beginn der letzten Strophe aus *Verses on the Prospects of Planting Arts and Learning in America*, 1726 (veröffentlicht 1752).

261 Vgl. *Wolf*, Westwärts, HO!, in: USA – Aufstieg und Krise einer Weltmacht, Spiegel Special Geschichte 4/2008, S. 48 (50 f.).

262 So *Nettesheim*, NJW 2009, S. 2867 (2868).

263 *Calliess*, F.A.Z. Nr. 198 vom 27. August, 2009, S. 8.

264 BVerfG, 2 BvE 2/08 vom 30.06.2009, Rdnr. 7 (Lissabon).

265 Dazu *Müller-Graff*, EuR 2009 Beiheft 1, S. 105 (125), der zwar nicht so weit geht, im Raum der Freiheit, der Sicherheit und des Rechts „die Morgenröte europäischer Staatswerdung" zu erkennen, aber dennoch in dessen systematischer Stellung im Lissabon-Vertrag ein bedeutsames politisches Signal erkennt.

Wie nämlich die gesamte Union fußte auch der Sicherheits- und Freiheitsraum bis zum Jahr 2009 auf verschiedenen Säulen (Art. 61 ff. EGV einerseits und Art. 29 ff. EUV andererseits). Indem mit der Vergemeinschaftung der ehemaligen PJZS diese Säulenstruktur überwunden wurde, gehört auch die in der Vergangenheit beim interessierten Bürger oftmals für Verwirrung sorgende Unterscheidung zwischen Europäischer Gemeinschaft und Europäischer Union der Vergangenheit an.[266] Diese nunmehr eigenständige und einheitliche Politik des Raums der Freiheit, der Sicherheit und des Rechts stellt sich als Ergebnis einer langen Primärrechtsentwicklung dar.[267]

1. Die Vorläufer

Obgleich der Raum der Freiheit, der Sicherheit und des Rechts erst 1999 mit dem Vertrag von Amsterdam den „Sprung ins Primärrecht"[268] schaffte, war dessen Konzeption keineswegs ohne gedankliche und ideentheoretische Vorläufer. So wurde etwa bereits im Dezember 1977 durch den Europäischen Rat die Forderung nach einem europäischen Rechtsraum erhoben.[269]

Im Folgenden ein Überblick über die wesentlichen primärrechtlichen Wegmarken des RFSR:

a.) Bis zum Vertrag von Maastricht

Ausweislich der nunmehr im fünften Titel des Vertrags über die Arbeitsweise der Europäischen Union geregelten Materien wird die „materielle Vorgeschichte" des Raums der Freiheit, der Sicherheit und des Rechts durch die Summe jener europäischen Kooperation abgebildet, die den Aufgabenkomplex Justiz, Polizei, Grenzkontrollen und Asylpolitik tangieren.

Auf diesen Gebieten wurde bereits kurz nach Gründung der Europäischen Wirtschaftsgemeinschaft ein Handlungsbedarf auf europäischem Niveau ausgemacht.[270] Dieser Handlungsbedarf fußte auf der im Rahmen der

266 Vgl. auch *Suhr*, ZEuS 2008, S. 45 (63 ff.).

267 Dazu auch *Oppermann/Classen/Nettesheim*, § 37 Rdnrn. 5 ff., S. 656 f.

268 So zunächst mit Blick auf die Bereiche Justiz und Inneres im Maastrichter Vertrag *Hoppe*, in: Lenz/Borchardt (Hrsg.), EU-Verträge, Vorb. Art. 67 AEUV, Rdnr. 3.

269 *Wasmeier/Jour-Schröder*, in: v. d. Groeben/Schwarze, EUV/EGV, Art. 29 EU, Rdnr. 1.

270 *Jour-Schröder/Wasmeier*, in: v. d. Groeben/Schwarze, EUV/EGV, Vorbem. Art. 29 bis 42 EUV, Rdnr. 8.

Wirtschaftskooperation vordringenden Einsicht, dass im Zuge der europäischen Liberalisierung die Gefahr besteht, dass nicht nur redliche Bürger und lautere Unternehmer, sondern auch Kriminelle von den neuen Freiheiten Gebrauch machen würden.[271] Hierbei zeigte sich sehr früh die nach wie vor divergierende Integrationsbereitschaft der Mitgliedstaaten in Bezug auf wirtschaftliche Fragen einerseits, und mit Blick auf die justizielle und sicherheitsrelevante Zusammenarbeit andererseits. Während nämlich bereits in der Anfangsphase der Integration eine Vielzahl den Binnenmarkt flankierender Wirtschaftsmaßnahmen beschlossen wurde, stellte sich die Vertiefung im Bereich der inneren Sicherheit und der Justiz zunächst als vergleichsweise halbherzig und schleppend dar. Nur punktuell waren hier Initiativen, etwa im Bereich der Polizeiarbeit und des Zolls, zu verzeichnen. Im Bereich der kooperativen Polizeiarbeit verdient namentlich die 1975 erfolgte Bildung der TREVI-Gruppe[272] Erwähnung, die allgemein als historischer Vorläufer von Europol gedeutet wird.[273] Ausgangspunkt und Hauptmotivation zur kooperativen Polizeiarbeit war bereits die in den 1970er Jahren für Westeuropa bestehende Bedrohung durch Terroranschläge.[274] In der Folgezeit wurden bis 1991 zu verschiedenen Themenschwerpunkten insgesamt fünf TREVI-Arbeitsgruppen aufgestellt.[275] Deren Arbeit verlief allerdings ausschließlich nach den Regeln zwischenstaatlicher Zusammenarbeit.[276]

Im Bereich der Zusammenarbeit der Zollverwaltungen ist die sog. GAM-Gruppe hervorzuheben, die sich ursprünglich auf den gesamten Bereich des Zollwesens erstreckte, dann aber mit der zunehmenden Vereinheitlichung des nicht-tarifären Zollrechts auf den nicht harmonisierten Bereich beschränkt wurde. In diesen Maßnahmen erschöpften sich jedoch weitestgehend die „bis in die achtziger Jahre kaum greifbaren Ergebnisse“[277] der Zusammenarbeit im Bereich innerer Sicherheit und Justiz.

---

271 *Bergmann*, ZEuS 2003, S. 85 (118).

272 Detailliert zur TREVI-Gruppe *Ellermann*, S. 33 ff.

273 So etwa *Walter*, Die Polizei, 2002, S. 33 (36).

274 *Ellermann*, Europol und FBI, S. 33.

275 Gruppe I – Terrorismus (1975); Gruppe II – Öffentliche Ordnung, Polizeitechnik, Ausbildung (1975); Gruppe III – organisiertes Verbrechen, insbesondere Drogenkriminalität (1985); Gruppe IV – TREVI ’92 Binnenmarkt (1991); Gruppe V – Ad-hoc-Gruppe Europol (1991).

276 *Jour-Schröder/Wasmeier*, in v. d. Groeben/Schwarze, EUV/EGV, Vorbem. Art. 29 bis 42 EUV, Rdnr. 12.

277 *Jour-Schröder/Wasmeier*, in v. d. Groeben/Schwarze, EUV/EGV, Vorbem. Art. 29 bis 42 EUV, Rdnr. 8.

Erste signifikante Fortschritte waren ab Mitte der 1980er Jahre zu verzeichnen. Den Auftakt bildete diesbezüglich das Weißbuch der Kommission über die Vollendung des Binnenmarktes aus dem Jahre 1985.[278] Sodann schuf die Einheitliche Europäische Akte von 1986 unübersehbaren Handlungsbedarf dergestalt, dass den Binnenmarkt flankierende sicherheitsrelevante Ausgleichsmaßnahmen schlichtweg notwendig wurden.[279] Durch den II. Titel der EEA wurde in den EWGV Art. 8a eingeführt, durch den die Verwirklichung des Binnenmarktes bis zum 31. Dezember 1992 vertraglich festgeschrieben wurde. Als Ausgleich für den im Rahmen des Binnenmarktes vorgesehenen Wegfall der Waren- und Personenkontrollen an den EG-Binnengrenzen wurde in die begleitende Erklärung der Mitgliedstaaten die Formulierung aufgenommen, „dass die Mitgliedstaaten zur Förderung der Freizügigkeit unbeschadet der Befugnisse der Gemeinschaft zusammenarbeiten, und zwar insbesondere hinsichtlich der Einreise, der Bewegungsfreiheit und des Aufenthalts von Staatsangehörigen dritter Länder. Außerdem arbeiten sie bei der Bekämpfung von Terrorismus, Kriminalität, Drogenhandel und unerlaubtem Handel mit Kunstwerken und Antiquitäten zusammen."

Insoweit steht vor allem die Einheitliche Europäische Akte für die ersten zaghaften Anfänge einer europäischen Justiz- und Innenpolitik.

b.) Der Vertrag von Maastricht

Der am 1. November 1993 in Kraft getretene Vertrag von Maastricht zeitigte insoweit bedeutsame Veränderungen, als dass die Zusammenarbeit in den Bereichen Justiz und Inneres erstmals umfassend vertragsrechtlich geregelt wurde.

Mit Art. B Spgstr. 3 des Maastricht-Vertrages setzte sich die Union das Ziel der „Entwicklung einer engen Zusammenarbeit in den Bereichen Inneres und Justiz". Als Titel VI in den Art. K bis K 9 normiert, bildete dieser Politikbereich die dritte Säule der von nun an plastisch als Tempelkonstruktion beschriebenen Union. Diese Darstellung der seinerzeitigen Rechtsgrundlagen der EU ist mitunter als irreführend kritisiert worden. Dennoch erscheint das Modell der EU als Tempelkonstruktion vor allem dann als geeignet, wenn es die intergouvernementale Herkunft des Raums der Freiheit, der Sicherheit und des Rechts darzustellen gilt. Denn mochte mit dem Vertrag von Maastricht die Zusammenarbeit in den

---

278 KOM (1985) 310 endg. v. 14.06.1985.

279 Zu Recht spricht *Götz* von einem diesbezüglichen „Junktim", Ein Raum der Freiheit, der Sicherheit und des Rechts, in: Ipsen/Schmidt-Jortzig (Hrsg.), FS für Rauschning, S. 185 (189).

Bereichen Justiz und Inneres erstmals primärrechtlich normiert sein, so machte das der dritten Säule zugrundeliegende Einstimmigkeitsprinzip unmissverständlich deutlich, dass es sich hier eben gerade nicht um supranationale, sondern um intergouvernemental ausgestaltete Materien handelte. Besonders typisch für diese Materien ist der Umstand, dass hier jene die Machtverteilung zwischen EU und Mitgliedstaaten darstellende Formel von den Mitgliedstaaten als „Herren der Verträge" in besonderem Maße Geltung beanspruchte. Gleichwohl war im Maastrichter Vertrag mit der Evolutivklausel des Art. K. 9 bereits eine gewisse dynamische Tendenz zur Vergemeinschaftung jener den Ausgleich von Sicherheit und Freiheit tangierenden Materien vorgesehen.

Mit Blick auf die rund sechzehn Jahre später im Vertrag von Lissabon eingeführten „Notbremseverfahren" ist schließlich bemerkenswert, dass im Vertrag von Maastricht die für die Souveränität besonders bedeutsame Zusammenarbeit in Strafsachen und Zollkontrollen (Art. K. 1 Nr. 7, 8 und 9) gemäß Art. K 9 von der Möglichkeit der vereinfachten Überführung in die supranationale erste Säule ausgeschlossen war.[280]

2. Begründung und Konsolidierung

a.) Der Vertrag von Amsterdam als Geburtsstunde des Sicherheits- und Freiheitsraums

Der am 1. Mai 1999 in Kraft getretene Vertrag von Amsterdam steht in der Integrationsgeschichte ganz allgemein für den „Sprung ins Primärrecht"[281]. Denn in Art. 2 S. 1 Spgstr. 4; 29 EUV sowie in Art. 61 EGV wird der Terminus des „Raums der Freiheit, der Sicherheit und des Rechts" offiziell eingeführt.

Erstmals also schuf der Amsterdamer Vertrag „eine prägnante begriffliche Klammer für die bisherige Zusammenarbeit in den Bereichen Justiz und Inneres"[282]. Angesichts der Tatsache, dass mit der Begriffstrias aus „Freiheit", „Sicherheit" und „Recht" drei nachgerade rechtsepochale Termini in einem Raumgedanken Vereinigung fanden, musste seinerzeit in Kauf genommen werden, dass es sich beim RFSR zunächst um eine in hohem Maße theoretische und inhaltlich offene Wortschöpfung handeln würde, die es sukzessive auszufüllen gelte.[283] Ungeachtet

280 Vgl. *Suhr*, in: Calliess/Ruffert (Hrsg.), EUV/EGV, Art. 42 EUV, Rdnr. 4.
281 *Hoppe*, in: Lenz/Borchardt (Hrsg.), EU-Verträge, Vorb. Art. 67 AEUV, Rdnr. 3.
282 *Suhr*, in: Calliess/Ruffert (Hrsg.), EUV/AEUV, Art. 67 AEUV, Rdnr. 10.
283 So etwa *Müller-Graff*, EuR 2009 Beiheft 1, S. 105.

dieser Offenheit und Komplexität wies die „Vision vom rechtlich befriedeten Freiheitsraum“[284] aber von Beginn an ein hohes Integrationspotential auf.

Während also mit dem Amsterdamer Vertrag ein zentraler Oberbegriff für die Zusammenarbeit in den Bereichen Justiz und Inneres entstand, wurde die zugrundeliegende Regelungsmaterie insoweit aufgeteilt, dass der eine Teil – nämlich die Bereiche Visa, Asyl und Einwanderung – fortan in den Art. 61 ff. EGV geregelt und somit vergemeinschaftet wurden, der andere Teil dagegen mit Art. 29 ff. EUV intergouvernemental ausgestaltet blieb.

Doch auch diese Aufspaltung der Gesamtregelungsmaterie in einen supranationalen und einen intergouvernementalen Teil vermag nichts daran zu ändern, dass mit dem Vertrag von Amsterdam erstmals eine einheitliche Vision des europaweiten Raums der Freiheit, der Sicherheit und des Rechts geschaffen wurde. In seiner dogmatischen Doppelstruktur glich dieses Integrationsprojekt insoweit dem „Gesamtkonstrukt EU“. Um aber im Falle eines politischen Konsenses die Materien des RFSR leichter innerhalb der ersten Säule zusammenführen zu können, wurden die noch unter dem Maastrichter Vertrag bestehenden Ausnahmen von der Evolutivklausel des Art. K.9 aufgegeben. Seither konnten auch die Materien der PJZS in einem vereinfachten Verfahren vergemeinschaftet werden. Dieses sah allerdings vor, dass vor dem einstimmigen Ratsbeschluss noch das Europäische Parlament angehört werden musste.[285]

Für die Europäische Union bedeutete die formelle Einführung des RFSR einen wesentlichen Schritt zur Verwirklichung des Anspruchs, mehr als ein bloßer ökonomischer Zweckverband zu sein. Die primärrechtliche Verankerung des visionären Gedankens, in einem europäischen Territorium die Fundamentalaufgaben Sicherheit und Freiheit mittels des Integrationsfaktors des Rechts gemeinschaftlich wahrzunehmen, bedeutete einen zunächst nur abstrakten, aber dennoch überaus bedeutsamen Sprung in Richtung einer sich mittels des Rechts immer weiter vertiefenden Union.

In dem Augenblick aber, in dem auf der Zeitachse der Einigung der Übergang von der ökonomischen Union mit ihrem Binnenmarkt hin zu einer auch politischen Union mit dem Raum der Freiheit, der Sicherheit und des Rechts erfolgte, zeigte die Integration mit den Protokollen Nr. 2–5 zum Amsterdamer Vertrag auch erste Risse. Während diese vier, die verpflichtende Teilnahme von Großbritannien, Irland und Dänemark begrenzenden Protokolle einerseits zum Abschluss des

---

284 Zu diesem Begriff vgl. *Müller-Graff*, EuR 2009, Beiheift 1, S. 105 (106 ff).

285 *Suhr*, in: Calliess/Ruffert (Hrsg.), EUV/EGV, Art. 42 EUV, Rdnr. 5; zur möglichen Bedeutung von Art. 42 EUV der Nizza-Fassung im Rahmen von Verfassungskrisen und -reformen *Jour-Schröder/Konow*, EuZW 2006, S. 550.

Amsterdamer Vertrages erforderlich waren, begründeten sie andererseits jene territoriale Unvollständigkeit, die sich später sowohl in ihrer Perpetuierung als auch in ihren politischen Folgewirkungen als sehr integrationshinderlich erweisen sollte.

b.) Der Vertrag von Nizza

Hinsichtlich des Raums der Freiheit, der Sicherheit und des Rechts brachte der Vertrag von Nizza keine wesentlichen Änderungen mit sich.[286] Es entsprach insoweit den insgesamt „mageren Ergebnissen“[287] des Vertragswerkes, dass auch der Sicherheits- und Freiheitsraum nicht weiter vertieft wurde.[288]

Als im weiteren Zusammenhang bedeutsam stellten sich lediglich die Gründung von Eurojust und die feierliche Verkündung der seinerzeit noch rechtlich unverbindlichen Grundrechtecharta dar.

Möglicherweise lag die entscheidende Bedeutung des Vertrags von Nizza in der Feststellung und Benennung des fortbestehenden Reformbedarfs. Die auf dem EU-Gipfel vom 14./15. Dezember 2001 in Laeken konkretisierten Reformschritte – Verbesserung des Subsidiaritätsprinzips, Erhöhung der Transparenz, Klärung der Rolle der nationalen Parlamente sowie des Status der Grundrechtecharta[289] – betrafen auch und insbesondere den RFSR. Denn dessen unzusammenhängende Normierung bestand ungeachtet einiger redaktioneller Änderungen fort.

Schließlich ist von Bedeutung, dass die Terroranschläge des 11. Septembers exakt in den Zeitraum zwischen Unterzeichnung und Inkrafttreten des Nizza-Vertrages fielen. Die katalysatorische Wirkung, die dieses epochale Ereignis für die internationale und europäische Zusammenarbeit hatte, konnte sich so mit Blick auf das unionale Primärrecht erst verzögert entfalten.[290]

3. Vergemeinschaftung und visionärer Aufbruch

Während die Verträge von Amsterdam und Nizza und deren Folgezeit für Begründung und Konsolidierung stehen, zielten sowohl der Verfassungsvertrag als auch

286 *Hoppe*, in: Lenz/Borchardt (Hrsg.), EU-Verträge, Vorb. Art. 67 AEUV, Rdnr. 4.
287 *Schwarze*, NJW 2002, S. 993.
288 So auch *Suhr*, der dem Nizza-Vertrag „keine grundlegenden Reformen für den RFSR“ attestiert, in: Calliess/Ruffert (Hrsg.), EUV/AEUV, Art. 67 AEUV, Rdnr. 17.
289 Dazu ausführlich *Schwarze*, NJW 2002, S. 993 f.
290 Zu den rechtlichen Rahmenbedingungen und Problemfeldern Europäischer Terrorismusbekämpfung vgl. *Rackow*, Die Polizei 2011, S. 1.

dessen inhaltlicher Nachfolger – der Lissabon-Reformvertrag – auf eine entschiedene Weiterentwicklung und Vertiefung des Raums der Freiheit, der Sicherheit und des Rechts ab.

Beide Vertragswerke zählten die Reform der europäischen Justiz- und Innenpolitik zu ihren Großvorhaben.[291] Es sollte ein integrationsrechtlicher Vorzeichenwechsel dergestalt erfolgen, dass die ehemals intergouvernementale Politik in den Gemeinschaftsrahmen überführt und – wenn auch unter bestimmten Modifikationen – an die Gemeinschaftsmethode herangeführt wird.

a.) Der Verfassungsvertrag

Als wichtigste der durch den Verfassungsvertrag vorgesehenen Neuerungen war die Vereinigung der ehemals in erster und dritter Säule getrennt geregelten Materien des Raums der Freiheit, der Sicherheit und des Rechts anzusehen.[292] Letzterer wurde in Art. I-3 Abs. 2 als Unionsziel aufgelistet und durch die Art. I-42 und Art. III-257 ff. näher ausgestaltet. Doch obwohl die Einführung eines einheitlichen rechtlichen Rahmens einen eindeutigen Fortschritt gebracht hätte, waren die materiellen Regelungsbereiche infolge politischer Differenzen durch eine Vielzahl von Abweichungs- und Ausnahmebestimmungen gekennzeichnet.

Während aber die materielle Substanz des Verfassungsvertrages, und damit auch dessen Änderungen hinsichtlich des Raums der Freiheit, der Sicherheit und des Rechts, im Wesentlichen durch den Lissabon-Vertrag bewahrt wurde, ist dem Verfassungsprojekt letztlich die hohe politische Symbolkraft als dessen prägendste Eigenschaft zum Verhängnis geworden.

b.) Der Vertrag von Lissabon

Das Datum des 1. Dezembers 2009 steht nicht nur für die Überwindung der unionalen Verfassungskrise, sondern auch für die weitere Vertiefung des Raums der Freiheit, der Sicherheit und des Rechts.[293]

Sowohl hinsichtlich der Konzeption als auch mit Blick auf den materiellen Inhalt bietet der Vertrag von Lissabon die diesbezügliche Überraschung, dass im Vergleich

291 *Streinz/Ohler/Herrmann*, § 20, S. 157.

292 So etwa auch *Monar*, Integration 2003, S. 536 f.; *Görlitz*, DÖV 2004, S. 374 (376).

293 Vgl. auch die Darstellung des Wissenschaftlichen Dienstes des Deutschen Bundestages, Nr. 13/08 vom 18. März 2008, Der Raum der Freiheit, der Sicherheit und des Rechts im Vertrag von Lissabon.

zum Verfassungsvertrag spektakuläre Änderungen ausgeblieben sind.[294] Während noch in der Reflexionsphase ein Ausweg in der Passerelle des früheren Art. 42 EUV gesehen wurde,[295] hat der bedeutendste Fortschritt des Verfassungsvertrages – die Überwindung der ehemaligen Säulenstruktur – unverändert Eingang in die nunmehr geltende Rechtslage gefunden.[296]

Folglich konnte mit dem Vertrag von Lissabon verhindert werden, dass die negativen Referenden in Frankreich und den Niederlanden nicht nur den Verfassungsvertrag, sondern auch die Fortentwicklung des Raums der Freiheit, der Sicherheit und des Rechts mit sich reißen.[297]

Als erstes Indiz für die grundlegende Bedeutung dieser Neuerungen kann die beachtliche Aufmerksamkeit dienen, die etwa der bundesdeutsche Gesetzgeber im Rahmen der Ratifikation des Lissabonvertrages diesem Themenkomplex gewidmet hat. So wurde als einzige explizite Begründung für die Notwendigkeit einer Zustimmung zum Vertragsgesetz mit den Mehrheiten des Art. 23 Abs. 1 S. 3 i.V.m. Art. 79 Abs. 2 GG die „Überführung der Bestimmungen über die polizeiliche und justizielle Zusammenarbeit in Strafsachen, die bisher Teil der intergouvernementalen Zusammenarbeit waren (Titel VI EU-Vertrag) und die sogenannte ‚dritte Säule‘ bildeten, in den allgemeinen Rahmen der Union als Teil der geteilten Zuständigkeit für den Raum der Freiheit, der Sicherheit und des Rechts“[298] genannt. Insoweit stellte der Umstand, dass die Notwendigkeit einer Zustimmung mit Zweidrittelmehrheit im Wesentlichen mit der Vergemeinschaftung der polizeilichen und justiziellen Zusammenarbeit in Strafsachen begründet wurde, eine Steilvorlage des Parlaments an das Bundesverfassungsgericht dar. Und während die Zweidrittelmehrheit am 24. April 2008 im Bundestag sowie am 23. Mai 2008 im Bundesrat zustande kam, sollte – rund ein Jahr später – das Bundesverfassungsgericht in seinem Lissabon-Urteil die Antwort nicht schuldig bleiben. Darin erachteten die Verfassungsrichter das Strafrecht und insbesondere das Gewaltmonopol als Kernelemente nationaler Souveränität.[299]

Als weiteres Indiz für die Souveränitätssensibilität der Thematik kann ferner auch die Tatsache angesehen werden, dass sich der Ausschuss für die Angelegenheiten

294 *Ruffert*, in: Pernice (Hrsg.), Der Vertrag von Lissabon, S. 169 (170).

295 Vgl. *Jour-Schröder/Konow*, Die Passerelle des Art. 42 EU-Vertrag – Macht sie die Regeln des Verfassungsentwurfes für einen europäischen Raum der Freiheit, der Sicherheit und des Rechts obsolet?, EuZW 2006, S. 550 (553).

296 *Streinz/Ohler/Herrmann*, § 20, S. 157.

297 *Schober*, S. 49 f.

298 BT-Drs. 16/8300, S. 6.

299 BVerfG, 2 BvE 2/08 vom 30.06.2009, Rdnrn. 249, 252 (Lissabon).

der Europäischen Union des Bundestages veranlasst sah, am 5. März 2008 ein Expertengespräch zum Thema „Raum der Freiheit, der Sicherheit und des Rechts" durchzuführen. Angesichts der inhaltlichen Schnittmenge mit der grundlegenden Frage nach der Europäisierung der Staatsaufgaben Sicherheit und Freiheit ist die konkrete Fortentwicklung des Raums der Freiheit, der Sicherheit und des Rechts im Vertrag von Lissabon vorliegend von großer Bedeutung.

aa.) Struktur und Konzeption

Auch wenn die Lissabonner Gesamtkonzeption des Raums der Freiheit, der Sicherheit und des Rechts mitunter als bruchstückhaft kritisiert wurde,[300] stellt diese ohne jeden Zweifel einen beträchtlichen Fortschritt hinsichtlich Systematik und Übersichtlichkeit dar. Unter dem Titel V und in den Art. 67 bis 89 AEUV, also in dreiundzwanzig Vertragsartikeln zusammenhängend normiert, stellt der RFSR erstmals einen auch als solchen erkennbaren, eigenständigen Politikbereich der Union dar. Mit dem Kapitel 1 als Allgemeinem Teil und den in den Kapiteln 2 bis 4 geregelten Sachmaterien als Besonderem Teil kann der RFSR somit als geschlossenes System innerhalb eines übergeordneten Regelwerks bezeichnet werden.

bb.) Materieller Inhalt und Auftrag – eine Justiz- und Innenpolitik für die Union

In Art. 67 AEUV, dem einleitenden Artikel der allgemeinen Bestimmungen, werden sämtliche Politikbereiche des RFSR aufgeführt. Zusammen bilden diese den Titel V des AEUV. Mit den Bereichen Grenzkontrollen, Asyl und Einwanderung (Art. 77 bis 80), Justizielle Zusammenarbeit in Zivil- (Art. 81) und Strafsachen (Art. 82 bis 86) sowie der polizeilichen Zusammenarbeit (Art. 87 bis 89) sind nunmehr alle den Justiz- und Innenbereich betreffenden Bestimmungen unter einer großen begrifflichen Klammer zusammengefasst.[301] Somit konstituiert der im Vertrag von Lissabon neu gefasste Raum der Freiheit, der Sicherheit und des Rechts erstmals eine einheitliche Justiz- und Innenpolitik der Union.

Das Ziel dieser Politik besteht ausweislich der EUV-Präambel darin, „[...] die Freizügigkeit unter gleichzeitiger Gewährleistung der Sicherheit ihrer Bürger durch den Aufbau eines Raums der Freiheit, der Sicherheit und des Rechts [...] zu fördern".

Aus der Anordnung der Begriffe Freizügigkeit und Sicherheit einerseits sowie des Begriffs „Raum der Freiheit, der Sicherheit und des Rechts" andererseits kann

300 *Streinz/Ohler/Herrmann*, § 20, S. 160.

301 Auswärtiges Amt, Denkschrift zum Vertrag von Lissabon vom 13. Dezember 2007, S. 85.

dabei keineswegs die Nachrangigkeit der Sicherheit gefolgert werden. Vielmehr ist aufgrund der Genese der Bestimmungen von der grundsätzlichen Gleichrangigkeit beider Ziele auszugehen. Die nunmehr in den Art. 82 ff. AEUV vergemeinschaftete ehemalige Polizeiliche und Justizielle Zusammenarbeit in Strafsachen diente sogar, wie Art. 29 EUV in der Fassung von Nizza verdeutlichte, vorrangig dem Aspekt der inneren Sicherheit.[302]

cc.) Rechtliche Umsetzung – (lückenhafte) Vergemeinschaftung

Zentrales Charakteristikum der Lissabonner Justiz- und Innenpolitik ist die Zusammenführung des Raums der Freiheit, der Sicherheit und des Rechts in Form der Vergemeinschaftung.[303] Da abgesehen von wenigen Ausnahmen nunmehr auch in diesem Bereich grundsätzlich die Gemeinschaftsmethode Anwendung findet,[304] ist die oftmals als schwierig empfundene Abgrenzung der Kompetenzgrundlagen von EGV und EUV entfallen.[305] Während nunmehr auch im Sicherheits- und Freiheitsraum Sekundärrecht in Form von Verordnungen und Richtlinien gesetzt wird, war der Private nach dem früheren Handlungsinstrumentarium der dritten EU-Säule vor unmittelbaren Rechtswirkungen geschützt, beziehungsweise war ihm eine solche subjektive Berechtigung verwehrt.

Von besonderer Tragweite sind in diesem Zusammenhang die erweiterten Befugnisse des Europäischen Gerichtshofes, der nunmehr sämtliches innerhalb des fünften Titels ergehendes Sekundärrecht in vollem Umfang überprüfen kann. In Verbindung mit zahlreichen die Freiheit und die Sicherheit betreffenden Grundrechten besteht nun erstmals die Möglichkeit, dass sich längerfristig im Raum der Freiheit, der Sicherheit und des Rechts subjektive Rechtspositionen und eine entsprechende Rechtsprechung herausbilden. Im Sinne einer Identifikation der Bürger könnte so im Sinne *Rudolf Smends (1851–1913)* langfristig eine Integrationswirksamkeit entstehen.[306]

---

302 *Jour-Schröder/Wasmeier*, in v. d. Groeben/Schwarze, EUV/EGV, Art. 29 EUV, Rdnr. 3 f.

303 *Suhr*, ZEuS 2008, S. 45 (63); *Streinz/Ohler/Herrmann*, S. 157 ff.; *Lindner*, BayVBl 2008, S. 421 (422).

304 *Weber*, EuZW 2008, S. 7 (13).

305 Der Art. 47 EUV in der Fassung des Vertrags von Nizza bildete den Anlass und Ausgangspunkt verschiedener Rechtsstreitigkeiten. Vgl. etwa auf dem Gebiet des Strafrechts EuGH, Rs. C-176/03 (Umweltstrafrecht) und EuGH, Rs.C-440/05 (Meeresverschmutzung), zu diesen Urteilen *Calliess*, ZEuS 2008, S. 3 (23 ff.).

306 *Haack*, EuR 2009, S. 282 (287 f.).

Gleichwohl bestehen aber mit dem Vertrag von Lissabon einige Besonderheiten fort, die den intergouvernementalen Ursprung der nunmehr grundsätzlich vergemeinschafteten europäischen Justiz- und Innenpolitik unschwer erkennbar werden lassen.[307] Diese betreffen in besonderer Weise das Gesetzgebungsverfahren. Als Relikt intergouvernementaler Zeiten besteht mit Art. 76 lit. b AEUV ein Initiativrecht eines Viertels der Mitgliedstaaten fort. Nationalen Souveränitätsvorbehalten Rechnung tragend,[308] wurde in Art. 82 Abs. 3 und Art. 83 Abs. 3 AEUV ferner für den Fall der Strafrechtsgesetzgebung die Möglichkeit vorgesehen, das ordentliche Gesetzgebungsverfahren auszusetzen. Diesen Notbremsemechanismus kann ein Mitgliedstaat stets dann auslösen, wenn er der Auffassung ist, dass ein Rechtsakt „grundlegende Aspekte seiner Strafrechtsordnung" berühren könnte.

Von Bedeutung ist schließlich auch die ausdrückliche Leitungsfunktion des Europäischen Rates nach Art. 68 AEUV, dem das Recht zukommt, „die strategischen Leitlinien für die gesetzgeberische und operative Programmplanung" festzulegen.[309]

Danach bleibt festzuhalten, dass der Vertrag von Lissabon bislang getrennte, aber inhaltlich zusammengehörige Materien im Wege der Vergemeinschaftung vereinigt und so primärrechtlich den Boden für das Entstehen einer kohärenten europäischen Justiz- und Innenpolitik geebnet hat.[310] Zwar bestehen diesbezüglich einige gewichtige Einschränkungen der Gemeinschaftsmethode, doch ist bereits in der bloßen Tatsache der Vergemeinschaftung und der damit einhergehenden Überwindung der Säulenstruktur ein Integrationsfortschritt historischen Ausmaßes zu verzeichnen.

4. Zwischenergebnis

Ebenso dynamisch wie die oben beschriebene Europäisierung der Staatsaufgaben Sicherheit und Freiheit im Allgemeinen, hat sich auch der Auf- und Ausbau des Raums der Freiheit, der Sicherheit und des Rechts im Speziellen vollzogen.[311]

Eine gleichsam tragische wie bedeutsame Rolle haben dabei zweifellos auch die Terroranschläge des 11. Septembers 2001 gespielt. Nur wenig später als einen Monat nach den Anschlägen konnte dies bereits der seinerzeitige EU-Ratspräsident

307 *Streinz/Ohler/Herrmann*, S. 158.

308 *Schwarze*, EuR 2009, Beiheft 1, S. 9 (25).

309 *Streinz/Ohler/Herrmann*, S. 158.

310 *Haack*, EuR 2009, S. 282 (286).

311 *Monar*, in: v. Bogdandy/Bast (Hrsg.), Europäisches Verfassungsrecht, S. 749 (759).

Göran Persson voraussehen: „*The attack will have a profound impact on the years ahead.*“[312]

Im selben Atemzug betonte der schwedische Ministerpräsident den Bedarf für eine vertiefte europäische Zusammenarbeit im RFSR: „*The objectives of freedom, security and justice must be seen in the light of the political situation we are facing today. They are an integral part of our fight against terrorism.*“[313]

Wie Art. 75 AEUV nunmehr unmissverständlich bekundet, ist die „Verhütung und Bekämpfung von Terrorismus und damit verbundener Aktivitäten“ zu einem wichtigen EU-Anliegen geworden.[314]

III. Die Bedeutung des Raums der Freiheit, der Sicherheit und des Rechts

1. Der theoretische Auftrag – Ausgleich von Freiheit und Sicherheit mittels des Rechts(-staatsprinzips)

Der Auftrag des RFSR scheint in seiner Konzeption zunächst gleichermaßen klar erkennbar wie konkret zu sein. Es soll ein Raum, also ein territorial abgrenzbares Gebiet, geschaffen werden, in dem Freiheit, Sicherheit und Recht gewährleistet sind.

a.) Das Raumelement als kollektiv gesicherte Territorialgrundlage

Die begriffliche Annäherung an das territoriale Element des RFSR bereitet zunächst keine nennenswerten Schwierigkeiten.[315] Denn obwohl sich die „europäische Raumentwicklung“ anhand verschiedener Dimensionen differenzieren lässt[316], ist die grundsätzliche Bedeutung des „Raum“-Terminus bereits primärrechtlich

---

312 *Persson*, European Challenges: A Swedish perspective, Rede vom 18. Oktober 2001, in: Pernice (Hrsg.), Europa-Visionen, S. 62.

313 *Persson*, European Challenges: A Swedish perspective, Rede vom 18. Oktober 2001, in: Pernice (Hrsg.), Europa-Visionen, S. 62 (66).

314 Ebenso *Rackow*, Die Polizei 2011, S. 1.

315 So schon 2001 *Götz*, der insbesondere mit Blick auf die Binnenmarktfreiheiten ein territoriales Begriffsverständnis fordert, Ein Raum der Freiheit, der Sicherheit und des Rechts, in: Ipsen/Schmidt-Jortzig (Hrsg.), FS für Rauschning, S. 185 (187).

316 So der Beitrag von *Battis/Kersten*. Diese beschreiben „drei Dimensionen: territorialer Ausgleich, territoriale Integration und territoriale Governance“, EuR 2009, S. 3 (22).

festgelegt: Dieser umfasst gemäß Art. 52 EUV und Art. 355 AEUV grundsätzlich die Staatsgebiete sämtlicher Mitgliedstaaten der Union.[317] Zusammengefasst sind diese „der europäische Raum, den wir auch den Raum der Freiheit, der Sicherheit und des Rechts nennen."[318]

Das Territorialelement tritt zudem deutlich in Art. 3 Abs. 2 EUV zutage. Danach handelt es sich um einen Raum „ohne Binnengrenzen [...], in dem [...] der freie Personenverkehr gewährleistet ist." Verbunden mit den Freizügigkeitsrechten der Unionsbürgerschaft ist diese „grenzenlose Binnen-Union"[319] für jeden Einzelnen konkret erlebbar. Im Kontext dieses die Unionsbürger physisch verbindenden Elements gilt es jedoch auch zu erwähnen, dass mit den verschiedenen *Opt-outs* und *Opt-ins* des Amsterdamer Vertrages[320] eine unübersehbare Tendenz zur Differenzierung eingesetzt hat. Diese im Vertrag von Lissabon weiter vertiefte Entwicklung[321] ist gerade mit Blick auf die angestrebte integrative und identitätsstiftende Funktion des RFSR sehr bedenklich. Denn als Ausdruck mangelnden politischen Konsenses untergraben die diversen Möglichkeiten abgestufter Beteiligung die rechtliche Einheit und Glaubwürdigkeit des europäischen Raums als eines allen Unionsbürgern gleichermaßen und nicht nur selektiv dienenden Vertragsziels.[322]

Gleichwohl existiert zu dieser das europäische Raumelement schwächenden Tendenz territorialer Unvollständigkeit auch eine politisch-institutionelle Gegenströmung. Denn mit der Grenzschutzagentur Frontex[323] wurde 2004 eine europäische Organisation ins Leben gerufen, die in polyzentrischem Ansatz den Schutz der Außengrenzen, insbesondere der Süd- und Ostflanke der Union, koordinieren

---

317 So schon *Götz*, Ein Raum der Freiheit, der Sicherheit und des Rechts, in: Ipsen/Schmidt-Jortzig (Hrsg.), FS für Rauschning, S. 185 (187).

318 *Jacques Barrot*, Beitrag des Vizepräsidenten der Europäischen Kommission, anlässlich der Anhörung vor dem Deutschen Bundestag am 18. März 2009 in Berlin, S. 1.

319 Vgl. zu diesem Begriff und dessen Bedeutung für die Integration *Oppermann/Classen/Nettesheim*, § 37 Rdnr. 38, S. 668.

320 Protokoll Nr. 21 über die Position des Vereinigten Königreichs und Irlands hinsichtlich des Raums der Freiheit, der Sicherheit und des Rechts sowie Protokoll Nr. 22 über die Position Dänemarks.

321 Vgl. dazu *Monar*, in: v. Bogdandy/Bast (Hrsg.), Europäisches Verfassungsrecht, S. 749 (773 ff.).

322 So *Monar*, in: v. Bogdandy/Bast (Hrsg.), Europäisches Verfassungsrecht, S. 749 (796 f.).

323 Geschaffen durch die Verordnung des Rates VO (EG) Nr. 2007/2004 vom 26.10.2004 zur Errichtung einer Europäischen Agentur für die operative Zusammenarbeit an den Außengrenzen der Mitgliedstaaten der EU, ABl. Nr. L 349 vom 25.11.2004, S. 1 ff.

soll.[324] Durch diese vielbeachtete und seit ihrer Schaffung erheblich gestärkte Agentur werden die Konturen des „Raums“ als einer verbindenden Territorialgrundlage besonders plastisch sichtbar.[325] Im Schutz des gemeinsamen Raumes durch einen europäischen Grenzschutz scheint so das aufgezeigte Integrationspotential des Raums der Freiheit, der Sicherheit und des Rechts auf. Nicht zuletzt deshalb hat auch die deutsche Ratspräsidentschaft entschieden auf den Ausbau von Frontex hingewirkt:

„Die Bürger erwarten von Europa einen effektiven Schutz der gemeinsamen Außengrenzen. Erklärtes Ziel unserer Präsidentschaft ist daher, die Leistungsfähigkeit der Europäischen Grenzschutzagentur Frontex weiterzuentwickeln, um den Schutz der Außengrenzen der Europäischen Union zu verbessern und die grenzpolizeiliche Zusammenarbeit zu vertiefen.“[326]

Wohl nicht ohne Zufall, sondern aufgrund des integrativen Bezuges und der Nähe zum Raum der Freiheit der Sicherheit und des Rechts wurde als Frontex-Leitspruch der Begriffsdreiklang „*Libertas – Securitas – Justitia*“[327] gewählt.

b.) Der Ausgleich von Sicherheit und Freiheit

Von größerer Komplexität als der Raumterminus erweist sich indes der Begriffsdreiklang aus „Sicherheit“, „Freiheit“ und „Recht“. Wie einleitend beschrieben, handelt es sich bei den Staatsaufgaben Sicherheit und Freiheit um Elementaraufgaben in dem Sinne, dass der im Entstehen begriffene Nationalstaat erst durch deren Gewährleistung Legitimität erlangte und so das ihm eingeräumte Gewaltmonopol rechtfertigen konnte.

---

324 Vgl. einführend zu Frontex *Bergmann*, in: Ders. (Hrsg.), Handlexikon der Europäischen Union, Stichwort „Frontex“, S. 406 f.; ferner vertiefend zum Rechtsrahmen von Frontex *Fischer-Lescano/Tohidipur*, ZaöRV 2007, S. 1219.

325 Auch die Tagespresse verfolgt die Weiterentwicklung von Frontex, vgl. „Frontex darf Flugzeuge kaufen – Kommission will Schutz der Außengrenzen verbessern“, F.A.Z. Nr. 47 vom 25. Februar 2010, S. 5.

326 Innenminister stärken Frontex im Kampf gegen illegale Migration, Pressemitteilung der Bundesregierung Nr. 47 05/07. Online im Internet: URL: http://www.bundesregierung.de/Content/DE/Magazine/emags/epublic/047/themen-2-frontex.html (15.09.2011); vgl. ferner in diesem Zusammenhang die Kleine Anfrage der FDP-Fraktion „Europäische Grenzschutzagentur FRONTEX“ (BT-Drs. 16/4902) sowie die diesbezügliche Antwort der Bundesregierung vom 13.04.2007 (BT-Drs. 16/5019).

327 Siehe dazu den Internetauftritt von Frontex: Online im Internet: URL: http://www.frontex.europa.eu/ (Stand 15.09.2011).

Mit der Einführung des Raums der Freiheit, der Sicherheit und des Rechts hat sich auch die Union als supranationale Organisation den Anspruch auferlegt, den Bürgern ein hohes Maß an Freiheit und Sicherheit zu bieten. In der Präambel des EUV kommt dieser programmatisch umfassende Anspruch unmissverständlich zum Ausdruck:

„[...] ENTSCHLOSSEN, die Freizügigkeit unter gleichzeitiger Gewährleistung der Sicherheit ihrer Bürger durch den Aufbau eines Raums der Freiheit, der Sicherheit und des Rechts [...] zu fördern".

Vor dem Hintergrund der eingangs erwähnten, in der Gewährung von Freiheit und Sicherheit liegenden Legitimations- und Identifikationsfunktion bietet deshalb dieser konzeptionell in Form einer Raumvision umgesetzte Anspruch angesichts der Herausforderungen des 21. Jahrhunderts – internationaler Terrorismus, organisierte Kriminalität, ethnische und religiöse Konflikte, massenhafte Flucht und Armutsmigration – beträchtliches Integrationspotential.[328] Indem Europa nämlich diesen Herausforderungen, gegen die ein Land alleine wenig bewirken kann, gemeinsam begegnet und den Bürgern Sicherheit und Freiheit bietet, kann die Union etwas für die Menschen erreichen und so positiv für diese erlebbar werden.[329]

Dabei dürfte es der unbestrittene Wunsch nahezu sämtlicher Unionsbürger sein, in einem möglichst sicheren, aber auch zugleich möglichst freiheitlichen Europa zu leben. Im Rahmen dieses „doppelten Maximierungsauftrages", der mittlerweile in Art. 6 der Grundrechtecharta[330] zu einem einklagbaren Individualrecht aufgestiegen ist, stößt allerdings auch die Union auf jenes sensible und vieldiskutierte Interaktionsverhältnis zwischen Sicherheit und Freiheit, welches – mitunter auch als „Freiheits-Sicherheits-Syndrom"[331] bezeichnet – seit dem 11. September 2001 die Schlagzeilen beherrscht.[332] So wünschen sich die Unionsbürger Umfragen zufolge zwar einerseits einen intensiveren „europäischen" Schutz vor Terrorismus und organisierter Kriminalität,[333] fürchten andererseits aber auch

328 So auch *Ruffert*, in: Pernice (Hrsg.), Vertrag von Lissabon, S. 169 (172).

329 *Bergner*, S. 48; ebenso *Pernice/Hindelang*, EuZW 2010, S. 407 (413).

330 Art. 6 Grundrechtecharta: „Jeder Mensch hat das Recht auf Freiheit und Sicherheit."

331 So *Isensee*, Das Grundrecht auf Sicherheit, S. 2.

332 *Ruffert*, in: Pernice (Hrsg.), Der Vertrag von Lissabon, S. 169 (172).

333 Vgl. Spezial-EUROBAROMETER 251 „Die Zukunft Europas", S. 40. Laut dieser im Mai 2006 veröffentlichten Umfrage handelt es sich beim „Kampf gegen den Terrorismus" um jenes von insgesamt dreizehn Politikfeldern, bei dem der Wunsch nach mehr Entscheidungen auf europäischer Ebene am ausgeprägtesten ist. Online im Internet: URL: http://ec.europa.eu/public_opinion/archives/ ebs/ebs_251_de.pdf (Stand 15.09.2011).

den „Leviathan Europa“[334]. Ersichtlich werden solche Ängste und Vorbehalte angesichts der Reaktionen auf umstrittene Vorhaben wie etwa die Vorratsdatenspeicherung oder die Gründung von Agenturen wie Europol und Frontex. Rasch ist in diesen Fällen die Rede etwa von einem „gläsernen Europa“ oder gar der „Festung Europa“[335]. Wie die Mitgliedstaaten steht somit auch die Union vor der diffizilen und komplexen Aufgabe, Freiheit und Sicherheit in einen möglichst lebenswerten Ausgleich zu bringen.

In der politischen Auseinandersetzung, insbesondere in Reaktion auf die Bedrohung durch den Terrorismus, wird hierbei oft ein Gegensatz zwischen den Aufgaben Sicherheit und Freiheit erkannt und in der Tendenz, je nach weltanschaulicher oder parteipolitischer Zugehörigkeit, die Erhöhung der Sicherheit beziehungsweise die Bewahrung der Freiheit besonders akzentuiert.[336] Neben einer somit oft ideologisch geführten Auseinandersetzung tritt hinzu, dass der Bereich der europäischen Justiz- und Innenpolitik durch eine sehr hohe Anfälligkeit für tagespolitische Strömungen gekennzeichnet ist. Folglich wird zutreffend von einem insgesamt „schwierigen Terrain“[337] ausgegangen. Auf diesem Gebiet kann es wie

---

334 Zu diesem möglichen Negativszenario *Calliess*, in: Calliess/Isak (Hrsg.), Der Konventsentwurf für eine EU-Verfassung im Kontext der Erweiterung, S. 9 (13).

335 Vgl. dazu etwa die Aufsätze in Juridikum 2/2009 zum Thema „Festung Europa“, in denen der Union teilweise eine Tendenz zur Abschottung gegenüber Immigranten attestiert wird. Darüber hinausgehende, wesentlich schärfere Kritik kommt von Nichtregierungsorganisationen. Vgl. beispielsweise „Offener Brief von Attac Marokko u.a. – Rabat, 4. Jan 2007“, in: SiG (Sand im Getriebe) 57, Der deutschsprachige Newsletter von Attac Österreich, Deutschland, Schweiz vom 11.02.2007. Dieser Offene Brief, der unter anderem an die europäische Vertretung in Rabat und an die Europäische Kommission gerichtet ist, enthält eine Anklage der „schweren Menschenrechtsverletzungen, die im Namen der Sicherung der Außengrenzen Europas erfolgen.“; dazu abwägend und differenziert *Knelangen*, in: Möllers/ v. Ooyen (Hrsg.), Europäisierung und Internationalisierung der Polizei, S. 15 (21).

336 Bereits 1982 wurde festgestellt: „Bei der Annahme eines solchen Widerspruchs der Werte stellt sich die Parteinahme für die Freiheit als liberal dar, während die für die Sicherheit den Stempel konservativ erhält.“, so *Isensee*, Das Grundrecht auf Sicherheit, S. 1. Dieser Aussage ist nicht nur inhaltlich beizupflichten, sie ist sogar bis zum heutigen Tage aktuell geblieben, wie zuletzt etwa die im Zeichen des Bundestagswahlkampfes 2013 aufgeladene Diskussion um die sog. NSA-Abhöraffäre belegt. Mit Blick auf das deutsche Parteienspektrum lässt sich – gewiss vergröbernd und letztlich nur in der Tendenz – feststellen, dass CDU/CSU eher der Sicherheit sowie FDP, Bündnis 90/Die Grünen und DIE LINKE. eher der Freiheit nahestehen. Kein einheitliches Bild ist bei der SPD erkennbar.

337 *Ruffert*, in: Pernice (Hrsg.), Vertrag von Lissabon, S. 169 (172).

beschrieben als Erfahrungswert angesehen werden, dass infolge einer massiven Sicherheitsbeeinträchtigung – etwa durch gravierende Terroranschläge – die Freiheitsrechte regelmäßig unter Druck geraten werden und sich die sensible Balance zumindest vorderhand zugunsten der Sicherheit verschieben wird.

Vor dem Hintergrund dieser hohen Abhängigkeit von weltanschaulichen und politischen Überzeugungen sowie der beträchtlichen Volatilität mit Blick auf das Tagesgeschehen klingt im RFSR ein Konzept an, mit dem der für die Union so bedeutsame Ausgleich von Sicherheit und Freiheit einer objektiven und rechtlich gesteuerte Methode zugänglich gemacht werden kann: Um den Unionsbürgern die Freizügigkeit unter gleichzeitiger Gewährleistung der Sicherheit nachhaltig zu ermöglichen, soll nämlich das Recht „einen Steuerungsmodus zwischen Freiheit und Sicherheit darstellen."[338]

Dieser zunächst nur theoretische Ansatz erscheint vor allem deshalb als praxistauglich und zukunftsgewandt, weil sich die Union nicht nur seit ihren frühen Anfängen stets als „Rechtsgemeinschaft" verstanden hat, sondern weil auch gegenwärtig, wie im Stockholmer Programm zum Ausdruck gebracht, ein Zunehmen des individuellen Einbezogenseins zu beobachten ist.[339] In diesem Zusammenhang hat sich das Recht als Mittel der Integration in besonderem Maße bewährt. Schon früh wurden im zu errichtenden Binnenmarkt unmittelbar anwendbare, subjektive Rechtspositionen eingeräumt, damit der Einzelne über deren Durchsetzung gleichsam die Fortentwicklung des Binnenmarktes bewirkt. Wie von vornherein bei den Vertragsschlüssen in Rechnung gestellt,[340] konnte auf diese Weise von der Rechtsprechung des Gerichtshofes eine entschlossen integrationsfördernde Dynamik ausgehen.[341] Nach sechs Integrationsjahrzehnten gilt es nunmehr als konsentiert, dass Recht und Rechtsbefolgung die entscheidenden Leitlinien der Integration darstellen:

„Die EU ist Rechtsgemeinschaft, beruht auf Freiwilligkeit, auf der Einsicht in die Verbindlichkeit des Rechts."[342]

---

338 *Calliess*, AnwBl 2009, S. 478 (481); ausführlich *Calliess*, in: Müller/Schneider (Hrsg.), Die Europäische Union im Kampf gegen den Terrorismus: Sicherheit vs. Freiheit?, S. 83 (101 ff.).

339 So schon *Haack*, EuR 2009, S. 282.

340 *Ophüls*, NJW 1963, S. 1697 (1699).

341 *Steiner*, BB 2008, Special 4, S. 2.

342 So zum fortbestehenden Verbleib des Gewaltmonopols bei den Mitgliedstaaten *Pernice*, in: Calliess (Hrsg.), Verfassungswandel im europäischen Staaten- und Verfassungsverbund, S. 61 (88).

Dieses Verständnis der Union als Rechtsgemeinschaft erweist sich auch für viele mit dem Gewaltmonopol und der europäischen Justiz- und Innenpolitik zusammenhängende Fragen von grundlegender Relevanz.

So kann etwa davon ausgegangen werden, dass die erwähnte Dynamik des Raums der Freiheit, der Sicherheit und des Rechts zumindest teilweise auch auf die integrationsfördernde Dynamik des Rechts zurückzuführen ist. Als insgesamt noch bedeutsamer erscheint aber das mit dem Lissabon-Vertrag gestiegene künftige Integrationspotential. Durch die Rechtsverbindlichkeit der Grundrechtecharta wird es möglich sein, die im Binnenmarkt erfolgreiche Integration durch individuelles Einbezogensein auf den Bereich des RFSR zu übertragen. Da nunmehr der Gerichtshof grundsätzlich auch im Bereich des Sicherheits- und Freiheitsraums die Maßnahmen der Union ebenso wie die Durchführung des Unionsrechts seitens der Staaten am Maßstab der darin enthaltenen Grundrechte prüft, kann sich längerfristig auch auf diesem Gebiet eine Rechtsprechung etablieren, die – nunmehr über die Grundrechte anstatt über die Freiheiten des Marktes – subjektive Rechtspositionen im Hinblick auf Asyl, Einwanderung, Grenzkontrollen und Polizei- und Justizzusammenarbeit entwickelt.[343]

Es kann somit als grundlegende Aufgabe des Raums der Freiheit, der Sicherheit und des Rechts angesehen werden, Sicherheit und Freiheit in Europa künftig über das Steuerungsinstrument des Rechts auszutarieren und auf diese Weise das zugrundeliegende Kräfte- und Spannungsfeld weniger anfällig für tagespolitische Strömungen zu machen.[344] Angesichts der Entwicklungsoffenheit und Perspektivhaftigkeit dieses Auftrags[345] findet sich in der Literatur die treffende Bezeichnung der „Vision eines rechtlich befriedeten Freiheitsraums."[346]

2. Das konzeptionelle Integrationspotential

Die übergeordnete Bedeutung und das integrative Potential des europäischen Freiheits- und Sicherheitsraums sind mit Blick auf das Gesamtprojekt der

---

343 *Haack*, EuR 2009, S. 282 (288).

344 So auch *Ruffert*, in: Pernice (Hrsg.), Der Vertrag von Lissabon, S. 169 (172).

345 Vgl. mit Blick auf das Stockholmer Programm *Jacques Barrot*: „Es geht darum, eine echte Vision zu entwickeln, langfristige Perspektiven aufzuzeigen und sich vorzustellen, wie der europäische Raum der Freiheit, der Sicherheit und des Rechts in fünfzehn Jahren aussehen soll", Beitrag des Vizepräsidenten der Europäischen Kommission anlässlich der Anhörung vor dem Deutschen Bundestag am 18. März 2009 in Berlin, S. 1.

346 *Müller-Graff*, EuR 2009, Beiheft 1, S. 105 (106 ff).

Europäischen Einigung schon früh erkannt und als solche benannt worden.[347] Von Beginn an sollte die neuartige Zielbestimmung nicht als „abgeschmackte und schönfärberische Glücksverheißung“[348] an die Unionsbürger missverstanden, sondern in ihrer politischen und juristischen Bedeutung ernst genommen werden. Wenn nämlich Impulse zur Integration ganz allgemein „vom Führungspersonal, von kollektiven Lebensformen und Gemeinsamkeitserlebnissen, von Sachgehalten der Gemeinschaft, von Kultur und Geschichte, Lebensraum und Symbolen, von Werten“[349] ausgehen, dann bietet der Raum der Freiheit, der Sicherheit und des Rechts mit einem gemeinsamen Lebensraum und den darin kollektiv gelebten Werten zwei integrationsspezifisch höchst relevante Anknüpfungspunkte.

a.) Das Verhältnis zum Binnenmarkt und weiteren europäischen Räumen

Angesichts veränderter globaler Kontextbedingungen erfreute sich das Denken in europäischen Räumen vor allem in den 1990er Jahren einiger Beliebtheit.[350] Doch obwohl die Raumkonzeption in Gestalt des grundlegenden Binnenmarktes bereits auf eine längere Tradition zurückblicken konnte und mit der Einheitlichen Europäischen Akte einen beachtlichen Aufschwung erlebte,[351] handelte es sich beim Raum der Freiheit, der Sicherheit und des Rechts von Beginn an um weitaus mehr als um einen weiteren unter den im Übrigen fast schon zahllosen europäischen Integrationsräumen.

Vielmehr unterscheidet sich der Sicherheits- und Freiheitsraum etwa vom Währungs-, Sozial-, Technologie-, Energie-, Forschungs-, Zahlungs-, Verkehrs- oder Hochschulraum durch seine umfassende Programmatik, in deren Mitte das so fundamental bedeutsame und umfassende Spannungsverhältnis aus Sicherheit und Freiheit steht. Wie eingangs erwähnt, stellt die Gewährleistung eines adäquaten Ausgleichs von Sicherheit und Freiheit eine seit Jahrhunderten diskutierte staatsrechtliche und staatsphilosophische Elementarfrage dar.

---

347 So etwa von *Monar*, Integration 2002, S. 171, der von dem „jüngsten und nach der Wirtschafts- und Währungsunion gegenwärtig vielleicht ehrgeizigsten Integrationsprojekt der Europäischen Union“ spricht.

348 So *Götz* Ein Raum der Freiheit, der Sicherheit und des Rechts, in: Ipsen/Schmidt-Jortzig (Hrsg.), FS für Rauschning, S. 185.

349 *Isensee*, JZ 2010, S. 317.

350 *Monar*, in: v. Bogdandy/Bast (Hrsg.), Europäisches Verfassungsrecht S. 749 (755). Vgl. dazu auch *Battis/Kersten*, Europäische Raumentwicklung, EuR 2009, S. 3.

351 Vgl. hierzu *Müller-Graff*, EuR 2009, Beiheft 1, S. 105 (106 ff).

Doch nicht allein dieser umfassende Charakter, auch der grundlegende Funktionen und Prärogativen des modernen Nationalstaates berührende Souveränitätsbezug verleiht dem Freiheits- und Sicherheitsraum eine herausragende Stellung.[352] Denn während die Grundfreiheiten des Binnenmarktes zweifellos bedeutsame persönliche Belange wie etwa Fragen der Niederlassung oder der Arbeitsplatzwahl betreffen, handelt es sich bei den Materien der europäischen Justiz- und Innenpolitik anerkanntermaßen um „Kernanliegen des Staatsseins"[353]. Nicht selten werden hier „essentielle Fragen des individuellen Lebensweges"[354] berührt, mitunter wird sogar „über Sein oder Nichtsein"[355] entschieden.

Als konkret umfasste Materien nennt die Unionszielbestimmung des Art. 3 Abs. 2 EUV „geeignete Maßnahmen in Bezug auf die Kontrollen an den Außengrenzen, das Asyl, die Einwanderung sowie die Verhütung und Bekämpfung der Kriminalität". Betroffen sind damit einige der am weitesten in die Rechte des Einzelnen eingreifenden Formen staatlichen Handelns, wie etwa der Freiheitsentzug, die Einreiseverweigerung, die Ausweisung oder die Weitergabe von persönlichen Daten.[356] Im fünften Titel des AEUV verdeutlicht sich die Grundrechtssensibilität dieser Materien unter anderem anhand der Justiziellen Zusammenarbeit in Strafsachen (Art. 82 bis 86) sowie der Polizeilichen Zusammenarbeit (Art. 87 bis 89).

Wie bereits angeklungen ist, erscheint auch die Positionierung des Raums der Freiheit, der Sicherheit und des Rechts als Unionsziel im Vergleich des Verfassungsvertrages mit dem Vertrag von Lissabon bemerkenswert. Während noch im Verfassungsvertrag beide europäischen „Großräume" innerhalb eines Absatzes nebeneinander Erwähnung fanden (Art. I-3), ist nunmehr mit dem Lissabon-Vertrag eine Trennung unter Voranstellung des Freiheits- und Sicherheitsraums erfolgt. Dies erscheint nicht nur mit Blick auf die Herausbildung einer eigenständigen europäischen Justiz- und Innenpolitik von Interesse. Denn seit jeher war nach einhelliger Auffassung der Binnenmarkt die wesentliche Grundlage der Integration.[357] Besieht man sich vor diesem Hintergrund das Verhältnis zwischen wirtschaftlicher Integration einerseits und der politischen Integration in den Bereichen Sicherheit und Freiheit andererseits, so kann in der konkreten Anordnung der Unionsziele

---

352 Vgl. *Monar*, in: v. Bogdandy/Bast (Hrsg.), Europäisches Verfassungsrecht, S. 749 (759); *Schily*, NVwZ 2000, S. 883 (884).

353 *Haack*, EuR 2009, S. 282 (284); ferner etwa *Reinisch*, S. 121, der diese als „*core issues of national sovereignty*" bezeichnet.

354 *Haack*, EuR 2009, S. 282 (284).

355 *Haack*, EuR 2009, S. 282 (284).

356 *Monar*, in: v. Bogdandy/Bast (Hrsg.), Europäisches Verfassungsrecht, S. 749 (751).

357 *Schwarze*, EuR 2009, Beiheft 1, S. 9.

in Art. 3 Abs. 2 und 3 EUV mehr als nur bloße Symbolik erkannt werden: Der Sicherheits- und Freiheitsraum löst endgültig das für die Bürger sichtbarste Versprechen des Binnenmarktes – den freien Personenverkehr – ein und fasst in einem politischen und identitätsstiftenden Ansatz eine geradezu epochale Vertiefung der europäischen Integration ins Auge.[358]

Insgesamt dürfte sich die Union mit den Zielbestimmungen des Lissabonner Vertrages endgültig als Sicherheitsunion etabliert haben.[359] Des Weiteren steht der nunmehr zum operativen Hauptziel[360] erhobene RFSR als große begriffliche Klammer für den neuen politischen Anspruch der Union, nicht mehr nur Wirtschaftsgemeinschaft zu sein, sondern auch als politisches Gemeinwesen mit eigener Identität und damit als Wertegemeinschaft wahrgenommen zu werden.[361] Da der Markt als Integrationstelos für die neue „postmaterialistische" Generation unattraktiv geworden sei, gelte es „im Herzen der Europäischen Union eine kalte modernistische Leerstelle, eine geistige Absenz" mit Inhalt zu füllen.[362]

Im Rahmen dieses Anspruchs könnte der Sicherheits- und Freiheitsraum nicht lediglich politisches Pendant zum wirtschaftlich orientierten Binnenmarkt sein, sondern vielmehr einen Weg darüber hinaus aufzeigen.[363] Das hierfür erforderliche integrationspolitische und identitätsstiftende Potential scheint der Sicherheits- und Freiheitsraum grundsätzlich aufzuweisen:

Denn während der Binnenmarkt nach fast vier Jahrzehnten mit der Einheitlichen Europäischen Akte von 1987 weitgehend verwirklicht wurde, weist der erst 1999 formell eingeführte Raum der Freiheit, der Sicherheit und des Rechts ein ungleich höheres Entwicklungs- und damit auch Integrationspotential auf. Seit dem Vertrag von Amsterdam sind hier enorme Vertiefungsfortschritte zu verzeichnen.[364] Die mit dem Vertrag von Lissabon einhergegangene Überführung der Materie aus der intergouvernementalen Zusammenarbeit in den supranationalen Bereich bildet gewissermaßen zum zehnjährigen Bestehen einen vorläufigen Höhepunkt und gleichzeitig einen neuen Ausgangspunkt der Entwicklung.

---

358 Dazu *Hoppe*, in: Bergmann (Hrsg.), Handlexikon der Europäischen Union, Stichwort „Raum der Freiheit, der Sicherheit und des Rechts (RFSR)", S. 770 ff.

359 *Ruffert*, in: Pernice (Hrsg.), Der Vertrag von Lissabon, S. 169 (170).

360 *Müller-Graff*, EuR 2009, Beiheft 1, S. 105.

361 Vgl. *Calliess*, JZ 2004, S. 1033 ff.

362 So *Haltern*, in: v. Bogdandy/Bast (Hrsg.), Europäisches Verfassungsrecht, S. 279 (319), der hinsichtlich dieser Füllung mit Inhalt insbesondere die Grundrechte für „Träger großer Hoffnungen" hält.

363 *Nettesheim*, EuR 2009, S. 24.

364 Vgl. auch *Haack*, EuR 2009, S. 282 (284).

In der tiefen Verfassungskrise, in der sich die Union infolge dreier negativ ausgefallener Referenden bis zum 1. Dezember 2009 befunden hatte, wurde von nicht wenigen in der Weiterentwicklung des Sicherheits- und Freiheitsraums ein möglicher Ausweg aus der Krise gesehen. Da Umfragen zufolge die Bürgerzustimmung zur Politik der Union in den Bereichen Sicherheit und Terrorismusbekämpfung am größten ist,[365] wurde sowohl von europäischer wie von nationaler Seite angestrebt, künftig in diesem Bereich einen politischen Schwerpunkt zu setzen. So räumten während der Verfassungskrise alle Ratspräsidentschaften dem Raum der Freiheit, der Sicherheit und des Rechts einen besonderen Stellenwert ein.

In diesem Sinne äußerte sich auch Kommissar *Barrot* anlässlich einer Anhörung vor dem Deutschen Bundestag am 18. März 2009, in der er programmatisch an erster Stelle die Weiterentwicklung des europäischen Raums der Freiheit, der Sicherheit und des Rechts nannte. Im Rahmen der Anhörung wiederholte der seinerzeitige Kommissionsvizepräsident nicht nur die Einschätzung, dass dies „ohne jeden Zweifel ein wichtiger Baustein der europäischen Integration" sei. Vielmehr müsse Europa, um dem Leitmotiv des Stockholmer Programms gerecht zu werden, das in einer entschiedenen Zuwendung an die Bürger besteht, „da tätig werden, wo es den größten Nutzen bewirkt, das heißt bei der Bekämpfung grenzübergreifender Straftaten wie Terrorismus und organisierter Kriminalität."[366] Diesem Appell entsprechend haben eine Reihe auch ganz konkreter Vorhaben im Bereich der Terrorismusbekämpfung Eingang in das Aktionsprogramm zum Stockholmer Programm gefunden.[367] Insgesamt, so scheint es, könnte der Raum der Freiheit, der Sicherheit und des Rechts zumindest theoretisch der Schlüssel zu einer Gesellschaft sein, „die die europäische Einigung nicht als Technik des Zusammenlebens versteht, sondern die Europa als Teil ihrer politischen und kulturellen Identität empfindet und bereit ist, diese in der bunter werdenden Welt zu bewahren und zu bewähren."[368]

---

365 Vgl. Spezial-EUROBAROMETER 251 „Die Zukunft Europas", S. 40. Laut dieser im Mai 2006 veröffentlichten Umfrage handelt es sich beim „Kampf gegen den Terrorismus" um jenes von insgesamt dreizehn Politikfeldern, bei dem der Wunsch nach mehr Entscheidungen auf europäischer Ebene am ausgeprägtesten ist. Online im Internet: URL: http://ec.europa.eu/public_opinion/archives/ebs/ebs_251_de.pdf (Stand 15.09.2011).

366 Anhörung vor dem Deutschen Bundestag, Berlin 18. März 2009, Beitrag des Vizepräsidenten der Europäischen Kommission *Jacques Barrot*.

367 Vgl. auch *Rackow*, Die Polizei 2011, S. 1.

368 So die fünfte Forderung der als „Ruck-Rede" bekannt gewordenen „Berliner Rede von Bundespräsident *Roman Herzog* im Hotel Adlon am 26. April 1997 – Aufbruch

b.) Der steigende Individualbezug

Die oben beschriebene Intention der Steigerung des Integrationspotentials offenbart eine interessante Parallele zum europäischen Binnenmarkt und neuerdings auch zum deutschen Verfassungsrecht, bei denen die Rechtsdurchsetzung mittels der Verleihung schutzintensiver Individualrechte sichergestellt werden soll.[369] Den beiden großen EU-Integrationsräumen ist somit die Abhängigkeit von der Akzeptanz und der Annahme durch die Bürger gemeinsam.

Diesbezüglich ist der Wegfall der Personenkontrollen an den Binnengrenzen als Kernelement des Freiheits- und Sicherheitsraums für den Bürger in der Praxis am unmittelbarsten als Vorteil erlebbar.[370] Diese „Begünstigung" des Einzelnen ist nun nach dem Vertrag von Lissabon gemäß Art. 3 Abs. 2 EUV ausschließlich und eindeutig dem Raum der Freiheit, der Sicherheit und des Rechts zuzuordnen, während noch in der Fassung des Nizza-Vertrages auch der Binnenmarkt einen „Raum ohne Binnengrenzen" umfasste.

Angesichts dieser für den Bürger erhöhten Wahrnehmungsmöglichkeiten und der erwähnten systematischen Voranstellung wird deutlich, dass es sich beim Sicherheits- und Freiheitsraum um eines der Leitkonzepte, wenn nicht sogar um die Leitvision einer künftigen, bürgernahen Integration handelt. In all ihrer Deutlichkeit scheint diese Vision eines die Bürger integrierenden rechtlich befriedeten Freiheitsraums in der Präambel der EU-Grundrechtecharta auf:

„[Die Union] stellt den Menschen in den Mittelpunkt ihres Handelns, indem sie die Unionsbürgerschaft und einen Raum der Freiheit, der Sicherheit und des Rechts begründet."[371]

Da die Grundrechtecharta mit dem Inkrafttreten des Lissabon-Vertrages gem. Art. 6 Abs. 1 EUV Rechtsverbindlichkeit erlangte, könnte der Einzelne über die aus den Grundrechten abzuleitenden Schutzpflichten tatsächlich zunehmend zum Begünstigten und zum Akteur im Raum der Freiheit, der Sicherheit und des Rechts werden. Zwar bleibt abzuwarten, inwieweit die Rechtsprechung die teilweise sehr weit gefassten Grundrechtsverbürgungen konkretisieren wird.

---

ins 21. Jahrhundert". Online im Internet: URL: http://www.bundespraesident.de/SharedDocs/Reden/DE/Roman-Herzog/Reden/1997/04/19970426_Rede.html (Stand 15.09.2011).

369 Vgl. dazu *Murswiek*, JZ 2010, S. 702 (707), der im Lissabon-Urteil des BVerfG und der darin erfolgenden Aufwertung des Art. 38 GG einen Weg zur Mobilisierung des Bürgers zur Wahrung des bundesdeutschen Verfassungsrechts sieht.

370 *Monar*, in: v. Bogdandy/Bast (Hrsg.), Europäisches Verfassungsrecht, S. 749 (754, 774).

371 Präambel der Charta der Grundrechte der Europäischen Union, S. 3.

Dennoch deutet der Vergleich mit der Integrationsgeschichte des Binnenmarktes darauf hin, dass mit dem steigenden Individualbezug und der Integration über die Grundrechtecharta eine insoweit erfolgsversprechende Langfriststrategie gewählt wurde.[372]

So kann die Union den mehr als acht Millionen in einem anderen Mitgliedstaat lebenden Unionsbürgern das Recht auf freie Wohnsitzwahl sowie Rechtssicherheit in Bezug auf das anzuwendende Zivilrecht etwa im Erbfall bieten. Aber auch vor dem Hintergrund der latenten Bedrohung durch den Terrorismus, einem kontinuierlich steigenden Migrationsdruck insbesondere an der Südflanke der Union und einer sich ständig weiterentwickelnden Cyberkriminalität besteht – so paradox dies auch klingen mag – ein insgesamt „eher günstiges Klima“[373], um dem Bürger die Vorteile des Raums der Freiheit, der Sicherheit und des Rechts spürbar näher zu bringen.[374] Schließlich ist allen genannten Aufgaben und Herausforderungen gemeinsam, dass ein Land allein sie nicht bewältigen kann und insoweit Zusammenarbeitsbedarf besteht.[375]

Neben den somit bestehenden Möglichkeiten, die Union passiv als Garanten der Sicherheit wahrzunehmen, weist der steigende Individualbezug des Sicherheits- und Freiheitsraums aber auch eine aktive Komponente auf. So verfügen die Unionsbürger nicht nur in jedem Mitgliedstaat von Rechts wegen über die Befugnis, die ihrer Disposition unterliegenden Rechtsgüter im Sinne einer Bürgermitverantwortung für innere Sicherheit selbst schützen zu dürfen. Vielmehr muss der Einzelne im zunehmend breiteren Ausbau der europäischen Bürgergesellschaft, deren Angehörige sich auf Gemeinsinn verpflichtet sehen und fühlen, auch kraft seiner Eigenverantwortung zu einer wirksamen Gefahrenabwehr und Kriminalitätsprävention beitragen.[376] Vor dem Hintergrund der ubiquitären Bedrohungen durch internationalen Terrorismus und organisierte Kriminalität liegt das im steigenden Individualbezug angelegte passive wie aktive Integrationspotential nach allem geradezu auf der Hand.

---

372 Zum Verhältnis von EU-Grundrechtecharta und dem Raum der Freiheit, der Sicherheit und des Rechts vgl. auch *Jarass*, Charta der Grundrechte der Europäischen Union, Präambel, Rdnr. 3.

373 *Bergner*, S. 48.

374 KOM-Mitteilung KOM(2009)262/4, Ein Raum der Freiheit, der Sicherheit und des Rechts im Dienste der Bürger, S. 5.

375 Dass die Union teilweise Aufgaben des im Zeitalter der Globalisierung überforderten Nationalstaates übernimmt, wird als Gelegenheit Europas gewertet, das Vertrauen der Bürger zu gewinnen, so *Jour-Schröder/Konow*, EuZW 2006, S. 550 (554).

376 *Pitschas*, NVwZ 2002, S. 519 (521).

c.) Die Problematik ausufernder Differenzierung

Vor dem Hintergrund der erst 2009 überwundenen Verfassungskrise einerseits und der andauernden weltweiten Finanz- und Staatsschuldenkrise andererseits, erscheint der Raum der Freiheit, der Sicherheit und des Rechts gegenwärtig als das zumindest theoretisch wirkintensivste und daher erfolgversprechendste Konzept zur Konsolidierung und Weiterentwicklung der Europäischen Union.

Ferner schien dieses Konzept bislang auch „für die Vertreter sehr unterschiedlicher Ordnungsvorstellungen für die EU gleichermaßen akzeptabel“[377] und somit politisch mehrheitsfähig zu sein. Dem anfänglich weitgehenden Konsens bei der Schaffung einer europäischen Justiz- und Innenpolitik standen allerdings bald schon erhebliche Uneinigkeiten hinsichtlich der weiteren Ausgestaltung und der Finalität gegenüber.

Als beträchtliches Problem hinsichtlich der intendierten Integrationsfunktion könnte sich namentlich die steigende Ausdifferenzierung des Raums der Freiheit, der Sicherheit und des Rechts erweisen. Dass die mit dem Vertrag von Amsterdam geschaffenen Möglichkeiten abgestufter und bedingter Beteiligung an der gemeinsamen Justiz- und Innenpolitik durch den Vertrag von Lissabon noch erheblich vertieft wurden, ist deshalb zu Recht als mangelnder politischer Konsens kritisiert worden. Dieser mangelnde Konsens untergrabe „noch tiefer als bisher die politische und rechtliche Einheit und Glaubwürdigkeit des RFSR als eines allen Unionsbürgern gleichermaßen und nicht nur selektiv den Mitgliedstaaten dienenden Vertragsziels.“[378]

Die nun in noch größerer Anzahl bestehenden *Opt-out*- und *Opt-in*-Möglichkeiten, die Einführung des mit der Möglichkeit verstärkter Zusammenarbeit kombinierten „Notbremseverfahrens“ sowie die Assoziierung mit den Schengen-Mitgliedstaaten führen im europäischen Alltag zu paradoxen Ergebnissen: „So genießen etwa Unionsbürger, die von einem der beiden *Opt-out*-Staaten in ein Schengen-Land einreisen, eindeutig nicht dieselben Rechte hinsichtlich der kontrollfreien Einreise wie zwei Nicht-EU-Bürger aus den assoziierten Staaten, wenn diese aus einem der letzteren in ein EU-Schengen-Land einreisen.“[379]

Diese Widersprüche der Integrationswirklichkeit stehen der Vision des „rechtlich befriedeten Freiheitsraums“[380] nicht nur diametral entgegen. Vielmehr wird dadurch auch das konzeptionelle Integrationspotential zur Identitätsstiftung über

377 *Jachtenfuchs*, in: Leibfried/Zürn (Hrsg.), Transformationen des Staates?, S. 69 (88).
378 *Monar*, in: v. Bogdandy/Bast (Hrsg.), Europäisches Verfassungsrecht, S. 749 (796 f.).
379 *Monar*, in: v. Bogdandy/Bast (Hrsg.), Europäisches Verfassungsrecht, S. 749 (778).
380 *Müller-Graff*, EuR 2009, Beiheft 1, S. 105 (125).

ein Zusammengehörigkeitsgefühl erheblich beeinträchtigt. Aus diesem Grunde sind auch die am 5. Juli 2011 durch den Schengen-Staat Dänemark einseitig wieder aufgenommenen Grenzkontrollen zu Recht als höchst bedenklich eingestuft worden.[381]

Ungeachtet dieser auf politische Zwänge zurückgehenden Differenzierung handelt es sich aber beim Raum der Freiheit, der Sicherheit und des Rechts unzweifelhaft um einen wesentlichen Schritt in Richtung einer politischen Union und einem Europa der Bürger. Letzteres hat auch das Bundesverfassungsgericht in seinem Urteil zum Lissabon-Vertrag betont und auf den Zusammenhang zwischen „dem Auf- und Ausbau des Raums der Freiheit, der Sicherheit und des Rechts" und dem „Prozess des Zusammenwachsens"[382] hingewiesen. Unter anderem die Supranationalisierung und damit die weitere Vertiefung dieses Integrationsraums, durch den die nationale Gebietshoheit eingeschränkt wird, hat das Bundesverfassungsgericht dazu veranlasst, die „besondere Integrationsverantwortung" der Verfassungsorgane zu schaffen und weitere Integrationsleitplanken einzuziehen. Ob durch dieses Urteil allerdings tatsächlich eine Neuvermessung in dem Sinne erfolgt, dass die Union als Vertragsverbund souveräner Staaten künftig nur ein politischer Sekundärraum ist,[383] bleibt abzuwarten. Sollte diese Beschreibung allerdings zutreffen, würde sich dies wahrscheinlich am deutlichsten in Form einer Stagnation des sich bislang visionär entwickelnden Raums der Freiheit, der Sicherheit und des Rechts zeigen.

3. Der Raum der Freiheit, der Sicherheit und des Rechts in der Integrationsrealität und in der Wahrnehmung durch die Unionsbürger

Ungeachtet des aufgezeigten hohen Integrationspotentials ist der RFSR im europäischen Alltag und in den Köpfen der Menschen bislang kaum angekommen:

381 Diese Bedenken brachte Kommissionspräsident *Barroso* am 13.05.2011 in einem Brief an den dänischen Ministerpräsidenten *Rasmussen* deutlich zum Ausdruck: „*As you know, the European Commission has already expressed its grave concerns about the announced measures, which appear to put into question the smooth functioning of Europe's Single Market and the benefits that an integrated area without internal borders brings for both businesses and citizens*". Online im Internet: URL: http://ec.europa.eu/deutschland/pdf/letter_to_pm_rasmussen.pdf (Stand 15.09.2011).

382 So auch BVerfG, 2 BvE 2/08 vom 30.06.2009, Rdnr. 357 (Lissabon).

383 So *Schorkopf*, EuZW 2009, S. 718.

„Nicht nur in Deutschland leistet sich die Öffentlichkeit den Luxus", diesen Raum ungeachtet seines starken Alltagsbezuges „weitgehend zu ignorieren"[384].

Als namentlich schwierig stellt sich die Abgrenzung zum ursprünglichen Integrationskonzept des Binnenmarktes dar. Denn zu diesem ist der Sicherheits- und Freiheitsraum zuletzt in deutliche Konkurrenz getreten: Insbesondere das in Art. 3 Abs. 2 EUV aufgelistete Ziel eines RFSR ohne Binnengrenzen, „in dem [...] der freie Personenverkehr gewährleistet ist" offenbart eine materielle Überschneidung der beiden großen Integrationsräume. Schließlich war der Wegfall der Personenkontrollen ursprünglich das vorrangige Ziel der Freizügigkeit, welche wiederum im Verein mit den anderen Grundfreiheiten den Binnenmarkt manifestierte.

Des Weiteren erscheint das Versprechen eines seine Ziele effizient umsetzenden Sicherheits- und Freiheitsraums angesichts der nach wie vor lückenhaften Kompetenzen auf Dauer kaum einlösbar zu sein.[385] Zwar hat die Europäische Union mit dem Vertrag von Lissabon in ganz erheblichem Maße neue Kompetenzen im Bereich der inneren Sicherheit hinzugewonnen. Allerdings vermögen auch diese die Union nicht nur annähernd in die Lage zu versetzen, den Ausgleich von Sicherheit und Freiheit in kompetentieller Eigenregie effektiv umzusetzen. Somit wird der auf Dynamik angelegte RFSR weiterhin entscheidend auf die Integrations- und Kooperationsbereitschaft der Mitgliedstaaten angewiesen sein.[386]

Es mag ernüchternd und desillusionierend klingen, aber die Frage nach dem Inhalt bzw. den praktischen Auswirkungen des RFSR könnten wohl nur die allerwenigsten Unionsbürger beantworten. Vermutlich ist sogar die bloße Existenz des Sicherheits- und Freiheitsraums kaum bekannt.[387] Diese bedauerlichen Umstände mögen zum einen damit zusammenhängen, dass der Sicherheits- und Freiheitsraum wie beschrieben ein höchst theoretisches und komplexes Konstrukt ist. Zum anderen sind hierfür auch die erwähnten inhaltlichen Überschneidungen mit anderen Unionsmaterien ursächlich. So steht der RFSR nicht nur mit dem Binnenmarkt, sondern auch zum Schengen-Raum in Konkurrenz. So könnte etwa beim interessierten Unionsbürger die Frage aufkommen, ob das grenzenlose Reisen in Europa dem Sicherheits- und Freiheitsraum oder aber dem Schengen-Raum zuzuschreiben ist. Letzterer, dem diesbezüglich die insoweit

384 *Busse*, Weder Festung noch Lotterie, F.A.Z vom 29.04.2013, S. 1.

385 So auch *Müller-Graff/Kainer*, Europa von A bis Z, S. 333.

386 *Müller-Graff*, EuR 2009, Beiheft 1, S. 105 (125).

387 So statt vieler jüngst *Busse*, Weder Festung noch Lotterie, F.A.Z. vom 29.04.2013, S. 1.

„älteren Rechte" zustehen, umfasst nach der am 8. November 2007 beschlossenen Einbeziehung der 2004 der Union beigetretenen Staaten nunmehr ein zusammenhängendes Gebiet, das vom Nordkap bis nach Malta und vom Atlantik bis zur Grenze Weißrusslands und der Ukraine reicht. Nach den Bestimmungen des Schengener Abkommens und des Schengener Durchführungsübereinkommens kann sich also der Grenzübertritt von einem Unionsmitgliedsland in einen Drittstaat wie etwa Norwegen als tatsächlich weniger kontrollintensiv erweisen, als der Übertritt zwischen zwei Unionsmitgliedstaaten, bei dem der eine – wie etwa Großbritannien – nicht nur dem Schengen-Raum nicht angehört, sondern auch durch Protokolle einen Sonderstatus zugesichert bekommen hat.[388]

Angesichts dieser und anderer praktischer Wahrnehmungshindernisse kann nicht ausgeschlossen werden, dass der RFSR für den Unionsbürger auch mittelfristig ein gleichermaßen klanghaftes wie nebulöses Rechtskonstrukt bleibt, welches sich bei näherem Hinsehen als „bloße Worthülse"[389] entpuppt. Zudem wird der RFSR sein Integrationspotential auch dann kaum entfalten können, wenn Europa weiterhin subjektiv gefühlt für überbordende Bürokratie steht. Keinesfalls darf sich dauerhaft der Eindruck verfestigen, dass „europäische Gesetze weniger Sicherheit und Freiheit zu schützen scheinen, als den Menschen vielmehr in einer Normenflut niederzudrücken."[390]

Eine noch größere Gefahr im Sinne eines „Negativ-Images" könnte schließlich darin bestehen, dass die buchstäblich neue europäische Offenheit gar als Bedrohung empfunden und diese der Union im Allgemeinen sowie dem Raum der Freiheit, der Sicherheit und des Rechts im Speziellen angelastet wird. Diesbezügliche Anhaltspunkte und Beispiele sind mittlerweile zahlreich vorhanden. So ist allen voran die zuletzt immer weiter steigende Migration von außerhalb, aber auch innerhalb Europas ein Quell der Verunsicherung, ja mancherorts des Verdrusses. Für viele Europäer, insbesondere aber jene, die von Arbeitslosigkeit und Abstiegsangst betroffen sind, wird vermutlich nicht mehr so deutlich wie früher klar sein, ob Europa tatsächlich noch Segen, oder in mancherlei Hinsicht nicht auch schon Fluch geworden ist.

Alles in allem hat in den Jahren seit Ausbruch der Finanz- und Wirtschaftskrise die Hoffnung signifikant abgenommen, dass die „Vision des rechtlich befriedeten

---

388 Umfassend zur Frage der Grenzkontrollen im Schengen-Raum *Fastenrath/Skerka*, ZEuS 2009, S. 219 ff.

389 *Streinz/Ohler/Hermann*, S. 160.

390 *Kirchhof*, in: v. Bogdandy/Bast (Hrsg.), Europäisches Verfassungsrecht, S. 1009 (1010).

Freiheitsraums“[391] bald schon Wirklichkeit werden kann. Vielmehr scheint auch der RFSR nicht jener ersehnte Heilsbringer zu sein, mit dem die so oft beklagte „modernistische Leerstelle im Herzen der Union“[392] gefüllt werden kann. Ohne zynische Intention ist daher festzustellen, dass die Etablierung des RFSR mittel- und langfristig von Bedrohungen der Sicherheit in Europa – namentlich durch Terrorismus und religiöse Konflikte – abhängen wird.

4. Von Amsterdam und Tampere bis Lissabon und Stockholm – die Karriere einer Unionspolitik auf der Suche nach dem verlorenen Bürger

In Anbetracht der Tatsache, dass der Raum der Freiheit, der Sicherheit und des Rechts in den ersten zwanzig Jahren seiner Existenz zweifellos hinter den in ihm angelegten integrativen Möglichkeiten zurückgeblieben ist,[393] verwundert es nicht, dass mit dem Stockholmer Programm über die strategische Ausrichtung in den Jahren 2010–2014 ganz bewusst und offenkundig ein Schritt in Richtung eines „Europa der Bürger“[394] erfolgt ist: „Vor allem aber wünsche ich mir ein Europa, das seinen Bürgern zugewandt ist. Dies wird das Leitmotiv des Stockholmer Programms sein.“[395]

Nach alledem hat es den Anschein, als ob sich auf der Suche nach dem verloren geglaubten Bürger[396] der Raum der Freiheit, der Sicherheit und des Rechts in entscheidendem Maße gegenüber dem Binnenmarkt verselbständigt habe. Dass der rechtlich befriedete Freiheitsraum als bislang vornehmlich theoretisch ausgerichtete Identifikationsvision auch in der Unionswirklichkeit zu einem echten europäischen Zusammengehörigkeitsgefühl führen kann, erscheint im Zeitalter der Globalisierung und dessen ubiquitärer Bedrohungen, allen voran Terrorismus und organisierte Kriminalität, nicht ausgeschlossen. Durch das integrative Potential,

---

391 Vgl. zu dieser treffenden Bezeichnung *Müller-Graff*, EuR 2009, Beiheft 1, S. 105 (125).

392 So *Haltern*, in: v. Bogdandy/Bast (Hrsg.), Europäisches Verfassungsrecht, S. 279 (319).

393 Vgl. *Müller-Graff*, EuR 2009, Beiheft 1, S. 105.

394 Die Forderung nach einem „Europa der Bürger“ wird schon seit geraumer Zeit erhoben, vgl. *Schily*, NVwZ, S. 883 (888).

395 Beitrag des Vizepräsidenten der Europäischen Kommission *Jacques Barrot*, anlässlich der Anhörung vor dem Deutschen Bundestag am 18. März 2009 in Berlin, S. 1.

396 Vgl. auch *Calliess*, „Auf der Suche nach dem verlorenen Bürger“, Einleitung zur Antrittsvorlesung an der Freien Universität Berlin am 10. Juli 2009.

den bislang verlorenen Bürger in das „überstaatliche Gemeinwesen“[397] der Union einzubeziehen, hat der Raum der Freiheit, der Sicherheit und des Rechts folglich insgesamt dramatisch an Bedeutung hinzugewonnen.[398]

Auf dem langen Weg von der Wirtschaftsunion zur Politischen Union stellt der Raum der Freiheit, der Sicherheit und des Rechts nach alledem ein bemerkenswertes Stück europäischer Integration dar.[399]

---

397 Zu dieser Deutung und Bezeichnung der EU vertiefend *Calliess*, in: Calliess/Ruffert (Hrsg.), EUV/AEUV, Art. 1 EUV, Rdnr. 39.

398 So auch *Haack*, EuR 2009, S. 282 (284).

399 *Oppermann/Classen/Nettesheim*, § 37 Rdnr. 38, S. 668.

E. Die Europäisierung von Sicherheit und Freiheit und deren Auswirkungen auf das tradierte Gewaltmonopol des Staates

Die Ausführungen in den beiden vorangehenden Teilen dieser Arbeit haben verdeutlicht, dass die Union in der Vergangenheit hinsichtlich der Wahrnehmung und des Ausgleichs der beiden Staatsfundamentalaufgaben Sicherheit und Freiheit bereits weitreichende Befugnisse erlangt hat und dass diese Entwicklung auf der Zeitachse der Integration nicht nur lediglich fortläuft, sondern einen sich deutlich beschleunigenden Verlauf beschreibt.[400]

Wird vor diesem Hintergrund die Gewährleistung von Sicherheit und Freiheit als Hauptlegitimationsquelle der Staatlichkeit in Erinnerung gerufen, so fragt sich, welche Konsequenzen mit eben dieser Entwicklung verbunden sind.

Von dieser Fragestellung betroffen ist zunächst die konkrete Zuständigkeit für die Gewährleistung und den Ausgleich der vom Bürger erlebten Sicherheit und Freiheit. Angesichts der Bedeutung dieser beiden Staatsfundamentalzwecke stellt sich zugleich aber auch die Frage nach dem ganz grundsätzlichen Verhältnis zwischen Union und Mitgliedstaaten. Da die Gewährleistung und der Ausgleich der Aufgaben im zu errichtenden rechtlich befriedeten Freiheitsraum über den Steuerungsmodus des Rechts erfolgen sollen, ist neben der Frage der Rechtssetzung und Rechtsfindung auch die Frage der Rechtsdurchsetzung von erheblicher Bedeutung.

Somit betreffen die zunächst abstrakten Begriffe Sicherheit und Freiheit letztendlich auch die konkrete Ausprägung der vom Einzelnen im Alltag erlebten physischen Zwangsgewalt. Diese Aussage trifft insbesondere auf die unüberschaubare Vielzahl jener Fälle zu, in denen die Mitgliedstaaten lediglich unionsrechtliche Vorgaben umsetzen und vollziehen,[401] also gewissermaßen nur als „verlängerter

400 Dies entspricht im übrigen, losgelöst von der konkreten Thematik Sicherheit und Freiheit, dem allgemeinen Befund und wird mitunter mit Sorge gesehen, vgl. etwa *Nettesheim*, NJW 2009, S. 2867: „Die Beschleunigung, die der Prozess der europäischen Integration in den letzten zwei Jahrzehnten erfahren hat, und sein zunehmender Ausgriff auf hochpolitische Bereiche geben mehr denn je Anlass, über die weiteren Perspektiven zu streiten".

401 Vgl. dazu nur das Zahlenmaterial bei *Hölscheidt*, DÖV 2009, S. 341 (342), wonach bislang beispielsweise über 2.000 Richtlinien in Kraft getreten sind.

Arm des Unionsrechts"[402] fungieren. In diesem Zusammenhang ist zu Recht und im Übrigen wohl unbestritten festgestellt worden, dass mittlerweile „ein Gutteil der die Bürger und Unternehmen [...] betreffenden Gesetzgebung ihren Ausgangspunkt in Brüssel hat (und) Verordnungen und Richtlinien der EU in zunehmendem Maße den Alltag in den Mitgliedstaaten regulieren"[403].

Es kann also bereits an dieser Stelle angenommen werden, dass die Union dadurch, dass sie in zunehmendem Maße den Ausgleich von Sicherheit und Freiheit wahrnimmt und diesen mittels des Rechts steuert, in korrespondierendem Maße für die Ausübung von Gewalt gegenüber dem Unionsbürger verantwortlich wird. Ebenso zwangsläufig muss mit dieser Entwicklung eine Beeinträchtigung der bisherigen Alleinzuständigkeit des Nationalstaates für die Gewaltausübung einhergehen.

Bereits diese Erwägungen legen den Schluss nahe, dass die Europäisierung der Staatsaufgaben Sicherheit und Freiheit mit Blick auf die Integrität des Gewaltmonopols mit weitreichenden Folgen verbunden ist. Da schließlich das Gewaltmonopol, wie bereits einleitend geschildert, auf das Engste mit der staatstheoretischen und staatsphilosophischen Entwicklung des modernen Staates verbunden ist, fragt sich, wie weit die bereits an dieser Stelle vermuteten Relativierungen und Einschränkungen reichen und ob sich überhaupt noch berechtigterweise vom staatlichen Gewaltmonopol im tradierten Sinne sprechen lässt.

Bemerkenswerterweise sind eben diese Fragen mittelbar auch vom Bundesverfassungsgericht in dessen Entscheidung zum Lissabon-Vertrag[404] behandelt worden. In seinem Urteilsspruch vom 30. Juni 2009 unterstrich der Zweite Senat einmal mehr die staatsfundamentale Bedeutung des Gewaltmonopols: So sei der Zusammenhang zwischen diesem einerseits, und der staatlichen Souveränität andererseits von solchem Gewicht, dass „die Verfügung über das Gewaltmonopol polizeilich nach innen und militärisch nach außen" seit jeher „als besonders sensibel für die demokratische Selbstgestaltungsfähigkeit eines Verfassungsstaates" zu gelten habe.[405]

---

402 In allen diesen Fällen gelangen daher die Europäischen Grundrechte zur Anwendung, so unter Bezug auf EuGH und BVerfG *Kingreen*, in: Calliess/Ruffert (Hrsg.), EUV/AEUV, Art. 51 EU-GRCharta, Rdnr. 11.

403 Vgl. *Calliess*, JZ 2009, S. 113; auf die Tatsache der stetig zunehmenden Bedeutung des Europarechts wurde im übrigen bereits vor rund fünfzig Jahren hingewiesen, vgl. die Vorbemerkung der Schriftleitung zu *Ophüls*, NJW 1963, S. 1697 – „Die Rechtsordnung der Europäischen Gemeinschaften wächst ständig an Umfang und Bedeutung."

404 BVerfG, 2 BvE 2/08 vom 30.06.2009 (Lissabon).

405 BVerfG, 2 BvE 2/08 vom 30.06.2009, Rdnr. 252 (Lissabon).

Gleichzeitig wurde das Gewaltmonopol durch das Karlsruher Diktum zum integrativen Bestandteil jenes „hinreichenden Raums zur politischen Gestaltung der wirtschaftlichen, kulturellen und sozialen Lebensverhältnisse“[406] erklärt, welcher den Mitgliedstaaten im Rahmen der Integration unbedingt verbleiben muss.

Mit Blick auf diese Absolutheit der Urteilssätze lässt sich aber durchaus sachlich hinterfragen, inwieweit letztere tatsächlich noch in Deckungsgleichheit mit der Integrationswirklichkeit stehen. So erscheint es vor dem Hintergrund der bereits weit vorangeschrittenen Integration einerseits sowie den politischen Erwartungen an das Gericht und dessen souveränitätswahrender Intention andererseits nicht ausgeschlossen, dass das Urteil zum Lissabon-Vertrag in bewusst hemmender Vorstellung formuliert wurde und so bereits am Tag seiner Verkündung einen durch die Integrationsrealität längst überholten Zustand abbildete.[407] Es fragt sich also namentlich, inwieweit das staatliche Gewaltmonopol in der vom Verfassungsgericht festgestellten Integrität fortbesteht oder ob dieses mit dem Verlust der Alleinzuständigkeit der Staaten für Sicherheit und Freiheit nicht *de facto* bereits denationalisiert und zumindest in Teilen europäisiert wurde.

Sollte letzteres zu bejahen sein, könnte im Europa des frühen 21. Jahrhunderts der Anfang vom Ende der (National-) Staatlichkeit eingeleitet sein. Möglicherweise würde eine Europäisierung des Gewaltmonopols dann sogar zur Folge haben, dass – von der Öffentlichkeit vermutlich zunächst unbemerkt[408] – ein europäischer (Bundes-) Staat in der Entstehung begriffen wäre.[409]

Im zugrundeliegenden Kontext kommt dem Gegenwartszustand des Gewaltmonopols folglich eine maßgebliche Bedeutung zu. Um jenen zu ermitteln, soll das Gewaltmonopol im Folgenden zunächst mit Blick auf Funktion und Inhalt untersucht und sodann in den Zusammenhang mit den Implikationen der festgestellten Europäisierungsphänomene gerückt werden.

---

406 BVerfG, 2 BvE 2/08 vom 30.06.2009, Leitsatz 3 (Lissabon).

407 Dass das BVerfG die Integrationsrealität nicht hinreichend anerkannt, sondern teilweise ausgeblendet habe, ist im übrigen eine in der Literatur verbreitet festzustellende Kritik, vgl. etwa *Lenz*, F.A.Z. vom 8. August 2009, S. 7; *Röper*, DÖV 2010, S. 285 (286); *Terhechte*, EuZW 2009, S. 724 (731); *Halberstam/Möllers*, GLJ 2009, S. 1241.

408 In diese Richtung auch *Nettesheim*, NJW 2009, S. 2867, der mit Blick auf Deutschland die Beschränkung der Europadebatte auf Politik und Recht bedauert.

409 In diese Richtung, entscheidend auf den zunehmenden Einbezug des Einzelnen abstellend: *Haack*, EuR 2009, S. 282 (288 f.); ferner *Nettesheim*, der tatsächlich ein solches „Hineinwachsen des deutschen Staates in eine europäische Föderation“ feststellt und begrüßt, in: Nicht weiter so, F.A.Z. Nr. 209 vom 8. September 2011, S. 8.

I. Staat – Staatlichkeit – Souveränität – Staatsgewalt: Begriffsorientierungen mit Blick auf das Gewaltmonopol des Staates

Was zunächst wie eine beliebige Wortfortsetzung erscheinen mag, stellt sich bei näherem Hinsehen als eine Gruppe von Rechtsbegriffen dar, die nicht nur allesamt intensive Bezüge zur Gewährleistung der Staatsaufgaben Sicherheit und Freiheit aufweisen, sondern auch in verschiedener Art und Weise unter- und miteinander in Verbindung stehen. Die Komplexität weiter erhöhend kommt hinzu, dass den genannten Begriffen eine breite Sinnvariabilität zu eigen ist, durch die sie mitunter bedeutungsgleich, mitunter als grundverschieden erscheinen mögen.

Bevor also eine vertiefte Untersuchung der Implikationen der beschriebenen Europäisierung mit Blick auf das Gewaltmonopol und die mögliche Entstehung europäischer Staatlichkeit unternommen wird, soll angesichts der diesbezüglichen Relevanz der Begriffe eine Orientierung mit Blick auf das sodann zu erläuternde Gewaltmonopol erfolgen.

1. Staat

Dreh- und Angelpunkt nahezu aller jüngeren und gegenwärtigen Abhandlungen über den *status quo* und die Zukunft des europäischen Integrationsverbandes ist – explizit oder implizit – der Staatsbegriff.[410] Ähnlich wie das Schrifttum, aber weniger deutend als vielmehr bewahrend, scheint die Rechtsprechung einem solchermaßen fixierten Kategoriendenken zuzuneigen. So wurde etwa dem Bundesverfassungsgericht mit Blick auf dessen Urteil zum Lissabon-Vertrag[411] ein etatistisch geprägtes Verständnis der europäischen Integration bescheinigt, mit dem das „dynamische Eigenleben" der Union als Deutungsoption schlichtweg ausgeblendet würde.[412] In sichtlicher Enttäuschung über das Lissabon-Urteil warfen insbesondere die Anhänger der europäischen Bundesstaatsoption dem Gericht vor, sich ähnlich wie die zahlreichen Separationsbewegungen Europas in die „Sandburg der Renationalisierung"[413] zurückzuziehen. Da die Probleme der Zukunft

410 So auch *Schliesky*, „Wer über Herrschaftsgewalt nachdenkt, kommt an *dem Staat* nicht vorbei", S. 8.

411 BVerfG, 2 BvE 2/08 vom 30.06.2009 (Lissabon).

412 So *Terhechte*, EuZW 2009 S. 724 (725).

413 So *Röper*, DÖV 2010, S. 285 (291).

aber eben nicht mit den Methoden der Vergangenheit zu lösen seien, sei ein „neues Staatsverständnis für ein vereintes Europa" erforderlich.[414]

Dass aber ungeachtet dieser und ähnlicher Stimmen der Staat weiterhin das Maß der Dinge zu sein scheint, ist vermutlich in erster Linie darauf zurückzuführen, dass – wie unlängst auch das Bundesverfassungsgericht in seinem Lissabon-Urteil feststellte – im Verlauf der Integration eben die Mitgliedstaaten jenen Ausgangspunkt bildeten, von dem aus die Integrationsbewegung zunächst wirtschaftlich, dann politisch ihren Anfang nahm:

„Der Staat ist weder Mythos, noch Selbstzweck, sondern die historisch gewachsene, global anerkannte Organisationsform einer handlungsfähigen politischen Gemeinschaft."[415]

Im Europa des frühen 21. Jahrhunderts steht den Mitgliedstaaten allerdings nunmehr eine supranationale Union mit einheitlicher Rechtspersönlichkeit zur Seite, die – so zumindest die skeptischen Stimmen – mit allen Kräften danach strebe, „auf Kosten" der Mitgliedstaaten selbst Staat zu werden.[416] Vor dem Hintergrund dieses vermeintlichen oder tatsächlich bestehenden Konkurrenzverhältnisses, das signifikant auch im Raumdenken aufscheint, lässt sich der Begriff des Staates aus dem europapolitischen Diskurs nicht hinwegdenken. In diesem Sinne hat auch das Bundesverfassungsgericht das Modell eines „Staatenverbundes"[417] verteidigt und damit ein Konzept, das es gewissermaßen als Grenzziehung gegenüber der entstehenden Europäischen Union erstmals im Maastricht-Urteil[418] verwendet hatte.

Auch wenn – wie vorliegend – von den Staatsaufgaben der Sicherheit und Freiheit die Rede ist, wird der Staat stillschweigend als feststehender Terminus vorausgesetzt. Und tatsächlich scheint sich der Staatsbegriff seit der Herausbildung der europäischen Nationen als derart bedeutsame Kategorie verselbständigt zu haben, dass eine staatenlose Welt als schlechterdings kaum noch vorstellbar erscheint. Auch die mitunter von Utopisten im Sinne des Weltfriedens geforderte

---

414 *Röper*, DÖV 2010, S. 285 (289, 291).

415 BVerfG, 2 BvE 2/08 vom 30.06.2009, Rdnr. 224 (Lissabon).

416 Vgl. etwa *Isensee*, DVBl 2009, S. 801 (806), der die Union mit einem Kraken vergleicht, der mit seinen „saugnapfbesetzten Armen in alle Lebensbereiche eindringt, Furcht erzeugt und zumal in den neuen Beitrittsländen den Eindruck von Besatzungsherrschaft aufkommen lässt."

417 Vgl. dazu *Kirchhof*, Der europäische Staatenverbund, in: v. Bogdandy/Bast (Hrsg.), Europäisches Verfassungsrecht, S. 1009 ff.

418 BVerfGE 89, S. 155 (Maastricht).

Abschaffung der Staaten[419] würde wohl gleichfalls der Idee nach in einem Weltstaat münden.[420]

Dieser gewachsenen Quasi-Naturgesetzlichkeit des Staates steht spätestens seit dem Zusammenbruch der bipolaren Weltordnung das Phänomen der Globalisierung gegenüber.[421] In deren Kontext ist immer häufiger die Rede vom Verlust der territorialen Radizierung,[422] vom Nationalstaat in der Krise[423] oder vom Rückzug des Staates bis hin zur Gefahr des Staatsversagens.[424]

Die in diesem Befund liegende scheinbare Spannung und Dramatik lässt sich indes nur dann auflösen, wenn „der Staat" als solcher nicht als eine für alle Zeiten vorgegebene Größe, sondern als ein nur im jeweiligen historischen Zusammenhang konkret fassbares Phänomen verstanden wird, welches dementsprechend im Laufe der Geschichte vielfältigste Wandlungen durchlebt.[425] Was so gegenwärtig als Rückzug oder gar als Ende des Staates erscheinen mag, ist – zumindest nach der historischen Erfahrung – lediglich eine Wandlung des zeitgenössischen Staatsbegriffes und nicht notwendigerweise das Ende der Institution Staat an sich.[426] Dem entspricht es, wenn das Bundesverfassungsgericht in seiner Lissabon-Entscheidung zum Staats- und Souveränitätsverständnis des Grundgesetzes ausführt:

„Das Grundgesetz löst sich von einer selbstgenügsamen und selbstherrlichen Vorstellung souveräner Staatlichkeit und kehrt zu einer Sicht auf die Einzelstaatsgewalt zurück, die Souveränität als völkerrechtlich geordnete und gebundene

---

419 Als gemeinhin bekanntes Beispiel hierfür könnte herangezogen werden *John Lennon „imagine there's no countries, it isn't hard to do, nothing to kill and die for*", Liedpassage aus *Imagine*, 1971.

420 *Randelzhofer*, Staatsgewalt und Souveränität, in: Isensee/Kirchhof (Hrsg.), HStR II 2004, § 17 Rdnr. 11; dazu auch *Zippelius*, der diese Entwicklung hin zu einem Weltstaat als „weder wünschenswert noch wahrscheinlich" hält, § 10 IV, S. 61.

421 Vgl. dazu *Calliess*, Auswärtige Gewalt, in: Isensee/Kirchhof (Hrsg.), HStR IV 2006, § 83 Rdnr. 4.

422 *Di Fabio*, Das Recht offener Staaten, S. 97 ff.

423 Vgl. *Röper*, DÖV 2010, S. 285 (286 ff.).

424 *Gusy*, DÖV 1996, S. 573.

425 *Schliesky*, S. 8.

426 Nach Ansicht von Stimmen der Literatur soll sich ebenso wie der Staatsbegriff auch der Begriff der Verfassung kontinuierlich wandeln. Vgl. dazu mit weiteren Nachweisen *Pernice*, in: Calliess (Hrsg.), Verfassungswandel im europäischen Staaten- und Verfassungsverbund, S. 61 (64 f.): „Dabei ist weithin anerkannt, wenn auch nicht unumstritten, dass der Verfassungsbegriff ebenso einem Wandel unterliegt, wie die Funktion des Staates; er ist an neue Bedingungen und Herausforderungen des politischen Systems anzupassen."

Freiheit auffasst. Es bricht mit allen Formen des Machiavellismus und einer rigiden Souveränitätsvorstellung, die noch bis zu Beginn des 20. Jahrhunderts das Recht zur Kriegsführung – auch als Angriffskrieg – für ein selbstverständliches Recht des souveränen Staates hielt."[427]

Bei Anwendung des historischen Weitwinkelobjektivs wird die kontinuierliche Wandlung des Staatsbegriffes offenbar. Verschiedenste Formen menschlichen Zusammenlebens und organisierter Herrschaftsgewalt wurden und werden als Staat bezeichnet – so etwa die *polis* Athens, der Staat im hohen Mittelalter, der Kirchenstaat, der Staat zu Beginn der Neuzeit, der Nationalstaat, der totalitäre Staat, der Unrechtsstaat, der Nachtwächterstaat, der moderne Staat, der Verfassungsstaat, der offene, der postnationale und der transmoderne Staat.[428]

Insoweit setzt die Frage, welche Implikationen die Europäisierung der Staatsaufgaben Sicherheit und Freiheit haben könnte, zunächst eine Annäherung an den zeitgenössischen Staatsbegriff voraus. Ausgangspunkt ist hier – zumindest bis zum Ende der Ost-West-Konfrontation – der von der allgemeinen Staatslehre entwickelte und nach dem Ende des Zweiten Weltkriegs herausgebildete moderne Nationalstaat.

Neben der allgemeinen Staatslehre haben aber auch weitere Disziplinen den Staat zum Gegenstand, wobei an dieser Stelle lediglich die Sozial- und die Politikwissenschaft Erwähnung finden sollen.[429]

Der sozialwissenschaftlichen, auf *Max Weber (1864–1920)* zurückgehenden Definition des Staates liegt eine entscheidende Fokussierung auf das herrschaftsrechtliche Element zugrunde.[430] Danach ist der moderne Staat „ein auf das Mittel der legitimen (das heißt: als legitim angesehenen) Gewaltsamkeit gestütztes *Herrschafts*verhältnis von Menschen über Menschen."[431] Zwar mag diese soziologische Provenienz des Staates, wie *Weber* selbst zum Ausdruck bringt, archaisch anmuten.[432] Doch liege gerade in dem Umstand, dass der Staat „diejenige menschliche

---

427 BVerfG, 2 BvE 2/08 vom 30.06.2009, Rdnr. 223 (Lissabon).

428 Vgl. mit Literaturverweisen zu einigen dieser Ausprägungen *Schliesky*, S. 8.

429 Weitere sich intensiv mit dem Staatsbegriff auseinandersetzende, aber im Rahmen vorliegender Untersuchung weniger relevante Wissenschaften sind etwa die Ökonomie, die Philosophie und die Theologie.

430 So *v. Bogdandy*, HFR 1997, S. 2, Rdnr. 11.

431 *Weber*, Politik als Beruf, in: Winckelmann (Hrsg.), Max Weber – Gesammelte Politische Schriften, 3. Auflage, S. 505 (507).

432 „Gewaltsamkeit ist natürlich nicht etwa das normale oder einzige Mittel des Staates: – davon ist keine Rede –, wohl aber: das ihm spezifische. Gerade heute ist die Beziehung des Staates zur Gewaltsamkeit besonders intim.", *Weber*, Politik als Beruf,

Gemeinschaft [ist], welche innerhalb eines bestimmten Gebietes [...] das *Monopol legitimer physischer Gewaltsamkeit* für sich (mit Erfolg) beansprucht"[433], das Spezifikum des Staates.

Diese soziologische Herleitung des Staates, nach der das Gewaltmonopol dessen Wesensmerkmal darstellt, ist auch im 21. Jahrhundert nicht nur gültig, sondern weiterhin maßgeblich relevant geblieben.[434] So wird nach allgemeinlexikalischer Definition unter dem Staat das Gewaltmonopol verstanden, das in einem räumlich abgegrenzten Bereich residiert, anstaltsförmig organisiert ist, über eine geschriebene Verfassung, geschriebenes Recht sowie eine am Gesetz orientierte Verwaltung durch Fachbeamte verfügt und Souveränität nach innen und außen beansprucht.[435] Somit verdeutlicht schon die sozialwissenschaftliche Staatsdefinition den Zusammenhang des in diesem Abschnitt gegenständlichen Begriffsquartetts mit dem Gewaltmonopol.

Im Unterschied zur Sozialwissenschaft liegt dem politikwissenschaftlichen Ansatz ein maßgeblich staatsfunktionales Verständnis zugrunde. Dieses gibt Antworten darauf, welche Funktionen von einem Gemeinwesen zwingend erfüllt werden müssen, um das Vorliegen eines funktionierenden Staates annehmen zu können.[436] In der Moderne wird ein Staat im Wesentlichen dann als leistungsfähig eingestuft, wenn er drei elementare Funktionen erfüllt:

Zunächst muss ein Staat in der Lage sein, die Sicherheit seiner Bürger vor physischer Gewaltanwendung oder deren Androhung zu gewährleisten. Ferner müssen der Gesellschaft und der Wirtschaft eine politische und wirtschaftliche Ordnung gegeben werden, die allgemein als legitim akzeptiert wird. Schließlich muss der Staat ein Mindestmaß an existenzieller und sozialer Infrastruktur bereitstellen.[437]

---

in: Winckelmann (Hrsg.), Max Weber – Gesammelte Politische Schriften, 3. Auflage, S. 505 (506).

433 *Weber*, Politik als Beruf, in: Winckelmann (Hrsg.), Max Weber – Gesammelte Politische Schriften, 3. Auflage, S. 505 (506).

434 Diesbezüglich sehr kritisch *Möllers*, der methodisch vor der „Hypostasierung des Gewaltmonopols zur alles entscheidenden Eigenschaft des Staats" warnt, Staat als Argument, S. 284.

435 Brockhaus Enzyklopädie in 30 Bänden, Band 26 (SPOT–TALA), Stichwort „Staat", S. 64.

436 Hier bestehen Parallelen zum Völkerrecht, vgl. nur die Ausführungen bei *Herdegen* zum „Problem des *failed state*", § 8, Rdnr. 35 ff., S. 90 f.

437 *Mair*, Staatsversagen und Staatszerfall, in: Informationen zur politischen Bildung, Heft Nr. 303, Afrika – Schwerpunktthemen, 2/2009, S. 8.

Anhand dieser politikwissenschaftlichen Definition verdeutlicht sich erneut der Stellenwert der eingangs behandelten Staatsaufgabe Sicherheit, ohne deren Gewährleistung einer menschlichen Gesellschaft die Staatsqualität zwingend abzusprechen ist.

Für die vorliegende Untersuchung maßgeblich wird allerdings die Definition der Allgemeinen Staatslehre sein. Dieser liegt im Unterschied zur Sozial- und Politikwissenschaft ein konstitutives Verständnis zugrunde. Hinsichtlich dieses Ansatzes ist *Georg Jellineks (1851–1911)* Drei-Elemente-Theorie[438] nach wie vor gleichermaßen klassisch wie herrschend.[439] Dabei ist letztere nicht nur in der Allgemeinen Staatslehre maßgeblich, sondern auch für die praktische Abgrenzung von Staaten nach dem Völkerrecht.[440] Danach setzt sich ein Staat aus drei konstitutiven Elementen zusammen: Staatsgebiet, Staatsvolk und Staatsgewalt.

Als unverzichtbarer Bestandteil der Staatsgewalt ist das Gewaltmonopol wiederum auf das Engste mit dem Staatsbegriff der Allgemeinen Staatslehre verzahnt. Von großer Bedeutung ist schließlich auch die Tatsache, so selbstverständlich und banal diese Betonung auch klingen mag, dass der Staat als juristische Person Rechtssubjekt ist, und somit als Träger von Rechten und Pflichten am Rechtsverkehr teilnehmen kann. Denn erst die staatliche Rechtssubjektivität versetzte den Nationalstaat dereinst in die Lage, rechtlicher Inhaber und Träger des tradierten Gewaltmonopols zu sein.

2. Staatlichkeit

Der Begriff der Staatlichkeit[441] löst sich von der typisierenden Staatsformenlehre[442] und stellt nicht länger allein auf das singuläre Staatssubjekt ab. Vielmehr handelt es sich bei diesem Begriff um die abstrakte Eigenschaftsumschreibung jenes Zustandes, bei dessen Vorliegen eine bestimmte menschliche Gesellschaft grundsätzlich als Staat bezeichnet werden kann. Letzteres wird für

---

438 *Jellinek*, Allgemeine Staatslehre, S. 183, 394 ff.

439 Vgl. nur Brockhaus Enzyklopädie in 30 Bänden, Band 26 (SPOT–TALA), Stichwort „Staat", S. 65; *Schliesky*, S. 9.

440 *Griller*, in: Schuppert/Pernice/Haltern (Hrsg.), Europawissenschaft, S. 201 (220).

441 Zum Verhältnis von „Staatlichkeit und Gewaltmonopol" aus kriminalpolitischer Sicht vgl. *Haurand*, Kriminalistik, S. 770 (775 ff.).

442 Zur Staatsformenlehre und ihrer Geschichte vgl. etwa *Zippelius*, § 20, S. 130 ff.

gewöhnlich anhand einer Reihe, im Einzelnen divergierender Staatlichkeitskriterien bemessen.[443]

Da grundsätzlich alle erdenklichen Staatstypen und –formen die Anforderungen an Staatlichkeit erfüllen, liegt diesem Begriff ein entsprechend weites Verständnis zugrunde. Das Vorliegen von Staatlichkeit ist danach bereits dann zu vermuten, wenn eine unüberschaubare Vielzahl von Menschen – sei es freiwillig oder unfreiwillig – zur Verfolgung bestimmter Zwecke in einem Verband zusammengeschlossen ist.[444] Insoweit weist auch der totalitäre Unrechtsstaat die Eigenschaft der Staatlichkeit auf. Lediglich dann, wenn eine menschliche Gesellschaft durch keine irgendwie geartete Ordnung zusammengehalten wird und die Individuen nur die jeweils eigenen Zwecke verfolgen, ist die Staatsqualität im Sinne der Staatlichkeit zu verneinen. Dies etwa ist hinsichtlich des von *Hobbes* beschriebenen Naturzustandes der Fall.

Insoweit wird das Gegenteil zur verfassten Staatlichkeit von der unverfassten Anarchie gebildet. Dem anarchistischen Gedanken liegt jedoch, wie etwa *Zippelius* mit Verweis auf die Geschichte völlig zu Recht feststellt, ein „unrealistischer Optimismus“ über die Natur des Menschen zugrunde. Deshalb gleiche dieser Gedanke auch, bildhaft gesprochen, dem Versuch, „der Katze das Mausen abzugewöhnen“[445]. Dies habe schon *Jellinek* mit Blick auf „die sozialistische Fassung des anarchistischen Gedankens“ festgestellt[446]. Letzterer nämlich habe „den in Freiheit dressierten, immer arbeitslustigen und kollektivistischen Menschen“[447] zum Ausgangspunkt. Da der Mensch aber nun mal nicht so, sondern mit „natürlicher Unlust, für andere zu arbeiten“ und mit einer insgesamt von Machtstreben und Aggressionsbereitschaft geprägten Triebstruktur geschaffen ist,[448] wird er sich stets, um sich vor anderen zu schützen, mit anderen Menschen zusammenschließen. Da der Mensch so besehen aus schutzbedingtem

---

443 Vgl. etwa *Haack*, Verlust der Staatlichkeit, S. 173 ff., der anhand zehn verfassungsrechtlicher Kriterien den Staatlichkeitsbestand der EU – im Ergebnis negativ – bemisst; ferner zu den „Stufen der Staatlichkeit“ *Voigt*, S. 305 f.

444 *Gusy*, DÖV 1996, S. 573 (574).

445 *Zippelius*, § 18 V, S. 120.

446 *Zippelius*, § 18 V, S. 120.

447 *Jellinek*, Allgemeine Staatslehre, S. 224 f.

448 So sehr anschaulich *Zippelius*, § 18 V, S. 120; noch pessimistischer *Fukuyama*: „Manche Menschen werden vermutlich erst dann zufrieden sein, wenn sie sich durch jenen Akt bewiesen haben, der zu Beginn der Geschichte die Menschlichkeit ausmachte: Sie wollen in einem blutigen Kampf ihr Leben wagen, um sich und ihren Mitmenschen zu zeigen, dass sie ohne jeden Zweifel frei sind.“, S. 434.

Eigeninteresse zur Staatlichkeit strebt, ist die Anarchie als rein theoretischer Gedanke in das Reich der Utopie zu verweisen.[449] Dieser kategorischen, aber völlig zutreffenden Aussage entspricht im Übrigen der Befund, dass die gesamte Menschheitsgeschichte keinen auch noch so kurzen Abschnitt aufweist, in dem ein friedliches Zusammenleben ohne Herrschaftsgewalt möglich war. Auch in der Gegenwart ist diese Tendenz zur Staatlichkeit in solchen Regionen zu beobachten, die wie etwa Somalia alle Charakteristika eines *failed state* im modernen Sinne erfüllen.[450] Neben einer unüberschaubaren Fragmentierung der Gesellschaft in Klein- und Kleinststaatlichkeiten (*clans, warlords*, Milizen) hat sich auch dort bereits wieder ein größerer und differenzierter Herrschaftsverband gebildet: Das sogenannte Somaliland erfüllt faktisch alle Funktionen eines modernen Staates, lediglich die internationale Anerkennung fehlt ihm, um Staat im Sinne des Völkerrechts zu sein.[451]

Grundlegendes und entscheidendes Kennzeichen der Staatlichkeit ist somit ein Zusammenschluss von Menschen im Sinne eines kollektive Zwecke erfüllenden Gemeinwesens.

Ungeachtet des einleitend weit entwickelten Verständnisses haftet dem Terminus der Staatlichkeit allerdings auch eine Exklusivität dergestalt an, dass eine Staatlichkeit regelmäßig eine andere verdrängt und insoweit Schnittmengen nicht möglich sind. Dies ist der maßgebliche Grund dafür, warum infolge der Staatlichkeit der Mitgliedstaaten der Union selbst die Staatlichkeit zu versagen ist. Je mehr allerdings die Mitgliedstaaten an Staatlichkeit aufgeben, desto näher wiederum rückt die Union selbst an die Staatlichkeit heran. Der Punkt, an dem die Mitgliedstaaten möglicherweise ihre Staatsqualität verlieren und die Union selbst (Bundes-)Staat wird, ist schließlich anhand der konkreten staats- und völkerrechtlichen Kriterien zu bestimmen.

---

449 So auch *Isensee*, Die Friedenspflicht der Bürger und das Gewaltmonopol des Staates, in: Müller/Rhinow/Schmid/Wildhaber (Hrsg.), FS für Eichenberger, S. 23 (31).

450 Für *van Ooyen* äußert sich der Status Somalias als *failing state* etwa in der Ermangelung einer öffentlichen Gewalt, welche die Seepiraterie vor der Küste unterbinden könnte, in: Möllers (Hrsg.), Wörterbuch der Polizei, S. 842; vgl. ferner *Wimmer*, der Somalia als trauriges „Vorbild“ bezeichnet, S. 11; schließlich *Zippelius*, der u.a. anhand des Beispiels Somalia einen historischen Bogen von den Bürgerkriegen des 20. Jahrhunderts bis hin zum Dreißigjährigen Krieg schlägt, § 9 II, S. 49; zum völkerrechtlichen „Problem des *failed state*“ vgl. *Herdegen*, § 8, Rdnr. 35 ff., S. 90 f.

451 *Mair*, Staatsversagen und Staatszerfall, in: Informationen zur politischen Bildung, Heft Nr. 303, Afrika –Schwerpunktthemen, 2/2009, S. 8.

3. Souveränität

Ähnlich wie die zuvor behandelten Begriffe, aber in einer noch höheren Komplexität, vereinigt der Souveränitätsbegriff wissenschaftliche Umstrittenheit mit breitester Sinnvariabilität. Die vielfach konstatierte Unschärfe und die oft bemängelte Konturenarmut haben dazu geführt, dass es sich bei der Souveränität insgesamt um einen „problembeladenen Begriff“ handelt. Daher sind sogar Versuche unternommen worden, die Souveränität als staats- und völkerrechtliche Kategorie für überflüssig und schädlich zu erklären und den Verzicht auf sie zu postulieren.[452]

Vor diesem Hintergrund und mit Blick auf ein in seiner Fülle „fast unübersehbares“[453] Schrifttum, können und sollen nachfolgend lediglich einige jener relevanten und maßgeblich anerkannten Charakteristika dargestellt werden, die für das Verhältnis und die Abgrenzung zum hier vornehmlich interessierenden Begriff des Gewaltmonopols von besonderer Relevanz sind.

Kennzeichnend für den Begriff der Souveränität ist im vorliegenden Zusammenhang zunächst, dass es sich im Unterschied zu den Begriffen Staat, Staatsgewalt und Gewaltmonopol nicht um einen substantivischen Aspekt des Rechts, sondern vielmehr um eine adjektivische Zustandsbeschreibung im Sinne einer Eigenschaft des Staates beziehungsweise der Staatsgewalt handelt.[454] Historisch betrachtet handelt es sich um eine funktionsorientierte, wertneutrale Kategorie, deren Aufgabe es nach *Bodin* und vor allem nach *Hobbes* war, eine maßgebliche Herrschaftsgewalt zu konstruieren. Diese sollte Supremität und Einzigkeit nur deshalb erlangen, um Frieden nach außen und Sicherheit nach innen gewährleisten zu können.[455] Dieser in der Staatsrechtslehre anerkannte historische Entstehungs- und Bedeutungshintergrund,[456] mit dem die Souveränität nach

---

452 *Randelzhofer*, Staatsgewalt und Souveränität, in: Isensee/Kirchhof (Hrsg.), HStR II 2004, § 17 Rdnr. 5; vgl. ferner *Schliesky*, S. 507 f., für den der Souveränitätsbegriff „gerade juristisch (noch) nicht verzichtbar“ ist; für *Di Fabio* schließlich ist die Souveränität der „letzte normative Ort des Gewaltmonopols“, so dass mit dem Verzicht auf die Souveränitätsidee „die gesamte Architektur [modernen Staatsdenkens] zum Einsturz käme“, Das Recht offener Staaten, S. 124 f.

453 So bereits 1963 *Koppensteiner*, S. 15.

454 In diesem Sinne auch *Koppensteiner*, für den die „Souveränität ein reiner Funktions- und Erklärungsbegriff ist, der dazu dient, bestimmte Grundausdrucksformen des Staates und seines Verhältnisses zu anderen Staaten und der Völkerrechtsordnung systematisch zusammenzufassen“, S. 70.

455 *Schliesky*, S. 509.

456 Zur historischen Entwicklung der Souveränität vgl. etwa *Zippelius*, § 9 III, S. 49 ff.

Ansicht mancher als „historische Hypothek belastet ist“[457], bildet gewissermaßen das gesicherte Fundament eines ansonsten höchststreitigen Diskurses. Ausgangspunkt dieses Diskurses ist die Zweiteilung in eine äußere und eine innere Souveränitätsdimension.

Mit der Etablierung der modernen Nationalstaaten stieg das Gewaltmonopol zum wichtigsten Kriterium auf, mit dem die Integrität der inneren Souveränität eines Staates auch praktisch bemessen wurde. Denn dort, „wo die Rechtsdurchsetzung bürgerkriegsähnliche Zustände hervorruft, ist das Ziel der inneren Souveränität verfehlt und diese in ihrem Bestand zumindest fragwürdig geworden.“[458]

Das entscheidende Mittel zur Etablierung und Aufrechterhaltung der Souveränität ist somit die innerhalb eines Staates erfolgende Zuweisung des Gewaltmonopols an die Staatsgewalt. Insoweit kann das Verhältnis von Souveränität und Gewaltmonopol auch als Mittel-Zweck-Relation angesehen werden. Hierbei dient das Mittel des Gewaltmonopols dem Zweck der Herstellung und Aufrechterhaltung der inneren Souveränität.

Diesem wohl der herrschenden Meinung entsprechenden Funktionszusammenhang zwischen Gewaltmonopol und Souveränität steht im Übrigen große Konfusion gegenüber: Denn in dem seit den Werken von *Bodin* und *Hobbes* vergangenen Zeitraum von mehr als vierhundert Jahren waren nicht nur die Begriffe des Staates und der Staatlichkeit, sondern auch der Souveränitätsbegriff einem steten Wandel unterworfen. Die nach dem Zweiten Weltkrieg einsetzende europäische Integration sowie die sich nach dem Ende des Ost/West-Gegensatzes rasant entwickelnde Globalisierung haben zu einer umfassenden, auch wirtschaftlich bedingten Krise des überkommenen Souveränitätsbegriffs geführt.[459] Im Sinne einer Auflösung dieser Krise wurden in der Wissenschaft verschiedene Ansätze entwickelt, die von „geteilter Souveränität“[460] über die „teilweise Souveränität“[461] bis hin zur

457 So *Koppensteiner*, S. 16.

458 *Randelzhofer*, Staatsgewalt und Souveränität, in: Isensee/Kirchhof (Hrsg.), HStR II 2004, § 17 Rdnr. 40; vor dem Hintergrund dieser Feststellung erscheinen die Massenausschreitungen in Frankreich und Griechenland sowie die politisch motivierten Brandanschläge in Berlin und Hamburg in höchstem Maße bedrohlich (vgl. dazu auch die Ausführungen zu den gegenwärtigen Bedrohungen der funktionalen Integrität des Gewaltmonopols unter E. II. 1 a.) cc.).

459 Zur „Souveränität in der Globalisierung“ vgl. *Röper*, DÖV 2010, S. 285 (286 ff.).

460 So etwa mit Blick auf das Deutungsmodell der EU als Staatenverbund *Calliess*, in: Calliess/Ruffert (Hrsg.), EUV/AEUV, Art. 1 EUV, Rdnr. 37.

461 *Kunz*, S. 130.

„gemeinsamen Souveränität"[462] reichten. Mitunter wurde die Souveränität sogar als nicht mehr zeitgemäß in Gänze abgelehnt.[463]

Vorliegend ist in diesem Zusammenhang vor allem fraglich, inwieweit die Europäisierung der Staatsaufgaben Sicherheit und Freiheit die Integrität des staatlichen Gewaltmonopols dergestalt tangiert hat, dass es gerade dadurch einer Weiterentwicklung auch der Souveränitätskonzeption bedarf. Eine letztere sei – so meinen kritische Stimmen – im Europa des 21. Jahrhunderts dringend erforderlich. Nur so ließe sich „die realitätsfremde monistische Exklusion aller anderen Herrschaftsgewalten neben der Staatsgewalt" überwinden.[464]

Da das Gewaltmonopol folglich eine Bedingung des funktionalen Souveränitätsbegriffes ist, hat die Untersuchung der Integrität des Gewaltmonopols notwendigerweise auch auf die Frage einzugehen, in welcher rechtlichen Tiefe die europäischen Staaten Teile ihrer Souveränität aufgegeben haben. Die Tatsache nämlich, *dass* die Unionsmitglieder Teile ihrer Souveränität aufgegeben haben, steht seit der schon im Jahre 1963 ergangenen, aber noch immer als „bahnbrechend"[465] bewerteten EuGH-Entscheidung. „Van Gend & Loos"[466] unumstößlich fest.

4. Staatsgewalt

Das zwischen den zuvor behandelten Begriffen untereinander bestehende Näheverhältnis wird schließlich einmal mehr von der Staatsgewalt verdeutlicht. Als eines der drei staatskonstitutiven Elemente der Allgemeinen Staatslehre ist diese zugleich integrativer Bestandteil der Staatlichkeit und weist darüber hinaus einen engen dogmatischen Zusammenhang mit dem Gewaltmonopol und der Souveränität auf.[467] Erst mit der Herausbildung einer Supremität und Einzigkeit beanspruchenden Herrschaftsgewalt wurde das Gewaltmonopol eines Gemeinwesens

---

462 *Schliesky*, S. 507 ff.

463 So etwa *Röper*, DÖV 2010, S. 285 (286 ff.), der angesichts der Wirtschaftskrise das „faktische Ende nationalstaatlicher Souveränität" beschreibt.

464 *Schliesky*, S. 508.

465 *Calliess*, Die neue Europäische Union nach dem Vertrag von Lissabon, S. 5.

466 S. EuGH, Rs. 26/62, Slg. 1963, S. 1, Leitsatz 3 (Van Gend & Loos): „Die Europäische Wirtschaftsgemeinschaft stellt eine neue Rechtsordnung des Völkerrechts dar, zu deren Gunsten die Staaten, wenn auch im begrenzten Rahmen, ihr Souveränitätsrecht eingeschränkt haben".

467 Vgl. nur etwa *Randelzhofer*, Staatsgewalt und Souveränität, in: Isensee/Kirchhof (Hrsg.), HStR II 2004, § 17 Rdnrn. 35 ff.

geschaffen. War letzteres in der Lage, diese Gewalt nach innen und außen zu verteidigen, entstand ein souveräner Staat, dessen Herrschaftsgewalt ab diesem Zeitpunkt als „Staatsgewalt“ bezeichnet wird.

II. Inhalt und Bedeutung des Gewaltmonopols

Wenn dem Zustand des staatlichen Gewaltmonopols im Lissabon-Europa des 21. Jahrhunderts nachgegangen werden soll, dann ist als Ausgangsuntersuchung eine Begriffsbestimmung mit Blick auf Inhalt und Bedeutung erforderlich. Dieses Vorhaben muss allerdings von vornherein zwei grundlegenden Herausforderungen begegnen:

Zum einen nämlich steht der Begriff des Gewaltmonopols, wie besehen, im engen dogmatischen Zusammenhang mit dem zuvor behandelten Begriffsquartett, mit dem es vielfach größere inhaltliche Schnittmengen bildet.[468]

Zum anderen existiert hinsichtlich des Gewaltmonopols ein in seiner Fülle kaum noch überschaubares Schrifttum. Dies ist namentlich der grundlegenden Bedeutung des Begriffes geschuldet, denn aufgrund des engen Zusammenhanges mit den Staatsfundamentalaufgaben Sicherheit und Freiheit handelt es sich beim Gewaltmonopol um einen, wenn nicht sogar um *den* Zentralbegriff innerhalb der Herausbildung des modernen europäischen Staates: Das Gewaltmonopol ist insoweit nicht „Attribut politischer Herrschaft überhaupt, sondern einer bestimmten Form von Herrschaft, nämlich der des Staates“[469].

Das Gewaltmonopol ist dabei nicht nur grundlegend-historisch und im europäischen Kontext von Bedeutung. Es hat vielmehr von Europa aus einen beeindruckenden Siegeszug um die Welt angetreten und sich zur bestimmenden Herrschaftsform der Gegenwart herausgebildet.[470] Die daraus resultierende nicht nur globale Relevanz, sondern auch ungebrochene Aktualität wird namentlich dann widergespiegelt, wenn international renommierte Politwissenschaftlicher

---

468 Vgl. etwa *Randelzhofer*, Staatsgewalt und Souveränität, in: Isensee/Kirchhof (Hrsg.), HStR II 2004, § 17 Rdnrn. 35 ff.; ferner *Haurand*, „Das staatliche Gewaltmonopol ist Voraussetzung und Ausdruck staatlicher Souveränität“, Kriminalistik 1997, S. 770 (775).

469 *Grimm*, in: Anders/Gilcher-Holtey (Hrsg.), Herausforderungen des staatlichen Gewaltmonopols, S. 18 (20 f.).

470 So auch *Grimm*, in: Anders/Gilcher-Holtey (Hrsg.), Herausforderungen des staatlichen Gewaltmonopols, S. 18 (20 f.), der jedoch – etwas zu optimistisch und anders als hier vertreten – davon ausgeht, dass sich das Gewaltmonopol „universell“ durchgesetzt habe.

das Gewaltmonopol zur zentralen Kategorie ihrer modernen staatstheoretischen Forschung erklären. *Francis Fukuyama (geb. 1952)* etwa bezeichnet den mit *Max Weber* „als legitimiertes Gewaltmonopol über ein bestimmtes Territorium“ verstandenen Staat als die erste von drei Kategorien von Institutionen, aus denen sich heute jede moderne liberale Demokratie zusammensetze.[471]

Demzufolge dient das Gewaltmonopol als politikwissenschaftlicher Gradmesser staatsfunktionaler Entwicklung. In dieser Funktion angewendet wird deutlich, dass das Gewaltmonopol – obwohl bestimmende Herrschaftsform der Gegenwart[472] – in vielen Teilen der Welt noch immer von derart geringer theoretischer, aber vor allem auch praktischer Relevanz ist, dass es sich dort eher um eine faktische Ausnahmeerscheinung handelt.[473]

Deshalb hat sich die Europäische Union zum Ziel gesetzt, als Teil ihrer Gemeinsamen Außen- und Sicherheitspolitik an den beschriebenen rechtshistorischen „Werteexport“ anzuknüpfen und sich in Europa wie in der Welt für die Etablierung des Gewaltmonopols einzusetzen.[474] Als diesbezüglich einschlägiges Beispiel kann etwa die im Jahr 2004 durchgeführte EU-Operation EUFOR Althea in Bosnien-Herzegowina genannt werden. Bei dieser Operation ging es „im Kern um die Wahrung der öffentlichen Sicherheit in einem Staat, der dazu selbst nicht in der Lage“[475] war. Insoweit lag dort „eine der zentralsten Staatsaufgaben in der Hand der EU“[476].

Doch worin genau besteht das Gewaltmonopol, welche einzelnen Dimensionen lassen sich unterscheiden?

---

471 *Fukuyama*, Warum Staaten aufsteigen und fallen, Handelsblatt Nr. 30 vom 10./11.2.2012, S. 1, 52 ff.

472 Aus politikwissenschaftlich-historischer Sicht soll das Gewaltmonopol bereits ohnehin nur „eine Ausnahmeerscheinung statt die Norm“ darstellen, so *Hönke*, APuZ 8/2009, S. 15 f.

473 So *Hönke*, APuZ 8/2009, S. 15 f.; als einschlägige Beispiele fragiler Gewaltmonopole stuft der Weltentwicklungsbericht der Weltbank 2011 etwa „the West Bank and Gaza“ (S. 149) und „Colombia“ (S. 150) ein. Vgl. The International Bank for Reconstruction and Development / The World Bank, „*World Development Report 2011 – Conflict, Security, and Development*“, Washington, DC, 2011.

474 Dieses Ziel ist unter anderem aus der Präambel des EU-Vertrages abzuleiten: „ENTSCHLOSSEN, eine Gemeinsame Außen- und Sicherheitspolitik zu verfolgen [...], und so die Identität und Unabhängigkeit Europas zu stärken, um Frieden, Sicherheit und Fortschritt in Europa und in der Welt zu fördern“.

475 *Kugelmann*, Die Kriminalpolizei 2007, S. 8 (12).

476 *Kugelmann*, Die Kriminalpolizei 2007, S. 8 (12).

1. Zum Inhalt des Gewaltmonopols

Nach der bereits erwähnten klassischen Definition *Max Webers* wird das staatliche Gewaltmonopol verstanden als das „*Monopol legitimer physischer Gewaltsamkeit*".[477]

Diesem noch heute vorherrschenden Ansatz liegt gewissermaßen ein staatskonstituierendes und insoweit „prozessuales Verständnis"[478] zugrunde. Denn mit *Weber* soll es sich nur bei derjenigen menschlichen Gemeinschaft um einen Staat handeln, „welche innerhalb eines bestimmten Gebietes [...] das *Monopol legitimer physischer Gewaltsamkeit* für sich (mit Erfolg) beansprucht"[479].

Dieses entschieden auf das Herrschaftselement abstellende Begriffsverständnis ist mitunter als normativ belanglos kritisiert worden.[480] Dieser Kritik ist zwar insofern zuzustimmen, dass es keine Strafnormen gibt, die explizit oder unmittelbar auf dem Gewaltmonopol fußen würden. Gleichwohl ist das Gewaltmonopol als übergeordnete Kategorie des Rechts unverzichtbar. Namentlich bei der Beurteilung der Legitimität von Gewalt ist die *Weber*sche Definition – wie nahezu alle gegenwärtigen Auseinandersetzungen mit dem Gewaltmonopol beweisen[481] – auch heute noch von zentraler Bedeutung und präzisem Aussagegehalt.

Neben *Webers* soziologischer Definition wird allgemeingebräuchlich unter dem Gewaltmonopol „die vom modernen Staat wahrgenommene ausschließliche Befugnis" verstanden, „auf seinem Staatsgebiet phys. Gewalt (körperl. Zwangsgewalt, lat. vis) einzusetzen oder ihren Einsatz zuzulassen."[482]

Prägendes Kennzeichen ist somit, dass die *legale* Gewalt – physisch verstanden „als Einsatz von Kraft zur Erreichung eines Zieles sowie die Möglichkeit hierzu,

---

477 *Weber*, Politik als Beruf, in: Winckelmann (Hrsg.), Max Weber – Gesammelte Politische Schriften, 3. Auflage, S. 505 (506).

478 So schlägt *Heuer* für den seiner Ansicht nach systematisch schwierigen Begriff des Gewaltmonopols „ein grundsätzlich prozessuales Verständnis für eine Entwicklung im Zusammenhang mit Staatenbildungsprozessen" vor, S. 107 f.

479 *Weber*, Politik als Beruf, in: Winckelmann (Hrsg.), Max Weber – Gesammelte Politische Schriften, 3. Auflage, S. 505 (506).

480 So *Pieroth*, in: Gutmann/Pieroth (Hrsg.), S. 53 ff.

481 Vgl. etwa *Calliess*, Rechtsstaat und Umweltstaat, S. 92 ff.; *Pieroth*, in: Gutmann/Pieroth (Hrsg.), S. 53 ff.; *Heuer*, in: Lange (Hrsg.), Wörterbuch zur Inneren Sicherheit, S. 107 ff.; *Wimmer*, S. 11; *Knelangen*, in: Möllers/v. Ooyen (Hrsg.), Europäisierung und Internationalisierung der Polizei, S. 15.

482 So Brockhaus Enzyklopädie in 30 Bänden, Band 10 (FRIES–GLAR), Stichwort „Gewaltmonopol, staatliches G.", S. 681.

(im Strafrecht) zur Überwindung eines wirklichen oder vermuteten Widerstandes eingesetzte körperliche Kraft"[483] – beim Staat monopolisiert ist. Der auf das griechische Adjektiv *mónos* (allein, einzig) und das griechische Verb *poleīn* (verkaufen) zurückgehende, mithin der Ökonomie entlehnte Begriff des Monopols beschreibt dabei eine „Marktform, bei welcher Angebot oder Nachfrage in einer Person vereinigt sind."[484]

Praktisches Erkennungsmerkmal des Gewaltmonopols ist also die Konzentration *legaler* physischer Gewalt beim Staat mit dem Ziel, die Menschen innerhalb der staatlichen Gemeinschaft vor gegenseitigen Übergriffen zu schützen. Auf diese Weise soll sichergestellt werden, dass Streitigkeiten zwischen Privaten mit den Mitteln des Rechts und nicht mit Gewalt ausgetragen werden.[485] Anhand dieser auch für den Einzelnen so fundamentalen Bedeutung veranschaulicht sich der Status des Gewaltmonopols als Haupterrungenschaft des modernen Staates.[486]

Über die obige Allgemeindefinition hinausgehend, wird das Gewaltmonopol in Rechtsprechung und Literatur nach verschiedenen Wirkweisen und Anwendungsbereichen differenziert, wobei – „Kanonen nach außen und Wasserwerfer nach innen"[487] – in erster Linie die äußere (militärische) Dimension des Gewaltmonopols sowie die innerstaatliche (zivile, polizeiliche) Dimension allgemein anerkannt sind.[488] Ihren Ursprung findet diese klassische, mitunter bemängelte[489] Zweidimensionalität des Gewaltmonopols in der rechtsgeschichtlichen und rechtsphilosophischen Entwicklung des modernen Staates: „Der Staat erhielt das Monopol rechtmäßiger Gewaltanwendung und versprach Friede nach innen und außen."[490]

483 *Köbler*, S. 163 f.

484 *Köbler*, S. 273 f.

485 Zur Bedeutung des Ewigen Landfriedens von 1495 als dem Beginn der Gewaltverrechtlichung im deutschen Reich *Becker*, NJW 1995, S. 2077.

486 *Tilch/Arloth*, S. 1998 f.

487 So zum Inhalt des Gewaltmonopols *v. Bogdandy*, HFR 1997, Rdnr. 11.

488 Vgl. BVerfG, 2 BvE 2/08 vom 30.06.2009, Rdnr. 252 (Lissabon); *Ruffert*, DVBl 2009, S. 1197 (1202 f.); *Jachtenfuchs*, in: Leibfried/Zürn (Hrsg.), Transformationen des Staates?, S. 69 (71, 89).

489 So bemängelt *van Ooyen*, dass viele Polizisten/innen den „Begriff der Hoheitsgewalt auf den Bereich der äußeren und inneren Sicherheit, d.h. auf Militär, Polizei und Justiz reduziert und damit verzerrt, weil verengt" wahrnehmen würden, in: Möllers (Hrsg.), Wörterbuch der Polizei, S. 842.

490 *Hoffmann-Riem*, ZRP 2002, S. 497.

a.) Die innerstaatliche Dimension

Unumstritten ist zunächst die innerstaatliche Komponente. Es handelt sich hierbei rechtshistorisch betrachtet gewissermaßen um die „gewaltmonopolistische Ursprungsmaterie".

Im Sinne der Wahrung von Frieden und Sicherheit im Inneren eines Gemeinwesens soll, abgesehen von eng umgrenzten Ausnahmetatbeständen, nur der Souverän zur Legitimierung und Anwendung physischer Gewalt berechtigt sein. So besehen sichert das Gewaltmonopol die „Einzigkeit" und „Einseitigkeit" der Staatsgewalt nach innen ab und ist Voraussetzung für das Bestehen innerer Souveränität eines Staates.[491] Als Voraussetzung dieser exklusiv-staatlichen Gewaltbefugung muss das Gewaltmonopol notwendigerweise auch die exklusiv-staatliche Kompetenz zur Gewaltlegitimierung einschließen. Dieses für moderne Demokratien obligatorische Zusammenfallen von Rechtssetzungs- und Rechtsdurchsetzungskompetenz ergibt sich dabei ohne weiteres bereits aus dem historisch-herrschaftstheoretischen Entstehungsmoment des Gewaltmonopols.[492] Denn überspitzt formuliert kann das Gewaltmonopol auch im Unrechtsstaat bestehen – dort manchmal sogar besonders effektiv. Mit anderen Worten: Das staatliche Gewaltmonopol ist seiner staatstheoretischen Herkunft nach gerade kein Rechts-, sondern ein reines Herrschaftsmonopol. In der *Weber*schen Formel ist das die physische Gewaltsamkeit ergänzende Element der „Legitimität" somit keineswegs normativ, sondern ausschließlich faktisch-deskriptiv zu verstehen. Aus diesem Grund ist es zwar einerseits richtig festzustellen, dass das Gewaltmonopol in heutigen Demokratien ein Rechtsmonopol sei. Andererseits ist es aber unzutreffend, aus dieser Beobachtung zu folgern, dass das staatliche Gewaltmonopol *per se* und seiner Konzeption nach ein Rechtsmonopol sei.[493] Denn diese Bewertung verkennt jenen ideentheoretischen Entwicklungsweg, den das staatliche Gewaltmonopol vom ursprünglichen Herrschaftsmonopol hin zum modernen Rechtsmonopol zurückgelegt hat. So gesehen fungiert das Recht vor allem in den modernen liberalen Demokratien als Instrument zur Steuerung,

491 *Becker*, NJW 1995, S. 2077 (2078); zum Verhältnis von Staatsgewalt, Gewaltmonopol und innerer Souveränität ausführlich *Randelzhofer*, Staatsgewalt und Souveränität, in: Isensee/Kirchhof (Hrsg.), HStR II 2004, § 17 Rdnrn. 35 ff.

492 Insoweit bedarf es keiner Differenzierung zwischen einer auf „staatstheoretischer und rechtsstaatlicher Argumentation" basierenden Herleitung des Gewaltmonopols, so aber *Möllers*, Staat als Argument, S. 273.

493 So hingegen *Möllers*, Staat als Argument, S. 276.

Durchsetzung und Begrenzung des Gewaltmonopols.[494] Deshalb überzeugt es auch nicht, wenn das Gewaltmonopol generell als Rechtsmonopol verstanden und dieses sodann deshalb als zirkulär kritisiert wird.[495]

Aus alledem folgt, dass auch noch im 21. Jahrhundert Diktaturen oder totalitäre Willkürstaaten, die über keine funktionierende Rechtsordnung und keine Rechtsstaatlichkeit verfügen, gleichwohl ein effektiv durchgesetztes Gewaltmonopol haben können und sehr wohl Staat im Sinne *Jellineks* sind.[496] In diesen Gemeinwesen wird die Gewaltlegitimität entsprechend nicht durch Recht und Gesetz, sondern ggf. durch undemokratische oder gar willkürliche Einzelentscheidungen bestimmt. Alle Staaten aber, ob Rechtsstaat oder Willkürstaat, haben gemein, dass sie seit jeher auf ihrem Staatsgebiet keine Sonderrechtsordnungen oder rechtsfreien Räume geduldet haben. Gewaltmonopol bedeutet somit Herrschaft in einem solchen Sinne, dass sich Gewaltlegitimierung und Gewaltanwendung „in einer Hand" befinden. Diesen Umstand soll ein Beispiel aus der deutschen Universitätsgeschichte veranschaulichen:

Für die Hoheitsgewalt in den vor dem Jahr 1871 fürstlich regierten deutschen Einzelstaaten waren die Studentenorden eine ernstzunehmende Konkurrenz. Diese übten nicht nur untereinander Gewalt aus, sondern sie legitimierten diese auch nach einem autonomen, oftmals geheimen Kodex. Dem frühstaatlichen „Gewaltexklusivitätsanspruch" war daher der Umstand geschuldet, dass die „Studentenorden [...] praktisch permanent unter der argwöhnischen Beobachtung der Professoren und der nach Durchsetzung des Gewaltmonopols strebenden Behörden des frühmodernen Staates standen"[497]. Auch dass die Studentenorden schließlich im Juni 1793 durch das *Conclusum Corporis Evangelicorum* im gesamten Heiligen Römischen Reich verboten wurden, lässt sich auf den Umstand zurückzuführen,

---

494 Vgl. etwa für das Beispiel Chinas *Fukuyama*, der in diesem Land wegen fehlender Rechtsstaatlichkeit keine liberale Demokratie, aber selbstverständlich einen modernen Staat mit effektiv behauptetem Gewaltmonopol erkennt, in: Warum Staaten aufsteigen und fallen, Handelsblatt Nr. 30 vom 10./11.2.2012, S. 54.

495 So aber *Möllers*, Staat als Argument, S. 276 f.

496 In diesem Zusammenhang stellt – wenn auch aus völkerrechtlicher Sicht – *Herdegen* zutreffend fest: „Für die Existenz eines Staates kommt es [...] in erster Linie auf die Wirksamkeit der Staatsgewalt und nicht auf deren Legitimität an. Als Völkerrechtssubjekt kann also auch ein bloßer Zwangsverband ohne demokratische Strukturen existieren", § 8, Rdnr. 8, S. 75.

497 *Asche*, in: Pflanzschule rechtschaffener und dem Vaterlande brauchbarer Männer, F.A.Z. Nr. 178 vom 3. August 2011, S. N 5.

dass die jeweiligen Souveräne argwöhnisch nach der Einzigkeit und Einseitigkeit ihrer Hoheitsgewalt trachteten.[498]

Diese nachgerade zivilisatorische Entwicklung, wonach die private Legitimierung und Ausübung von Gewalt zunächst verboten und sodann auch sukzessive faktisch unterbunden wurden, stellt einen rechtlichen wie auch kulturellen Fortschritt von enormer Tragweite dar.[499] Schließlich sollte hierdurch nicht weniger eingeleitet werden als ein tiefgreifender Bewusstseins- und Mentalitätswandel: Seit urgermanischen Zeiten nämlich waren das Waffentragen und das Recht zur Fehde die Kennzeichen des freien Mannes und als solche fest im (Unter-)Bewusstsein der Bevölkerung verankert. Hierüber legt noch das im Zeitalter der Befreiungskriege entstandene „Vaterlandslied"[500] eindrucksvoll Zeugnis ab. Wie langwierig und schwierig es im Verlauf der jüngeren europäischen Geschichte werden sollte, den Verzicht auf private Gewalt auch im kulturellen Bewusstsein und in der Lebenswirklichkeit durchzusetzen, hat der bis weit in das 20. Jahrhundert geführte staatliche Kampf gegen den „sozialen Atavismus"[501] des Duells gezeigt.

Diese Beobachtungen und Phänomene aus der „Entstehungs-, Etablierungs- und Behauptungszeit" des Gewaltmonopols verdeutlichen die praktischen Konsequenzen der innerstaatlichen Dimension des Gewaltmonopols: Den Bürger trifft eine umfassende Friedenspflicht; dem Staat wiederum obliegen – im Gegenzug und als Kompensation hierfür – umfassende Schutzpflichten.[502]

Die Verständigung auf eben diese beiden reziproken Pflichtenkreise hat im Zeitalter der Globalisierung und einer sich hierdurch verstärkenden Multikulturalität

---

498 Hierzu und zu den Ursprüngen der Studentenorden *Asche*, in: Pflanzschule rechtschaffener und dem Vaterlande brauchbarer Männer, F.A.Z. Nr. 178 vom 3. August 2011, S. N 5.

499 So auch *Hopfauf*, in: Schmidt-Bleibtreu/Hofmann/Hopfauf (Hrsg.), Grundgesetz, Vorb. v. Art. 92, Rdnr. 7.

500 Vgl. hier nur die 1. Strophe des im Jahre 1812 von *Ernst Moritz Arndt* verfassten Gedichtes: „Der Gott, der Eisen wachsen ließ, der wollte keine Knechte, drum gab er Säbel, Schwert und Spieß dem Mann in seine Rechte; drum gab er ihm den kühnen Mut, den Zorn der freien Rede, dass er bestände bis aufs Blut, bis in den Tod die Fehde."

501 So *Di Fabio* mit der insoweit treffenden Zusammenfassung: „Vormoderne Mannesehre und staatliches Gewaltmonopol vertragen sich nicht", Das Recht offener Staaten, S. 27 (Fn. 38).

502 *Maurer* beschreibt dies anschaulich als „engen, wechselseitigen Zusammenhang" zwischen „Gewaltmonopol des Staates, Friedenspflicht des Bürgers und Durchsetzung der Rechte des Bürgers durch den Staat", § 1 Rdnr. 14, S. 5. Vgl. dazu *Kirchhof*, DVBl 2009, S. 541 (548 f.).

und Wertekonkurrenz erneute, von vielen kaum noch für möglich gehaltene Relevanz erlangt: Denn in fast allen Mitgliedstaaten der Union, in denen die Ausübung privater Gewalt im Rahmen eines breiten gesellschaftlichen Konsenses längst sozial geächtet, ja geradezu verpönt war, waren in der jüngeren Vergangenheit vereinzelte, aber dennoch sehr beachtliche Rückschritte in längst überwunden geglaubte, vorstaatliche Zeiten zu beobachten. Diese sozialen Atavismen betreffen etwa das Phänomen der sogenannten „Ehrenmorde" ebenso wie die in bestimmten kulturellen oder religiösen Kreisen immer weitere Verbreitung findende Verständigung auf private Streitschlichter[503]. Die Erschütterung über solche der westlich-europäischen Kultur fremden Erscheinungen beruht dabei nicht allein auf dem Ausmaß der konkreten Privatgewalt, sondern vor allem auf dem Umstand, dass die Gewalt – aus welchen Gründen und Motiven auch immer – privat legitimiert und von einem abgegrenzten Personenkreis sodann als legitim aufgefasst wird. Umso wichtiger also, sich der theoretischen wie lebenspraktischen Bedeutung des Gewaltmonopols erneut und nachhaltig zu vergewissern.

aa.) Friedenspflicht der Bürger und Schutzpflichten des Staates – theoretische wie praktische Dimensionen

Wenn gilt, dass allein der Staat zur Ausübung von Gewalt berechtigt ist, dann muss dem Einzelnen die Selbsthilfe grundsätzlich versagt bleiben. Zur Durchsetzung seiner Rechte ist der Bürger dann zwingend auf die Hilfe des Staates angewiesen. Damit steht fest: Der moderne Staat verlangt vom Bürger einen vollständigen Gewaltverzicht.

Als Surrogat des Selbsthilferechts und als Ausgleich für die sich so ergebende Friedenspflicht gewährt der moderne Staat dem Bürger aber ein Recht auf Schutz und gegebenenfalls auch auf Einsatz seiner Zwangsgewalt.[504] Aus der Einrichtung des Gewaltmonopols ist dem Staat insoweit eine Garantenstellung erwachsen.[505]

---

503 Auch der Deutsche Richterbund hat sich mit diesen drängenden Problemen befasst. So widmete sich etwa der 21. Deutsche Richter- und Staatsanwaltstag vom 2. bis. 4.04.2014 in Weimar unter dem Streitpunkt 2. dem Thema „Scharia – parallele Gesellschaft, eigene Justiz?"; hierzu auch *Bubrowski/Haneke*, F.A.Z. Nr. 81 vom 5. April 2014, S. 5.

504 *Papier*, DVBl 2010, S. 801 (803); ferner *Calliess*, JZ 2006 S. 321 (326).

505 *Calliess*, Rechtsstaat und Umweltstaat, S. 441; mit Blick auf die Friedenspflicht der Bürger auf der einen und das Gewaltmonopol des Staates auf der anderen Seite spricht *Hopfauf* sehr anschaulich und treffend von „zwei Seiten einer Medaille", in: Schmidt-Bleibtreu/Hofmann/Hopfauf (Hrsg.), Grundgesetz, Vorb. v. Art. 92, Rdnr. 7.

Im Verfassungsrecht kommen dem Staat deshalb zahlreiche ausdrücklich normierte Schutzpflichten zu. Infolge derer hat er bestimmte elementare Rechtspositionen der Bürger vor Eingriffen privater Dritter zu schützen. Darüber hinaus sind durch die vom Bundesverfassungsgericht entwickelte Lehre von den normativen Schutzpflichten zahlreiche weitere Schutzaufträge anerkannt.[506] So ist beispielsweise in Bezug auf einzelne hochgefährliche Straftäter der Staat „nach der ihm auferlegten grundrechtlichen Schutzpflicht dazu verpflichtet, ein effektives Schutzinstrumentarium vorzuhalten“[507].

Das Ziel der normativen Schutzpflichten erschöpft sich allerdings nicht in der bloßen Gewähr physischer Sicherheit. Vielmehr wird durch den verfassungsrechtlichen Schutzbefehl mittelbar auch die persönliche Freiheit gesichert. Denn ebenso wie sich der Staat „schützend und fördernd“[508] etwa vor das ungeborene Leben zu stellen hat, hat er auch die Freiheit des Bürgers vor Beeinträchtigungen durch private Dritte zu gewährleisten. Weil die Freiheit aber zu eben jenen Rechtsgütern zählt, deren Integrität durch andere Bürger bedroht werden kann[509], entsteht nämliche, im eingangs erwähnten *Humboldt*schen Diktum angelegte Bedingtheit der Freiheit durch die Sicherheit. Deshalb wird beispielsweise die Unverletzlichkeit der Wohnung nicht nur durch Art. 13 GG gegenüber dem Staat, sondern durch § 123 StGB auch vor Eingriffen privater Dritter geschützt. Und während die allgemeine Handlungsfreiheit als Inbegriff der Freiheitsrechte gegenüber dem Staat durch Art. 2 des Grundgesetzes abgesichert ist, wird die Freiheit des Bürgers *vor* dem Bürger durch die Normierung von über einem Dutzend entsprechender Straftatbestände in einem eigenen Abschnitt des Strafgesetzbuches verbürgt.[510]

Da der Staat also in gleichem Maße zum Schutz von Sicherheit und Freiheit des Einzelnen verpflichtet ist, lässt sich zumindest im Bereich der Schutzpflichten keine Aussage über das Verhältnis des so fundamental bedeutsamen Begriffspaares

---

506 Vgl. *Gerhardt*, Probleme des gesetzgeberischen Unterlassens in der Rechtsprechung des Bundesverfassungsgerichts, Bericht des Bundesverfassungsgerichts für die XIV. Konferenz der Europäischen Verfassungsgerichte 2008, S. 4 ff.

507 So *Grosse-Brömer/Klein*, ZRP 2010, S. 172, die – unter Bezug auf die verfassungsgerichtliche Rechtsprechung – zu Recht die „Sicherungsverwahrung als Verfassungsauftrag“ begreifen.

508 Grundlegend hinsichtlich der Entwicklung der verfassungsrechtlichen Schutzpflichten: BVerfGE 39, 1, Urteil vom 25. Februar 1975, 1 BvF 1, 2, 3, 4, 5, 6/74 (§ 218 StGB).

509 So *Haurand*, Kriminalistik 1997, S. 770 (772).

510 §§ 232 bis 241 a StGB – Achtzehnter Abschnitt. Straftaten gegen die persönliche Freiheit.

aus Sicherheit und Freiheit treffen. Deshalb überzeugt es insbesondere auch nicht, mit der Feststellung „Freiheit kann sich der Einzelne alleine nehmen. Sicherheit kann er hingegen nicht alleine herstellen, dafür braucht er immer ein Minimum an Staatlichkeit“, einen diesbezüglichen Gegensatz zu konstruieren.[511] Denn die Abwesenheit von Staatlichkeit bedeutet gerade nicht, dass die persönliche Freiheit nicht durch private Dritte empfindlich beeinträchtigt werden könnte. Das Gegenteil ist der Fall:

„Die bloße Abwesenheit beschränkender Regeln gewährleistet noch keine Freiheit. Ohne Ordnungsrahmen gäbe es Freiheit nur für den Starken, der sich aus eigener Kraft durchzusetzen vermag. Es wäre eine Pervertierung des Freiheitsideals, wenn Bürger sich nur im Wege des Selbstschutzes – etwa mit immer aufwendigeren Alarmanlagen oder gar dem organisierten Selbstschutz von *gated communities* – wehren könnten.“[512]

Da schließlich nicht durchgesetzte Freiheiten das Papier nicht wert sind, auf das sie geschrieben sind,[513] stellt sich das effektiv durchgesetzte Gewaltmonopol des Staates im Ergebnis gleichermaßen als Garant der physischen Sicherheit wie auch der persönlichen Freiheit dar:

Somit ist „der Staat nicht nur Garant für Sicherheit. Er ist gleichzeitig Anwalt der Freiheit seiner Bürger.“[514] Folglich ist die Sicherheit auch als Dimension der Freiheit zu verstehen.[515]

Was auf diese Weise im Verfassungsrecht durch die Grundrechte und die Lehre von den normativen Schutzpflichten materiell und abstrakt-generell begründet

---

511 So *Haller*, S. 12, die in Bezug auf die USA einen „potentiellen Gegensatz“ von Freiheit und Sicherheit feststellt.

512 *Schäuble*, Was ist Freiheit ohne Sicherheit? Rede vom 19.10.2009 im Rahmen der Ringvorlesung „Der internationale Terrorismus als Herausforderung des Rechts“ an der Freien Universität Berlin. Online im Internet: URL: http://www.bmi.bund.de/SharedDocs/Reden/DE/2009/10/bm_fu.html (Stand 01.01.2014).

513 *Baumann*, in FS Wassermann, S. 255.

514 *Schäuble*, Was ist Freiheit ohne Sicherheit? Rede vom 19.10.2009 im Rahmen der Ringvorlesung „Der internationale Terrorismus als Herausforderung des Rechts“ an der Freien Universität Berlin. Online im Internet: URL: http://www.bmi.bund.de/SharedDocs/Reden/DE/2009/10/bm_fu.html (Stand 01.01.2014).

515 Vgl. *Kirchhof*, der zum Freiheitsrecht insgesamt sechs Einzelgewährleistungen zählt: „Als Drittes bietet die Freiheit den Schutz der Staatsgewalt gegen individuelle Verletzungen durch andere Menschen, durch Gewalttätigkeiten, Fahrlässigkeit im Straßenverkehr oder die Verletzung eingegangener Verträge; der Mensch erwartet staatlichen Schutz gegen Räuber und Erpresser, Geisterfahrer, gegen Vertragsbruch“, DVBl 2009, S. 541 (547).

wird, wird als Konsequenz des Gewaltmonopols durch die verfassungsrechtlich anerkannte Gewähr eines allgemeinen Justizgewährleistungsanspruches prozessual und individuell umgesetzt.[516] Während im Strafrecht die Offizialmaxime die staatlichen Vertreter zum Handeln verpflichtet, manifestiert sich der Justizgewährleistungsanspruch in zivilrechtlichen Streitigkeiten in Form des Zwangsvollstreckungsverfahrens.[517] So ist der Vollstreckungsanspruch „Teil und gleichsam Endpunkt der für bürgerlichrechtliche Streitigkeiten aus dem Rechtsstaatsprinzip des Grundgesetzes abzuleitenden und grundrechtlich über Art. 2 Abs. 1 GG geschützten Gewährleistung eines wirkungsvollen Rechtsschutzes"[518]. Auch im Straf- und Verwaltungsverfahren kommt allein dem Staat das Privileg der Gewaltausübung zu. Somit entscheidet auf allen Gebieten des Rechts allein der Staat über die Anwendung von Zwangsmaßnahmen und übt diese gegebenenfalls eigenständig und in unabhängiger Entscheidung aus.

Auf der sich daraus ergebenden Friedenspflicht der Bürger muss der Staat im Sinne aller seiner Bürger strengstens bestehen und das Monopol legitimer physischer Gewalt „energisch und wirksam behaupten"[519]. Anderenfalls ist der mit der Durchsetzung des Gewaltmonopols einhergehende Rechtsfrieden als einer der „höchsten ethischen Staatszwecke"[520] nachhaltig gefährdet. Über das staatslegitimierende und staatskonstituierende Moment des Gewaltmonopols schließt sich letztlich der Kreis zu den eingangs behandelten Staatsaufgaben Sicherheit und Freiheit. Der Begriff des Gewaltmonopols einerseits und die Begriffe Sicherheit und Freiheit andererseits weisen somit eine große Nähe zueinander und eine umfassende inhaltliche Schnittmenge auf. In einem prozesshaften Verständnis lässt sich konstatieren, dass die Etablierung des staatlichen Gewaltmonopols rechtsgeschichtlich betrachtet zunächst die entscheidende Entstehungsvoraussetzung

516 So auch *Pilz*, DÖV 2009, S. 102 (106).

517 Vor diesem elementaren, im Kontext des Gewaltmonopols stehenden Hintergrund entzündete sich die Kritik an dem unter den BT-Drs. 17/1210 und 17/1225 geplanten Gesetz zur Änderung des Gerichtsvollzieherwesens. In seiner Stellungnahme Nr. 24/10 aus Mai 2010 mahnte etwa der Deutsche Richterbund: „Das Gerichtsvollzieherwesen ist nicht nur Teil der öffentlichen Daseinsvorsorge, sondern gehört zum Kernbereich hoheitlicher Aufgaben. [...] Befugnisse dieser Art sind mit großer Verantwortung verbunden, weshalb sie in staatlicher Hand bleiben müssen und nicht Privaten übertragen werden dürfen. Das Gewaltmonopol muss beim Staat bleiben."

518 *Pietzner*, in: Schoch/Schmidt-Aßmann/Pietzner (Hrsg.), VwGO, Vorbemerkung § 167 Rdnr. 1.

519 So statt vieler *Zippelius*, § 9 I 1, S. 46.

520 *Scholz*, in Rill/Scholz, S. 72.

des modernen Staates war.[521] Darauf aufbauend entstand die komplexere Fragestellung, wie sich die teils ergänzenden, teils widersprechenden Staatszwecke Sicherheit und Freiheit in ein möglichst lebenswertes Verhältnis rücken lassen.[522] Seit den Werken von *Bodin* und *Hobbes* ist also das Gewaltmonopol als Fixpunkt und Konstante anerkannt, zu dem es heute weniger denn je Diskussionsbedarf, geschweige denn eine Alternative gibt.

Mit dem Übergang von *Hobbes* zu *Locke* gewann die Frage des adäquaten Ausgleichs an Bedeutung, die – wie eingangs angesprochen – stets dem Wandel der äußeren Umstände unterliegt und somit niemals als ein für allemal beantwortet gelten kann.[523]

bb.) Praktische Konsequenzen – der zur Vertragstreue angehaltene Staat

Eingedenk des obigen Entstehungshintergrundes, handelt es sich bei der innerstaatlichen Dimension um die rechtsgeschichtlich älteste und zugleich materiell ursprünglichste Komponente des Gewaltmonopols. Dass diese Tatsache mit erheblichen praktischen Konsequenzen verbunden ist, zeigen jene Stimmen, die sich aus gegebenem Anlass intensiv mit einschlägigen Bedrohungen und möglichen Alternativen zum Bürgerfrieden befasst haben. So wurde etwa unter dem Eindruck der innenpolitisch bedrohlichen Entwicklungen der späten 1960er und 1970er Jahre vor einem Verlust des Rechtskonsenses über den Bürgerfrieden gewarnt.[524] Vor den geradezu rechtsepochalen Gefahren einer Erosion des Gewaltmonopols warnte etwa wie folgt *Josef Isensee*:

„Das Ende des Gewaltmonopols bricht erst an, wenn entweder die Staatsgewalt im Reich der herrschaftsfreien Vernunft abstirbt oder wenn das Monopol aufgelöst und das Recht zu Fehde und Bürgerkrieg aus den Ketten befreit wird, in die der moderne Staat es gelegt hat. Die erste Möglichkeit gehört in das Reich der Utopie,

521 So etwa auch *Heuer*, der für den seiner Ansicht nach systematisch schwierigen Begriff des Gewaltmonopols „ein grundsätzlich prozessuales Verständnis für eine Entwicklung im Zusammenhang mit Staatenbildungsprozessen“ vorschlägt, S. 108.

522 Vgl. dazu *Calliess*, ZRP 2002, S. 1 (4 ff.).

523 Sogar innerhalb der Staatsaufgabe Sicherheit kann „die Frage nach der Wertigkeit einzelner Schutzgüter nicht absolut beantwortet werden, sondern ist auch abhängig von einem dem Wandel unterworfenen gesellschaftlichen Konsens“, so *Haurand*, Kriminalistik 1997, S. 770 (772).

524 Vgl. *Möllers*, wonach das Aufkommen des RAF-Terrors zu einer Renaissance des „Verlustbegriffs Staat“ führte, im Zuge derer das Gewaltmonopol zu einem Kristallisationspunkt der Anti-Terror-Diskussion avancierte, Staat als Argument, S. 145.

die zweite in das Reich der geschichtlichen Erfahrung, die sich stets wiederholen kann."[525]

Wenn der Staat also – sei es aus politischem Unwillen, faktischem Unvermögen oder einer Kombination aus beidem[526] – die Erfüllung der Staatsfundamentalaufgabe Sicherheit verfehlt, wird dies auf kurz oder lang zu einer bürgerseitigen Aufsagung jenes gesellschaftsvertraglichen inneren Friedens führen, der einst zur Begründung des Gewaltmonopols zwischen Bürger und Staat geschlossen wurde.[527] Da es schließlich der Staat ist, der in diesem Fall sowohl den elementaren Rechtsgrundsatz des *pacta sunt servanda* als auch eines der fundamentalen Bedürfnisse der Rechtsgemeinschaft verletzt, ist dem letztlich dann nur sein Menschenrecht auf Sicherheit wahrnehmenden Bürger kein Vorwurf zu machen. Denn ein solcher gewissermaßen vertragsuntreuer Staat „verwirkt die Gehorsamsbereitschaft *aller* seiner Bürger"[528]. In Reaktion auf staatlich nicht sanktionierte oder gar tolerierte Privatgewalt wird private Gegengewalt entstehen. Versucht nun wiederum der Staat letztere zu unterbinden, verfehlt er in grundlegender Art und Weise den Auftrag, für ein widerspruchsfreies und rechtlich geordnetes Zusammenleben der Menschen zu sorgen.[529] Im Zuge einer erodierenden Gehorsamsbereitschaft greift dann der Bürger selbst zu den Waffen[530], bzw. wie ein aktuelles Beispiel aus England zeigt, zu „Schläuchen, Staubsaugern, Snooker-Queues und anderen gerade zur Hand liegenden Geräten"[531].

---

525 *Isensee*, Die Friedenspflicht der Bürger und das Gewaltmonopol des Staates, in: Müller/Rhinow/Schmid/Wildhaber (Hrsg.), FS für Eichenberger, S. 23 (31).

526 Mit Blick auf die August-2011-Massenkrawalle in England eben diese Phänomene, Ursächlichkeiten und Wirkungen in nicht zu steigernder Prägnanz schildernd *Frankenberger*: „Die Polizei wiederum ist überfordert, unterbesetzt, schlecht ausgerüstet und nicht selten angehalten, auf Gewalt nicht mit der Strenge des Gesetzes zu reagieren, sondern mit der Milde desjenigen, der politisch nicht anecken will und soll", Kulturkampf, in: F.A.Z. Nr. 185 vom 11.08.2011, S. 1.

527 In Bezug auf den Erhalt der „Sicherungsverwahrung als Verfassungsauftrag" mahnen dies zu Recht *Grosse-Brömer/Klein*, ZRP 2010, S. 172 (174 f.) an.

528 *Isensee*, Die Friedenspflicht der Bürger und das Gewaltmonopol des Staates, in: Müller/Rhinow/Schmid/Wildhaber (Hrsg.), FS für Eichenberger, S. 23 (36).

529 Insoweit stellt *Maurer* anschaulich fest, dass „Gewaltmonopol des Staates, Friedenspflicht des Bürgers und Durchsetzung der Rechte des Bürgers durch den Staat […] in engem, wechselseitigem Zusammenhang" stünden, § 1 Rdnr. 14, S. 5.

530 Vgl. dazu *Kirchhof*, DVBl 2009, S. 541 (548 f.).

531 Mit diesen und weiteren Gegenständen verteidigten sich englische Bürger im August 2011 nach tagelangen Ausschreitungen gegen meist jugendliche Plünderer und Randalierer, so *Thomas*, Die groß verunsicherte Gesellschaft, F.A.Z. Nr. 185 vom

Was der Eintritt dieses Szenarios mittel- und langfristig für die praktische Lebensqualität bedeuten würde, das lassen die weit entfernt scheinenden Wirren des 16. Jahrhunderts, von denen etwa der private Kleinkrieg des Cöllner Kaufmanns *Hans Kohlhase* (um 1500–1540)[532] überliefert ist, nur schemenhaft erahnen.

Dabei bedarf es jedoch nicht unbedingt eines Rückblicks in die Entstehungszeiten des staatlichen Gewaltmonopols, um die Gefahren eines erodierenden Rechtsgehorsams zu verdeutlichen. Auch mit Blick auf das 20. Jahrhundert findet sich eine Vielzahl an Beispielen dafür, wie faktisches Staatsversagen bei der Sicherheitsgewähr zur bürgerseitigen Aufsagung des Rechtsgehorsams und zum Phänomen der Selbstjustiz führen kann. So lösten etwa dramatisch steigende Kriminalitätsraten im New York der 1970er Jahre eine breit geführte Debatte über das Gewaltmonopol aus. Als Kulmination dieses gesamtgesellschaftlichen Diskurses kann das später verfilmte Buch „*Death wish*“[533] gelten. Darin wird die Frage aufgeworfen, inwieweit der Einzelne im Falle der Untätigkeit des Staates selbst für Sicherheit sorgen darf.[534] Diese und andere ähnlich dringende Fragen führten letztendlich zu einer Reihe neuer wissenschaftlicher Ansätze hinsichtlich der gebotenen staatlichen Kriminalitätsbekämpfung. Als deren bekanntester gilt die bis heute vielbeachtete sog. „*broken-windows*-Theorie“. Mit ihrem zentralen Ansatz der *Zero Tolerance*[535] ist die *broken-windows*-Theorie noch immer Gegenstand wissenschaftlicher Reflektionen und politischer Diskurse.[536]

Diese ungebrochene Aktualität verdeutlicht: Wird steigender Kriminalität und zunehmender Gesetzeslosigkeit nicht zügig und konsequent Einhalt geboten,

---

11. August 2011, S. 3; dazu auch *Mühl*, Der Funke am Pulverfass, F.A.Z. Nr. 12 vom 15. Januar 2013, S 27

532 Vgl. zum historischen Kohlhaas Brockhaus Enzyklopädie in 30 Bänden, Band 15 (KIND–KRUS), Stichwort „Kohlhase“, S. 264.

533 *Brian Garfield*, Death wish, 1972.

534 In der gleichnamigen Verfilmung von „Death wish“ stellt der Protagonist *Paul Kersey* die Frage: *„What about the old American social custom of self-defense? If the police does not defend us, maybe we ought to do it ourselves.“*

535 Obgleich dieses „Bekämpfungskonzept der New Yorker Polizei in Gänze nicht auf Deutschland übertragbar sei“ hielten auch viele deutsche Kriminalbeamte „die konsequente Rechtsdurchsetzung mit Augenmaß gegenüber Straftätern […] für „ein probates Mittel, kriminelle Verhaltensmuster zurückzudrängen und dem Bürger wieder die Sicherheit zu geben, ohne Furcht vor Straftaten leben zu können“, so *Clages* in seinem Bericht zur BKA-Jahrestagung 1997, Kriminalistik 1997, S. 771.

536 Etwa *Calliess*, in: Müller/Schneider (Hrsg.), Die Europäische Union im Kampf gegen den Terrorismus: Sicherheit vs. Freiheit?, S. 83 (98); ferner *Volkmann*, Broken Windows, Zero Tolerance und das deutsche Ordnungsrecht, NVwZ 1999, S. 225.

dann droht der Staat – über mehr oder weniger signifikante Zwischenschritte – in die Zustände des 16. und 17. Jahrhunderts zurückzufallen. Langfristig drohen dann Anarchie und Bürgerkrieg. Wie ein Blick in die Geschichte zeigt, brandet in solchen Fällen eines sich vergrößernden Machtvakuums oft eine neue Herrschaftsgewalt zurück, „meist herbeigesehnt von dem Bedürfnis nach einer starken, ordnungsstiftenden Hand."[537]

Doch auch die Gegenwart bezeugt den zwischen der Durchsetzung des Gewaltmonopols und der Funktionsfähigkeit des Staates bestehenden Zusammenhang. Auf dem afrikanischen Kontinent finden sich gleich mehrere Beispiele dafür, wie Staaten zunächst in der Durchsetzung ihres Gewaltmonopols versagten und anschließend zerfielen. Im 1991 zerfallenen Somalia muss elementare Sicherheit wieder – wie noch in vorstaatlicher Zeit – durch Bezahlung schwer bewaffneter privater Sicherheitskräfte teuer erkauft werden.[538] In anderen afrikanischen Staaten wie etwa der jungen Republik Südsudan oder der Demokratischen Republik Kongo ist kein unabhängiger zentraler Inhaber des Gewaltmonopols erkennbar – eine Aussage, die angesichts eines seit 2006 wütenden Drogenkrieges mit über 70.000 Opfern beinahe auch schon für Mexiko als vertretbar erscheint.[539]

In Anbetracht solcher Schreckensszenarien stellt sich die Integrität des Gewaltmonopols in seiner innerstaatlichen Dimension von immerwährend grundlegender Bedeutung dar. Jedes Gemeinwesen ist also angehalten, die ihm gegenüber dem Einzelnen zukommenden Schutzpflichten effektiv zu erfüllen. Dies kann und wird nur durch einen hinreichend konkreten Auftrag und eine sowohl personell-materiell wie auch rechtlich angemessene Ausstattung der Sicherheitsbehörden gelingen. Allein unter diesen Voraussetzungen werden die mit dem Gewaltmonopol betrauten Polizeibeamten/innen ihre Tätigkeit als sinnvolle und erfüllende Aufgabe empfinden, also als Beruf im Sinne einer Berufung.[540] Andernfalls, also

---

537 So mit Bezügen zur römischen Republik, dem Absolutismus in Frankreich und der Weimarer Republik *Zippelius*, § 9 I 1, S. 46.

538 *Mair*, Staatsversagen und Staatszerfall, in: Informationen zur politischen Bildung, Heft Nr. 303, Afrika –Schwerpunktthemen, 2/2009, S. 8.

539 Für die Bewertung Mexikos als einen Staat, der zumindest zu scheitern droht, spricht auch das Ergebnis des *Heidelberg Institute for International Conflict Research*, wonach es sich bei der dramatischen Situation in Mexiko tatsächlich um einen Krieg im Inneren eines Staates handelt, vgl. Conflict Barometer 2010, 19th annual conflict analysis, Übersichtskarte, S. 48 f.

540 Dies wird beispielsweise vom seinerzeitigen *rikspolischef* Schwedens *Svenson* in einem Porträt anschaulich beschrieben: *„Dessutom är det fint att jobba inom staten. Och polisen är det allra finaste. Vi har fått i uppgift av våra grannar att ansvara för*

wenn – selbst aus der besten Intention heraus – den Sicherheitsbehörden notwendige Ermittlungsinstrumente wie etwa die Vorratsdatenspeicherung vorenthalten werden, bekommt ein weiterer Ausspruch des bereits zitierten *Benjamin Franklin* hochaktuelle Bedeutung: „*The cat in gloves catches no mice.*"

Welche Folgewirkungen aber Schwerkriminalität, vor allem terroristische Großereignisse, auf liberale Demokratien haben kann, das haben die Anschläge des 11. Septembers rückblickend-konkret sowie perspektivisch-abstrakt die erwähnten prägnanten Ausführungen von *Ignatieff* gezeigt.[541] Eingedenk dessen bedarf es namentlich im Rahmen der Anti-Terror-Diskussion keiner emotional-kurzsichtigen, sondern einer sachlich-abwägenden Diskussion. Dabei steht fest, dass es sich beim Sicherheits-Freiheits-Diskurs besonders in Deutschland um politisch und gesellschaftlich äußerst schwieriges Terrain handelt. Dennoch sollte auch die deutsche Öffentlichkeit stets mit der unangenehmen Frage konfrontiert werden, wie viel Sicherheitsverzicht sich eine moderne offene Gesellschaft *langfristig* leisten kann.

cc.) Wirtschaftlich, politisch und religiös motivierte Gewalt als Beispiele dafür, wie Staatsschuldenkrise und globalisierungsbedingte Wertekonkurrenz das Gewaltmonopol in seiner funktionalen Integrität bedrohen

Nach Ablauf der ersten Dekade des 21. Jahrhunderts muss resümiert werden, dass sich das tradierte Gewaltmonopol des Staates – obwohl bestimmende Herrschaftsform der Gegenwart – vielfachen Herausforderungen ausgesetzt sieht.[542] Aus institutionellem und organisatorischem Blickwinkel steht es vor allem unter dem maßgeblichen Einfluss des Globalisierungs- sowie des vorliegend thematisierten Europäisierungsphänomens.[543]

Doch auch unter funktionellen Gesichtspunkten, also insofern mit Blick auf die Alltagsrealität, kann das Gewaltmonopol als zumindest nicht gänzlich unangefochten gelten. Bevor allerdings jene partiellen Bedrohungen näher erläutert werden,

---

deras säkerhet. Vi är de som har blivit betrodda av medborgarna att hantera våldsmonopolet", in: *Westberg, Ingen vanlig Svenson*, Advokaten Nr. 1 2009, S. 16 (17); dazu ferner *Simmroß*: Für Kriminalisten sei es unentbehrlich, dass diese „neben dem eigenen Wollen […] auch können und dürfen", Die Polizei 2011, S. 192 f.

541 *Ignatieff*, S. 153 f.

542 Vgl. dazu auch *Jachtenfuchs*, in: Leibfried/Zürn (Hrsg.), Transformationen des Staates?, S. 69 (71 ff.).

543 Dass das Gewaltmonopol zunehmend durch Globalisierung und Supranationalisierung unter Druck gerät, ist eine zu Recht im Vordringen befindliche Ansicht. Vgl. etwa, wenn auch ohne nähere Begründung *van Ooyen*, in: Möllers (Hrsg.), Wörterbuch der Polizei, S. 841.

gilt es zunächst ganz allgemein festzuhalten, dass die Leitziele der exklusiven staatlichen Gewaltbefugung – nämlich innere Sicherheit und innerer Frieden – derzeit in keinem der Unionsmitgliedstaaten akut oder nachhaltig gefährdet sind. Insbesondere im Vergleich mit anderen Erdteilen ist Europa als Raum der Freiheit, der Sicherheit und des Rechts nach wie vor durch leistungsfähige Ordnungsstrukturen und ein insgesamt hohes Maß an Sicherheit gekennzeichnet.[544]

Abweichend von dieser fortbestehenden „gesellschaftlichen Grundstabilität" sind jedoch auch die bereits angeklungenen besorgniserregenden Entwicklungen festzustellen. Zu nennen sind hier etwa die teilweise mit Plünderungen und blinder Zerstörungswut einhergehenden Jugendkrawalle in Frankreich Ende 2005, in England Anfang August 2011[545], in Schweden Ende Mai 2013[546] sowie die regierungskritischen Massenausschreitungen in Griechenland aus den Jahren 2009 und 2010. So brachten die im Zusammenhang mit der Eindämmung der Staatsverschuldung stehenden Proteste griechischer Bürger zeitweilig das öffentliche Leben zum Stillstand und stellten sich – über wachsende politische Instabilität und drohenden Staatsbankrott – auch als Bedrohung der gemeinsamen europäischen Währung und des Integrationskonsenses unter den übrigen Mitgliedstaaten dar. In Anbetracht massiver Staatsverschuldung der überwiegenden Zahl der EU-Mitglieder könnten sich die evidenten Sparzwänge – in Deutschland tritt ab 2016 für den Bund, sowie ab 2020 auch für die Länder, eine Schuldenbremse in Kraft – als bedrohlich für die öffentliche Ordnung und die funktionale Integrität des Gewaltmonopols darstellen.

Des Weiteren ist „alles andere als erfreulich"[547] nicht nur in Frankreich und Griechenland, sondern auch in Deutschland als dem wirtschaftlich leistungsstärksten Land der Union ein dramatischer Anstieg politisch motivierter Gewalt zu verzeichnen.[548] Besonders augenscheinlich waren hierbei die seit dem Jahre 2008

544 Vor dem Hintergrund von Hausbesetzungen und Protesten gegen die Startbahn West und die Atomenergie in Brokdorf und Gorleben kam *Scholz* 1986 zu einem anderen Ergebnis, in Rill/Scholz, S. 72.

545 Dazu *Thomas*, Die groß verunsicherte Gesellschaft, F.A.Z. Nr. 185 vom 11. August 2011, S. 3.

546 Vgl. dazu etwa *Wyssuwa*, Feuer in Stockholm, F.A.Z. Nr. 117 vom 23. Mai 2013, S. 3.

547 Erklärung des Bundesministers des Innern *De Maizière* im Rahmen der BMI-Pressemitteilung „Politisch motivierte Kriminalität im Jahr 2009" vom 23. März 2010.

548 Im Vergleich der Jahre 2008 und 2009 stiegen politisch motivierte Straftaten um 6,7 Prozent und politisch motivierte Gewalttaten um 20,4 Prozent an. Die Zahlen des Jahres stellten den höchsten Wert dieser Straftaten seit deren Erfassung 2001 dar, vgl. „Politisch motivierte Kriminalität im Jahr 2009", BMI-Pressemitteilung vom 23. März 2010.

massenhaft zu beobachtende Brandstiftung an überwiegend hochwertigen Kraftfahrzeugen vor allem in Berlin und Hamburg.[549] Mit Blick auf das Gewaltmonopol des Staates muss dieses Phänomen gleich in dreierlei Hinsicht Besorgnis auslösen:

Zum einen nämlich richten sich die Gewalttaten oftmals unmittelbar und direkt gegen die Polizei oder andere Vertreter bzw. Unternehmen des Staates wie etwa Bundeswehr, Zoll oder Bahn.[550] Zum anderen waren die Reaktionen der zuständigen Behördenvertreter mitunter Ausdruck jener teils resignierenden, teils sogar legitimierenden Haltung, vor denen schon in den innenpolitisch bewegten 1980er Jahren eindringlich gewarnt wurde.[551] Erst dadurch nämlich, dass für Gewalttäter und deren Taten Verständnis geäußert wird, erfolgt ein Zurückweichen des Staates vor privater Gewalt und – damit einhergehend – der Verzicht auf die exklusive Gewaltbefugung des Staates.[552]

Schließlich kann der starke Anstieg politisch motivierter Gewalt auch als Zeugnis eines schwindenden Konsenses über das Gewaltmonopol als gesellschaftlicher Grundbedingung angesehen werden. So wird zum einen von Teilen

---

549 Im Jahr 2009 waren von diesen Taten über 500 Fahrzeuge betroffen. Auch die BMI-Pressemitteilung „Politisch motivierte Kriminalität im Jahr 2009“ benennt dieses Problem ausdrücklich. Vor diesem Hintergrund nahm sich auch die Innenministerkonferenz 2010 dieses Themas als Schwerpunktthema an. Zum Ausmaß der Problematik vgl. auch die ganzseitige Fotocollage der F.A.Z. Nr. 135 vom 11. Juni 2011, S. 40, auf der die allein im ersten Halbjahr 2011 in Berlin in Brand gesetzten Autos abgebildet sind.

550 Mit Blick auf die Brandanschläge und die steigende Gewalt gegenüber der Polizei wandte sich die Gewerkschaft der Polizei Berlin zum Jahresbeginn 2010 in einem dramatischen Appell an die Öffentlichkeit: „Weimar darf sich nicht wiederholen!“, Pressemitteilung der GdP Berlin vom 1. Januar 2010; als jüngste bundesweit beachtete Tat ist ein Brandanschlag in Erfurt anzuführen, bei dem in der Nacht zum 29. September 2013 fünfzehn fabrikneue Polizei-Mannschaftswagen durch Brandstiftung zerstört wurden und ein Schaden in Höhe von rund 750.000 € entstand; steigende Gewalt gegenüber der Polizei ist dabei ein europaweites Problem, vgl. etwa für Schweden *Wyssuwa*, Feuer in Stockholm, F.A.Z. Nr. 117 vom 23. Mai 2013, S. 3.

551 So *Isensee*, „Es ist an der Zeit, dass die private Gewalt, wenn sie schon nicht ausstirbt, ihr schlechtes Gewissen zurückerhält“, Die Friedenspflicht der Bürger und das Gewaltmonopol des Staates, in: Müller/Rhinow/Schmid/Wildhaber (Hrsg.), FS für Eichenberger, S. 23 (40).

552 Vgl. als Beispiel die Aussage von *Haeberer*, Leiter des LKA Berlin im Innenausschuss des Berliner Abgeordnetenhauses: „Würde ich meiner Frau einen Brillantring kaufen und sie würde ihn unter einer Laterne liegen lassen, würde ich mich auch wundern“, vgl. dazu: LKA – Autobesitzer selbst schuld an Anschlägen, „Keinen Brillantring unter Laterne legen“, Berliner Morgenpost vom 8. September 2009, S. 1, 12.

der Bevölkerung wie auch von den Medien unterschätzt, wie sehr gewalttätige „Proteste“ legitime bürgerliche Demonstrationen zu diskreditieren geeignet sind. Zum anderen zeugt der sprunghafte Anstieg politisch motivierter Gewalt „von fehlender Toleranz gegenüber Mitmenschen und mangelndem Verständnis für die Spielregeln, die in unserer Gesellschaftsordnung im Umgang mit anderen politischen Meinungen gelten.“[553]

Als wesentlicher Auslöser für die insoweit festzustellende Bedrohung des Gewaltmonopols ist zweifellos die 2008 angebrochene weltweite Finanzkrise mit den darin zutage tretenden ökonomischen Gegensätzen und sozialen Ungereimtheiten anzusehen. Die im Zuge der Wirtschaftssystemkrise offenbar gewordene Schwäche des Staates vor allem gegenüber den Märkten scheint bei vielen Menschen ein Gefühl der Hilflosigkeit und der Entsolidarisierung auszulösen. Über die korrespondierende Schwäche der staatlichen Schutzpflicht überträgt sich das Gefühl der Desintegration negativ auf die Akzeptanz der bürgerseitigen Friedenspflicht. Folge dieser Entwicklung ist – wie sich unter anderem anhand des Anstiegs politisch motivierter Straftaten feststellen lässt – ein gesellschaftliches Klima, das Gewalt und Selbstjustiz stärker als bisher zu begünstigen scheint.

Vermehrt lassen sich Fälle beobachten, in denen vermeintlich oder tatsächlich bestehende Rechte eigenmächtig und eigenhändig durchgesetzt werden. Doch obwohl solche Vorgänge von Selbstjustiz stets einen sehr ernst zu nehmenden Angriff auf die Gesellschaftsordnung als Ganzes darstellen, stoßen diese – wie etwa im Fall der sogenannten „Rentner-Gang“[554], die ihren Finanzberater wegen dessen schlechter Beratung kurzerhand entführte – oft auf unterschwellige Zustimmung oder gar Sympathie. Eine weitere in Zeiten der Wirtschaftskrise zu beobachtende Spielart des direkten Angriffes auf das Gewaltmonopol stellt das sogenannte *bossnapping* dar, bei dem protestierende Belegschaften und Angestellte die Unternehmensleitung oder einzelne Führungskräfte in deren Büros festsetzten

---

553 Erklärung des Bundesministers des Innern *De Maizière* im Rahmen der BMI-Pressemitteilung „Politisch motivierte Kriminalität im Jahr 2009“ vom 23. März 2010.

554 Die vier Männer und Frauen im Alter zwischen 61 und 80 Jahren hatten den Anlageberater zunächst in dessen Wohnung in Speyer überfallen und sodann in das Haus des Haupttäters am Chiemsee verschleppt. Anlass der Tat war die Anlagetätigkeit des Beraters gewesen, die zu massiven Vermögensschäden auf Seiten der späteren Täter führte. Am 23. März 2010 verurteilte das Landgericht Traunstein die Angeklagten zu mehrjährigen Freiheitsstrafen. Der Vorsitzende Richter *Niedermeier* bescheinigte den in den Medien als „Rentner-Gang“ bezeichneten Angeklagten einen „spektakulären Fall von Selbstjustiz“.

und bedrohten.[555] Durch das Nichteinschreiten der Polizei und die Untätigkeit der Behörden wird einem solchen Vorgehen, ebenso wie in den 1980er Jahren den für ihre Hemdsärmeligkeit berüchtigten globalisierungskritischen französischen Landwirten[556], faktisches Einverständnis, wenn nicht gar politische Legitimation signalisiert[557]. In dieser erschreckenden „Renaissance des Faustrechts" ist daher völlig zu Recht ein „politisch legitimierter Rechtsbruch" und ein Angriff auf das Gewaltmonopol erkannt worden, den ein auf dem Rechtsstaatsprinzip fußendes Europa nicht folgenlos hinnehmen könne.[558]

Ungeachtet dieser aufsehen- und besorgniserregenden Straftaten besteht allerdings in theoretischer Hinsicht sowohl bei der Allgemeinheit wie auch innerhalb von Politik und Wissenschaft nahezu Einstimmigkeit darüber, dass das Gewaltmonopol des Staates unverzichtbare Grundlage der Gesellschaft ist und bleiben muss. Im Gegensatz zu den 1960er und 1970er Jahren finden sich daher kaum noch Stimmen, die ernsthaft die Abschaffung aller staatlichen Gewalt fordern. Regelmäßig erklären sogar jene, die im Rahmen des Ausgleichs von Freiheit und Sicherheit die Freiheitsrechte der Bürger besonders betonen, dass sie dadurch nicht im Mindesten am Gewaltmonopol des Staates rütteln wollen.[559]

Im Kontext des Gewaltmonopols kann sich neben tatsächlichen Bedrohungen aber auch ein lediglich subjektives Gefühl der Unsicherheit als folgenreich erweisen.[560] Denn gerade in modernen Gesellschaften „geht es nicht mehr nur um die Gewährleistung der objektiven, sondern zunehmend auch der subjektiven im Sinne der gefühlten Sicherheit"[561]. Dies beweisen etwa jene punktuellen Gewalttaten im

555 Betroffen waren unter anderem die Unternehmen Molex, 3M, Caterpillar und Sony. Zuletzt wurden Anfang Januar 2014 zwei Manager des Goodyear-Reifenwerkes im nordfranzösischen Amiens über 30 Stunden lang von Arbeitern festgehalten.

556 Vgl. EuGH, Slg. 1997, S. I-6959 (Agrarblockaden).

557 Die (falsche) hohe Toleranz gegenüber gewalttätigen Streiks und Protestaktionen hängt auch – was umso bedenklicher ist – mit der Furcht vor neuerlichen Ausschreitungen in Problemvierteln zusammen, so etwa *Schubert*, Die Autofabrik als rechtsfreier Raum, F.A.Z. Nr. 89 vom 17. April 2013, S. 16.

558 So *Clauß*, Die Renaissance des Faustrechts, WeltOnline Kommentar. Online im Internet: URL: http://www.welt.de/debatte/kommentare/article6074331/Die-Renaissance-des-Faustrechts.html (Stand 30.09.2013).

559 So etwa *Baumann* in FS Wassermann, S. 255.

560 Vgl. dazu *Simmroß*, nach dem zwischen „Sicherheitsgefühl und Kriminalitätsfurcht" nur ein schmaler Grad verlaufe. Insgesamt sei die Gesellschaft durch die ständigen Veränderungen des Alltags überfordert „und damit leichter zu überrumpeln", Die Polizei 2011, S. 192 (195).

561 So *Volkmann*, NVwZ 2009, S. 216.

öffentlichen Personennahverkehr, die seit dem Jahr 2008 zunehmend bundesweite Besorgnis auslösten. Die Reaktionen auf diese Vorkommnisse reichten dabei von Protestaktionen der Betroffenen[562] über das Aufgreifen des Themas in der politischen Auseinandersetzung[563] bis hin zu Vorschlägen zur Verschärfung der gesetzlichen Regelungen.[564]

Wie bereits beschrieben wurde, liegt in jeder Straftat ein Angriff auf die Akzeptanz des staatlichen Gewaltmonopols. Folglich kann eine insgesamt ansteigende Kriminalitätsrate aufgrund des damit einhergehenden Gefühls subjektiver Unsicherheit geeignet sein, das Gewaltmonopol und damit auch die staatliche Ordnung insgesamt zu gefährden. Denn jener Staat, der seine Bürger dauerhaft nicht mehr zu schützen vermag, ist – wie aufgezeigt – nicht länger als moderner Staat zur Herrschaft legitimiert und löst selbst die Rufe nach einer (anderen) „starken, ordnungsstiftenden Hand“[565] aus. Vor dem Hintergrund der Entwicklung des modernen Staates erscheint dies im Ergebnis nur konsequent. Denn wer sich – sei es auch nur unterbewusst – aus lauter Furcht nicht mehr auf die Straße wagt, „sich hinter Mauern verbirgt und mit Schlössern verbarrikadiert, der verliert auf kurz oder lang den aufrechten Gang des freien *citoyen*. Manch einer schaut sich dann um nach Alternativen.“[566]

Mit Blick auf das Gewaltmonopol erscheint es somit erst recht bedenklich, wenn – angesichts verschuldeter öffentlicher Haushalte – der Ruf nach einem schlanken Staat und einem vermehrten Einsatz privater Sicherheitskräfte erfolgt.[567]

---

562 Vgl. etwa die Warnstopps der U-Bahn-, Straßenbahn- und Busfahrer der Berliner Verkehrsbetriebe (BVG) vom 04.11.2008 als Zeichen gegen die wachsende Zahl brutaler Übergriffe auf Mitarbeiter und Fahrgäste, hierzu *Fülling/Schulz* „Protest gegen Gewalt in Bus und Bahn“, Berliner Morgenpost vom 30. Oktober 2008. Online im Internet: URL: http://www.morgenpost.de/printarchiv/berlin/article967212/Protest_gegen_Gewalt_in_Bus_und_Bahn.html (Stand 15.09.2011).

563 So griff etwa die Hessen-CDU im Landtagswahlkampf 2008 das Thema der inneren Sicherheit auf.

564 Vgl. den Vorschlag von *Niels Korte* zur Erweiterung des § 316 StGB, dazu Berliner Morgenpost vom 5. Oktober 2008. Auch online im Internet: URL: http://www.morgenpost.de/printarchiv/berlin/article902856/Haertere_Strafen_fuer_Gewalttaten_in_Bus_und_Bahn.html (Stand 15.09.2011).

565 So *Zippelius*, nach dem ein übermäßiger Abbau von Staatsgewalt eben jenen Boden bereite, „aus dem allzu leicht ein Übermaß an staatlicher Gewalt“ hervorwachsen könne, § 9 I 1, S. 46.

566 *Di Fabio*, NJW 2008, S. 421 (422).

567 Vgl. dazu *Becker*, NJW 1995, S. 2077 (2081), der vor möglichen Einbußen des Gewaltmonopols durch den vermehrten Einsatz privater Sicherheitskräfte warnt.

Hierdurch nämlich verfehlt der Staat seine ursprüngliche, ihn erst legitimierende Aufgabe, *eigenhändig* – also durch unmittelbare Staatsverwaltung – für die Sicherheit seiner Bürger zu sorgen.[568] Dementsprechend versagt dann die einleitend erwähnte integrations- und identitätsstiftende Wirkung der Sicherheitsgewährleistung. Aus alledem folgt: Die Union und die Mitgliedstaaten sind im ureigenen Interesse zu einer effektiven und nachhaltigen Kriminalitätsbekämpfung angehalten.

Neben den zuvor genannten weitgehend „kultur-internen" Bedrohungen der innerstaatlichen Dimension des Gewaltmonopols sind abschließend zwei solche Bedrohungsquellen zu nennen, die gewissermaßen nicht aus einem Verfall gesellschaftsinterner Werte, sondern extern an die Mehrheitsgesellschaft herangetragen werden. Dies betrifft zum einen die bereits erwähnte Problematik der zunehmenden globalisierungsbedingte Wertekonkurrenz. Deren verstörende Auswüchse wie „Ehrenmorde" oder islamische „Paralleljustiz"[569] rühren am Ausgangspunkt des Gewaltmonopols, nämlich der Frage der Gewaltlegitimierung. Im Unterschied zum gewöhnlichen Straftäter sind nämlich religiös motivierte Täter oftmals völlig überzeugt davon, dass ihre physische Zwangsanwendung legitim ist.[570]

Zum anderen ist als externe Bedrohung die in offenen Gesellschaften unvermeidbare latente Terrorismusgefahr[571] angesprochen. Dabei erscheint die Bedrohung durch den Terrorismus deshalb als so besonders tückisch, weil nach Jahren oder Jahrzehnten der Ruhe das Gewaltmonopol von einem Tag auf den anderen geradezu zerrüttet werden könnte. So würden durch den Eintritt jenes durchaus ernst zu nehmenden *worst case scenario* – einem Terrorangriff mit Massenvernichtungswaffen – vermutlich so wohl das Gewaltmonopol wie auch die freiheitliche Lebenskultur nachhaltig beeinträchtigt oder gar beseitigt werden:

„The state's monopoly of force might even break down, as citizens took the law into their own hands seeking to defend themselves against would-be perpetrators. [...] We would exist but lose our identity as free peoples."[572]

---

568 So auch *Gusy*, DÖV 1996, S. 573.

569 Hierzu zuletzt *Bubrowski/Haneke*, F.A.Z. Nr. 81 vom 5. April 2014, S. 5.

570 Zuletzt erschütternd der Vortrag zweier Angeklagter, die aus religiösen Motiven heraus am 22.05.2013 den Soldaten *Lee Rigby* in London auf offener Straße mit einem Fleischerbeil getötet hatten.

571 Dazu anschaulich *Darnstädt*, Im Vorfeld des Bösen, in: Der Spiegel, Nr. 28/2007, Titel, S. 18.

572 *Ignatieff*, S. 154.

b.) Die äußere Dimension

Neben dem innerstaatlichen, traditionell polizeilich geprägten Bedeutungsgehalt weist das Gewaltmonopol gewissermaßen als Spiegelbild eine äußere, maßgeblich militärische Dimension auf.[573] Während nämlich das Gewaltmonopol im Inneren eines Staates auf den (Rechts-) Frieden zwischen den Bürgern abzielt, soll das Gewaltmonopol im äußeren Sinne den Frieden zwischen den Staaten gewährleisten.[574] Um dies zu erreichen, bedarf es der allgemeinverbindlichen Regelung, unter welchen Voraussetzungen ein Staat gegen einen anderen Staat Gewalt ausüben und sich in dessen interne Willensbildung einmischen darf.[575] Hierbei gilt grundsätzlich, dass ein Staat nur auf dem eigenen Territorium Hoheitsgewalt ausüben darf, und umgekehrt jeder Staat grundsätzlich einen Anspruch darauf hat, dass andere Staaten die Ausschließlichkeit seiner eigenen Hoheitsgewalt respektieren.[576] Nach dem völkerrechtlichen Grundsatz der Gebietshoheit steht es somit jedem Staat frei, die Ausübung fremder Hoheitsgewalt auf seinem Boden zuzulassen oder zu versagen.[577]

Dass diese völkerrechtliche Dimension des Gewaltmonopols vor dem Hintergrund der geschichtlichen Erfahrungen weniger selbstverständlich ist als die innerstaatliche Dimension, beweist etwa der Text des Grundgesetzes, der eine ganze Reihe ausdrücklicher Bekenntnisse zum Staatenfrieden enthält, sich aber zum Gewaltmonopol im ursprünglich innerstaatlichen Sinne ausschweigt.[578]

Im gleichen Maße wie das Gewaltmonopol in seiner innerstaatlichen Dimension auf die Wahrung der inneren Souveränität abzielt, richtet sich das Gewaltmonopol in seinem äußeren Bedeutungsgehalt auf die Bewahrung der äußeren Souveränität. Da der souveräne Staat mit anderen Völkerrechtssubjekten unmittelbar auf der Ebene des internationalen Rechts verkehrt, ist die Antwort auf die Frage nach der Integrität des Gewaltmonopols in seiner äußeren Dimension im Wesentlichen in den Regeln des klassischen Völkerrechts zu finden. In Anbetracht

---

573 Vgl. BVerfG, 2 BvE 2/08 vom 30.06.2009, Rdnr. 252 (Lissabon).

574 Hierzu und insbesondere zur „gemeinsamen Ausübung“ des militärischen Gewaltmonopols im Rahmen der NATO *Jachtenfuchs*, in: Leibfried/Zürn (Hrsg.), Transformationen des Staates?, S. 69 (81).

575 Zur „Gewalt unter Staaten“ vgl. *Grimm*, in: Anders/Gilcher-Holtey (Hrsg.), Herausforderungen des staatlichen Gewaltmonopols, S. 18 (31 f.).

576 *Fastenrath/Skerka*, ZEuS 2009, S. 244.

577 So auch *Herdegen*, § 23, S. 179.

578 *Isensee*, Die Friedenspflicht der Bürger und das Gewaltmonopol des Staates, in: Müller/Rhinow/Schmid/Wildhaber (Hrsg.), FS für Eichenberger, S. 23 (31).

des Untersuchungsschwerpunktes dieser Arbeit, dem Europarecht im engeren Sinne, kann das klassische Völkerrecht aber nicht Gegenstand vorliegender Betrachtungen sein. Gleichwohl kann das Völkerrecht, insbesondere mit Blick auf das globale Mehrebenensystem – bestehend aus nationaler Rechtsordnung, Europarecht und Völkerrecht – durchaus Relevanz mit Blick auf die Frage der Integrität des Gewaltmonopols entfalten. So haben etwa die Rs. „Kadi“[579] und „Yusuf“[580] gezeigt, dass die einzelnen soeben genannten Rechtsebenen nicht mehr völlig isoliert voneinander betrachtet werden können. Vielmehr bestehen längst, insbesondere vor dem Hintergrund des Individualrechtsschutzes, zahlreiche bedeutsame Interdependenzen zwischen den Rechtsordnungen. Diese gilt es auch und insbesondere im Kontext des Gewaltmonopols zu bedenken und zu berücksichtigen. Im Sinne der Stärkung einer entstehenden europäischen Identität ist gerade die diesbezügliche Rechtsprechung des Europäischen Gerichtshofes von nicht zu unterschätzender Bedeutung. Dass nämlich der Gerichtshof etwa in der Rs. „Kadi“ abweichend vom Gericht Erster Instanz dem gemeinschaftsrechtlichen Grundrechtsschutz Vorrang vor dem UN-Recht eingeräumt hat, ist in der Literatur als „Ausdruck der rechtlichen Selbstbehauptung der Europäischen Union innerhalb der internationalen Gemeinschaft“ angesehen und begrüßt worden.[581]

c.) Die supranational-unionsrechtliche Dimension

Die oben dargestellte Dualität des Gewaltmonopols ist seit langem anerkannt; zweifellos bildet sie innerhalb der deutschsprachigen Staatsrechtslehre die vorherrschende Meinung.

Vor dem Hintergrund der Europäisierung und sich rasant ändernder Kontextbedingungen fragt sich allerdings, ob neben den beiden überkommenen Dimensionen noch weitere Bedeutungsgehalte des Gewaltmonopols ausgemacht werden können und inwieweit diese gegebenenfalls vor dem Hintergrund der Europäisierung der Staatsaufgaben Sicherheit und Freiheit von Bedeutung sind. Mitunter wurde nämlich zu Recht bemängelt, dass das Gewaltmonopol als „Hoheitsgewalt auf den Bereich der äußeren und inneren Sicherheit, d.h. auf Militär, Polizei und Justiz reduziert und damit verzerrt, weil verengt, wahrgenommen“ wird.[582]

---

579 EuG, Rs. T-315/01, Slg. 2005, S. II-3649 (Kadi); EuGH, Rs. C-402/05 (Kadi).

580 EuG, Rs. T-306/01, Slg. 2005, S. II-3533 (Yusuf).

581 *Ohler*, EuZW 2008, S. 630.

582 So *van Ooyen*, nach dessen Ansicht sich Polizisten/innen stärker an einem rechtlich definierten Begriff des Gewaltmonopols orientieren sollten, wonach Gewalt auch

Mit Blick auf die Besonderheiten des Unionsrechts etwa, das – wie schon der Europäische Gerichtshof im Jahre 1963 konstatierte – eine „neue Rechtsordnung des Völkerrechts“ darstellt,[583] könnte namentlich auch eine entsprechende supranational-unionsrechtliche Dimension des Gewaltmonopols entstanden sein. Diese Annahme erscheint unter anderem deshalb als erörterungswürdig, weil die Union im Gegensatz zu anderen internationalen Organisationen nicht nur Befugnisse *gegenüber* den Mitgliedstaaten, sondern auch *in* den Mitgliedstaaten hat. Namentlich kann sich die Union mit Rechtsakten direkt an die Bürger wenden.[584] So ist in dem Faktum, dass sich in Europa ein autonomes Rechtssystem gebildet hat, welches vorrangiges und für die Mitglieder unmittelbar anwendbares Recht setzen kann, zu Recht eine „juristische Revolution“[585] gesehen worden, die einen „der großen historischen Transformationsprozesse, vergleichbar etwa mit der Herausbildung des souveränen Territorialstaates“[586] in Gang gesetzt habe.

Insofern erscheint eine von der inneren und äußeren Dimension zu trennende, supranational-unionsrechtliche Dimension des Gewaltmonopols dergestalt denkbar, dass letztere die beiden erstgenannten, überkommenen Dimensionen ergänzt, in Teilen überlagert und auf diese Weise modifiziert. Für die Annahme einer dergestalt neuartigen gewaltmonopolistischen Dimension spricht insbesondere, dass das tradierte staatliche Gewaltmonopol nicht nur in Bezug auf seine innerstaatliche oder seine äußere Integrität unter Druck geraten kann, sondern dass auch eine Beeinträchtigung durch das Unionsrecht, also durch einen supranationalen Faktor möglich ist.

So liegt es nahe, dass die völkerrechtliche Handlungsfreiheit der Mitgliedstaaten durch eine verbindliche Gemeinsame Außen- und Sicherheitspolitik oder durch eine integrierte europäische Verteidigungspolitik weitreichend eingeschränkt würde. Besonders deutlich würde diese Möglichkeit mit der Schaffung des Amtes eines europäischen Außenministers zu Tage treten, der statt vieler mit einer Stimme für Europa spräche.[587] Aber auch die vor dem Hintergrund der Finanz- und Währungskrise an Zulauf gewinnende Forderung nach einer echten europäischen

---

bei jedem behördlichen Verwaltungsakt vorliege, in: Möllers (Hrsg.), Wörterbuch der Polizei, S. 842.

583 EuGH Rs. 26/62, Slg. 1963, S. 1, Leitsatz 3 (Van Gend & Loos).

584 Vgl. *Randelzhofer*, Staatsgewalt und Souveränität, in: Isensee/Kirchhof (Hrsg.), HStR II 2004, § 17 Rdnr. 33, der deshalb vom „Problem der sogenannten supranationalen Gemeinschaften“ spricht.

585 So *v. Bogdandy*, HFR 1997, S. 2, Rdnr. 16.

586 So *v. Bogdandy*, HFR 1997, S. 1, Rdnr. 4.

587 Der Vertrag über eine Verfassung für Europa sah die Schaffung dieses Amtes noch vor.

Haushalts- und Wirtschaftspolitik würde die Mitgliedstaaten in ihrem politischen Handlungs- und Gestaltungsspielraum signifikant beeinträchtigen.

Tatsächlich sind die von Anfang an mit der europäischen Integration einhergehenden, das Gewaltmonopol in seinem äußeren Bedeutungsgehalt betreffenden Implikationen schon früh erkannt und als solche benannt worden:

„In ihrer Völkerrechtssubjektivität, ihrer Außenstellung im Verhältnis zu Drittstaaten und internationalen Organisationen, damit in ihrer äußeren Souveränität, haben die Mitgliedstaaten nicht mehr das Monopol. Hierin stehen ihnen die Gemeinschaften, deren Glieder sie sind, gleich."[588]

Vor dem Hintergrund der Europäisierung der Staatsaufgaben Sicherheit und Freiheit stellt allerdings vorliegend allein die mögliche Beeinträchtigung des Gewaltmonopols in seiner inneren Dimension den Gegenstand der näheren Untersuchung dar. Aber auch hier bestehen kaum Schwierigkeiten, mögliche Fälle von „Beeinträchtigungen" durch das Unionsrecht aufzuzeigen.

Äußert sich nämlich die innere Dimension des zeitgenossenschaftlichen Gewaltmonopols in erster Linie in der Rechtssetzungskompetenz sowie in der Kompetenz, diese letztverbindlichen Regelungen notfalls unter Anwendung von Zwangsgewalt durchzusetzen,[589] so erscheint es naheliegend, dass es – zweifelsohne gewolltermaßen – nicht nur zu „Konfliktfällen" zwischen dem grundsätzlich höherrangigen, teils unmittelbar anwendbaren Unionsrecht und dem Recht der Mitgliedstaaten kommen muss, sondern dass hierbei auch der „Souveränitätspanzer" des Nationalstaats zumindest in einigen Fällen aufgebrochen wird.[590] Hiervon ging im Übrigen der Europäische Gerichtshof bereits im Jahre 1963 aus. Schließlich hätten die Mitgliedstaaten zugunsten der Union, „wenn auch im begrenzten Rahmen, ihr Souveränitätsrecht eingeschränkt."[591] Dass aber ein autonomes Rechtssystem möglicherweise sogar gegen den Willen eines Mitgliedstaates diesen zur Anwendung und zwangsweisen Durchsetzung unionalen Rechts verpflichten kann, lässt sich weder eindeutig als Modifikation der inneren, noch als Beeinträchtigung der äußeren Dimension des Gewaltmonopols qualifizieren. Tatsächlich wird in diesen Fällen die Anwendung physischer Gewalt im Inneren eines Staates durch eine überstaatliche, äußere Gewalt veranlasst. Dies wurde durch *Ipsen* treffend beschrieben:

---

588 So bereits 1972 *Ipsen*, Europäisches Gemeinschaftsrecht, § 9 Rdnr. 59, S. 231.

589 *Randelzhofer*, Staatsgewalt und Souveränität, in: Isensee/Kirchhof (Hrsg.), HStR II 2004, § 17 Rdnr. 39.

590 *Bleckmann*, S. 57.

591 EuGH, Rs. 26/62, Slg. 1963, S. 1, Leitsatz 3 (Van Gend & Loos).

„Die im Gebiet der Mitgliedstaaten wirksame Hoheitsgewalt ist nicht mehr nur die staatliche, sondern neben ihr in den Grenzen ihrer Funktionen die der Gemeinschaften. Die Einzigkeit der im Staat wirksamen Hoheit ist aufgehoben, damit ein Element der inneren Souveränität. Staatshoheit wirkt in Sachbereichsaufteilung neben Gemeinschaftshoheit. Diese wirkt kraft ihrer Originarität unmittelbar und ohne konkrete Vermittlung der Staatshoheit.“[592]

Da insoweit ein Nebeneinander von Hoheitsgewalten besteht, bei dem – zumindest im Bereich der übertragenen Kompetenzen – die Gewalteinzigkeit und Supremität als existentielle Komponenten des Gewaltmonopols aufgehoben sind, muss ein allein an der inneren und äußeren Dimension anknüpfender Abbildungsversuch alsbald an seine Grenzen stoßen. Diese Phänomene und Fragestellungen verdeutlichen die Notwendigkeit, das Gewaltmonopol im Rahmen der Darstellung der unionalen Gewalthoheitsfrage um eine dritte, spezifisch supranational-unionsrechtliche Dimension zu ergänzen. Im Folgenden gilt es daher, deren Bedeutungsgehalt näher auszuloten. Dies vor allem mit dem Ziel, dass zum einen nicht nur die Bedeutung einer dritten gewaltmonopolistischen Dimension konkretisiert werden kann, sondern zum anderen auch, dass eine Aussage dahingehend ermöglicht wird, inwieweit von dieser im Zuge der Europäisierung von Sicherheit und Freiheit Implikationen mit Blick auf das Gewaltmonopol des Staates ausgehen.

Fasst man also die innere Dimension des heutigen Gewaltmonopols wie erwähnt als Rechtssetzung, Rechtsanwendung und notfalls gewaltsame Rechtsdurchsetzung auf, so ist zunächst von grundlegender Bedeutung, *wer* im Verhältnis zwischen Union und Mitgliedstaaten zur Anwendung von Zwangsgewalt befugt und befähigt ist. Angesprochen ist damit die Kompetenz zur unmittelbaren Ausübung physischen Zwangs. Darüber hinaus ist – gewissermaßen als „vorgelagerte Entscheidung“ – von ebenso großer Bedeutung, wer zur Setzung eben jenes Rechts befugt sein soll, welches sodann angewendet und gegebenenfalls mit den Mitteln des Zwangs durchzusetzen ist.[593] Hier wiederum kann im Sinne eines „Auswahlermessens“ von Bedeutung sein, wer letztendlich die Entscheidung über den Einsatz von Gewalt trifft und ob durch einen bestimmten Legislativakt bereits die Anwendung von Gewalt in einem bestimmten Maß determiniert ist. Folglich kann der Inhalt einer supranational-unionsrechtlichen Dimension des Gewaltmonopols folgendermaßen differenziert werden:

---

592 *Ipsen*, Europäisches Gemeinschaftsrecht, § 9 Rdnr. 61, S. 232.

593 Vgl. *Haurand* der dieses Phänomen der Regelungskompetenz als Ausprägung der Gewalt im Sinn von „Macht“ begreift: „Macht stellt sich hier insbesondere als Befugnis zur Regelung dar, sei es allgemein in Form von Normen, sei es im Einzelfall in Form von Verwaltungs- und Gerichtsentscheidungen“, Kriminalistik 1997, S. 770 (775).

Zunächst ist entscheidend, bei welcher Ebene bzw. welchem Rechtssubjekt die Kompetenz zur unmittelbaren Zwangsanwendung angesiedelt ist („Befugung und faktische Befähigung"). Sodann gilt es zu prüfen, wer über den Einsatz von Zwang *per se* entscheidet („Ob"). Schließlich ist von Bedeutung, von wem die Entscheidung über Art und Ausmaß der konkret zu ergreifenden Zwangsmaßnahmen getroffen wird („Wie").

aa.) Die Kompetenz zur unmittelbaren Ausübung physischen Zwangs („Befugung und faktische Befähigung")

Das Ende des einzelstaatlichen Gewaltmonopols wäre zweifelsohne dann festzustellen, wenn die Ausübung physischen Zwangs innerhalb des jeweiligen Hoheitsgebietes nicht mehr nur dem betreffenden Staat und seinen Vertretern, sondern regelmäßig auch anderen, staatsfremden Kräften zustünde.

Könnten beispielsweise Beamte einer internationalen Anti-Drogen-Behörde unbefristet und ohne Auflagen innerhalb der Bundesrepublik Deutschland deutsche Staatsangehörige durchsuchen, diese verhaften und sie zwecks juristischer Verfolgung eigenständig außer Landes bringen, so wäre dem staatlichen Gewaltmonopol notwendigerweise das Ende bereitet. Da sich ein Monopol begriffslogisch nicht teilen lässt, wäre es in einem solchen Fall irreführend, von einem „geteilten Gewaltmonopol" zu sprechen. Ein Gewaltmonopol kann schließlich im ureigentlichen Sinne nur dann bestehen, wenn legitime Gewalt exklusiv einem Träger – eben dem Monopolisten – zusteht. Insoweit ist die Eigenschaft der Unteilbarkeit für das Gewaltmonopol absolut begriffsprägend und unverzichtbar, und daher weitaus mehr als nur „schillernde"[594] Fassade.

Was auf internationaler Ebene die fiktive, autonom agierende Anti-Drogen-Behörde wäre, könnte im supranationalen Bereich der Union durch souverän agierende Europol-Einheiten oder Beamte eines europäischen Geheimdienstes verkörpert werden. Könnten etwa Europol-Agenten eigenmächtig gegen Unionsbürger ermitteln und diese nach ihrer Verhaftung in ein Europol-Gefängnis verbringen, so würde das mitgliedstaatliche Gewaltmonopol in seinem ursprünglichen Kern aufgelöst sein.

Fraglich ist aber, ob sich diese Bewertung einer solchen Fiktion noch aufrechterhalten ließe, wenn es dem seinen Hoheitsbereich öffnenden Staat nachweislich jederzeit freistünde, die nur vorbehaltlich des Widerrufs verliehenen Hoheitsrechte

594 So aber die Kritik von *Möllers* hinsichtlich des Problems der normativen Begründung des Gewaltmonopols, Staat als Argument, S. 273.

zurückzufordern, um fortan gegebenenfalls wieder ausschließlich selbst Gewalt auszuüben. Hier scheint im Ergebnis eine an der faktischen Wahrnehmung der Bürger orientierte Sicht vorzugswürdig:[595]

Wenn nämlich ein Bundesbürger wie in „schlechten Kriminalromanen [...] von Europol-Beamten verhaftet"[596] würde, so stünde ihm in diesem Augenblick *de facto* eine staatsfremde Gewalt gegenüber. Dies vermag auch nicht dadurch relativiert zu werden, dass die Bundesrepublik Deutschland unter Umständen ihr Einverständnis zu solchen Einsätzen gegeben hätte oder ein solches Einverständnis jederzeit widerrufen könnte. Bezogen auf den konkreten Augenblick eines solchen oder ähnlichen Sachverhalts wäre das Gewaltmonopol des Staates nämlich aus Sicht des Bürgers faktisch aufgegeben, mag der Staat sein Gewaltmonopol auch theoretisch zu einem späteren Zeitpunkt wieder vollständig herstellen können. Diese dann aus Bürgersicht erfolgte Aufgabe des staatlichen Gewaltmonopols würde freilich voraussetzen, dass ihm auch tatsächlich eine staatsfremde Gewalt gegenübertritt, diese also auch physisch überhaupt existent ist.

Folglich weist die Frage, welche Ebene bzw. welches Rechtssubjekt zur Ausübung physischer Gewalt berechtigt ist, sowohl einen normativen Bezug („Befugung") wie auch eine tatsächliche Dimension („faktische Befähigung") auf.

bb.) Die Entscheidung über das „Ob" physischen Zwangs

Neben der Frage, wer im Verhältnis von Union und Mitgliedstaaten zur tatsächlichen Anwendung von Gewalt befugt und befähigt ist, ist hinsichtlich der Integrität des staatlichen Gewaltmonopols weiterhin von Interesse, welche „rechtshierarchische" Ebene für den legislativen Zwangsausübungsbefehl verantwortlich ist. Denn es griffe zu kurz, von der bloßen Tatsache, *dass* in den Mitgliedstaaten der Union jeweils ausschließlich die nationale Exekutive Zwang ausübt, bereits auf die Integrität der inneren und äußeren Souveränität schließen zu wollen. So wird zwar aus Sicht des von Zwangsmaßnahmen betroffenen Bürgers im Regelfall hauptsächlich eine Rolle spielen, *dass* gegen ihn beispielsweise eine Haftstrafe verhängt oder *dass* eine gegen ihn verhängte

---

595 „Europa vom Bürger her denken" – Diese zentrale Forderung von *Pernice*, in: Calliess (Hrsg.), Verfassungswandel im europäischen Staaten- und Verfassungsverbund, S. 61 (64) muss auch und insbesondere dann gelten, wenn es um die demokratisch höchst sensible Frage der Zwangsanwendung geht.

596 *Jachtenfuchs*, in: Leibfried/Zürn (Hrsg.), Transformationen des Staates?, S. 69 (85).

Geldstrafe im Wege der Ersatzhaft vollstreckt wird.[597] Vor dem Hintergrund des Demokratieprinzips, insbesondere des immer wieder beklagten Demokratiedefizites,[598] ist jedoch ebenso entscheidend, ob die Maßnahme auf einen nationalen oder aber einen europäischen Rechtsakt zurückzuführen ist.[599] Folglich geht es bei der Frage nach der Entscheidungskompetenz über das „Ob" physischer Zwangsanwendung um das Fortbestehen jenes bereits oben erwähnten Ableitungszusammenhanges zwischen faktischer Gewaltausübung und dem Willen des demokratischen Souveräns. Dies erscheint von umso größerer Bedeutung, als dass die Disziplin der Mitgliedstaaten bei der Umsetzung, Durchführung und Anwendung von Unionsrecht – vor allem aufgrund der Rechtsprechung des EuGH – als durchgehend sehr hoch einzustufen ist.[600] Auf die Frage, wie es vor diesem Hintergrund um die Integrität des tradierten Gewaltmonopols bestellt ist, vermögen die innerstaatliche und die äußere Dimension des Gewaltmonopols in ihrer strengen Anwendung nicht hinreichend präzise zu antworten. Auch hier ist also auf eine supranational-unionsrechtliche Dimension des Gewaltmonopols abzustellen.

cc.) Die Entscheidung über das „Wie" des physischen Zwangs

Schließlich ist von Bedeutung, ob ein gegebenenfalls von der europäischen Ebene erteilter Zwangsanwendungsbefehl den Mitgliedstaaten noch Spielraum im Rahmen der Auswahl der anzuwendenden Mittel belässt. Während es also bei der Frage des „Ob" von Zwangsanwendung um das Entscheidungsermessen geht, ist im Rahmen des „Wie" physischen Zwangs gewissermaßen das Auswahlermessen betroffen. In diesem Bereich wird daher zu untersuchen sein, inwieweit europäisch indizierte Zwangsanwendung gegebenenfalls auch Art und Umfang der anzuwendenden Mittel bestimmt. Sollte etwa durch eine Richtlinie den Mitgliedstaaten aufgegeben werden, ein bestimmtes Verhalten beispielsweise mit Freiheitsstrafe „nicht unter einem Jahr" zu ahnden, so läge darin ein wesentlich tiefer reichender

597 Als Ausgangspunkt einer staatlichen Zwangsmaßnahme kommen neben genannten Beispielen grundsätzlich alle staatlichen Handlungen in Betracht. So auch mit weiteren Nachweisen *Möllers*, Staat als Argument, S. 272.

598 Vgl. dazu etwa *Henke*, Plädoyer für kürzere Legitimationsketten in der Europäischen Union, EuR 2010, S. 118.

599 „Europa vom Bürger her denken" – vgl. dazu *Pernice*, in: Calliess (Hrsg.), Verfassungswandel im europäischen Staaten- und Verfassungsverbund, S. 61 (64 ff.).

600 *Hölscheidt*, DÖV 2009, S. 341.

Eingriff in den Gehalt des Gewaltmonopols, als wenn die Mitgliedstaaten lediglich zu einer „wirksamen" Bestrafung verpflichtet würden.

Eine weitere Facette der unionsrechtlichen Beeinflussung nationaler Zwangsausübung ist ferner auch insoweit denkbar, dass ein scheinbar rein nationaler Sachverhalt dergestalt in den Anwendungsbereich des Unionsrechts fällt, dass sich die Frage, welche nationale Norm ggf. zur Anwendung kommt, zumindest auch nach europäischem Recht bestimmt.

Im Ergebnis geht es also hinsichtlich des „Wie" von physischem Zwang um die Frage, inwieweit das Bild von den Mitgliedstaaten als „verlängerter Arm des Unionsrechts"[601] auch im Bereich der Zwangsanwendung zutreffend ist.

2. Zur Bedeutung des Gewaltmonopols

Das wie gezeigt bislang in einen inneren und einen äußeren Bedeutungsgehalt gegliederte Gewaltmonopol bildet das staatsphilosophische und staatsrechtliche Fundament des modernen europäischen Rechtsstaates. Auch im 21. Jahrhundert ist das Gewaltmonopol jene ideentheoretische Grundlage, von dem aus die Fundamentalaufgaben Freiheit und Sicherheit wahrgenommen werden. Es ist daher keineswegs übertrieben festzustellen, dass das Gewaltmonopol Haupterrungenschaft und Wesensmerkmal des modernen Staates zugleich ist.[602] In seiner Integrität liegt auch heute noch die Hauptlegitimationsquelle eines jeden Staates.[603] Mit Blick auf die Mitgliedstaaten der Union lässt sich also konstatieren:

„Es bildet die gemeinsame Voraussetzung aller Staatstypen der Gegenwart. Es umschreibt den Horizont, innerhalb dessen sich alle Verfassungstypen der Gegenwart bewegen."[604]

---

601 *Kingreen*, in: Calliess/Ruffert (Hrsg.), EUV/AEUV, Art. 51 EU-GRCharta, Rdnr. 11.

602 So auch *Tilch/Arloth*, S. 1998; aus österreichischer Sicht zum gleichen Ergebnis gelangend *Kneihs*, Der Staat 2005, S. 265 (269 ff.); dagegen kritisch *Möllers*, Staat als Argument, nach dessen Ansicht das Gewaltmonopol für den juristischen Gebrauch u.a. deshalb „mit Vorsicht zu behandeln" sei (S. 225), weil „die Hypostasierung des Gewaltmonopols zur alles entscheidenden Eigenschaft des Staats, die nicht selten mit einer Fixierung auf die Exekutive einhergehe, viele durch die Kategorie nicht zu erfassende Probleme verkenne und damit manche staatstheoretische Fragestellung abschneide" (S. 284).

603 *Calliess*, Rechtsstaat und Umweltstaat, S. 92 ff.; aus politikwissenschaftlicher Sicht etwa *Hönke*, APuZ 8/2009, S. 15 f.

604 *Isensee*, Die Friedenspflicht der Bürger und das Gewaltmonopol des Staates, in: Müller/Rhinow/Schmid/Wildhaber (Hrsg.), FS für Eichenberger, S. 23 (31).

Abgesehen von streng eingehegten Ausnahmetatbeständen ist der Staat, und nur der Staat, zur Ausübung von Gewalt berechtigt.[605] Der alleinige, einseitige und unabhängige Einsatz legitimer physischer Gewalt ist dabei nicht nur das sichtbarste Machtmittel,[606] sondern Manifestation des Staates gegenüber dem Bürger an sich.

Diese Hoheitsgewalt des Staates, die nach einhelliger Auffassung wiederum zum Kernbereich der inneren Souveränität zählt,[607] ist in gleichem Maße fundamental bedeutsam wie allgemein anerkannt. Als anschauliche Beispiele für die Selbstverständlichkeit des staatlichen Gewaltmonopols im modernen Rechtsstaat können die österreichische Bundesverfassung und das bundesdeutsche Grundgesetz angesehen werden. So entbehrt nicht nur das gesamte österreichische Bundesverfassungsrecht eines konkreten Hinweises auf das staatliche Gewaltmonopol.[608] Auch die Mütter und Väter des deutschen Grundgesetzes hatten dieses in den Beratungen des Parlamentarischen Rates als etwas derart selbstverständliches angesehen, dass es im Text des Grundgesetzes keine explizite Erwähnung gefunden hat.[609]

Diese unumstrittene Akzeptanz des Gewaltmonopols als verfassungsrechtliche wie gesellschaftliche Grundvoraussetzung stellt sich als das Ergebnis eines mehrere Jahrhunderte währenden Geistes- und Ideenprozesses dar, der stets Gegenstand staatstheoretischer, philosophischer und juristischer Auseinandersetzungen war. Die wesentlichen Entwicklungslinien der Begriffsschöpfung sowie dessen früher Prägung lassen sich im Allgemeinen mit den Namen *Jean Bodin*, *Thomas Hobbes* und *John Locke* nachzeichnen.[610]

Wenn also wie vorliegend die herrschaftsrechtlichen Implikationen des europäischen Transformationsprozesses untersucht werden sollen, dann bildet das staatliche

---

605 Vgl. zu den „Ausnahmen vom Gewaltmonopol" *Isensee*, Die Friedenspflicht der Bürger und das Gewaltmonopol des Staates, in: Müller/Rhinow/Schmid/Wildhaber (Hrsg.), FS für Eichenberger, S. 23 (27).

606 So *v. Bogdandy*, HFR 1997, S. 2, Rdnr. 11; *Knelangen* spricht treffend vom „klassischen Signum moderner Staatlichkeit", in: Möllers/v. Ooyen (Hrsg.), Europäisierung und Internationalisierung der Polizei, S. 15.

607 Vgl. *Calliess*, in: Ders. (Hrsg.), Verfassungswandel im europäischen Staaten- und Verfassungsverbund, S. 187 (191 ff.); *Nettesheim*, NJW 2009, S. 2867 (2868); BVerfG, 2 BvE 2/08 vom 30.06.2009, Rdnr. 252 (Lissabon); mitunter wird das Gewaltmonopol sogar als „Kern des Staates" an sich gesehen, so etwa *Jachtenfuchs*, in: Leibfried/Zürn (Hrsg.), Transformationen des Staates?, S. 69 (71).

608 *Kneihs*, Der Staat 2005, S. 265 (288).

609 *Merten*, Rechtsstaat und Gewaltmonopol, 1975, S. 38; *Sommermann*, Staatsziele und Staatszielbestimmungen, 1997, S. 113 ff., 199 ff., 326 ff.

610 Zur staatstheoretischen Entwicklung des Gewaltmonopols *Calliess*, ZRP 2002, S. 1 (2 ff.).

Gewaltmonopol eben jene staatsrechtliche und staatsphilosophische Grundlage, von der die weitere Entfaltung von Herrschaft und Staatlichkeit ausgeht.[611]

III. Die Europäisierung als Bereitschaft der Mitgliedstaaten zur autonomen Aufgabe ihres Gewaltmonopols

Wenn wie erläutert die Gewährleistung und der Ausgleich der Staatsfundamentalaufgaben Sicherheit und Freiheit in einem anhaltenden Prozess europäisiert werden, so fragt sich, welche Folgewirkungen von dieser Entwicklung ausgehen.

Zwar hat diesbezüglich bereits 1963 der Europäische Gerichtshof verdeutlicht, dass „die Staaten, wenn auch im begrenzten Rahmen, ihr Souveränitätsrecht eingeschränkt haben."[612] Allerdings wirft die seither erreichte hohe Integrationsdichte die Frage auf, inwieweit eben jener seinerzeit noch „begrenzte Rahmen"[613] inzwischen nicht nur erweitert wurde, sondern sich auch schon auf Kernbereiche nationaler Souveränität – wie namentlich das Gewaltmonopol – ausgedehnt hat.[614]

Wie das Bundesverfassungsgericht in seinem Urteil zum Lissabon-Vertrag im Jahre 2009 betonte, handelt es sich hierbei um Fragen von nachgerade staatsexistentieller Bedeutung. Schließlich gelte die Verfügung über das Gewaltmonopol seit jeher „als besonders sensibel für die demokratische Selbstgestaltungsfähigkeit eines Verfassungsstaates."[615]

1. Die Lissabon-Entscheidung des Bundesverfassungsgerichts: Ein Zeugnis unbeirrbaren Festhaltens am altländischen Staatsideal?

In Parallele zu seiner Maastricht-Entscheidung[616] äußerte sich das Bundesverfassungsgericht im Urteil zum Lissabon-Vertrag zu grundlegenden Fragen des

---

611 So *v. Bogdandy*, HFR 1997, Beitrag 5, S. 2, Rdnr. 11.

612 EuGH, Rs. 26/62, Slg. 1963, S. 1, Leitsatz 3 (Van Gend & Loos).

613 EuGH, Rs. 26/62, Slg. 1963, S. 1, Leitsatz 3 (Van Gend & Loos).

614 Vgl. *Terhechte*, EuZW 2009, S. 724 f., der den europäischen Integrationsprozess in seiner Dynamik an einem Punkt angelangt sieht, an dem grundlegende Fragen zu entscheiden sind.

615 BVerfG, 2 BvE 2/08 vom 30.06.2009, Rdnr. 252 (Lissabon).

616 BVerfGE 89, S. 155 (Maastricht).

Verhältnisses zwischen Union und Mitgliedstaaten. Wie bereits im Jahre 1993 nahm das Gericht vor dem Hintergrund einer anstehenden Vertragsreform zu den vom Grundgesetz festgelegten Integrationsgrenzen Stellung.[617] Doch während insbesondere nach dem Verlauf der mündlichen Verhandlung zu erwarten war, dass sich die Verfassungsrichter erneut kritisch mit Fragen der Souveränität und der Kompetenzordnung auseinandersetzen würden,[618] zeigten sich viele Beobachter von der integrationskritischen Grundhaltung des Urteils doch überrascht.[619] Insbesondere die als neuer Kontrollvorbehalt entwickelte Identitätskontrolle war Auslöser für kritische Reflektionen seitens der Wissenschaft.[620]

Für die vorliegend gegenständliche Untersuchung erweist sich die Lissabon-Entscheidung in doppelter Hinsicht als bedeutsam: Dadurch nämlich, dass das Gewaltmonopol explizit zum Kernelement der Staatlichkeit[621] erklärt wird, wird es zum Bestandteil eben jener Verfassungsidentität, deren Einhaltung das Bundesverfassungsgericht künftig mittels der neuartigen Identitätskontrolle zu überprüfen gedenkt.[622] Des Weiteren nahm das deutsche Höchstgericht sowohl zu den tatsächlichen, wie auch zu den im äußersten Fall zulässigen Auswirkungen der Integration auf Souveränität und Gewaltmonopol Stellung.

Diesbezüglich ist der Lissabon-Entscheidung gewissermaßen ein „Kernbereichsverständnis" zu entnehmen: Die Souveränität wird dabei gewissermaßen als prägende Grundeigenschaft des Staates und als Funktionssumme verschiedener hoheitlicher Teilbereiche verstanden. Diesbezüglich soll eine partielle Relativierung möglich, ein „nationaler Souveränitätsverzicht" als solcher hingegen unzulässig sein.[623]

Im Schrifttum ist die entscheidende Bedeutung des Karlsruher Urteilsspruchs in der Proklamation einer „integrationsfesten Verfassungsidentität" gesehen worden.[624]

---

617 Auf diese Parallelität der Ausgangssituationen hinweisend etwa *Niedobitek*, GLJ 2009, S. 1267 (1270).

618 *Calliess*, ZEuS 2009, S. 559 (565).

619 Etwa *Calliess*, ZEuS 2009, S. 559 (565 ff.); *Nettesheim*, NJW 2009, S. 2867; *Oppermann*, EuZW 2009, S. 473; *Terhechte*, EuZW 2009, S. 724; *Schönberger*, GLJ 2009, S. 1201; *Halberstam/Möllers*, GLJ 2009, S. 1241. Aus Sicht der Luxemburger Richterkollegen wirkten „bestimmte Passagen des Lissabon-Urteils" sogar „befremdlich", so *Skouris*, F.A.Z. Nr. 221 vom 22. September 2011, S. 8.

620 Etwa *Everling*, EuR 2010, S. 91; *Calliess*, ZEuS 2009, S. 559 (569 ff.).

621 Siehe BVerfG, 2 BvE 2/08 vom 30.06.2009, Rdnrn. 249, 252 (Lissabon).

622 So auch *Nettesheim* NJW 2009, S. 2867 (2868); ebenso *Calliess*, ZEuS 2009, S. 559 (570).

623 BVerfG, 2 BvE 2/08 vom 30.06.2009, Rdnr. 263 (Lissabon).

624 So *Nettesheim* NJW 2009, S. 2867 (2868).

Mit Blick auf den weiten materiellen Inhalt und die möglichen praktischen Folgewirkungen dieser neuartigen Figur hat es den Anschein, als könne deren Bedeutung kaum überschätzt werden. Wenn nämlich der Integrationsprozess die Kernelemente der Staatlichkeit wie namentlich das Gewaltmonopol nicht relativieren dürfe[625], und ferner ein völliger Souveränitätsverzicht unzulässig sein soll,[626] dann ist aus diesen Aussagen schwerlich ein anderer Schluss möglich, als dass das Bundesverfassungsgericht grundsätzlich davon ausgeht, dass sowohl die Souveränität wie auch das staatliche Gewaltmonopol in ihrer Integrität dem *status quo* nach unangetastet sind.

Dennoch ist dem Lissabon-Urteil eine mit Blick auf die Integritätsfrage – wie im Folgenden gezeigt werden soll – zwischen Souveränität und Gewaltmonopol differenzierende Sicht zu entnehmen.

a.) Die Hinwendung zu einem modernen Souveränitätsverständnis

Dem Bundesverfassungsgericht ist bereits des Öfteren vorgeworfen worden, es würde seinen Urteilssprüchen ein „altländisches Souveränitäts- und Staatsideal"[627] zugrunde legen. Auch im Fall der Lissabon-Entscheidung ist diese Kritik zahlreich[628] und mitunter scharf[629] bis polemisch[630] vorgetragen worden.

---

625 BVerfG, 2 BvE 2/08 vom 30.06.2009, Rdnrn. 249, 252 (Lissabon).

626 BVerfG, 2 BvE 2/08 vom 30.06.2009, Rdnr. 263 (Lissabon).

627 *Weiler*, in FS Everling, Bd. 2, S. 1651 ff.

628 Kritisch äußerten sich: *Lenz*, F.A.Z. vom 8. August 2009, S. 7, wonach das Bundesverfassungsgericht im Denken des 19. Jahrhunderts verharre; *Schwarze*, der von „rückwärtsgewandten und ängstlichen Vorstellungen vom heutigen Europa" spricht, EuR 2010, S. 108 (117); *Röper*, der dem BVerfG bescheinigt, dass es sich lediglich „nach außen" vom hergebrachten Souveränitätsbegriff distanziere, DÖV 2010, S. 285 (286); ferner *Terhechte*, der das Souveränitätsverständnis des BVerfG, wenn auch in schwächerer Form, kritisiert: „Dieser Standpunkt des BVerfG geht an der Wirklichkeit europäischer Integration und der globalen Diskussion vorbei", EuZW 2009, S. 724 (731).

629 So etwa die Kritik von *Mestmäcker*, der dem BVerfG nicht nur „Euroskepsis" bescheinigt, sondern ihm vorwirft, die „historische Chance" versäumt zu haben, den Begriff der Souveränität im europäischen Verfassungsgerichtsverbund justiziabel zu machen, EuR 2010, S. 37,

630 So fällt – wie bereits der Titel verrät – die Kritik von *Oppermann* aus, „Den Musterknaben ins Bremserhäuschen! – Bundesverfassungsgericht und Lissabon-Vertrag, EuZW 2009, S. 473. Nach dessen Ansicht würde die EU durch das Lissabon-Urteil „zum Ghetto, von der Mauer des Grundgesetzes umgeben."

Fraglich ist allerdings, ob der Vorwurf einer latenten Rückwärtsgewandtheit im Fall der Lissabon-Entscheidung seine Berechtigung hat. Schließlich befasste sich das Bundesverfassungsgericht hier, anstatt kurzerhand von der fortbestehenden völligen Souveränität der Bundesrepublik Deutschland auszugehen, sehr ausführlich mit eben jenen Relativierungen und Modifikationen, welche die Souveränität im Zuge der Integration erfahren hat. Mit der herrschenden Lehre[631] erfolgt zunächst eine Differenzierung in eine äußere und eine innere Souveränitätsdimension:

Im Sinne *Carlo Schmids (1896–1979)* fasst das Bundesverfassungsgericht zunächst die völker- und staatsrechtliche, mithin die äußere Souveränität als jenen Zustand auf, in dem ein Staat in seinen konstitutionellen Grundlagen von fremdem Willen unabhängig ist.[632]

Innerstaatlich verlange der Begriff der Souveränität, dass alle Staatsgewalt vom Volke ausgeht. Insoweit markiere die Souveränität einen Ableitungszusammenhang für die Ausübung hoheitlicher Gewalt.[633] Insgesamt erschöpfe sich Souveränität nicht mehr in Selbstgenügsamkeit und Selbstherrlichkeit. Vielmehr sei sie mit *v. Martitz* als „völkerrechtlich geordnete und gebundene Freiheit"[634] zu verstehen.

In der so formulierten Absage an die rigide Souveränitätsvorstellung des frühen 20. Jahrhunderts[635] erkennt das Bundesverfassungsgericht die bereits erwähnte, 1963 vom Europäischen Gerichtshof in der Rs. „Van Gend & Loos" festgestellte Tatsache an, dass die Mitgliedstaaten der Union, „wenn auch im begrenzten Rahmen, ihr Souveränitätsrecht eingeschränkt haben."[636]

Auch wenn das Gericht die vollständige Souveränitätsaufgabe für unzulässig erklärt, dürfte es sich somit, zumindest was den *status quo* der Souveränität anbelangt, in Übereinstimmung mit der in der Wissenschaft wohl überwiegenden Meinung befinden, wonach die Souveränität gegenwärtig zwischen Union und Mitgliedstaaten geteilt sei. Nach Ansicht des Bundesverfassungsgerichts ist

---

631 Vgl. nur die Systematik bei *Randelzhofer*, Staatsgewalt und Souveränität, in: Isensee/Kirchhof (Hrsg.), HStR II 2004, § 17 Rdnr. 23 ff.

632 BVerfG, 2 BvE 2/08 vom 30.06.2009, Rdnr. 231.

633 So bereits *Poscher*, Das Verfassungsrecht vor den Herausforderungen der Globalisierung, VVDStRL 67 (2008), S. 160 (163).

634 So die Bezugnahme des BVerfG, 2 BvE 2/08 vom 30.06.2009, Rdnr. 223 auf *v. Martitz*, Internationale Rechtshilfe in Strafsachen, Bd. I, 1888, S. 416.

635 BVerfG, 2 BvE 2/08 vom 30.06.2009, Rdnr. 223 (Lissabon).

636 EuGH, Rs. 26/62, Slg. 1963, S. 1 (Van Gend & Loos).

diese Modifizierung der Souveränität mit dem grundgesetzlichen Demokratieprinzip sehr wohl in Einklang zu bringen.

Seinem Urteil zum Vertrag von Lissabon legt das Bundesverfassungsgericht damit sowohl was die äußere wie auch die innere Dimension betrifft, ein tendenziell integrationsoffenes und die deutsche Hoheitsgewalt relativierendes Souveränitätsverständnis zugrunde.[637]

Für diesen in der Lissabon-Entscheidung verwendeten rekonstruierten modernen Souveränitätsbegriff haben die Karlsruher Richter sogleich viel Lob erfahren. So sei in der Hinwendung zu einem modernen Souveränitätsverständnis ein „Gesprächsangebot an Praxis und Wissenschaft" sowie an alte und neue Mitgliedstaaten zu sehen, das nicht mit dem Hinweis auf realitätsferne Rückwärtsgewandtheit abgelehnt werden könne.[638] Der Vorwurf des Festhaltens an einem altländischen Staatsideal erscheint somit, zumindest was die Frage der Souveränität betrifft, als ungerechtfertigt.

b.) Das Festhalten an der Integrität des Gewaltmonopols

Hinsichtlich der Frage nach den Auswirkungen der Integration auf das tradierte Gewaltmonopol des Nationalstaates nimmt das Bundesverfassungsgericht in seiner Lissabon-Entscheidung eine ungleich zurückhaltendere und konservativere Position ein als noch in Bezug auf den *status quo* der Souveränität:

„Als besonders sensibel für die demokratische Selbstgestaltungsfähigkeit eines Verfassungsstaates gelten seit jeher [...] die Verfügung über das Gewaltmonopol polizeilich nach innen und militärisch nach außen [...]."[639]

Die Bedeutung dieser Feststellung erschließt sich erst aus jenem Zusammenhang, den das Bundesverfassungsgericht sodann zwischen dem Demokratieprinzip einerseits, und dem Gewaltmonopol sowie vier weiteren explizit genannten Staatsessentialia andererseits konstruiert.[640] Da nämlich das demokratische Prinzip nicht abwägungsfähig, sondern unantastbar sei,[641] ist nach Ansicht des

637 Andere Ansicht *Terhechte*: „Dieser Standpunkt des BVerfG geht an der Wirklichkeit europäischer Integration und der globalen Diskussion vorbei", EuZW 2009, S. 724 (731).

638 So *Schorkopf*, EuZW 2009, S. 718 (724).

639 BVerfG, 2 BvE 2/08 vom 30.06.2009, Rdnr. 252 (Lissabon).

640 Die vom BVerfG aufgezählten Staatsessentiala wurden in der Literatur teils kritisch, teils sogar als völlig verfehlter Versuch einer Staatsaufgabenlehre aufgenommen: *„the list makes no sense"*, so *Halberstam/Möllers*, GLJ 2009, S. 1241 (1250).

641 BVerfG, 2 BvE 2/08 vom 30.06.2009, Rdnr. 216 (Lissabon).

Verfassungsgerichts auch das Gewaltmonopol keinerlei Einschränkung oder Relativierung zugänglich.[642] Insbesondere gewinnt in diesem Zusammenhang die bereits erwähnte Figur des Ableitungszusammenhanges zwischen ausgeübter Gewalt einerseits und dem Willen des Souveräns andererseits an Bedeutung. Dem Lissabon-Urteil sind diesbezüglich sehr verengende Voraussetzungen zu entnehmen:

„Soweit im öffentlichen Raum verbindliche Entscheidungen für die Bürger getroffen werden, insbesondere über Eingriffe in Grundrechte, müssen diese Entscheidungen auf einen frei gebildeten Mehrheitswillen des Volkes zurückreichen."[643]

Das bedeutet, dass der Gewaltableitungszusammenhang zwischen Zwangsmaßnahmen und dem bundesdeutschen Souverän unbedingt alternativlos und mithin indisponibel ist.

In der auf diese Weise erfolgenden Begründung einer „integrationsfesten Verfassungsidentität", welche die Kernelemente der Staatlichkeit wie namentlich die Kompetenz-Kompetenz und eben das Gewaltmonopol umfasst, ist zu Recht die „entscheidende Bedeutung des Urteils"[644] gesehen worden. Gleichwohl gilt es festzustellen, dass die Umsetzung dieser Forderung in Form der Garantie einer mitgliedstaatlichen Politikhoheit über die „wirtschaftlichen, kulturellen und sozialen Lebensverhältnisse" sowie den „Raum der Eigenverantwortung und der persönlichen und sozialen Sicherheit"[645] in hohem Grade abstrakt und konkretisierungsbedürftig bleibt. Die abstrakte Fassung dieser Forderung und die mit dem unbeirrten Festhalten am Staatenverbundskonzept erfolgende Reduzierung der Komplexität haben dem Bundesverfassungsgericht die Kritik eingebracht, durch Kompatibilität mit der „Lieschen-Müller-Sicht auf Staat und Europa" Zustimmung in der öffentlichen Diskussion erhalten zu wollen, aber gleichzeitig zeitgemäßere und möglicherweise exaktere Darstellungskonzepte der Integration auszublenden.[646]

Inwieweit sich aber die vom Bundesverfassungsgericht aufgestellte Integrationsgrenze der Verfassungsidentität (noch) mit der gegenwärtigen Integrationsrealität

---

642 So auch *Terhechte*, der das Gewaltmonopol nach dem Lissabon-Urteil als „integrationsfesten Kern" und als „integrationsentschleunigten Bereich" bezeichnet, EuZW 2009, S. 724 (731).

643 BVerfG, 2 BvE 2/08 vom 30.06.2009, Rdnr. 212 (Lissabon).

644 So *Nettesheim*, NJW 2009, S. 2867 (2868), der detailliert auf diese und weitere aus Sicht des BVerfG bestehende Kernelemente der deutschen Staatlichkeit eingeht.

645 BVerfG, 2 BvE 2/08 vom 30.06.2009, 3. Leitsatz, S. 1 (Lissabon).

646 *Ruffert*, DVBl 2009, S. 1197 (1207).

deckt, soll im Folgenden mit Blick auf den Zustand des Gewaltmonopols näher geklärt werden.

c.) Mögliche Implikationen der entwickelten Identitätskontrolle

Inwieweit die in der Lissabon-Entscheidung entwickelte Identitätskontrolle künftig zu einer signifikanten Integrationsentschleunigung führen könnte, hängt zunächst entscheidend von der Frage der Kongruenz zwischen Integrationsrealität und bundesverfassungsrechtlichem Identitätsanspruch ab.

Mit Blick auf das staatliche Gewaltmonopol, das als nationales Reservat explizit von der Identitätskontrolle erfasst ist,[647] erscheinen grundsätzlich zwei Szenarien denkbar:

Möglich ist zum einen, dass dem Lissabon-Urteil eine mit der Integrationsrealität übereinstimmende Zustandsbeschreibung zugrunde liegt. In diesem Fall verfügten die Mitgliedstaaten tatsächlich noch über sämtliche drei oben beschriebenen Dimensionen des Gewaltmonopols, also über die „Befugung und faktische Befähigung zu Zwangsgewalt", über die legislative Entscheidung hinsichtlich des „Ob" sowie über die Gestaltungskompetenz, sprich das „Wie" physischer Zwangsanwendung. Mittels der Identitätskontrolle müsste das Bundesverfassungsgericht in diesem Fall lediglich sicherstellen, dass die europäische Integration auch künftig das staatliche Gewaltmonopol in seinem Bestand unangetastet lässt. Folgerichtig müssten dann alle unionalen Rechtsakte, die dieses nationale Reservat auch nur theoretisch berühren könnten, die Identitätskontrolle auslösen.[648] Für die hier im einzelnen relevanten Bereiche – das Strafrecht im Speziellen, sowie den Raum der Freiheit, der Sicherheit und des Rechts im Allgemeinen – könnte dies bedeuten, dass Integrationsfortschritte gegebenenfalls nur noch sehr langsam möglich wären.[649]

Das zweite denkbare Szenario besteht in einer bewusst „verzögerten" Abbildung der Integrationsrealität dergestalt, dass das Bundesverfassungsgericht von einem bereits überholten Zustand des staatlichen Gewaltmonopols ausgeht und

---

647 BVerfG, 2 BvE 2/08 vom 30.06.2009, Rdnr. 249 (Lissabon); vgl. *Calliess*, ZEuS 2009, S. 559 (570).

648 So in Bezug auf eine „explosive" Variante der Identitätskontrolle *Calliess*, ZEuS 2009, S. 559 (570).

649 So auch *Terhechte*, EuZW 2009, S. 724 (731); ferner *Hoppe*, der die Möglichkeit sieht, dass das Lissabon-Urteil mit Blick auf die Weiterentwicklung des RFSR „juristische Gratwanderungen bedeuten könne", in: Bergmann (Hrsg.), Handlexikon der Europäischen Union, Stichwort „Raum der Freiheit, der Sicherheit und des Rechts (RFSR)", S. 770 ff.

diesen künftig seiner Identitätskontrolle zugrunde zu legen gedenkt.[650] Dies wäre freilich mit überaus weitreichenden und integrationsentschleunigenden Konsequenzen verbunden. Mehr noch: Im bisherigen Verfahren wären kaum noch nennenswerte Integrationsfortschritte zulässig. Ein solches „Einfrieren des erreichten Integrationsstandes"[651] hätte unter anderem zur Folge, dass sich die Bundesrepublik Deutschland nicht mehr an der Fortentwicklung des Raums der Freiheit, der Sicherheit und des Rechts beteiligen dürfte und regelmäßig vom Notbremseverfahren nach Art. 82 Abs. 3, Art. 83 Abs. 3 AEUV Gebrauch machen müsste. Sollte das Gewaltmonopol also entgegen einer bewusst hemmenden Abbildung im Lissabon-Urteil bereits *de facto* aufgelöst oder zumindest in Teilen europäisiert worden sein, so könnte das Bundesverfassungsgericht konsequenterweise nur noch solche Rechtsakte passieren lassen, bzw. allein einer solchen Europapolitik zustimmen, durch die im Zusammenhang mit dem Gewaltmonopol stehende Kompetenzen auf die mitgliedstaatliche Ebene zurückverlagert würden. Praktisch besehen würde dies nicht nur das Ende der gemeinsamen europäischen Innen- und Justizpolitik bedeuten. Vielmehr hätte eine extensive Handhabung der Identitätskontrolle mit Blick auf die weiteren in der Lissabon-Entscheidung genannten Staatsessentialia[652] die Stagnation des europäischen Integrationsprozesses an sich zur Folge. Ein solches aber wäre wiederum kaum mit dem in der Präambel sowie in Art. 23 GG enthaltenen Integrationsauftrag vereinbar. Zudem hat das Bundesverfassungsgericht mit dem in der Lissabon-Entscheidung geprägten „Grundsatz der Europafreundlichkeit des Grundgesetzes"[653] selbst eine Schranke seiner Integrationsleitplanke geschaffen.[654]

Aufbauend auf der Frage, inwieweit sich das Lissabon-Urteil und die Integrationsrealität hinsichtlich des Zustandes des staatlichen Gewaltmonopols noch decken, wird somit künftig viel davon abhängen, ob die Identitätskontrolle überhaupt zur Anwendung gelangt, und ob diese bejahendenfalls im Sinne eines Kooperations- oder eines Konfrontationsverhältnisses ausgeübt wird.

---

650 Grundsätzlich in diese Richtung *Terhechte*, demzufolge das Lissabon-Urteil in vielen Bereichen den aktuellen Erkenntnisstand der Europarechtswissenschaft ausblende, EuZW 2009, S. 724 (731).

651 So das Schicksal der Integration im Falle strenger Anwendung der Identitätskontrolle prognostizierend *Calliess*, ZEuS 2009, S. 559 (573).

652 Dazu sollen unter anderem die Staatsbürgerschaft, fiskalpolitische Grundentscheidungen, Kulturfragen sowie Angelegenheiten der Meinungs- und Religionsfreiheit zählen, vgl. BVerfG, 2 BvE 2/08 vom 30.06.2009, Rdnr. 249 (Lissabon).

653 BVerfG, 2 BvE 2/08 vom 30.06.2009, Leitsatz 4 (Lissabon).

654 Vgl. *Calliess*, ZEuS 2009, S. 559 (571).

2. Zur Frage der Aufgabe des staatlichen Gewaltmonopols

Die Ausführungen zu Inhalt und Bedeutung des Gewaltmonopols haben die besagte Frage aufgeworfen, ob in Übereinstimmung mit dem Lissabon-Urteil tatsächlich noch zutreffend von der Integrität des tradierten staatlichen Gewaltmonopols gesprochen werden kann.

Es fragt sich somit zunächst, inwieweit die Kompetenz zur unmittelbaren physischen Zwangsanwendung („Befugung und faktische Befähigung") – also für den Kernbereich des Gewaltmonopols in seiner innerstaatlichen Dimension – noch uneingeschränkt bei den Mitgliedstaaten liegt oder ob diese bereits zumindest in Teilen europäisiert wurde. Die gleiche Frage stellt sich im Anschluss hieran hinsichtlich der Entscheidung über das „Ob" und das „Wie" der Anwendung von Zwangsgewalt. Somit gilt es insgesamt zu untersuchen, inwieweit die innere Dimension von der hier entwickelten supranational-unionsrechtlichen Komponente des Gewaltmonopols zumindest teilweise überlagert und modifiziert wurde.

a.) Die Kompetenz zur unmittelbaren Ausübung physischen Zwangs

Die Frage nach einer möglichen Kompetenz der Union, Zwangsmaßnahmen auch unmittelbar selbst vornehmen zu können, wurde von mitgliedstaatlicher Seite seit jeher mit besonders kritischen Blicken verfolgt. Dies mit gutem Grund, denn für den Bürger ist wohl kaum ein plastischerer Fall der Europäisierung des Gewaltmonopols denkbar, als wenn beispielsweise – wie bereits oben angesprochen – Kontrollen oder Verhaftungen durch europäische Beamte und unter europäischen Hoheitszeichen erfolgen könnten. Als zumindest faktisch befähigte Träger echter europäischer Hoheitsgewalt kommen dabei sämtliche Bedienstete europäischer Organe in Betracht.

aa.) Exekutivbefugnisse der Kommission

Es erscheint naheliegend, etwaige Zwangsbefugnisse der Union zunächst bei der Europäischen Kommission als ihrem maßgeblichen Exekutivorgan zu vermuten.

aaa.) Allgemeines

In einer Vielzahl von Fällen ist für die unmittelbare Ausführung des Unionsrechts die Europäische Kommission zuständig. Schwerpunkte bilden hier insbesondere das Beihilfen- und Kartellrecht. Ungeachtet des großen Umfangs der verliehenen Exekutivbefugnisse ist es aber grundsätzlich nicht Aufgabe der Kommission, diese auch im Wege des Zwangs auszuführen. Einer solchen Gewaltbefugung erteilt das unionale Primärrecht eine klare Absage. Dem diesbezüglich einschlägigen Art. 299 Abs. 2 AEUV ist insoweit zu entnehmen:

„Die Zwangsvollstreckung erfolgt nach den Vorschriften des Zivilprozessrechts des Staates, in dessen Hoheitsgebiet sie stattfindet. Die Vollstreckungsklausel wird nach einer Prüfung, die sich lediglich auf die Echtheit des Titels erstrecken darf, von der staatlichen Behörde erteilt, welche die Regierung jedes Mitgliedstaats zu diesem Zweck bestimmt und der Kommission und dem Gerichtshof der Europäischen Union benennt.

Sind diese Formvorschriften auf Antrag der die Vollstreckung betreibenden Partei erfüllt, so kann diese die Zwangsvollstreckung nach innerstaatlichem Recht betreiben, indem sie die zuständige Stelle anruft."

In der Terminologie und Systematik des deutschen Zivilprozessrechts lässt sich also festhalten, dass zwischen dem Erkenntnisverfahren einerseits und dem Klausel- und Vollstreckungsverfahren andererseits eine scharfe Trennlinie verläuft.

Aus der Tatsache, dass der Kommission ebenso wenig wie der Union insgesamt eigene Polizeikräfte zur unmittelbar gewaltsamen Durchsetzung ihrer Maßnahmen zur Verfügung stehen, wurde bislang von vielen geschlossen, dass deshalb auch das Gewaltmonopol insgesamt bei den Mitgliedstaaten verbleibe.[655] Für eine mögliche Differenzierung dieser Schlussfolgerung bestehen jedoch bereits erste Anhaltspunkte in der zur Frage der Gewalthoheit in der Union ergangenen Rechtsprechung des Europäischen Gerichtshofes. Letzterer hat diesbezüglich, entgegen zuweilen aufgestellter Behauptungen,[656] wiederholt ausführlich Stellung genommen.

bbb.) Das Urteil des EuGH in den verb. Rs. 46/87 und 227/88 (Hoechst)

In der Rechtsprechung des Gerichtshofs findet sich eine beträchtliche Anzahl an Urteilen, die sowohl die Frage nach der unmittelbaren Zwangsausübung als auch die Fragen des „Ob" und des „Wie" von Zwangsgewalt betreffen.

So ist eine das bei der Zwangsausübung erfolgende Zusammenspiel von Kommission und Mitgliedstaaten anschaulich darstellende Entscheidung 1989 in der Rechtssache „Hoechst"[657] ergangen. Hintergrund dieser Entscheidung war ein

---

655 So etwa *Pernice*, in: Schuppert/Pernice/Haltern (Hrsg.), Europawissenschaft, S. 743 (776 f).

656 Vgl. etwa die fragwürdige Feststellung bei *Haack*, Verlust der Staatlichkeit, S. 200: „Fragen der Gewalthoheit haben in der Rechtsprechung des EuGH bisher keine Rolle gespielt."

657 EuGH, verb. Rs. 46/87 u. 227/88, Slg. 1989, S. 2859 (Hoechst); EuGH NJW 1989, S. 3080; *Mager/Herrmann*, S. 113 ff.

kartellrechtliches Verfahren der Kommission gegen die damalige Frankfurter Hoechst AG:

Als sich zu Beginn des Jahres 1987 die Hinweise auf illegale Absprachen von Preisen und Lieferquoten für Kunststofferzeugnisse verdichtet hatten, entschloss sich die Kommission zu einer Nachprüfung. Hierzu sollten die Geschäftsräume des Unternehmens auf mögliche Hinweise untersucht werden. Nachdem die Hoechst AG den Zutritt zu ihren Geschäftsräumen mehrfach verweigert hatte, konnten die Kommissionsbeamten, die stets von deutschen Kollegen begleitet wurden, erst in einem vierten Anlauf die Nachprüfung durchführen. Wegen der entstandenen Verzögerung setzte die Kommission ein Zwangsgeld fest, gegen das sich die Hoechst AG vor dem Europäischen Gerichtshof zur Wehr setzte. Der Gerichtshof wies die Klage im Ergebnis ab, wobei er zum Kooperationsverhältnis zwischen Kommission und Mitgliedstaaten bei der Zwangsanwendung wie folgt umfangreich ausführte:

„Bei Nachprüfungen [...] haben die Bediensteten der Kommission unter anderem das Recht, sich die von ihnen angeforderten Unterlagen vorlegen zu lassen, die von ihnen bezeichneten Räume zu betreten und sich den Inhalt der von ihnen angegebenen Möbel zeigen zu lassen. Dagegen können sie sich nicht gewaltsam Zugang zu Räumen oder Möbeln verschaffen oder die Beschäftigten des Unternehmens zwingen, ihnen den Zugang hierzu zu gewähren; sie können auch keine Durchsuchungen ohne Einwilligung der Verantwortlichen des Unternehmens vornehmen."[658]

Für den Fall der Vereitelung dieses Rechts erklärte der Gerichtshof: „Widersetzen sich dagegen die betroffenen Unternehmen der Kommission, können deren Bedienstete [...] ohne Mitwirkung der Unternehmen unter Einschaltung der nationalen Behörden, die ihnen die zur Erfüllung ihrer Aufgabe erforderliche Unterstützung zu gewähren haben, nach allen für die Nachprüfung notwendigen Informationsquellen suchen."[659]

Mit Blick auf die Frage nach der Zuständigkeit für die unmittelbare Zwangsausübung ergibt sich damit aus der „Hoechst"-Entscheidung Folgendes: Zum einen dürfen die Kommissionsbeamten unter keinen Umständen selbst Zwang ausüben. Zum anderen sind aber die Mitgliedstaaten unter Beachtung der allgemeinen Grundsätze des Gemeinschaftsrechts verpflichtet, die Kommission mit ihren Ordnungskräften zu unterstützen. Nach dem Grundsatz der Unionstreue und der loyalen Zusammenarbeit haben die Mitglieder der Union also in vielen Fällen

658 EuGH, verb. Rs. 46/87 u. 227/88, Slg. 1989, S. 2859, Leitsatz 4 (Hoechst).
659 EuGH, verb. Rs. 46/87 u. 227/88, Slg. 1989, S. 2859, Leitsatz 4 (Hoechst).

ihre Zwangsausübungsorgane zur Verfügung zu stellen. Dies verdeutlicht in besonderer Plastizität die Funktion der Mitgliedstaaten als „verlängerter Arm des Unionsrechts."[660]

Damit steht fest: Die Kommission hat zwar eigene Kräfte (faktische Befähigung), ist aber zur unmittelbaren Zwangsanwendung nicht befugt (mangelnde Befugnis).

bb.) Europäische Agenturen, Ämter und Dienststellen

An den negativen Befund hinsichtlich kommissionseigener Zwangsbefugnisse schließt sich die Überlegung an, ob nicht möglicherweise die zahlreichen europäischen Agenturen, Ämter und Dienststellen als Träger von Zwangsgewalt in Betracht kommen. Deren kontinuierlich steigende Zahl – allein für den Bereich der Kommission weist das „Handbuch der Dienststellen"[661] über vierzig Einträge auf – ist zwar einerseits Ausdruck der wachsenden Bedeutung „Europas" und spiegelt insofern lediglich die zunehmende Fülle der auf europäischer Ebene wahrzunehmenden Aufgaben wider.[662] Andererseits muss die mittlerweile kaum noch überschaubare Vielzahl der Agenturen mit Blick auf den Transparenzgedanken und insbesondere die demokratische Kontrolle Bedenken hervorrufen.[663] Auch bezüglich des Individualrechtsschutzes gegenüber exekutiven Maßnahmen wirft die quantitativ und qualitativ an Bedeutung gewinnende EU-Eigenadministration zahlreiche Fragestellungen auf.[664] So wäre es nicht nur für das staatliche Gewaltmonopol, sondern auch für die mit diesem in unmittelbaren Zusammenhang

660 *Kingreen*, in: Calliess/Ruffert (Hrsg.), EUV/AEUV, Art. 51 EU-GRCharta, Rdnr. 11.

661 Abrufbar unter: http://ec.europa.eu/staffdir/plsql/gsys_page.display_index? pLang=DE (Stand 15.09.2011).

662 In der Schaffung immer neuer Regulierungs- und Exekutivagenturen wird mitunter sogar ein Beleg dafür gesehen, dass die EU-Kommission immer häufiger technisch und organisatorisch schlichtweg an ihre Grenzen stößt, so etwa *Hummer*, Die EU-Kommission stößt an ihre Grenzen, Wiener Zeitung vom 15. April 2009. Auch Online im Internet: URL: http://www.wienerzeitung.at/meinungen/ kommentare/239961_Die-EU-Kommission-stoesst-an-ihre-Grenzen.html (Stand 15.09.2011).

663 Vgl. etwa zum prominenten Beispiel Europol und der diesbezüglich bereits sehr komplexen parlamentarischen Kontrolle *Ellermann*, S. 319 ff.

664 Dazu eingehend *Saurer*, Individualrechtsschutz gegen das Handeln der Europäischen Agenturen, EuR 2010, S. 51. Ungeachtet vieler Probleme im Detail verneint *Saurer* dort das Bestehen evidenter Rechtsschutzlücken: „Als Daumenregel kann gelten: Je weiter die materiellen Befugnisse reichen, desto detaillierter und ausdifferenzierter ist auch die justizielle Kontrolle ausgestaltet", S. 57.

stehende „demokratische Selbstgestaltungsfähigkeit eines Verfassungsstaates“[665] von grundlegender Bedeutung, wenn etwa kommissionsinterne Dienste oder im Wege der Auslagerung von Verwaltungsaktivitäten entstandene Exekutivagenturen ein organisatorisches Eigenleben entfalten würden und – *de facto* unkontrolliert – im europäischen Raum der Freiheit, der Sicherheit und des Rechts operieren könnten. Vor diesem Hintergrund wurde und wird die Neuentstehung europäischer Organisationseinheiten mit Blick auf deren Aufgaben und Befugnisse zu Recht aufmerksam verfolgt.

Insbesondere die Errichtung von solchen Organisationen, die wie Eurojust,[666] OLAF[667] oder Frontex[668] mit sicherheits- und souveränitätsrelevanten Aufgaben betraut werden, ruft immer wieder die Besorgnis vor einer genuinen Gewaltbefugung der Union hervor. Eine zentrale Rolle nahm und nimmt in diesem Zusammenhang weiterhin das 1995 geschaffene Europäische Polizeiamt Europol[669] ein. Als selbständige Einrichtung kommt diesem zum einen eine eigene Rechtspersönlichkeit zu, zum anderen wurde den inzwischen mehr als 800 Europol-Mitarbeitern nach einem rechtsstaatlich umstrittenen Zusatzprotokoll[670] amtsbezogene Immunität garantiert.[671] Vor eben diesem Hintergrund bestand die insoweit berechtigte Befürchtung, Europol könne sich zu einer Art europäischem *FBI* oder gar einer Art europäischen Geheimdienst entwickeln.[672]

In den Gründungsakten sämtlicher genannter Organisationen, insbesondere auch in jener zu Europol, wurde jedoch unmissverständlich klargestellt, dass

---

665 Vgl. BVerfG, 2 BvE 2/08 vom 30.06.2009, Rdnr. 252 (Lissabon).

666 Geschaffen durch den Beschluss des Rates 2002/187/JI vom 28. Februar 2002, ABl. Nr. L 63 vom 6.3.2002; in Deutschland umgesetzt durch Eurojust-Gesetz vom 12.4.2004, BGBl. 2004 I, S. 904 ff.

667 Geschaffen durch den Beschluss der Kommission SEK (1999) 802 vom 28. April 1999, ABl. Nr. L 136/20 vom 31.5.1999.

668 Geschaffen durch die Verordnung des Rates VO (EG) Nr. 2007/2004 vom 26.10.2004 zur Errichtung einer Europäischen Agentur für die operative Zusammenarbeit an den Außengrenzen der Mitgliedstaaten der EU, ABl. Nr. L 349 vom 25.11.2004, S. 1 ff.

669 Geschaffen durch das Übereinkommen über die Errichtung eines Europäischen Polizeiamtes vom 26.7.1995, ABl. Nr. C 316 v. 27.11.1995; Europol-Übereinkommen vom 26.7.1995, BGBl. 1997 II, S. 2150; dazu einführend *Weller*, in: Bergmann (Hrsg.), Handlexikon der Europäischen Union, Stichwort „Europol (Europäisches Polizeiamt)“, S. 357 ff.

670 ABl. 1997, C 221/1.

671 *Oppermann/Classen/Nettesheim*, § 37 Rdnr. 35, S. 667.

672 Vgl. dazu umfassend *Ellermann*, Europol und FBI, Baden-Baden 2005; ferner auch *Aschmann*, Exekutive Befugnisse für Europol?, Die Polizei 2002, S. 40.

operative Maßnahmen gegebenenfalls nur in Verbindung und in Absprache mit den Mitgliedstaaten durch deren Behörden ergriffen werden dürfen.[673] In anderen Fällen – etwa mit Blick auf das Europäische Amt für Betrugsbekämpfung OLAF – ergibt sich die Ermangelung der Zwangsbefugnis aus dem Zusammenhang. So ist es gemäß Art. 2 des Errichtungsbeschlusses Aufgabe von OLAF, „die Befugnisse der Kommission" oder die „diesbezüglichen Zuständigkeiten der Kommission" im Rahmen „interner Verwaltungsuntersuchungen" auszuüben.[674]

Folglich war bislang unumstritten, dass die Union weder in Gestalt der Kommission, noch in Form anderer Organisationen vollziehende Gewalt im engeren Sinne ausüben kann.[675] Das Monopol der unmittelbaren Anwendung physischer Zwangsgewalt war also unstreitig bei den Mitgliedstaaten verblieben.[676]

Durch die jüngste Primärrechtsreform, den Vertrag von Lissabon, hat dieser Grundsatz keine Änderung erfahren.[677] Hinsichtlich Europol findet sich in Art. 88 Abs. 3 S. 2 AEUV die insoweit unmissverständliche Regelung:

„Die Anwendung von Zwangsmaßnahmen bleibt ausschließlich den zuständigen einzelstaatlichen Behörden vorbehalten."

Eine Verhaftung von Straftätern durch Europol-Beamte ist also auch weiterhin „nur in schlechten Kriminalromanen"[678] möglich. Somit enthält auch der Lissabon-Vertrag eine klare Absage an jegliche genuine Gewaltbefugung der europäischen Ebene. Letztere bleibt bei der Rechtsdurchsetzung auf die Kooperationsbereitschaft der mitgliedstaatlichen Hoheitsträger angewiesen.[679] Die im Zusammenhang mit der Frage der Gewaltanwendung häufig geäußerten Bedenken, Europol könnte sich sukzessive zu einer Art europäischem *FBI* entwickeln, dürften mit Art. 88 Abs. 3 AEUV nachhaltig zerstreut sein.[680]

---

673 So auch mit zahlreichen Verweisen auf die Literatur *Ellermann*, S. 63.

674 Beschluss der Kommission SEK(1999) 802 vom 28. April 1999, ABl. Nr. L 136/20 vom 31.5.1999.

675 So etwa *Lenz*, in: Lenz/Borchardt (Hrsg.), EU-Verträge, Art. 4 EUV, Rdnr. 12; ferner *v. Bogdandy*, Supranationaler Föderalismus als Wirklichkeit und Idee einer neuen Herrschaftsform, der mit Blick auf dem Amsterdamer Vertrag sogar von einer „Gewaltferne der Union" sprach, S. 36.

676 So statt vieler *Pernice*, in: Calliess (Hrsg.), Verfassungswandel im europäischen Staaten- und Verfassungsverbund, S. 61 (88).

677 Statt vieler *Müller-Graff*, EuR 2009, Beiheft 1, S. 105 (125).

678 *Jachtenfuchs*, in: Leibfried/Zürn (Hrsg.), Transformationen des Staates?, S. 69 (85).

679 *Müller-Graff*, EuR 2009, Beiheft 1, S. 105 (125).

680 *Weber*, BayVBL 2008, S. 489; ebenso *Knelangen*, in: Möllers/van Ooyen (Hrsg.), Europäisierung und Internationalisierung der Polizei, S. 15 (21 f).; bereits im Jahr

Im gleichen Maße gilt dieses Ergebnis für die übrigen Institutionen der Union, auch wenn deren Fortentwicklung vermutlich weiterhin sehr aufmerksam verfolgt werden wird. So war etwa, als die Kommission plante, der Grenzschutzagentur Frontex zur Überwindung chronischer Materialengpässe den Erwerb eigener Fahrzeuge zu gestatten, der Tagespresse die zunächst geradezu spektakulär klingende Meldung zu entnehmen: „Unter anderem soll Frontex schrittweise erlaubt werden, eigene Flugzeuge und Schiffe zu kaufen oder zu leasen. Damit erhielte die Agentur erstmals eigene Einsatzkräfte.“[681]

Freilich hätte diese Meldung der insoweit klarstellenden und entschärfenden Ergänzung bedurft, dass die Bemannung der Fahrzeuge auch weiterhin ausschließlich mit Kräften der Mitgliedstaaten erfolgen soll und so lediglich eigene Frontex-Ausrüstung angeschafft würde.

Es bleibt somit ausnahmslos festzuhalten, dass keine der unionalen Organisationseinheiten über eigene Zwangsbefugnisse verfügt. Wenn allerdings schon nicht die europäische Exekutive selbst zur Zwangsgewalt befugt ist, so kommt möglicherweise eine intergouvernemental-legislative Kompetenzregelung in Betracht. Diesbezüglich bestehen zahlreiche einschlägige Formen justizieller Zusammenarbeit.

cc.) Europäischer Haftbefehl, Europäische Ermittlungsanordnung und Schengen-Acquis

Wird der Frage nachgegangen, inwieweit die europäische Zusammenarbeit zu einer Relativierung der nationalen Staatsgewalt geführt hat, so offenbaren die oben untersuchten unionalen Exekutivbefugnisse zahlreiche Parallelen zum Themenkomplex der europäischen Justizzusammenarbeit. Auf diesem Gebiet bestehen unterschiedlichste Handlungsformen und –instrumente, welche allesamt zumindest im weiteren Sinne auch mit der Anwendung von Zwangs- und Hoheitsgewalt im Zusammenhang stehen:

2002 *Walter*, wonach „der häufig zitierte Vergleich mit dem FBI pfeilgerade an den Realitäten vorbeizielt“, Die Polizei 2002, S. 33 (37).

681 „Frontex darf Flugzeuge kaufen – Kommission will Schutz der Außengrenzen verbessern“, F.A.Z. Nr. 47 vom 25. Februar 2010, S. 5; auch inmitten der europäischen Staatsschuldenkrise fand sich eine ähnliche, wenn auch nicht ganz so missverständliche Schlagzeile: „Frontex-Reform gebilligt – […] Danach darf die Agentur künftig selbst Schiffe, Fahrzeuge oder Hubschrauber anschaffen, um die Mitgliedstaaten besser beim Schutz der EU-Außengrenzen zu unterstützen“, F.A.Z. Nr. 214 vom 14. September 2011, S. 8.

Im Rahmen der Polizeikooperation etwa sind in bestimmten Fällen grenzüberschreitende Nacheile und Observation möglich, so dass, insoweit sehr plastisch, der jeweilige Mitgliedstaat im wahrsten Sinne des Wortes das eigene Hoheitsgebiet für Träger fremder Staatsgewalt öffnet. In anderen weniger offensichtlichen Fällen hat die Zusammenarbeit gleichwohl höchst einschneidende Konsequenzen für den Betroffenen. Das diesbezüglich wohl prominenteste Beispiel ist der Europäische Haftbefehl. Im Rahmen dieses Rechtsinstruments öffnen die Mitgliedstaaten ihren Souveränitätspanzer dergestalt, dass sie die eigenen Staatsangehörigen entgegen entsprechender Verbürgungen – in Deutschland etwa dem Auslieferungsverbot des Art. 16 Abs. 2 GG – dem wenn auch nicht faktischen, so aber doch rechtlichen Zugriff einer fremden Hoheitsgewalt aussetzen. Denn das zur Umsetzung des Rahmenbeschlusses über den Europäischen Haftbefehl[682] geänderte Gesetz über die Internationale Rechtshilfe in Strafsachen[683] sieht vor, dass deutsche Staatsangehörige freiwillig zur Strafvollstreckung und sogar gegen ihren Willen zur Strafverfolgung an andere Mitgliedstaaten der Union ausgeliefert werden können bzw. sogar müssen.[684] Dass der Rahmenbeschluss zwingende und fakultative Ablehnungsgründe enthält und die Vollstreckung an bestimmte Bedingungen geknüpft werden kann, ist ebenso zur Verteidigung des Europäischen Haftbefehls eingewendet worden wie die Tatsache, dass der Haftbefehl ein unübersichtliches Gemenge von Abkommen ersetzt und die Rechtslage so vereinfachen würde.[685] Dennoch kann bereits aus der bloßen Möglichkeit, dass die Bundesrepublik Deutschland einen ihrer Staatsangehörigen an einen anderen Staat ausliefert, gefolgert werden, in welchem Maße die Mitgliedstaaten inzwischen den Rechtssystemen der übrigen Unionsmitglieder vertrauen. Gleichwohl darf die Bedeutung der mitgliedstaatlichen Justizzusammenarbeit im Rahmen der hier interessierenden Europäisierung des Gewaltmonopols nicht überbewertet werden. Schließlich handelt es sich im Wesentlichen um koordinierende und so maßgeblich intergouvernementale Zusammenarbeit. Eine echte Europäisierung im supranationalen Sinne kann hierin gerade nicht erkannt werden. Unbeschadet dessen sind die genannten Formen der Zusammenarbeit bemerkenswert. Dies

---

682 Rahmenbeschluss vom 13. Juni 2002 über den Europäischen Haftbefehl und die Übergabeverfahren zwischen den Mitgliedstaaten, ABl. 2002 Nr. L 190 S. 1.

683 Gesetz über die internationale Rechtshilfe in Strafsachen (IRG) vom 27. Juni 1994, BGBl. I, S. 1537.

684 Mitteilung des BMJ zum Neuen EU-Haftbefehlsgesetz vom 24. November 2005.

685 So die Argumente der dem Europäischen Haftbefehl zugeneigten Literatur zusammenfassend *Suhr*, in: Calliess/Ruffert (Hrsg.), EUV/AEUV, Art. 82 AEUV, Rdnr. 25.

auch deshalb weil diese – wie im Integrationsverlauf oftmals zu beobachten war – einer supranationalen Europäisierung den Weg ebnen können. Bemerkenswert sind aber auch jene, vor allem bei den Mitgliedstaaten bestehenden Bestrebungen, wonach die justizielle Zusammenarbeit künftig um eine weitere Komponente, die sog. Europäische Ermittlungsanordnung, ergänzt werden soll. Der zugrundeliegende Richtlinienentwurf[686] sieht eine Justizzusammenarbeit dergestalt vor, dass die Justiz eines anfragenden Staates die Justiz des ausführenden Staates mit Ermittlungsmaßnahmen wie etwa Hausdurchsuchungen, Zeugenbefragungen oder Telekommunikationsüberwachung beauftragen kann, ohne dass dabei letztere noch eine Rechtmäßigkeitsprüfung vornehmen würde.

Als abschließendes Beispiel der Justizkoordination sei die bereits erwähnte Öffnung für fremde Hoheitsgewalt genannt. Hier haben die Mitgliedstaaten die Gewalteinzigkeit als Bestandteil ihres Gewaltmonopols partiell eingeschränkt. So erlauben etwa das in den Acquis überführte Schengener Abkommen und insbesondere das Schengener Durchführungsübereinkommen zahlreiche grenzüberschreitende operative Tätigkeiten von Sicherheitsbehörden anderer Mitgliedstaaten.[687] Verwiesen sei hier nur auf die Möglichkeit grenzüberschreitender Observation und Nacheile, den Einsatz von verdeckten Ermittlern und gemeinsame Einsätze.[688] Da in diesen Fällen allerdings stets mitgliedstaatliche und nicht etwa europäische Einsatzkräfte tätig werden, liegt – auch wenn der rechtliche Rahmen europäisch eingebettet ist – gerade keine genuine Gewaltbefugung der europäischen Ebene im Sinne supranational verstandener Europäisierung vor.

dd.) Zwischenergebnis – keine genuine Zwangsbefugung der Union

Die Frage, ob die Union beziehungsweise ihre Institutionen bereits nach dem *status quo* unmittelbar selbst zur Anwendung von Zwang gegenüber dem Unionsbürger befugt und befähigt ist, ist eindeutig negativ zu beantworten. Aus diesem

---

686 Richtlinienvorschlag „Europäische Ermittlungsanordnung in Strafsachen“ CONS 9288/10; 2010/0817 (COD).

687 Grundsätzlich bleibt es jedoch beim Grundsatz der Zustimmungsbedürftigkeit entsprechender Maßnahmen, vgl. dazu statt vieler *Kugelmann*: „Selbst innerhalb der Europäischen Union, die den engsten Zusammenschluss von Staaten weltweit darstellt, ist eine grenzüberschreitende Ausübung von Hoheitsgewalt nur nach Maßgabe besonderer Regelungen und nicht ohne die Zustimmung des betroffenen Mitgliedstaates möglich.“, in: Der Einsatz von Polizeibeamten im Ausland, Die Kriminalpolizei 2007, S. 8 f.

688 Dazu eingehend *Fastenrath/Skerka*, ZEuS 2009, S. 243 ff.

Zwischenergebnis resultiert eine „Aufgaben- und Kompetenzverteilung" dergestalt, dass gegenwärtig die Setzung und der Vollzug europäischen Rechts auf unterschiedlichen rechtlichen Ebenen angesiedelt sind. Dieser Zusammenhang ist anschaulich als „Komplementarität der Verfassungen im Mehrebenenverbund"[689] beschrieben worden.

Jener Zeitpunkt aber, zu dem europäische Beamte erstmals über eigene Zwangsausübungsbefugnisse gegenüber den Unionsbürgern verfügten, hätte tiefgreifende Konsequenzen für das Verhältnis zwischen Union und Mitgliedstaaten. Nicht nur wäre dies das Ende der historisch gewachsenen Supremität und Einzigkeit der Staatsgewalt und damit das Ende des staatlichen Gewaltmonopols an sich. Vielmehr würde darin auch ein rechtshistorischer Schritt in Richtung der Entwicklung europäischer Staatlichkeit und einer Staatswerdung Europas liegen.

b.) Die Entscheidung über das „Ob" des physischen Zwangs

Wie im Vorangegangenen aufgezeigt wurde, ist auch die Entscheidungskompetenz hinsichtlich des „Ob" einer Zwangsanwendung zum Kernbereich des Gewaltmonopols zu zählen. Die Entscheidung, in welchen Fällen notfalls Zwang auszuüben ist, beziehungsweise in welchen Fällen dieser gerade zu unterbleiben hat, unterfällt somit dem Gewaltmonopol in seinem innerstaatlichen Bedeutungsgehalt.

In diesem Zusammenhang kommen grundsätzlich zwei Wirkweisen in Betracht, mit denen das Unionsrecht die nationalen Rechtsordnungen und damit das staatliche Gewaltmonopol beeinflussen kann. So kann das Unionsrecht negativ die Anwendung von Zwang in bestimmten Fällen untersagen sowie umgekehrt, in anders gelagerten Fällen, die Anwendung von Gewalt ausdrücklich anordnen.

aa.) Untersagung der Zwangsausübung aus Europarecht

Die Fälle, in denen den nationalen Behörden aufgrund unionalen Rechts die Zwangsausübung untersagt ist, erscheinen so vielschichtig und facettenreich wie das Unionsrecht selbst. Grund hierfür ist zunächst der prinzipielle Vorrang des Unionsrechts, der zusammen mit dem Grundsatz der unmittelbaren Anwendbarkeit der wesentliche Grund dafür ist, dass die Union alle sonstigen supranationalen Institutionen an Integrationsintensität übertrifft.[690] Aus dem Vorrang des Unionsrechts

---

689 So auch *Pernice*, in: Calliess (Hrsg.), Verfassungswandel im europäischen Staaten- und Verfassungsverbund, S. 61 (88).

690 *Grimm*, in: Anders/Gilcher-Holtey (Hrsg.), Herausforderungen des staatlichen Gewaltmonopols, S. 18 (35).

wird für mitgliedstaatliche Richter und mitgliedstaatliche Behörden insoweit dann ein Normanwendungsverbot abgeleitet, „wenn eine nationale Bestimmung, auch eine solche im Gesetzesrang, mit Unionsrecht nicht vereinbar ist“[691].

aaa.) Untersagung des Zwangs durch Normen des Unionsrechts

Als Folge des soeben erwähnten Anwendungsvorrangs des Unionsrechts sind die Mitgliedstaaten immer dann an der Anwendung von Zwang gehindert, wenn der zwangsbegründenden mitgliedstaatlichen Norm eine Norm des Unionsrechts entgegensteht. Als solchermaßen einschlägiges Unionsrecht kommen sowohl das Primärrecht, hier insbesondere die Grundfreiheiten, wie auch sekundärrechtliche Richtlinien und Verordnungen in Betracht. Mit der durch den Vertrag von Lissabon nunmehr rechtsverbindlichen Grundrechtecharta haben die Mitgliedstaaten ferner auch die Unionsgrundrechte dann zu beachten, wenn sie Unionsrecht ausführen.[692] Praktische Konsequenz aus dem Vorrang des Unionsrechts ist die Verpflichtung der letztinstanzlichen mitgliedstaatlichen Gerichte, bei Zweifeln an der Vereinbarkeit einer nationalen Norm mit dem Unionsrecht sich im Wege des Vorabentscheidungsverfahrens nach Artikel 267 AEUV an den Gerichtshof zu wenden. Andernfalls würde der betreffende Mitgliedstaat Gefahr laufen, gegen unionsrechtliche Verpflichtungen zu verstoßen. Letzteres wiederum könnte seitens der Kommission im Wege des Vertragsverletzungsverfahrens geahndet werden. Nach dem Vertrag von Nizza war bislang Art. 10 EGV ein wesentlicher Hebel für die Begründung von Unterlassungspflichten. Aus der dort statuierten Pflicht zur Unionstreue beziehungsweise zur loyalen Zusammenarbeit waren zahlreiche einzelne Unterlassungsverpflichtungen abzuleiten.[693]

Nach dem nunmehr in Art. 4 Abs. 3 EUV verorteten und ausdrücklich auch als solchen bezeichneten Grundsatz der loyalen Zusammenarbeit besteht auch künftig die mitgliedstaatliche Pflicht zur Unterlassung aller Maßnahmen, die die Verwirklichung der Ziele der Union gefährden könnten.

bbb.) Untersagung des Zwangs in der EuGH-Rechtsprechung

In Zusammenhang mit der erwähnten Pflicht zur loyalen Zusammenarbeit gehört das Verbot, Verhaltensweisen Einzelner ordnungs- oder strafrechtlich zu verfolgen, wenn die zugrundeliegende Bestimmung des nationalen Rechts gegen das

---

691 *Steiner*, BB 2008, Special 4, S. 2 (4).

692 Vgl. *Jarass*, Charta der Grundrechte der Europäischen Union, Art. 51.

693 Dazu *Zuleeg*, in: v.d. Groeben/Schwarze (Hrsg.), Art. 10 EG, Rdnr. 10.

Unionsrecht verstößt.[694] Anschauliche Beispiele dafür, wie durch Unionsrecht mitgliedstaatliche Strafnormen zurückgedrängt und Zwangsmaßnahmen untersagt werden können, finden sich bereits in der frühen Rechtsprechung des Europäischen Gerichtshofes:

(1.) Das Urteil des EuGH in der Rs. 82/71 (SAIL)[695]

Hintergrund der Rs. „SAIL" war ein Strafverfahren vor dem Amtsgericht Bari, welches wegen des Verstoßes gegen ein italienisches Milchgesetz eingeleitet worden war. Das dem Verfahren zugrundeliegende Milchgesetz enthielt das Verbot der Milchlieferung an Gemeinden, in denen eine den Bedarf deckende gemeindeeigene Milchzentrale bestand. Im Rahmen einer Routinekontrolle stellten Beamte des Gesundheitsamtes fest, dass ein Angestellter der Firma *Società Agricola Industria Latte (SAIL)* verbotenerweise Milch aus einer anderen Gemeinde nach Bari geliefert hatte. Aufgrund Zweifeln an der Vereinbarkeit des Verbotsgesetzes mit den Vorschriften des EWG-Vertrages setzte das Amtsgericht Bari das gegen den Angestellten der *SAIL* eingeleitete Strafverfahren aus und legte die Frage dem EuGH zur Vorabentscheidung vor:

In seiner Entscheidung erklärte der EuGH, dass das in Rede stehende italienische Milchgesetz gegen die Verordnung Nr. 2622/69 verstoße und aufgrund einer Diskriminierung der Erzeuger unanwendbar sei. Im Rahmen des Verfahrens hatte die Italienische Republik noch erklärt, sie halte die dem Gerichtshof vorgelegten Fragen für unzulässig, „weil die unter Umständen vom Gerichtshof zu erteilenden Antworten Auswirkungen auf die Anwendung des Strafrechts eines Mitgliedstaates haben würden."[696]

Diesen Hinweis auf den souveränitätssensiblen Bereich des Strafrechts ließ der Gerichtshof allerdings nicht gelten und erklärte:

„Der allgemein gehaltene Art. 177 unterscheidet nicht danach, ob das innerstaatliche Verfahren, in dem der Vorabentscheidungsantrag gestellt worden ist, ein Strafverfahren oder ein anderes Verfahren ist."[697]

Demnach verdeutlicht die EuGH-Entscheidung in der Rechtssache „SAIL", dass Unionsrecht grundsätzlich auch eine auf nationalem Strafrecht beruhende Zwangsausübung untersagen kann.

694 So *v. Bogdandy*, in: Grabitz/Hilf (Hrsg.), Art. 10 EGV, Rdnr. 66.
695 EuGH, Rs. 82/71, Slg. 1972, S. 120 (SAIL).
696 EuGH, Rs. 82/71, Slg. 1972, S. 120, Rdnr. 5 (SAIL).
697 EuGH, Rs. 82/71, Slg. 1972, S. 120, Rdnr. 2 (SAIL).

(2.) Das Urteil des EuGH in der Rs. 269/80 (Tymen)[698]

Den Hintergrund der Rs. „Tymen" bildete ein Rechtsstreit über das in den Hoheitsgewässern des Vereinigten Königreichs 1979 bestehende Verbot des Fischfangs mit Netzen, deren Maschen eine festgelegte Mindestweite unterschritten.

Am 16. Oktober 1979 wurden bei der Kontrolle eines in der Fischereizone des Vereinigten Königreichs fischenden französischen Trawlers Netze aufgefunden, die wegen ihrer zu geringen Maschenweite gegen die *Fishing Nets Order 1979* verstießen. Daraufhin wurden die Netze beschlagnahmt und der Kapitän des Schiffes – der französische Staatsangehörige *Robert Tymen* – verhaftet. Gegen die sodann erfolgte Verurteilung zu einer Geldstrafe von 250 Pfund legte Herr *Tymen* Rechtsmittel ein, woraufhin sich der nun zuständige *Court of Appeal* im Wege der Vorabentscheidung an den Europäischen Gerichtshof wandte. Ziel dieser Anfrage war, über die Vereinbarkeit der britischen Regelung mit dem Gemeinschaftsrecht entscheiden zu können.

Unterdessen erklärte der Europäische Gerichtshof am 5. Mai 1981 in einem anderen Verfahren – dem Vertragsverletzungsverfahren in der Rs. 804/79 „Kommission/Vereinigtes Königreich" – die *Fishing Nets Order 1979* für gemeinschaftsrechtswidrig.

Unter Verweis auf das Urteil in der Rechtssache „Schonenberg"[699], dem ein ganz ähnlich gelagerter Sachverhalt zugrunde lag, erklärte der Gerichtshof in seinem Urteil vom 16. Dezember 1981 sodann, „dass eine strafrechtliche Verurteilung aufgrund einer nationalen Rechtsvorschrift, die für gemeinschaftsrechtswidrig erkannt worden ist, […] mit dem Gemeinschaftsrecht unvereinbar ist."[700] Der *Court of Appeal* hob daraufhin die in erster Instanz verhängte Geldstrafe auf.

Der Fall „Tymen" verdeutlicht somit, dass sogar die Vollstreckung einer bereits verhängten Strafe europarechtlich untersagt sein kann. Vor dem Hintergrund der Anwendung physischer Zwangsgewalt erscheint diese Wirkung insbesondere auch im Falle von Haftstrafen und Haftzeitenentschädigung von Bedeutung.

bb.) Die Verpflichtung zur Zwangsausübung aus Unionsrecht

Ebenso wie das Unionsrecht für bestimmte Lebenssachverhalte eine wie besehen negativ-untersagende Wirkung entfalten kann, kann es den Mitgliedstaaten in anderen Fällen in positiv-anordnender Wirkweise einen Zwangsanwendungsbefehl erteilen.

698 EuGH, Rs. 269/89, Slg. 1981, S. 3081 (Tymen).
699 EuGH, Rs. 88/77, Slg. 1978, I-473 (Schonenberg).
700 EuGH, Rs. 269/89, Slg. 1981, 3081, Rdnr. 16 (Tymen).

Diese Konstellation der Gewalthoheit kann indes für die Frage der Integrität des staatlichen Gewaltmonopols nicht minder bedeutsam sein. Wenn nämlich eine konkrete Zwangsmaßnahme unionsrechtlich veranlasst ist, so ist in diesem Fall der Ableitungszusammenhang zwischen der gegenüber dem Einzelnen angewendeten Maßnahme und dem jeweiligen nationalen Souverän unterbrochen. Da insoweit die nationale Staatsgewalt die Entscheidung einer übergeordneten Ebene billigen und umsetzen muss, ist die Gewalteinzigkeit als elementare Komponente des staatlichen Gewaltmonopols beeinträchtigt.[701] In diesem Zusammenhang ist daher zu Recht festgestellt worden, „dass die Gemeinschaft schon immer für den Gewalteinsatz Relevanz hatte“[702].

aaa.) Die Pflicht zum Zwang infolge Unionsrechtsnormen und unionsrechtlich determinierter nationaler Normen

Für die Mitgliedstaaten kann sich eine Verpflichtung zur Zwangsausübung sowohl aus unionalen Primär- und Sekundärrechtsnormen, wie auch aus deren Verbindung ergeben.

Insbesondere aus den Grundfreiheiten und dem in Art. 4 Abs. 3 EUV statuierten Grundsatz der loyalen Zusammenarbeit[703] resultieren umfangreiche Handlungspflichten.

Nicht minder bedeutsam sind die in der mittlerweile kaum noch überschaubaren Vielzahl von Sekundärrechtsakten verankerten Zwangsanwendungsbefehle. Diesbezüglich entstehen Obliegenheiten zur Zwangsanwendung im Regelfall erst mittelbar und – wie zu zeigen sein wird – aufgrund der vom Gerichtshof entwickelten komplexen Wirkweise des Unionsrechts.[704] Angesichts des umfangreichen Bestandes an Sekundärrechtsakten – so sind beispielsweise seit 1952 über 2.000 Richtlinien in Kraft getreten – erweist es sich allerdings als praktisch kaum

---

701 Im Sinne der Souveränität führt die Einzigkeit zur Zuweisung des Gewaltmonopols an den Staat, so *Schliesky*, S. 508.

702 So *v. Bogdandy*, Supranationaler Föderalismus als Wirklichkeit und Idee einer neuen Herrschaftsform, S. 35.

703 Art. 10 EGV des Nizza-Vertrages bzw. Art. 5 der Europäischen Wirtschaftsgemeinschaft.

704 Es existieren allerdings bereits auch Sekundärrechtsakte, die die Anwendung von Zwang ausdrücklich – etwa in Form der obligatorischen Ahndung eines Verhaltens als Straftat – vorschreiben. Vgl. die vielbeachteten, weil diesbezüglichen Pionierrichtlinien „2008/99/EG vom 19. November 2008 über den strafrechtlichen Schutz der Umwelt“ und „2009/123/EG vom 21. Oktober 2009 zur Änderung der Richtlinie 2005/35/EG über die Meeresverschmutzung durch Schiffe und die Einführung von Sanktionen für Verstöße“.

möglich, eine diesbezügliche Aussage hinsichtlich des quantitativen Umfangs der Verpflichtung zum Zwang zu treffen.[705] Im Übrigen ist ein großer Teil der durch das Sekundärrecht vermittelten europäischen Impulse durch Umsetzungsgesetze respektive Durchführungsbestimmungen dergestalt in den nationalen Normenbestand eingegangen, dass diese mit letzterem verschmolzen und schwerlich noch als Unionsrecht erkennbar sind. In diesen Fällen handelt es sich um unionsrechtlich determiniertes Recht und somit gegebenenfalls um europarechtlich veranlasste Zwangsausübung.[706]

Folglich ergeben sich aus dem Unionsrecht und insbesondere aus dem übergeordneten Grundsatz der Pflicht zur Wahrung der Unionstreue[707] zahlreiche und weitreichende Handlungsverpflichtungen der Mitgliedstaaten.

bbb.) Die Figur der *Implied powers* als Ausdruck einer ambivalenten Wegbereitung durch die Rechtsprechung des EuGH

Die Ausführungen zur Frage der Nichtzulässigkeit von Gewalt haben bereits verdeutlicht, dass entscheidende Impulse zur Integrationskonsolidierung und -vertiefung oftmals von der Rechtsprechung des Europäischen Gerichtshofes ausgegangen sind. Diese Wirksamkeitsbewertung lässt sich zunächst in gleichem Maße auch auf die Konstellation der Anordnung von Gewalt übertragen, die – wie besehen – nicht nur für das staatliche Gewaltmonopol, sondern auch für den unmittelbar betroffenen Einzelnen von ebenso praktischer wie grundlegender Bedeutung ist.

Dass aber der Gerichtshof die ihm eigene und oft kritisierte[708] dynamische Kompetenzrechtsprechung auch auf die politisch sensible Frage der Gewaltausübung übertragen hat,[709] ist vielfach als Zeichen mangelnder Rücksichtnahme auf

---

705 Vgl. *Hölscheidt*, DÖV 2009, S. 341 (342), der anhand konkreten Zahlenmaterials die aus der großen Menge des Unionsrechts resultierenden Schwierigkeiten bei dessen Durchsetzung in den Mitgliedstaaten beleuchtet.

706 Vgl. zum europarechtlich determinierten nationalen Recht *Hillgruber*, in: Schmidt-Bleibtreu/Hofmann/Hopfauf (Hrsg.), Grundgesetz, Art. 23, Rdnr. 36.

707 Art. 10 EGV.

708 Unter Nennung einiger exemplarischer Urteile wird der EuGH etwa von *Hopfauf* deutlich kritisiert: „Bisweilen schert er sich auch nicht viel um das Verfassungsrecht der Einzelstaaten und deren Verfassungsrechtsprechung“, in: Schmidt-Bleibtreu/Hofmann/Hopfauf (Hrsg.), Grundgesetz, Vorb. v. Art. 92, Rdnr. 58.

709 Kritisch etwa *Isensee*, DVBl 2009, S. 801; ferner *Folz*, ZIS 2009, S. 427; Verständnis für die Kritik am Umgang der Kommission und des EuGH mit Kompetenzfragen äußernd und diese in Einzelfällen teilend *Calliess*, ZEuS 2009, S. 559 (561).

mitgliedstaatliche Belange bewertet worden.[710] Die wegbereitende EuGH-Rechtsprechung ist deshalb als insoweit ambivalent zu bewerten, als diese zwar entscheidende Integrationsfortschritte einleiten konnte, zweifellos aber auch mitursächlich für die anhaltende Europaskepsis vieler Bürger und die wachsenden Kontrollbedürfnisse einiger nationaler Verfassungsgerichte ist.[711]

Ein in diesem Kontext besonders prominentes und in unmittelbarem Zusammenhang mit der Zwangsanwendung stehendes Beispiel firmiert ganz allgemein unter dem Stichwort der *„Implied powers"*.[712] Dieses Instrument dynamischer Kompetenzauslegung hatte bereits 1956 durch das Urteil in der Rs. „Fédéchar"[713] Eingang in die Spruchpraxis des Gerichtshofes gefunden. Aus der Anfangszeit der Wirtschaftszusammenarbeit stammend, wurden die *Implied powers* im Laufe der Integration kontinuierlich weiterentwickelt und schließlich – rund fünf Jahrzehnte später – in den Rs. „Umweltstrafrecht"[714] und „Meeresverschmutzung"[715] auf den politisch hochsensiblen Bereich der Zwangsanwendung erstreckt. Mit Inkrafttreten des Lissabon-Vertrages schließlich, wurde der sich seit den genannten Urteilen um die strafrechtliche Annexkompetenz rankende Streit durch die Regelung des Art. 83 Abs. 2 AEUV einer primärrechtlichen Entscheidung zugeführt.[716]

Der somit skizzierten, ganz erstaunlichen Entwicklung einer zunächst nur marktkompetentiellen Auslegungsregel hin zu „unionsstrafrechtlichen" Primärrechtsnormen, soll im Folgenden mit Blick auf die Möglichkeit unionsrechtlicher Zwangsanordnung nachgegangen werden.

---

710 Vgl. etwa *Folz*: „Es ist dem Gerichtshof bisher nicht gelungen, ein allgemeines Auslegungsprinzip zu entwickeln, das Rücksicht auf die Handlungsfähigkeit der Mitgliedstaaten genommen oder ihre nationale Identität geschützt hätte", ZIS 2009, S. 427 (428).

711 In diesem Zusammenhang ist unzweifelhaft die Entscheidung BVerfG, 2 BvE 2/08 vom 30.06.2009 (Lissabon) zu sehen. Zwar wird vertreten, dass das BVerfG darin eine Sonderrolle einnehme, dennoch „teilen auch andere Gerichte, namentlich in Frankreich, Tschechien und Polen die Sorge um die Beschränkung der nationalen Souveränität und den Erhalt des Wesenskerns der Verfassung", so *Weber*, JZ 2010, S. 157 (208).

712 Vgl. zum Begriff einführend *Bergmann*, in: Ders. (Hrsg.), Handlexikon der Europäischen Union, Stichwort „Implied powers", S. 501 f.

713 EuGH, Rs. 8/55, Slg. 1956, S. 312 (Fédéchar).

714 EuGH, Rs. C-176/03, Slg. 2005, S. I-7859 (Umweltstrafrecht).

715 EuGH, Rs. C-440/05, Slg. 2007, S. I-0000 (Meeresverschmutzung).

716 So bereits *Calliess*, ZEuS 2008, S. 3 (36).

(1.) Das Urteil des EuGH in der Rs. 8/55 (Fédéchar)

Anlass dieses aus der Frühzeit der Integration stammenden Verfahrens war ein Streit zwischen dem Verband der belgischen Kohlenwirtschaft, der *Fédération Charbonnière de Belgique (Fédéchar)*, und der Hohen Behörde für Kohle und Stahl über die hoheitliche Festsetzung der Kohlenpreise. In seinem Urteil wies der Gerichtshof die von der *Fédéchar* erhobene Klage ab und erklärte die durch die Hohe Behörde festgelegte und streitgegenständlich gewordene Herabsetzung der Kohlenpreise für rechtmäßig.

Unter Berufung auf ähnliche, im nationalen Recht sowie im Völkerrecht existierende Auslegungsregeln erklärte der EuGH in seiner Begründung, dass „die Vorschriften eines völkerrechtlichen Vertrages oder eines Gesetzes zugleich diejenigen Vorschriften beinhalten, bei deren Fehlen sie sinnlos wären oder nicht in vernünftiger und zweckmäßiger Weise zur Anwendung gelangen könnten."[717]

Tatsächlich beschrieb der EuGH damit eine Auslegungsregel, die der im deutschen Recht bekannten Annexkompetenz ähnelt.[718] Ähnlich den *Implied powers* kennzeichnet sich eine Annexkompetenz nämlich dadurch, dass der Bund nicht in einen anderen, ihm an sich nicht zustehenden Sachbereich übergreift, sondern – eben als Annex seiner Zuständigkeitsmaterie – bestimmte, grundsätzlich in den Bereich der Länderkompetenzen fallende Fragenkomplexe mitregelt.[719] Die bundesdeutsche Annexkompetenz wird deshalb – im Gegensatz zu der in die Breite wirkenden Kompetenz kraft Sachzusammenhanges – auch als Kompetenz in die Tiefe bezeichnet.[720] In diesem Zusammenhang ist allerdings von Bedeutung, dass es sich bei der Annexkompetenz, der Kompetenz kraft Sachzusammenhanges und der praktisch weniger bedeutsamen Kompetenz kraft Natur der Sache sämtlich um ungeschriebene Gesetzgebungskompetenzen handelt. Aufgrund dieser Genese stellen die ungeschriebenen Kompetenzen in der Systematik der grundgesetzlichen Kompetenzordnung, welche sich seit der „Föderalismusreform I" aus 2006 in ausschließliche und konkurrierende Zuständigkeiten gliedert, Ausnahmefälle dar, die als solche eng auszulegen und im Einzelfall stets kritisch zu hinterfragen sind.

Da auch den vom EuGH angewendeten *Implied powers* dieser Charakter einer Ausnahme in einem System ansonsten ausdrücklich geregelter Zuständigkeiten anhaftete, sahen sich diese, als sie in ständiger Rechtsprechung des EuGH

---

717 EuGH, Rs. 8/55, Slg. 1956, S. 307, Leitsatz 1 (Fédéchar).

718 *Nicolaysen*, EuR 1966, S. 129 (131).

719 *Maurer*, § 10 Rdnr. 29, S. 295 f.

720 So, aber mit Blick auf diese Bezeichnung als Kompetenz „in die Tiefe" kritisch *Maurer*, § 10 Rdnr. 29, S. 296.

bestätigt und konkretisiert wurden,[721] ebenso beständiger wie deutlicher Kritik ausgesetzt. Die vom Gerichtshof angeführte innere Logik, wonach sich ungeschriebene Kompetenzen aus geschriebenen ableiten ließen, sei – zumal vor dem Hintergrund des in Art. 5 Abs. 1 EUV statuierten Elementargrundsatzes der begrenzten Einzelermächtigung – gerade kein kompetenzrechtliches Argument. Da nämlich in der Realität alles mit allem zusammenhänge, neige die kompetentiell noch nicht gesättigte Union dazu, „dort, wo ihr der Vertragstext den kleinen Finger reiche, die ganze Hand nachzuziehen."[722]

Auch das Bundesverfassungsgericht hat in seiner vielzitierten Maastricht-Entscheidung[723] durchgreifende Bedenken gegenüber der Doktrin von den *Implied powers* geäußert. Mögliche Grenzen der weiteren dynamischen Entwicklung des Gemeinschaftsrechts andeutend, führte es seinerzeit aus: „[...] so wird in Zukunft bei der Auslegung von Befugnisnormen durch Organe und Einrichtungen der Gemeinschaften zu beachten sein, dass der Unionsvertrag grundsätzlich zwischen der Wahrnehmung einer begrenzt eingeräumten Hoheitsbefugnis und der Vertragsänderung unterscheidet, seine Auslegung deshalb in ihrem Ergebnis nicht einer Vertragserweiterung gleichkommen darf; eine solche Auslegung von Befugnisnormen würde für Deutschland keine Bindungswirkung entfalten.[724]

Die Bedenken des Bundesverfassungsgerichts fußten demnach auf der Befürchtung einer zu geringen Beachtung des Prinzips der begrenzten Einzelermächtigung und einer möglicherweise zu großzügigen Interpretation der Unions-Kompetenzen.[725]

Die Implikationen der Maastricht-Entscheidung wurden indes in der Wissenschaft auf sehr unterschiedliche Art und Weise bewertet. So wurde das Urteil mitunter als missverständlich und dogmatisch verfehlt kritisiert,[726] teils aber auch als berechtigte Wahrung mitgliedstaatlicher Kompetenzen oder gar als Argument für eine EU-Fundamentalkritik angesehen. Festzuhalten ist jedenfalls, dass das Bundesverfassungsgericht seine Kritik aus der Maastricht-Entscheidung bislang

---

721 Vgl. etwa EuGH Rs. 20/59, Slg. 1960, S. 681 (708) – Italien/Hohe Behörde; EuGH RS. 22/70, Slg. 1971, S. 263, 275 (AETR).

722 So kritisch gegenüber den „Kompetenzen zur Kompetenzerweiterung", *Isensee*, DVBl 2009, S. 801 (803 f.); vgl. ebenso die noch grundsätzlichere und vielbeachtete Kritik am EuGH von *Herzog/Gerken*, Stoppt den Europäischen Gerichtshof, in: F.A.Z. vom 8. September 2008, Nr. 210, S. 8.

723 BVerfGE 89, S. 155 (Maastricht).

724 BVerfGE 89, S. 155, 210 (Maastricht).

725 *Bergmann*, in: Ders. (Hrsg.), Handlexikon der Europäischen Union, Stichwort „Implied powers", S. 501 f.

726 *Tomuschat*, EuGRZ 1993, S. 489 (494), *Calliess*, ZEuS 2008, S. 3 (8).

weder in weiteren Urteilen aufgenommen, noch konkretisiert oder bestätigt hat.[727] Mit Blick auf die in der Lissabon-Entscheidung[728] vorgenommene partielle Relativierung der *ultra-vires*-Kontrolle[729] erscheint es nach alledem als vorzugswürdig, die Kritik des Maastricht-Urteils an den *Implied powers* als eine frühzeitige und „rechtsdiplomatische" Mahnung zur unionalen Rücksichtnahme auf die Souveränität der Mitgliedstaaten zu interpretieren.

Dass solche Mahnungen und prüfenden Blicke nicht gänzlich unberechtigt oder aus der Luft gegriffen sind, zeigt mit Blick auf das Gewaltmonopol die jüngere Rechtsprechung des EuGH. Während letzterer die Doktrin von den *Implied powers* im weiteren Integrationsverlauf vor allem zur Begründung von Außenkompetenzen herangezogen hatte,[730] ergingen zuletzt auch die bereits erwähnten hoch bedeutsamen Entscheidungen mit Bezug zu der äußerst souveränitätsintensiven Materie des Strafrechts.[731] Dies sind vor allem die aufsehenerregenden EuGH-Urteile in den Rechtssachen „Umweltstrafrecht"[732] und „Meeresverschmutzung"[733]. Beiden Entscheidungen war zunächst gemeinsam, dass sie sich dem Grunde nach scheinbar lediglich um das mit dem Lissabon-Vertrag abgeschaffte Kompetenzverhältnis zwischen dem EGV als supranationaler erster EU-Säule einerseits, und der PJZS als intergouvernementaler dritter EU-Säule andererseits zu ranken schienen.

(2.) Das Urteil des EuGH in der Rs. C-176/03 (Umweltstrafrecht)

Verfahrensgegenständlicher Ausgangspunkt der Rs. C-176/03 war der vom Rat im Jahr 2003 verabschiedete „Rahmenbeschluss Umweltstrafrecht"[734]. Die Kommission, die sich zuvor vergeblich um die Regelung der Materie in Form einer Richtlinie bemüht hatte, erhob vor dem EuGH aufgrund kompetenzrechtlicher Zweifel Nichtigkeitsklage.

---

727 *Calliess*, ZEuS 2008, S. 3 (8).

728 BVerfG, 2 BvE 2/08 vom 30.06.2009 (Lissabon).

729 Demnach steht allein dem BVerfG eine *ultra-vires*-Kontrollkompetenz zu, vgl. dazu ausführlich *Calliess*, ZEuS 2009, S. 559 (566 f.).

730 So *Bergmann*, in: Ders. (Hrsg.), Handlexikon der Europäischen Union, Stichwort „Implied powers", S. 501 f.; aus der Rechtsprechung vgl. etwa EuGH, Rs. 22/70, Slg. 1971, S. 242 (AETR).

731 Vgl. dazu *Calliess*, ZEuS 2008, S. 3 (23 ff.); *Suhr*, ZEuS 2008, S. 45 (57 ff.).

732 EuGH, Rs. C-176/03, Slg. 2005, S. I-7859 (Umweltstrafrecht).

733 EuGH, Rs. C-440/05, Slg. 2007, S. I-0000 (Meeresverschmutzung).

734 Rahmenbeschluss 2003/80/JI über den Schutz der Umwelt durch das Strafrecht.

Im Ergebnis hatte das Vorgehen der Kommission Erfolg, da der Gerichtshof einen Verstoß gegen Art. 47 EUV a.F. annahm.[735] Zwar fiele „das Strafrecht ebenso wie das Strafprozessrecht grundsätzlich nicht in die Zuständigkeit der Gemeinschaft", doch könne – so der EuGH – „dies den Gemeinschaftsgesetzgeber [...] nicht daran hindern, Maßnahmen in Bezug auf das Strafrecht der Mitgliedstaaten zu ergreifen, die seiner Meinung nach erforderlich sind, um die volle Wirksamkeit der von ihm zum Schutz der Umwelt erlassenen Rechtsnormen zu gewährleisten, wenn die Anwendung wirksamer, verhältnismäßiger und abschreckender Sanktionen durch die zuständigen nationalen Behörden eine zur Bekämpfung schwerer Beeinträchtigungen der Umwelt unerlässliche Maßnahme darstellt."[736]

Damit hatte der EuGH – über die Begründung einer strafrechtlichen Anweisungs- beziehungsweise Annexkompetenz – erstmals eine Rechtsetzungskompetenz für das materielle Strafrecht auch im supranationalen Bereich festgestellt.[737] Vor dem Hintergrund der ständigen Rechtsprechung seit der „Fédéchar"-Entscheidung von 1956 erscheint dieses Ergebnis zunächst als folgerichtig und dogmatisch nur konsequent.[738]

Gleichwohl ist der an der „Umweltstrafrecht"-Entscheidung geübten Kritik zuzugeben, dass es sich dabei im Ergebnis nicht bloß um die Übertragung einer ständigen Auslegungsregel auf einen weiteren Politikbereich handelt.[739] Da sich nämlich das Strafrecht von anderen Materien durch seinen ganz besonderen Souveränitätsbezug entscheidend absetzt, hätte der Gerichtshof möglicherweise jene Fern- und Folgewirkungen stärker in den Blick nehmen und erörtern müssen, die von der Begründung einer strafrechtlichen Gemeinschaftskompetenz ausgehen könnten. Indem aber der EuGH das Strafrecht im Wesentlichen wie jeden anderen Politikbereich behandelte, rührte er nicht nur ganz allgemein am Verhältnis zwischen Union und Mitgliedstaaten, sondern auch konkret an der Integrität des vorliegend gegenständlichen tradierten Gewaltmonopols der Staaten. Vor dem Hintergrund des Urteilswortlautes erscheint es daher durchaus berechtigt festzustellen, dass der EuGH zwar auch grundsätzlich keinen strafrechtlichen

---

735 Art. 47 EUV der Nizza-Fassung regelte das Kompetenzverhältnis zwischen ehemaliger erster und dritter EU-Säule.

736 EuGH Rs. C-176/03, Slg. 2005, S. I-7859, Leitsatz 2, Rdnr. 48 (Umweltstrafrecht).

737 *Suhr*, ZEuS 2008, S. 45 (57).

738 So *Calliess*, ZEuS 2008, S. 1 (27 ff.).

739 Vgl. etwa *Zimmermann*, der insbesondere die *ultima-ratio*-Funktion des Strafrechts in Gefahr sieht, ZRP 2009, S. 74 (75 f.)

Schonungsgrundsatz kenne, dass dies aber nirgendwo deutlicher werde als im Urteil zur Nichtigerklärung des Rahmenbeschlusses zum Umweltstrafrecht.[740]

(3.) Das Urteil des EuGH in der Rs. C-440/05 (Meeresverschmutzung)

Der Rs. C-440/05 lag ebenfalls ein zwischen Kommission und Rat bestehender kompetenzrechtlicher Streit über die Zulässigkeit eines Rahmenbeschlusses zugrunde.

Konkret betroffen war der „Rahmenbeschluss über die Meeresverschmutzung durch Schiffe“[741], den die Kommission vor dem EuGH mit einer Nichtigkeitsklage angriff. Wie schon im Verfahren zum Rahmenbeschluss Umweltstrafrecht hielt der EuGH das Vorbringen der Kommission für begründet und erklärte den streitigen Rahmenbeschluss wegen Verstoßes gegen Art. 47 EUV a.F. für nichtig. In seinem Urteil bestätigte der EuGH die grundsätzliche Zulässigkeit der *Implied powers* auch im Bereich des Strafrechts. Gleichzeitig ergänzte der EuGH unter Bestätigung seiner früheren Rechtsprechung, dass es die strafrechtliche Annexkompetenz gleichwohl nicht zulasse, die anzuwendenden strafrechtlichen Maßnahmen *en détail* festzulegen:

„Die Bestimmung von Art und Maß der anzuwendenden strafrechtlichen Sanktionen fällt dagegen, anders als die Kommission meint, nicht in die Zuständigkeit der Gemeinschaft.“[742]

Ungeachtet dieser Einschränkung bleibt hinsichtlich des Einflusses der einen Unterfall der *Implied powers* bildenden strafrechtlichen Annexkompetenz festzuhalten, dass diese Rechtsfigur für die Frage der Integrität des staatlichen Gewaltmonopols von weitreichender Bedeutung ist. Mittels dieses – zunächst auf Richterrecht fußenden – Instrumentes kann die Union den Mitgliedstaaten aufgeben, ein bestimmtes Verhalten ihrer Bürger strafrechtlich zu ahnden und insofern „ein mit staatlicher Autorität versehenes sozialethisches Unwerturteil über die […] pönalisierte Handlungsweise“[743] auszusprechen. Auch wenn die Mitgliedstaaten über Art und Umfang der Zwangsmaßnahmen entscheiden können, wird durch die Doktrin der *Implied powers* die Entscheidungsfreiheit über das „Ob“ der Zwangsanwendung im Einzelfall eingeschränkt. Dies mag zunächst, etwa mit Blick auf die Strafanweisung für schwerwiegende

740 So *Folz*, ZIS 2009, S. 427 (428).

741 Rahmenbeschluss 2005/667/JI vom 12. Juli 2005 zur Verstärkung des strafrechtlichen Rahmens zur Bekämpfung der Verschmutzung durch Schiffe (ABl. L 255, S. 264).

742 EuGH, Rs. C-440/05, Slg. 2007, S. I-0000, Rdnr. 70 (Meeresverschmutzung).

743 BVerfG, 2 BvE 2/08 vom 30.06.2009, Rdnr. 355 (Lissabon).

Meeresverschmutzungen, praktisch irrelevant und wenig bedeutsam erscheinen. Anders gestaltet sich die Situation jedoch, wenn in Erinnerung gerufen wird, dass die Gemeinschaft nunmehr grundsätzlich – wenn auch in den Grenzen des Subsidiaritätsprinzips – für jede ihr ausdrücklich verliehene Kompetenz strafrechtliche Bewehrungen vorsehen kann. Ob eine Sanktionsvorschrift im Einzelfall zur Gewährleistung der vollen Wirksamkeit einer Rechtsnorm erforderlich ist, hat aber im Streitfall der EuGH selbst festzustellen.

Insoweit haben die EuGH-Entscheidungen in den Rs. „Umweltstrafrecht“ und „Meeresverschmutzung“ die zunächst unbedeutsam erscheinende judikativ-theoretische Grundlage dafür geschaffen, den Mitgliedstaaten die Entscheidungsfreiheit hinsichtlich des „Ob“ der Zwangsausübung für bestimmte Fälle zu entziehen.[744]

(4.) Festigung der Rechtsprechung durch Sekundär- und Primärrecht

Erwartungsgemäß nutzte der europäische Gesetzgeber die mit den Entscheidungen in den Rs. „Umweltstrafrecht“ und „Meeresverschmutzung“ bestehenden Vorlagen und goss den Inhalt der verworfenen Rahmenbeschlüsse unter Gebrauch der strafrechtlichen Anordnungskompetenz alsbald in Richtlinienform. Unter Beteiligung der Verbände[745] und großer medialer Beachtung wurden am 19. November 2008 die Umweltstrafrechtsrichtlinie[746] und am 21. Oktober 2009 die Meeresverschmutzungsrichtlinie[747] verabschiedet. Diese enthalten mit Blick auf besonders umweltschädliche Verhaltensweisen eine grundsätzliche Anordnung zur strafrechtlichen Ahndung durch die Mitgliedstaaten. So bestimmt der mit „Straftaten“ überschriebene Art. 3 der Umweltstrafrechtsrichtlinie, dass beispielsweise die massive Luft-, Boden- oder Wasserverschmutzung, der Handel und Verkehr mit gefährlichen Abfällen oder die Gefährdung geschützter Tier- und Pflanzenarten stets als Straftaten anzusehen sind. In ähnlicher Weise normieren Art. 4 und 5 der geänderten Meeresverschmutzungsrichtlinie die grundsätzliche Strafrechtsrelevanz der Schadstoffeinleitung durch

---

744 Daher kritisch zu diesen Urteilen und den damit verbundenen Implikationen *Zimmermann*, ZRP 2009, S. 74.

745 Vgl. etwa BRAK-Stellungnahme-Nr. 33/2007 zum Vorschlag für eine Richtlinie des Europäischen Parlaments und des Rates über den strafrechtlichen Schutz der Umwelt (KOM[2007]51 endgültig).

746 Richtlinie 2008/99/EG vom 19. November 2008 über den strafrechtlichen Schutz der Umwelt (ABl. L 328/28 vom 6. Dezember 2008).

747 Richtlinie 2009/123/EG vom 21. Oktober 2009 zur Änderung der Richtlinie 2005/35/EG über die Meeresverschmutzung durch Schiffe und die Einführung von Sanktionen für Verstöße (ABl. L 280/52 vom 27. Oktober 2009).

Schiffe in Gewässer. Konkrete Folge dieser Richtlinien ist damit eine Teilharmonisierung des (Umwelt-)Strafrechts.

Mit Blick auf die Integrität des staatlichen Gewaltmonopols erscheint diese Legislativtätigkeit in zweifacher Hinsicht als bemerkenswert: Zum einen nämlich wird die „fundamentale Neuerung“[748] der strafrechtlichen Anordnungskompetenz erstmalig vom europäischen Gesetzgeber in die Rechtswirklichkeit übertragen. Zum anderen stellt bereits die bloße Existenz jener Richtlinien ein integrationsrechtliches Novum dar, dem über den Bereich des Umweltschutzes hinaus eine Vorbildfunktion zukommen dürfte.[749] Noch bis vor wenigen Jahren war es nämlich nicht abzusehen, „dass überhaupt einmal Richtlinien mit strafrechtlichen Inhalt ergehen würden.“[750] Indem also die Mitgliedstaaten sekundärrechtlich in ihrer Entscheidungsfreiheit eingeschränkt werden, ob sie in ihren Strafrechtsordnungen die aufgezählten Verhaltensweisen als relevant bewerten, ist die Frage des „Ob“ der Zwangsanwendung betroffen.

Fraglich ist, welche Intensität dieser Eingriff in das staatliche Gewaltmonopol hat. In diesem Zusammenhang ließe sich, freilich nur wenig überzeugend, argumentieren, dass deshalb ein minder schwerer Eingriff vorläge, weil – wie vom EuGH entschieden – den Mitgliedstaaten noch die Festlegung von Art und Maß der zu verhängenden Strafe verbleibt. Doch allein die Tatsache, *dass* ein bestimmtes Verhalten zwingend als Straftat zu würdigen und insoweit ein „mit staatlicher Autorität versehenes sozialethisches Unwerturteil“[751] obligatorisch auszusprechen ist, manifestiert für sich besehen einen signifikanten Eingriff in den rechtlichen und rechtspolitischen Gestaltungsspielraum der Mitgliedstaaten. Letzterer ist aber gerade für das Gewaltmonopol von elementarer Bedeutung. Dies hatte das BVerfG zuletzt mit Blick auf die entwickelte Identitätskontrolle explizit im „Lissabon“-Urteil[752] erklärt.[753]

Als mögliches Argument für die Abmilderung des Eingriffs in das staatliche Gewaltmonopol könnte jedoch weiterhin angeführt werden, dass sowohl nach der Umweltstrafrechts- als auch der Meeresverschmutzungsrichtlinie Ausnahmen von

---

748 *Zimmermann*, ZRP 2009, S. 74 (77).

749 So BRAK-Stellungnahme-Nr. 33/2007 zum Vorschlag für eine Richtlinie des Europäischen Parlaments und des Rates über den strafrechtlichen Schutz der Umwelt (KOM[2007]51 endgültig), S. 3.

750 *Zimmermann*, ZRP 2009, S. 74 (75).

751 BVerfG, 2 BvE 2/08 vom 30.06.2009, Rdnr. 355 (Lissabon).

752 BVerfG, 2 BvE 2/08 vom 30.06.2009 (Lissabon).

753 Vgl. eingehend zu dieser neuen Form des Kontrollvorbehalts und möglichen künftigen Implikationen *Calliess*, ZEuS 2009, S. 559 (569 ff.).

der Strafverhängung gegenüber dem Einzelnen zulässig sind. So ist diesbezüglich der Umweltstrafrechtsrichtlinie zu entnehmen:

„Durch diese Richtlinie wird keine Verpflichtung geschaffen, diese Sanktionen oder andere Zwangsmaßnahmen im Einzelfall anzuwenden."[754]

Hierdurch wird den Mitgliedstaaten die Option eingeräumt, durch die Ausgestaltung ihres Prozessrechts (etwa Heranziehung des Opportunitätsprinzips) und materiellen Rechts (etwa fakultatives Absehen von Strafe in minder schweren Fällen) der Kriminalisierungspflicht zu entgehen.[755] Zwar vermögen diese Ausnahmebestimmungen die Wirksamkeit der Richtlinien im Einzelfall zu beeinträchtigen. Dennoch stellt die in Form einer Richtlinie verankerte Anordnung strafrechtlicher Sanktionen für sich genommen einen rechtlich revolutionären und mit Blick auf das Gewaltmonopol höchst einschneidenden Vorgang dar. Das insoweit entstehende Spannungsverhältnis zwischen Integration einerseits und mitgliedstaatlicher Souveränität andererseits verdeutlicht sich insbesondere auch im „Lissabon"-Urteil. Im Kontext von Gewaltmonopol und Strafrechtspflege hat das BVerfG darin ausgeführt:

„Die Pönalisierung sozialen Verhaltens ist aber nur eingeschränkt aus europaweit geteilten Werten und sittlichen Prämissen normativ ableitbar. Die Entscheidung über strafwürdiges Verhalten, über den Rang von Rechtsgütern und den Sinn und das Maß der Strafandrohung ist vielmehr in besonderem Maße dem demokratischen Entscheidungsprozess überantwortet. Eine Übertragung von Hoheitsrechten über die intergouvernementale Zusammenarbeit hinaus darf in diesem grundrechtsbedeutsamen Bereich nur für grenzüberschreitende Sachverhalte unter restriktiven Voraussetzungen zu einer Harmonisierung führen; dabei müssen grundsätzliche substantielle mitgliedstaatliche Handlungsfreiräume erhalten bleiben."[756]

Indem aber den Mitgliedstaaten der Union die Pönalisierung bestimmter Verhaltensweisen aufgegeben wird, werden sie in ihrer Entscheidungsfreiheit hinsichtlich des „Ob" der Zwangsanwendung eingeschränkt. In dieser Relativierung des staatlichen Gewaltmonopols manifestiert sich ein weiterer qualitativer Sprung der Regelungsinhalte unionsrechtlicher Umweltrichtlinien und der Integration

---

754 Richtlinie 2008/99/EG, Erwägungsgrund Nr. 10, S. 2; die Richtlinie 2009/123/EG sieht in ihrem Erwägungsgrund Nr. 8, S. 2 eine ganz ähnliche Möglichkeit der Einzelfallausnahme vor: „Die vorliegende Richtlinie sollte keine Verpflichtung schaffen, diese Sanktionen oder andere Instrumente der Strafverfolgung im Einzelfall anzuwenden."

755 *Zimmermann*, ZRP 2009, S. 74 (77).

756 BVerfG, 2 BvE 2/08 vom 30.06.2009, Rdnr. 253 (Lissabon).

insgesamt. Während es noch im Kontext des Maastricht-Vertrages als innovativ galt, durch Umweltrichtlinien die Verleihung von Individualrechten und die Schaffung von Schadensersatzmöglichkeiten vorzusehen,[757] hat die strafrechtliche Anordnungskompetenz im Vertrag von Lissabon nunmehr auch einen primärrechtlichen Niederschlag gefunden. Die in Art. 83 Abs. 2 AEUV erfolgte Aufnahme der strafrechtlichen Anweisungskompetenz in das unionale Primärrecht scheint nach allem zu bestätigen, dass die schrittweise Erweiterung der supranationalen Kompetenzen und der damit einhergehende Verlust nationaler Kompetenzen von Anfang an im Wesen des Integrationsprozesses angelegt waren. Da allerdings mit Art. 83 Abs. 3 AEUV auch ein insoweit gegenläufiger Notbremsemechanismus eingeführt wurde und sich zudem das Bundesverfassungsgericht eine Identitätskontrolle vorbehalten hat, bleibt abzuwarten, inwieweit künftig zumindest ein europäischer Flickenteppich von Strafanweisungen entstehen könnte.

ccc.) Etablierung eines einheitlichen europäischen Strafrechts

Aus den Ausführungen zu den Implikationen der *Implied powers* im Bereich des Strafrechts wurde ersichtlich, dass die aus nationaler Sicht einschneidendste Form, mit der die Europäische Union die Frage des „Ob“ der Zwangsanwendung regeln könnte, die Schaffung eines einheitlichen europäischen Strafrechts wäre. Letzteres dürfte jedoch bereits aufgrund des Lissabon-Urteils als juristisch nahezu ausgeschlossen gelten. Angesichts der nach wie vor bestehenden Pluralität der europäischen Gesellschaftsordnungen und Wertevorstellungen, dürfte sich ein Europäisches Strafgesetzbuch zudem auch politisch nur sehr schwer durchsetzen lassen.

Dennoch zeigen einzelne Entwicklungen, wie etwa die strafrechtliche Bewehrung von Richtlinien,[758] dass sich auch das Strafrecht nicht der Dynamik des Europarechts zu entziehen vermag.[759] Ferner ist es unbestritten, dass der Anteil der im nationalen Normenbestand mittelbar durch Europarecht begründeten Strafvorschriften kontinuierlich anwächst.[760]

757 Vgl. dazu etwa *Zuleeg*, NJW 1993, S. 31 (36 ff.).

758 Vgl. die auch in dieser Arbeit behandelten Richtlinien „2008/99/EG vom 19. November 2008 über den strafrechtlichen Schutz der Umwelt“ und „2009/123/EG vom 21. Oktober 2009 zur Änderung der Richtlinie 2005/35/EG über die Meeresverschmutzung durch Schiffe und die Einführung von Sanktionen für Verstöße“; zu den genannten Richtlinien kritisch Stellung nehmend *Zimmermann*, ZRP 2009, S. 74.

759 Dazu *Beukelmann*, NJW 2010, S. 2081.

760 So etwa *Beukelmann*, NJW 2010, S. 2081 (2086).

In Anbetracht der Tatsache aber, dass das Strafrecht zum Kernbereich der staatlichen Souveränität zählt – das Bundesverfassungsgericht sprach insoweit anschaulich von „der schärfsten der Gesellschaft zu Gebote stehenden Waffe“[761] – wurden das Strafrecht potentiell betreffende Entwicklungen stets mit besonders misstrauischen Blicken verfolgt. Unverkennbar war und ist dabei das bei den Mitgliedstaaten ungeachtet aller Integrationsbereitschaft bestehende Bemühen, Einbrüche in das „Reservat des Kriminalstrafrechts“ nach Möglichkeit zu unterbinden.[762]

Solche Einbrüche sind allerdings – wie beschrieben – längst erfolgt. Da bereits teilweise die Entscheidung über das „Ob“ der Zwangsanwendung auf die Union übertragen wurde, stellt sich die Frage, ob hierdurch nicht bereits insgesamt die Integrationsschleuse zum Strafrecht geöffnet wurde und von nun an entsprechende Kompetenzen sukzessiv vom Sog des Europarechts erfasst werden.

Vor dem Hintergrund dieser Fragen sah sich der Rechtsausschuss des Deutschen Bundestages im Rahmen der Ratifikationsdebatte zum Lissabon-Vertrag veranlasst, in seinem Unterausschuss Europarecht am 28. November 2007 ein Expertengespräch zu der Frage „Entsteht ein einheitliches europäisches Strafrecht?“ durchzuführen.[763] Hierdurch sollte zum einen rückblickend geklärt werden, inwieweit die bislang erfolgte Integration zu einer Europäisierung auch des Strafrechts geführt hat. Zum anderen sollte in einer Vorausschau die Frage beantwortet werden, ob gegebenenfalls der Lissabon-Vertrag zu einer weiteren Vereinheitlichung im Sinne eines europäischen Strafgesetzbuches führen könnte.[764]

Das von den acht geladenen Sachverständigen gezogene Fazit fiel – wie erwartet – sehr unterschiedlich aus.[765] Mehrheitlich fanden der in der Vergangenheit eingeschlagene Integrationskurs, die das Strafrecht betreffende EuGH-Rechtsprechung sowie die seinerzeit durch den Lissabon-Vertrag geplanten Neuerungen

---

761 BVerfGE 32, 98, Rdnr. 109 (Unterlassene Hilfeleistung).

762 *Streinz* in FS Merten, S. 395 (406).

763 23. Sitzung des Unterausschusses Europarecht am 28. November 2007. Tagesordnung: Öffentliches Expertengespräch zu der Frage: Entsteht ein einheitliches europäisches Strafrecht?.

764 Zur Zielsetzung des Expertengesprächs und zu den einzelnen den Sachverständigen vorab gestellten Fragen vgl. ZEuS 2008, S. 1.

765 Als Sachverständige waren geladen: *Peter-Alexis Albrecht* (Universität Frankfurt am Main), *Martin Böse* (Universität Bonn), *Christian Calliess* (Universität Göttingen), *Juliane Kokott* (Generalanwältin am EuGH), *Helmut Satzger* (LMU München), *Bernd Schünemann* (LMU München), *Oliver Suhr* (Staatskanzlei des Saarlandes) und *Helge Elisabeth Zeidler* (Europäische Kommission).

Zustimmung.[766] Gleichwohl wurde auch die Ansicht vertreten, dass sich das Strafrecht in seiner *ultima ratio*-Funktion gerade nicht als Gegenstand einer Annexkompetenz eigne und der Deutsche Bundestag im Rahmen des Ratifikationsverfahrens nicht seiner eigenen Entmachtung zustimmen dürfe.[767]

Einigkeit bestand in der Expertenrunde jedoch dahingehend, dass gegenwärtig nicht von einem einheitlichen europäischen Strafrecht gesprochen werden könne und auch mittelfristig nicht mit der Kodifikation eines europäischen Strafgesetzbuches zu rechnen sei. Als gleichermaßen konsentiert galt aber auch, dass das Strafrecht stärker in den Fokus des Gemeinschaftsrechts gerückt ist und dass diese Entwicklung mit dem Vertrag von Lissabon vermutlich anhalten wird. Beschrieben wurde der *status quo* als „Flickenteppich strafrechtlicher Regelungen"[768], als „Europäisierung des Strafrechts"[769] und als „fragmentarisches Strafrecht".

Doch nicht allein in der parlamentarischen und wissenschaftlichen Auseinandersetzung hat das Thema der Strafrechtsharmonisierung eine bedeutende Rolle gespielt. Im Rahmen der intensiven medialen Begleitung konnte auch die Öffentlichkeit kritisch an diesem Prozess teilhaben. Folglich verwunderte es nicht, dass sich auch das Bundesverfassungsgericht in seinem Urteil zum Lissabon-Vertrag intensiv mit dieser Thematik befasste.

In seiner Entscheidung vom 30. Juni 2009 hat das Verfassungsgericht eine gegenüber der sukzessiven Europäisierung des Strafrechts sehr kritische Position eingenommen. Danach seien die im Vertrag von Lissabon in den Art. 82 ff. AEUV enthaltenen Vorschriften über Straf- und Strafverfahrensnormen „strikt – keinesfalls extensiv – auszulegen und ihre Nutzung bedarf besonderer Rechtfertigung".[770]

Nur eine solche enge Auslegung beseitige die Gefahr drohender Uferlosigkeit in bereits harmonisierten Politikbereichen, insbesondere durch die wie oben thematisierte Annexzuständigkeit. In Bezug auf die dynamische Weiterentwicklung setzt das Bundesverfassungsgericht die Anwendung von Art. 83 Abs. 1 UAbs. 3 AEUV mit einer nach Art. 23 Abs. 1 Satz 2 GG zustimmungsbedürftigen Vertragserweiterung gleich, die ohnehin als zwingende Zulässigkeitsvoraussetzung „die grenzüberschreitende Dimension eines konkreten Straftatbestandes"[771] habe.

---

766 Insbesondere die Sachverständigen *Calliess, Kokott, Suhr* und *Zeidler* erachteten die umstrittene EuGH-Rechsprechung als in Einklang mit der geltenden Kompetenzordnung stehend.

767 So vor allem die Sachverständigen *Satzger* und *Schünemann*.

768 So der Sachverständige *Albrecht*.

769 So der Sachverständige *Calliess*.

770 BVerfG, 2 BvE 2/08 vom 30.06.2009, Rdnr. 358 (Lissabon).

771 BVerfG, 2 BvE 2/08 vom 30.06.2009, Rdnr. 363 (Lissabon).

Fraglich ist, welche Auswirkungen dieser Urteilsspruch auf das sich entwickelnde europäische Strafrecht haben wird. Würde die im Bereich des Strafrechts geschaffene „Karlsruher Totalaufsicht“[772] tatsächlich gemäß der „Lissabon“-Entscheidung die künftige europäische Praxis bestimmen, würde die Etablierung eines einheitlichen Strafrechts deutlich entschleunigt. Statt einer sukzessiven Verflechtung auch in Kernbereichen käme es zumindest mittelfristig nur noch in strafrechtlichen Randbereichen, die ein besonderes grenzüberschreitendes Moment aufweisen, zu neuen Rechtsakten.[773] Insoweit ist das Inkrafttreten des Vertrages von Lissabon auch und insbesondere für das in der Entstehung begriffene europäische Strafrecht historische Wegmarke und Weichenstellung zugleich. Aufbauend auf einer neuen Primärrechtslage scheint nun vieles möglich. Eine dynamische Weiterentwicklung, eine vorrangige Konsolidierung oder gar die völlige Stagnation.

ddd.) Der Europäische Haftbefehl

Auch aus dem bereits oben erwähnten Themenkomplex „Europäischer Haftbefehl“ könnte sich möglicherweise eine Relativierung des mitgliedstaatlichen Gewaltmonopols dergestalt ergeben, dass durch den Rahmenbeschluss zum Europäischen Haftbefehl sowie dessen Umsetzung im Gesetz über die internationale Rechtshilfe in Strafsachen die Entscheidungskompetenz über die Anwendung von Zwangsgewalt zumindest partiell europäisiert würde.

Durch die Auslieferung eines Deutschen zwecks Strafverfolgung oder Strafvollstreckung im Unionsausland könnte namentlich die Einzigkeit und Einseitigkeit der Staatsgewalt in Frage gestellt sein. Im Ergebnis kann es schließlich aufgrund der faktischen Komponente der Souveränität für einen Betroffenen keinen Unterschied machen, ob er im deutschen Staatsgebiet einer fremden Staatsgewalt unterworfen oder aber von der deutschen Staatsgewalt ausgeliefert und sodann einer fremden Gewalt unterworfen wird.

Vor dem Hintergrund dieses auf der Hand liegenden Souveränitätsbezuges ist das Bundesverfassungsgericht im Rahmen einer Verfassungsbeschwerde gegen das erste Umsetzungsgesetz eingeschritten und hat dieses wegen Verstoßes gegen Art. 16 und 19 Abs. 4 GG für nichtig erklärt.[774]

Insbesondere hatte das Gericht zu klären, ob im Rechtsrahmen der Europäischen Union ohne Gefährdung der deutschen Staatsgewalt und Souveränität vom Auslieferungsverbot abgewichen werden könne. Letztgenannte Frage bejahte das

772 So der Titel des Artikels von *Calliess* in der F.A.Z. Nr. 198 vom 27. August 2009, S. 8.
773 *Schorkopf*, EuZW 2009, S. 718 (724).
774 BVerfG, 2 BvR 2236/04 vom 18.7.2005 (Europäischer Haftbefehl).

Gericht, obgleich es sich des immanenten Souveränitätsbezuges bewusst zeigte und zumindest leise Bedenken aufschienen: „Die Möglichkeit der Einschränkung des bislang absolut geltenden Auslieferungsverbots Deutscher führt auch nicht zu einer Entstaatlichung der vom Grundgesetz verfassten Rechtsordnung [...]. Insbesondere wird damit das Institut der Staatsbürgerschaft weder aufgegeben noch substantiell entwertet oder durch eine europäische Unionsbürgerschaft ersetzt.“[775]

Aus diesen Ausführungen folgt, dass das Gericht im Europäischen Haftbefehl zwar nicht das Ende, aber dennoch eine nicht gänzlich unbedeutende Einschränkung der Staatsbürgerschaft erkennt.

Mit dem umzusetzenden Rahmenbeschluss lag der Haftbefehls-Entscheidung ein Rechtsakt aus dem Repertoire der ehemals „dritten Säule“ zugrunde, so dass präzise betrachtet nicht im supranationalen sondern im intergouvernementalen Kontext entschieden wurde. Die in diesem Bereich fortbestehende weitgehend uneingeschränkte Souveränität wurde vom Bundesverfassungsgericht mit besonderem Nachdruck betont.

Unter Nutzung des der Souveränität zukommenden Effektes einer „Rute im Fenster“[776] erklärte das Gericht, dass „die mitgliedsstaatlichen Legislativorgane die politische Gestaltungsmacht im Rahmen der Umsetzung, notfalls auch durch deren Verweigerung, behalten.“[777]

Noch expliziter als der zeitlich nachfolgenden Lissabon-Entscheidung[778] war der Entscheidung zum Haftbefehl somit die aus etatistischem Blickwinkel frohe Botschaft des fortbestehenden Gewaltmonopols und der fortbestehenden Souveränität zu entnehmen. Dass die möglicherweise intendierte, zumindest aber doch erzielte verfassungsrechtliche Beruhigung allerdings auch ein wenig trügerisch und weitgehend palliativer Natur war, zeigte sich an der zweiten Umsetzung des Rahmenbeschlusses zum Europäischen Haftbefehl. Bereits die Überschriften des infolge der Umsetzung angepassten Gesetzes über die internationale Rechtshilfe verdeutlichen den in der Epoche der Europäisierung voranschreitenden Wandel der Souveränität. Bereits die bloße Möglichkeit der Auslieferung eines Deutschen an das Ausland symbolisiert das gegenseitige Vertrauen der Rechtssysteme. Das Institut des Europäischen Haftbefehls ist somit Beleg für den bereits weit vorangeschrittenen Prozess des Zusammenwachsens. Was nicht nur im Zeitalter des klassischen Nationalstaates, sondern auch vielerorts noch in der Gegenwart

775 BVerfG, 2 BvR 2236/04 vom 18.7.2005, Rdnr. 74 (Europäischer Haftbefehl).

776 *Poscher*, VVDStRL 67 (2008) S. 160 (169 f.).

777 BVerfG, 2 BvR 2236/04 vom 18.7.2005, Rdnr. 81 (Europäischer Haftbefehl).

778 BVerfG, 2 BvE 2/08 vom 30.06.2009 (Lissabon).

unmöglich erscheint,[779] wird in der Union zu einer Übung mit praktisch steigender Relevanz. Indem die zwischen Bürger und Nationalstaat über das Band der Staatsangehörigkeit bestehende Bindung zwar nicht zerschnitten, aber doch wesentlich gelockert wird, erfolgt nicht nur eine Beeinträchtigung von Gewaltmonopol und Souveränität. Vielmehr wird auch im politischen Unterbewusstsein der Unionsbürger eine Vorbedingung für ein echtes Gemeinschafts- und Zusammengehörigkeitsgefühl geschaffen.

eee.) Die Pflicht zur Zwangsanwendung in der weiteren Rechtsprechung des EuGH

In der Rechtsprechung des Europäischen Gerichtshofes findet sich eine ganze Reihe von Urteilen, aus denen die unbedingte Verpflichtung der Mitgliedstaaten zum Einsatz von Zwangsmitteln in aller Deutlichkeit zum Ausdruck kommt. Vor dem Hintergrund einer möglichen Unterbrechung des Ableitungszusammenhanges zwischen einer Zwangsmaßnahme und dem Souverän sind eben diese Fälle mit Blick auf die Integrität des Gewaltmonopols von weitreichender Bedeutung.

(1.) Das Urteil des EuGH in der Rs. C-217/88 (Tafelwein)[780]

Hintergrund der EuGH-Entscheidung in der Rechtssache „Tafelwein“ war ein Vertragsverletzungsverfahren der Kommission gegen die Bundesrepublik Deutschland.

Nachdem das Jahr 1984 eine europaweit überdurchschnittlich ertragreiche Weinernte gebracht hatte, ordnete die Kommission am 18. Januar 1985 zwecks Preisstützung die Zwangsdestillation von zwölf Millionen Hektolitern Tafelwein an. Hinsichtlich der auf Deutschland entfallenden Teilmenge schickten die deutschen Behörden entsprechende Festsetzungen und Anordnungen der Destillation an die Erzeuger. Da allerdings die sofortige Vollziehung der Maßnahmen nicht angeordnet wurde, kamen die betroffenen Winzer der Anordnung zur Destillation nicht nach. Aufgrund des höheren Preises veräußerten sie den Wein stattdessen am Markt.

Im Rahmen des sodann angestrebten Vertragsverletzungsverfahrens war die Klage der Kommission erfolgreich. Denn nach Ansicht des Gerichtshofes hatte Deutschland nicht, wie es erforderlich gewesen wäre, Zwangsmittel eingesetzt. Eingehend auf die Argumentation der Bundesrepublik erklärte der Gerichtshof:

---

779 Man besehe sich hier nur die Nichtexistenz einer Auslieferungspraxis zwischen den USA und dem internationalem Strafgerichtshof.

780 EuGH, Rs. C-217/88, Slg. 1990, S. I-2879 (Tafelwein).

„Ein Mitgliedstaat kann sich nicht auf Bestimmungen, Übungen oder Umstände seiner internen Rechtsordnung berufen, um die Nichtbeachtung von Vorschriften aus dem Gemeinschaftsrecht zu rechtfertigen. Er kann sich daher zwecks Rechtfertigung dafür, dass er gegenüber bestimmten Wirtschaftsteilnehmern keine Zwangsmittel eingesetzt hat, wozu er durch gemeinschaftsrechtliche Vorschriften verpflichtet war, nicht darauf berufen, dass die nach nationalem Recht für den Einsatz von Zwangsmitteln bestehenden Voraussetzungen nicht erfüllt gewesen seien."[781]

Folglich ist der „Tafelwein"-Entscheidung zu entnehmen, dass einem unionsrechtlichen Zwangsanwendungsbefehl unter allen Umständen Folge zu leisten ist. Eine Rechtfertigungsmöglichkeit aufgrund entgegenstehenden nationalen Rechts erkennt der Gerichtshof ausdrücklich nicht an.

(2.) Das Urteil des EuGH in der Rs. C-265/95 (Agrarblockaden)[782]

Das Urteil des Gerichtshofes in der Rechtssache „Agrarblockaden" kann als anschauliches Exempel dafür angesehen werden, dass sich der Gerichtshof in seiner Rechtsprechung immer wieder auch mit Fragen der Gewalthoheit beschäftigt hat.[783] Nicht nur aufgrund der Anschaulichkeit der zugrundeliegenden Fallgestaltung hat dieses Urteil im Schrifttum große Beachtung erfahren.[784] Auch vor dem Hintergrund der Entstehung des staatlichen Gewaltmonopols, das neben dem inneren und äußeren Frieden auch den Schutz der Handelswege vor Raubrittern und Seeräubern bezweckte,[785] erscheint das Urteil in der Rechtssache „Agrarblockaden" von einer übergeordneten integrationspolitischen und möglicherweise auch identitätsstiftenden Symbolkraft:

Seit den späten 1980er Jahren war es in Frankreich immer wieder zu Protestaktionen gekommen, die sich gegen landwirtschaftliche Erzeugnisse aus anderen Mitgliedstaaten – vor allem Obst und Gemüse – richteten. Urheber dieser Aktionen waren französische Landwirte und andere Privatpersonen, die zum Teil friedlich mit bloßen Demonstrationen, zum Teil aber auch gewalttätig

781 EuGH, Rs. C-217/88, Slg. 1990, S. I-2879, Leitsatz 2 (Tafelwein).

782 EuGH, Rs. C-265/95, Slg. 1997, S. I-6959, Rdnr. 34 (Agrarblockaden).

783 Nicht zutreffend ist daher die Feststellung: „Fragen der Gewalthoheit haben in der Rechtsprechung des EuGH bisher keine Rolle gespielt.", so aber *Haack*, Verlust der Staatlichkeit, S. 200.

784 Vor allem die europarechtlichen Fallsammlungen nahmen sich dieser Entscheidung an, etwa *Mager/Herrmann*, S. 252.

785 *Hoffmann-Riem*, ZRP 2002, S. 497.

mit Plünderungen, Körperverletzungen und Sachbeschädigungen gegen Lkw und deren Fahrer, gegen Importeure und gegen Supermärkte vorgingen. Immer wieder erreichten Beschwerden Betroffener die Kommission. Letztere wies die französische Regierung sodann mehrfach auf den bestehenden Handlungsbedarf hin. Um die Warenverkehrsfreiheit zu garantieren, sei es notwendig, konkrete Maßnahmen zu ergreifen. Nachdem es in der Folgezeit dennoch zu schweren Protesten gekommen war, leitete die Kommission gegen Frankreich ein Vertragsverletzungsverfahren ein.

Der EuGH kam in seinem Urteil zum Ergebnis, dass Frankreich dadurch gegen Art. 30 i.V.m. Art. 10 EGV verstoßen habe, dass es die fortgesetzten Beeinträchtigungen des Warenverkehrs nicht effektiv unterbunden habe. Dem Gerichtshof kam es dabei entscheidend auf eine ergebnisorientierte Betrachtungsweise an. Ziel ist stets ein durch die Grundfreiheiten abgesichertes hohes Schutzniveau. Um dies zu erreichen, billigt der EuGH den Mitgliedstaaten ein grundsätzliches Ermessen bei der Auswahl mehrerer effizienter Mittel zu. In seinem Urteil führt der Gerichtshof aus:

„Es steht zwar im Ermessen der Mitgliedstaaten, die für die Aufrechterhaltung der öffentlichen Sicherheit und Ordnung allein zuständig sind, zu entscheiden, welche Maßnahmen in einer bestimmten Situation am geeignetsten sind, um Beeinträchtigungen der Einfuhr zu beseitigen, und es ist daher nicht Sache der Gemeinschaftsorgane, sich an die Stelle der Mitgliedstaaten zu setzen und ihnen vorzuschreiben, welche Maßnahmen sie erlassen und tatsächlich anwenden müssen, um den freien Warenverkehr in ihrem Gebiet zu gewährleisten; der Gerichtshof hat jedoch in den ihm unterbreiteten Fällen zu prüfen, ob der betreffende Mitgliedstaat zur Sicherung des freien Warenverkehrs geeignete Maßnahmen ergriffen hat.“[786]

Auch wenn der Gerichtshof den Mitgliedstaaten nach dieser Rechtsprechung keine konkreten Maßnahmen rechtsverbindlich aufgeben kann, so kann er doch im Wege des Vertragsverletzungsverfahrens erklären, dass bestimmte Maßnahmen zur Gewährleistung der Grundfreiheiten nicht ausreichten und effektivere Maßnahmen zu ergreifen sind. Indem der EuGH sämtliche „milderen“ Maßnahmen für unzureichend erklärt, kann er auf diese Weise die Anwendung von Zwangsmaßnahmen mittelbar anordnen. Im Übrigen erklärt der EuGH in der Rechtssache „Agrarblockaden“ in einem *obiter dictum*, dass er die Verfolgung einiger Demonstranten mit strafrechtlichen Mitteln für geboten halte:

---

786 EuGH, Slg. 1997, S. I-6959 (Agrarblockaden).

„Gleichwohl wurde unstreitig nur eine ganz kleine Zahl der an diesen schweren Störungen der öffentlichen Ordnung beteiligten Personen ermittelt und verfolgt. So konnten die französischen Behörden hinsichtlich der zahlreichen Sachbeschädigungen, die von April bis August 1993 begangen wurden, nur einen einzigen Fall strafrechtlicher Verfolgung angeben."[787]

Nach dem soeben Gesagten muss ein Mitgliedstaat also erst recht gegen die Pflicht zur Unionstreue verstoßen, wenn er in Anbetracht einer Beeinträchtigung überhaupt keine Maßnahmen ergriffen hat. Es bleibt deshalb festzuhalten, dass aufgrund der Verpflichtung zur Wahrung der Unionstreue die europäische Ebene in bestimmten Fällen über das „Ob" von Zwangsmaßnahmen entscheiden kann. Für die Gewährleistung einer grenzüberschreitenden europäischen Sicherheit ist diese Kompetenz von herausragender Bedeutung.[788]

cc.) Der Zwangsanwendungs- und Zwangsunterlassungsbefehl in einer Rechtsgemeinschaft

Im Kontext der Europäisierung des Gewaltmonopols nimmt die freiwillige Akzeptanz des Rechts eine Schlüsselposition ein. Wie nachfolgend skizziert werden soll, kann das Prinzip der freiwilligen Bindung an Recht zur Entbehrlichkeit überkommener etatistischer Kategorien der Gewaltsamkeit führen.

aaa.) Die Bedeutung freiwilliger Rechtsakzeptanz

Zahlreiche Rechtswahrungs- und Rechtsdurchsetzungsmechanismen bewirken, dass in vielen Fällen seitens mitgliedstaatlicher Behörden und Gerichte von vornherein davon abgesehen wird, insbesondere solche Maßnahmen im Wege des Zwangs durchzusetzen, die sich möglicherweise zu einem späteren Zeitpunkt als europarechtswidrig herausstellen könnten. Als bedeutend waren und sind in diesem Zusammenhang zunächst das Vorabentscheidungs- und das Vertragsverletzungsverfahren zu nennen. Von großer Bedeutung ist nunmehr allerdings auch die mit dem Vertrag von Lissabon für rechtsverbindlich erklärte Grundrechtecharta. Diese bewirkt, dass nun auch Rechtsakte im Bereich des Raums der Freiheit, der Sicherheit und des Rechts grundsätzlich vor dem Gerichtshof justiziabel sind. Allen Verfahren und Mechanismen ist dabei gemein, dass sie – wie zu zeigen sein wird – maßgeblich zur Akzeptanz des unionalen Rechts beitragen.

787 EuGH, Rs. C-265/95, Slg. 1997, S. I-6959, Rdnr. 50 f. (Agrarblockaden).

788 *Calliess*, ZRP 2002, S. 1 (4).

So kam es etwa im grundlegenden Fall „Van Gend & Loos“[789] aufgrund der Entscheidung des Gerichtshofes nicht dazu, dass der seitens der niederländischen Finanzverwaltung zunächst festgesetzte Wertzoll von 8 Prozent gerichtlich bestätigt und anschließend womöglich im Wege des Vollstreckungsverfahrens durchgesetzt wurde.

Im Falle des in Belgien studierenden französischen Studenten *Rudy Grzelczyk*[790] wurde – ebenfalls im Wege eines Vorabentscheidungsverfahrens – verhindert, dass Herr *Grzelczyk* belgische Sozialhilfe in Anspruch nehmen musste. Letzteres hätte womöglich zur Folge gehabt, dass der Anwendungsbereich der Studentenrichtlinie[791] nicht länger eröffnet und nach Beendigung der Aufenthaltserlaubnis eine Ausweisung – mithin eine Zwangsmaßnahme – erfolgt wäre.

Gemeinsam ist den genannten Sachverhalten somit, dass es aufgrund der Einsicht in die Verbindlichkeit des unionalen Rechts von vornherein nicht zu einer später gelagerten, möglichen Zwangsanwendung gekommen ist. Hierdurch wird bereits in Umrissen jener Stellenwert erkennbar, den Recht und Rechtsbefolgung in der Union einnehmen. Dabei werden Parallelen zur Gesetzesherrschaft im (nationalen) Rechtsstaat – und mittelbar – Bezüge zur Souveränität erkennbar. Denn wenn Souveränität und Herrschaft sowie Rechtsstaat und Gesetzesherrschaft jeweils in unauflösbarem Konnex stehen, so kann „erst die Unterwerfung unter Zwangsgesetze den Friedenszustand, in welchem Gesetze Kraft haben, herbeiführen“.[792]

Nun kann allerdings die Union im Gegensatz zu den Mitgliedstaaten nicht selbst Gesetze im Wege des Zwangs vollziehen. Hierfür fehlen ihr regelmäßig, wie oben beschrieben, eigene Vollzugskräfte („faktische Befähigung“), in jedem Fall aber die diesbezüglich notwendige Kompetenz („rechtliche Befugung“). Dass also die Union somit im Kontext der zwangsweisen Rechtsdurchsetzung auf die mitgliedstaatliche Unterstützung angewiesen ist, wurde und wird von manchem Beobachter entschieden zugunsten des Fortbestehens des staatlichen Gewaltmonopols eingewendet.[793] Diese Argumentation erscheint zunächst als durchaus plausibel. Denn tatsächlich verfügt die Union über keinen eigenen polizeilichen

789 EuGH, Rs. 26/62, Slg. 1963, S. 1 (Van Gend & Loos).

790 EuGH, Rs. C-184/99, Slg. 2001, S. I-6193 (Grzelczyk); EuZW 2002, S. 52; *Mager/Herrmann*, S. 287.

791 Richtlinie 93/96 vom 29.10.1993 über das Aufenthaltsrecht der Studenten.

792 *Merten*, S. 36.

793 So etwa *Grimm*, in: Anders/Gilcher-Holtey (Hrsg.), Herausforderungen des staatlichen Gewaltmonopols, S. 18 (35 f.).

Zwangsapparat und erst recht nicht über originär europäisches Militär. Warum aber sollte sich dann ein Mitgliedstaat im Fall der Fälle an einer Norm festhalten lassen, die in eben diesem Mitgliedstaat niemand wollte und die ihm gewissermaßen durch eine Koalition „fremder“ Staaten „aufgezwungen“ wurde?[794]

Es mag paradox erscheinen; aber in der Beantwortung eben dieser banal anmutenden Frage liegt der Schlüssel zum Verständnis der Union als Rechtsgemeinschaft – die freiwillige Bindung durch Recht. Der im hiesigen Beispiel fiktiv betroffene Staat akzeptiert deshalb selbst unerwünschte europäische Vorschriften, weil er sich infolge einer autonomen Langfristentscheidung zugunsten der Integration rechtlich gebunden hat.

Dieses entscheidende Moment der Freiwilligkeit, das in einer ansonsten von Eigeninteressen und dem Recht des Stärkeren geleiteten Staatenwelt zunächst überraschend, ja geradezu realitätsfremd erscheinen mag, hat auch das Bundesverfassungsgericht in seiner Lissabon-Entscheidung ausdrücklich bekräftigt:

„Integration setzt den Willen zur gemeinsamen Gestaltung und die Akzeptanz einer autonomen gemeinschaftlichen Willensbildung voraus.“[795]

Auf sechzig Jahre der Integration zurückblickend, kann in diesem Zusammenhang ein nach wie vor sehr hohes Maß an Rechtsbefolgung und Rechtsumsetzung konstatiert werden.[796] Fälle, in denen Mitgliedstaaten europäisches Recht bewusst, beharrlich und nachhaltig missachtet haben, sind – abgesehen vom traurig-verhängnisvollen, maßgeblich politisch geprägten Ausnahmekontext der Währungsstabilitätsregeln[797] – kaum bekannt.

---

794 Mit dieser Frage einen Demokratiediskurs zur Finalität Europas in Gang setzend *Haltern*, in: v. Bogdandy/Bast (Hrsg.), Europäisches Verfassungsrecht, S. 279 (280).

795 BVerfG, 2 BvE 2/08 vom 30.06.2009, Rdnr. 228.

796 Stichhaltiges und für die gesamte Union aussagekräftiges Zahlenmaterial ist nur schwer zu ermitteln: Für Deutschland vgl. etwa die Zahlen bei *Hölscheidt*, DÖV 2009, S. 341 (342 f.), wonach am 30.04.2008 in Deutschland von 319 umzusetzenden Richtlinien bereits 254 umgesetzt waren; ferner *Schwarze*, Die Befolgung von Vorabentscheidungen des Europäischen Gerichtshofs durch deutsche Gerichte, dessen Ergebnis einer rechtstatsächlichen Bestandsaufnahme 1988 lautete: „Die deutschen Gerichte haben bei der Umsetzung der Vorabentscheidungen im Rahmen ihrer Urteilsfindung eine überzeugend große Bereitschaft gezeigt, die Antworten des EuGH korrekt zu befolgen. In über 92 Prozent der Folgeentscheidungen konnten keinerlei Mängel festgestellt werden. Selbst wenn ein Gericht das Ergebnis des Gerichtshofs ausnahmsweise nicht für richtig hielt, sah es sich an die Vorabentscheidung gebunden.“, S. 39.

797 Die ganze Dramatik dieser Vorgänge ist in einfachen Worten, aber gerade deshalb umso prägnanter durch *Teufel* beschrieben worden: „Vom Bürger erwartet man, dass

Ursächlich für diese hohe Rechtsbefolgungsdisziplin sind sicherlich zunächst die intensive Rechtsdurchsetzung durch Kommission und Gerichtshof sowie auch unzweifelhaft bestehende politische Zwänge. Gleichwohl dürfte sich aber infolge langer Zeiträume der Rechtsbefolgung eine strukturell freiwillige Anerkenntnis der Bindung durch Recht herausgebildet haben. Letztere war als solche im Rahmen der Integration von vornherein intendiert. Dies verdeutlicht etwa *Hallstein* im Jahre 1969:

„Die Gemeinschaft ist eine Schöpfung des Rechts. Das ist das entscheidend Neue, was sie gegenüber früheren Versuchen auszeichnet, Europa zu einen. Nicht Gewalt, nicht Unterwerfung ist als Mittel eingesetzt, sondern eine geistige, eine kulturelle Kraft, das Recht."[798]

In der Integration durch Recht manifestiert sich also die im Vergleich zu anderen intergouvernementalen oder supranationalen Organisationen bestehende Einzigartigkeit der Union, wonach sie eine auf Freiwilligkeit und auf der Einsicht in die Verbindlichkeit des Rechts beruhende Gemeinschaft ist.[799]

Auf der zunächst belanglos klingenden Feststellung, dass Verordnungen angewendet, Richtlinien umgesetzt und EuGH-Urteile zu beachten sind,[800] beruht also letzten Endes die gesamte Integrationskraft der Union, die sich gerade deshalb als Rechtsgemeinschaft begreift und bezeichnet.[801]

Wenn also in der Rechtsgemeinschaft der Union davon auszugehen ist, dass Zwangsanwendungs- und Zwangsunterlassungsbefehle grundsätzlich beachtet und befolgt werden, so scheint darin die Möglichkeit auf, dass die freiwillige Anerkenntnis einer Bindung durch Recht die fehlende Möglichkeit zwangsweiser Durchsetzung kompensieren kann. Für diese Annahme spricht auch die

---

er sich an Normen, an Recht und Gesetz, an Verträge hält – und Staats- und Regierungschefs tun es nicht.", in: „Die Staatschefs brechen das Recht", F.A.S. Nr. 30 vom 31. Juli 2011, S. 1, 3.

798 *Hallstein*, S. 33.

799 *Pernice*, in: Calliess (Hrsg.), Verfassungswandel im europäischen Staaten- und Verfassungsverbund, S. 61 (91).

800 Als gleichermaßen plastisches wie medial hohe Wellen schlagendes Beispiel sei hier die europarechtlich indizierte Anpassung des deutschen VW-Gesetzes erwähnt. In seinem Urteil in der Rechtssache C-112/05 vom 23. Oktober 2007 hatte der EuGH festgestellt, dass das VW-Gesetz in Teilen gemeinschaftsrechtswidrig ist. Die entsprechenden Regelungen wurden sodann vom deutschen Gesetzgeber im Wege eines Änderungsgesetzes überarbeitet; vgl. dazu das am 11. Dezember 2008 in Kraft getretene „Gesetz zur Änderung des Gesetzes über die Überführung der Anteilsrechte an der Volkswagenwerk Gesellschaft mit beschränkter Haftung in private Hand" vom 8. Dezember 2008, BGBl. I S. 2369.

801 Vgl. EuGH, verb. Rs. C-402/05 u. C-415/05, Slg. 2008, Rdnr. 281 (Kadi und Yusuf).

Integrationsrealität. Aufgrund einer insgesamt hohen Rechtsdisziplin entfaltet unionales Recht, wenn auch über Umwege und oftmals unter Verzögerungen, eine praktisch ähnliche Wirkung wie nationales Recht. Wichtig ist dabei vor allem, dass die Vorschriften aus beiden Rechtsquellen durch die Möglichkeit zwangsweiser Durchsetzung spezifisch gekennzeichnet sind.[802]

Ferner kommt hinzu, dass unionsrechtlich determinierte und nationale Zwangsgewalt für einen Betroffenen im gleichen Gewande daherkommen und die zugrundeliegenden Ableitungszusammenhänge im Alltag kaum noch unterscheidbar sind. Es ist daher zutreffend, wenn hinsichtlich der Frage der Gewalthoheit in der Union eine Parallele mit der in Bundesstaaten üblichen „mittelbaren Verwaltung"[803] gezogen wird. Denn in der Union ist die Rechtssetzung zumindest teilweise supranational, die Rechtsdurchsetzung dagegen auf mitgliedstaatlicher Ebene angesiedelt. Mit der Union auf der einen, und den Mitgliedstaaten auf der anderen Seite handeln so zwei völlig unterschiedliche Rechtssubjekte, so dass Unionsrecht insoweit „mittelbar" ausgeführt wird.

Es sprechen folglich gewichtige Gründe dafür, dass die Ermangelung genuiner Gewaltbefugung der Union nicht (mehr) als Argument für die fortbestehende völlige Integrität des staatlichen Gewaltmonopols herangezogen werden kann.

bbb.) Die Bedeutung von Durchbrechungen der freiwilligen Rechtsakzeptanz

Die aufgezeigte fundamentale Bedeutung des Rechts für die als Rechtsgemeinschaft konzipierte Union erklärt jene Beachtung, die Androhungen einer Rechtsgehorsamsverweigerung seit jeher erfahren haben.

So würde etwa die Anwendung der vom Bundesverfassungsgericht in seiner Maastricht-Entscheidung entwickelten „*ultra-vires*-Kontrolle" nicht nur dazu führen, dass der konkret „ausbrechende Rechtsakt" keine Bindungswirkung entfalten würde.[804] Vielmehr wäre darüber hinaus auch der grundlegende Wirkmechanismus der Integration wie auch die Union an sich bis in die Grundfesten erschüttert.

---

802 So in Bezug auf staatliche Handlungen mit weiteren Nachweisen *Möllers*, Staat als Argument, S. 272.

803 So *Griller*, in: Schuppert/Pernice/Haltern (Hrsg.), Europawissenschaft, S. 201 (223), der daraus den Schluss zieht, dass „der Einwand des fehlenden Gewaltmonopols der EU für sich betrachtet sicher nicht stichhaltig" ist.

804 Vgl. die entscheidende Urteilspassage in BVerfGE 89, S. 155, 188 (Maastricht) – „Die deutschen Staatsorgane wären aus verfassungsrechtlichen Gründen gehindert, diese Rechtsakte in Deutschland anzuwenden. Dementsprechende prüft das Bundesverfassungsgericht, ob Rechtsakte der europäischen Gemeinschaften und Organe sich in den Grenzen der ihnen eingeräumten Hoheitsrechte halten oder aus ihnen ausbrechen."

Eine ähnliche „Rute im Fenster"[805] hatte das Bundesverfassungsgericht in seiner Entscheidung zum Europäischen Haftbefehl[806] hinsichtlich der Zusammenarbeit in der ehemaligen dritten Unionssäule aufgestellt. Danach behielten die „mitgliedstaatlichen Legislativorgane die politische Gestaltungsmacht im Rahmen der Umsetzung, notfalls auch durch die Verweigerung der Umsetzung."[807]

Hinsichtlich des Lissabon-Urteils[808] als jüngste das Verhältnis zwischen Gerichtshof und Bundesverfassungsgericht betreffende Entscheidung wurde zwar zunächst eine als positiv bewertete Relativierung der „*ultra-vires*-Kontrolle" festgestellt, zugleich aber auch neues Konfliktpotential in Form der „Identitätskontrolle" ausgemacht.[809] Kritische Stimmen bemängelten, dass Urteil enthalte „einzelne, kaum mit dem Verständnis der EU als Rechtsgemeinschaft zu vereinbarende Aussagen"[810].

Die somit anhaltende Klärung der Kompetenzgrenzen zwischen Gerichtshof und nationaler Verfassungsgerichtsbarkeit verdeutlicht nicht nur das mitunter mit der Integration verbundene Zähneknirschen, sondern auch, wie bedeutsam „verfassungsrechtliche Diplomatie" für die Vermeidung des Ernstfalls – der Aufsagung der Rechtsbindung – ist.

Ein weniger beachteter, aber gleichfalls ernst zu nehmender Effekt der Rechtserschütterung geht von den bereits erwähnten zahlreichen Differenzierungsmöglichkeiten hinsichtlich der Beteiligung am Raum der Freiheit, der Sicherheit und des Rechts aus. Wie beschrieben, untergraben diese nachhaltig „die politische und rechtliche Einheit und Glaubwürdigkeit des RFSR"[811]. Sie schwächen so den Status der Union als Rechts- und Schicksalsgemeinschaft. In Anbetracht einer zunehmenden Diversifizierung der geltenden Rechtslage können somit weder das Recht noch die Vision eines rechtlich befriedeten Freiheitsraums das in ihnen liegende Integrationspotential entfalten.

Resümierend bleibt festzuhalten, dass der von den Mitgliedstaaten zu wahrenden Rechtsakzeptanz im Allgemeinen, sowie der Befolgung des Zwangsanwendungs- und Zwangsunterlassungsbefehls im Speziellen fundamentale Bedeutung zukommen.

---

805 So *Poscher*, VVDStRL 67 (2008) S. 160 (169 f.).

806 BVerfG, 2 BvR 2236/04 vom 18.7.2005 (Europäischer Haftbefehl).

807 BVerfG, 2 BvR 2236/04 vom 18.7.2005, Rdnr. 81 (Europäischer Haftbefehl).

808 BVerfG, 2 BvE 2/08 vom 30.06.2009 (Lissabon).

809 Vgl. etwa sich kritisch mit der Identitätskontrolle auseinandersetzend *Calliess*, ZEuS 2009, S. 559 (569 ff.); *Halberstam/Möllers*, GLJ 2009, S. 1241; *Terhechte*, EuZW 2009, S. 724 (731 f.).

810 So *Calliess*, ZEuS 2009, S. 559 (561).

811 *Monar*, in: v. Bogdandy/Bast (Hrsg.), Europäisches Verfassungsrecht, S. 749 (797).

c.) Die Entscheidung über das „Wie“ des physischen Zwangs

Die obigen Ausführungen haben gezeigt, dass die Mitgliedstaaten in bestimmten Fällen durch Europarecht zur Zwangsausübung verpflichtet sind. In der Terminologie des deutschen Polizei- und Ordnungsrechts ließe sich dementsprechend feststellen, dass das Entscheidungsermessen der Mitgliedstaaten in bestimmten Fällen auf Null reduziert ist. Nunmehr fragt es sich, ob den Mitgliedstaaten in solchen Fällen zumindest noch ein Auswahlermessen hinsichtlich der Zwangsmaßnahmen zusteht.

Im erwähnten „Agrarblockaden“-Urteil hatte der Gerichtshof den Mitgliedstaaten, die seiner Ansicht nach allein für die Aufrechterhaltung der öffentlichen Sicherheit und Ordnung zuständig sind, noch ein Auswahlermessen zugebilligt:

„Es ist daher nicht Sache der Gemeinschaftsorgane, sich an die Stelle der Mitgliedstaaten zu setzen und ihnen vorzuschreiben, welche Maßnahmen sie erlassen und tatsächlich anwenden müssen, um den freien Warenverkehr zu gewährleisten.“[812]

Diese Freiheit bei der Auswahl der Mittel wurde aber unterdessen durch die EuGH-Rechtsprechung zur strafrechtlichen Annexkompetenz weiter eingeschränkt. Im Falle der Erforderlichkeit kann nämlich die EU die Mitgliedstaaten anweisen, ein bestimmtes Verhalten mit den Mitteln des Strafrechts zu ahnden. Gleichwohl sollen die Mitgliedstaaten weiterhin über Art und Umfang, also etwa über das Verhängen einer Geld- oder Freiheitsstrafe sowie deren Höhe, entscheiden können. Hier hat sich der Gerichtshof explizit nicht der weitergehenden Ansicht der Kommission angeschlossen:

„Die Bestimmung von Art und Maß der anzuwendenden strafrechtlichen Sanktionen fällt dagegen, anders als die Kommission meint, nicht in die Zuständigkeit der Gemeinschaft.“[813]

Wie bereits festgestellt, stellt aber allein die Anordnung, *dass* ein bestimmtes Verhalten obligatorisch als Straftat zu ahnden ist, einen mit Blick auf die durch das Bundesverfassungsgericht in seiner „Lissabon“-Entscheidung angemahnte Identitätskontrolle kritischen Eingriff in die mitgliedstaatliche Verfassungsidentität dar. Denn über die Feststellung, dass jede Strafnorm „ein mit staatlicher Autorität versehenes Unwerturteil über die von ihr pönalisierte Handlungsweise“[814] enthalte, rückt das bundesdeutsche Höchstgericht die unionsrechtliche Zwangsanordnung in den Zusammenhang der Strafrechtspflege und damit in den

812 EuGH, Rs. C-265/95, Slg. 1997, S. I-6959, Rdnr. 34 (Agrarblockaden).
813 EuGH Rs. C-440/05, Slg. 2007, I-0000, Rdnr. 70 (Meeresverschmutzung).
814 BVerfG, 2 BvE 2/08 vom 30.06.2009, Rdnr. 355 (Lissabon).

Anwendungsbereich der anhand des Einzelmerkmals „Gewaltmonopol" vorzunehmenden Identitätskontrolle.

Wenn aber wie hier der Frage nachgegangen wird, inwieweit das europäische Recht das „Wie" der Zwangsanwendung beeinflussen kann, kommt neben der unmittelbar europarechtlichen Anordnung noch eine weitere Form der Beeinflussung in Betracht: So kann nämlich das europäische Recht auch als Grenze oder Regelung einer scheinbar rein mitgliedstaatlichen Rechtsanwendung fungieren. Als besonders relevant stellen sich in diesem Zusammenhang die Grundfreiheiten sowie die Positionen aus der Europäischen Grundrechtecharta dar. Zur diesbezüglichen Verdeutlichung zwei Beispiele aus der Rechtsprechung des Gerichtshofes, die Rs. Kremzow und Åkerberg Fransson:

aa.) Das Urteil des EuGH in der Rs. C-299/95 (Kremzow)[815]

Den verfahrensrechtlichen Ausgangspunkt der Rs. Kremzow bildete ein österreichisches Strafurteil, das – über verschiedene nationale Rechtsmittel- und Entschädigungsverfahren – schließlich auch vor die europäischen Gerichte gelangen sollte. Folgender Sachverhalt lag zugrunde:

Der österreichische Staatsbürger und pensionierte Richter *Friedrich Kremzow* war nach einem diesbezüglichen Geständnis am 8. Dezember 1984 vom Kreisgericht Korneuburg des Mordes an einem Rechtsanwalt für schuldig befunden und zu 20 Jahren Freiheitsstrafe sowie Unterbringung in einer psychiatrischen Anstalt verurteilt worden. Nach Rechtsmitteleinlegung bestätigte die Berufungsinstanz im Juli 1986 zwar die Verurteilung, dies jedoch in Abwesenheit des Verurteilten. In dieser Aufrechterhaltung des Strafurteils ohne Anwesenheit des Berufungsführers erkannte der sodann angerufene EGMR im September 1993 einen Verstoß gegen Art. 6 Abs. 3 lit. c) der EMRK und sprach dem Beschwerdeführer Kosten und Auslagen zu. Eine von Herrn *Kremzow* daraufhin angestrengte Schadensersatzklage wurde vom Landesgericht für Zivilrechtssachen Wien im Februar 1994 abgewiesen. Nach Einlegung von Rechtsmitteln hiergegen setzte der OGH Österreich das Verfahren aus und legte die Sache dem EuGH zur Vorabentscheidung vor. Entscheidend war hierbei die Frage, ob durch die nach EGMR-Sicht rechtswidrige Haftfortdauer ein Verstoß gegen die Grundfreiheit der Freizügigkeit anzunehmen sei.

Dies verneinte der Gerichtshof für den konkreten Fall, denn Herr *Kremzow* habe lediglich eine hypothetische Aussicht auf die Ausübung des Freizügigkeitsrechtes darlegen können. Gleichwohl deutete der EuGH aber an – und das ist im

815 EuGH Rs. C-299/95, Slg. 1997, S. I–2629 (Kremzow).

vorliegenden Kontext entscheidend – dass auch eine ausschließlich auf nationalen Strafnormen gründende Freiheitsstrafe unter Umständen an europäischem Recht gemessen werden kann.[816] Diese Möglichkeit der Beurteilung einer nationalen Zwangsmaßnahme – hier der Strafhaft – am Maßstab der Grundfreiheiten fasste der EuGH wie folgt:

„Zwar ist jeder Freiheitsentzug geeignet, die Ausübung des Rechts des Betroffenen auf Freizügigkeit zu behindern, doch ergibt sich aus der Rechtsprechung des Gerichtshofes, dass die rein hypothetische Aussicht auf die Ausübung dieses Rechts keinen Bezug zum Gemeinschaftsrecht herstellt, der eng genug wäre, um die Anwendung der Gemeinschaftsbestimmungen zu rechtfertigen."[817]

Daraus ergibt sich, dass die Frage, wie ein Mitgliedstaat einen bestimmten Lebenssachverhalt nach eigenen Normen zu ahnden gedenkt, in bestimmten Fallkonstellationen vom europäischen Recht beeinflusst oder gar überlagert werden kann. Hierdurch wird also die Entscheidungsfreiheit der Mitgliedstaaten hinsichtlich des „Wie" einer Zwangsmaßnahme signifikant eingeschränkt.

bb.) Das Urteil des EuGH in der Rs. C-617/10 (Åkerberg Fransson)[818]

Neben den Grundfreiheiten kommt als weitere Unionsrechtsquelle, aus der heraus sich Einflüsse auf die Frage des „Wie" einer Zwangsanwendung ergeben können, die europäischen Grundrechte in Betracht. Diesbezüglich wurde insbesondere seit Inkrafttreten des Lissabon-Vertrages mit Spannung erwartet, welche Wirkweite und Wirkweise der EuGH der Grundrechtecharta zusprechen würde. Vor allem das Verhältnis der Unionsgrundrechte zum nationalen Verfassungsrecht wurde von vielen als konfliktträchtig eingestuft.

Auf eben diese Fragen sollte der Gerichtshof in der Rs. Åkerberg Fransson eingehen. Den Hintergrund dieses Vorabentscheidungsurteils bildete ein nationaler Sachverhalt, nämlich ein Steuerstrafverfahren Schwedens gegen einen schwedischen Staatsbürger, den Fischer Herrn *Hans Åkerberg Fransson*. Diesem wurde Steuerhinterziehung durch falsche Angaben u.a. zur Mehrwertsteuerpflichtigkeit vorgeworfen. Nachdem Herr *Åkerberg Fransson* für diesen Lebenssachverhalt

---

816 So auch *Manthey/Umseld*, ZEuS 2011, S. 323 (330), die im EuGH-Urteil in der Rs. C-299/95 zu Recht einen Widerspruch dergestalt erkennen, „dass man Herrn Kremzow – leicht zynisch – [hätte] empfehlen können, sich wegen eines von der Union geforderten Straftatbestandes strafbar zu machen, um damit einen Bezug zum Binnenmarkt herzustellen, S. 330 f.

817 EuGH *Rs*. C-299/95, Slg. 1997, S. 1–2629 (Kremzow), Rdnr. 16.

818 EuGH Rs. C-617/10, Urteil vom 26. Februar 2013 (Åkerberg Fransson).

bereits vom schwedischen *skatteverket* steuerlich belangt worden war, wurde gegen ihn wegen des gleichen Sachverhalts ein Steuerstrafverfahren eingeleitet. Das hiermit befasste schwedische Strafgericht – das *Haparanda tingsrätt* – hatte Zweifel an der Vereinbarkeit dieses Strafverfahrens mit Blick auf das in Art. 50 der EU-Grundrechtecharta niedergelegte Verbot des *ne bis in idem*. Das *tingsrätt* legte die Sache daher dem EuGH zur Vorabentscheidung vor.

Für manche überraschend erklärte der Gerichtshof die europäischen Grundrechte in diesem scheinbar rein nationalen Sachverhalt für anwendbar. Dies im Wesentlichen mit folgender Begründung:

Der Geltungsbereich des Unionsrechts sei eröffnet, da sich die Sanktionierung von Steuerstraftaten zumindest auch nach der Mehrwertsteuerrichtlinie 2006/12 und nach Art. 325 AEUV richte. Somit diene die vorliegend aus Sicht des Mitgliedstaates einschlägige nationale Strafnorm auch der Durchführung von Unionsrecht. Der EuGH erklärte die Unionsgrundrechte wie folgt für anwendbar:

„Da folglich die durch die Charta garantierten Grundrechte zu beachten sind, wenn eine nationale Rechtsvorschrift in den Geltungsbereich des Unionsrechts fällt, sind keine Fallgestaltungen denkbar, die vom Unionsrecht erfasst würden, ohne dass diese Grundrechte anwendbar wären. Die Anwendbarkeit des Unionsrechts umfasst die Anwendbarkeit der durch die Charta garantierten Grundrechte.“[819]

Damit bleibt, im vorliegenden Kontext höchst relevant, festzuhalten: Die EuGH-Entscheidung in der Rs. Åkerberg Fransson belegt, dass das Unionsrecht auch und gerade in Gestalt der Unionsgrundrechte eine nationale Strafsanktion entscheidend beeinflussen kann. In ähnlich dem Fall Åkerberg Fransson gelagerten Sachverhalten kann etwa die Verhängung einer Strafe dann ausgeschlossen sein, wenn ein zuvor bereits durchgeführtes Steuer- oder Verwaltungsverfahren bereits als strafrechtliche Maßnahme zu qualifizieren ist. Mit Blick auf die Frage des „Wie“ von physischem Zwang kann daher, für die Mitgliedstaaten überraschend und aufgrund verschlungener europarechtlicher Kompetenzen, ein scheinbar rein nationaler Sachverhalt in den Geltungsbereich des Unionsrechtes fallen und dem Mitgliedstaat die strafrechtliche Sanktionsmöglichkeit insoweit verwehrt sein. Die Tatsache, dass diese europarechtliche Einflussnahme auf einem so sensiblen Gebiet wie dem des Steuerrechts erfolgte, mag dabei die Heftigkeit jener Kritik erklären, mit der das EuGH-Urteil in der Rs. C-617/10 teilweise aufgenommen wurde.[820]

---

819 EuGH Rs. C-617/10, Urteil vom 26. Februar 2013 (Åkerberg Fransson), Rdnr. 21.

820 Zur Rezeption des Urteils in Wissenschaft und Tagespresse ausführlich *Gstrein/Zeitzmann*, ZEuS 2013, S. 239 (254 ff.).

Damit ist die EuGH-Entscheidung Åkerberg Fransson ein anschauliches Beispiel dafür, dass ungeachtet der Finanz- und Staatsschuldenkrise „der Motor der Integration nach wie vor läuft“[821].

d.) Zwischenergebnis

Es bleibt zunächst festzuhalten, dass es der Union weiterhin an jedweder Form genuiner Gewaltbefugung mangelt. Auch nach der Vertragsreform von Lissabon sind die Mitgliedstaaten die einzigen legitimen Anwender von Zwangsgewalt geblieben.[822]

Obgleich also die tatsächlich-faktische Ausübung von Gewalt nur seitens der Mitgliedstaaten möglich und zulässig ist, sind letztere gerade nicht mehr in ihrer Entscheidung frei, in welchen Fällen eine Anwendung von Zwang erfolgen soll. Der bildhafte Vergleich von den Mitgliedstaaten als „verlängerter Arm des Unionsrechts“[823] gewinnt vor diesem Hintergrund besondere Plastizität. In einer bewussten Überzeichnung dieses Verhältnisses könnten Union und Mitgliedstaaten mit einem Organismus verglichen werden, dessen aktiven Bewegungsapparat die Mitgliedstaaten bilden, während die Union die Steuerungsfunktion des Zentralen Nervensystems übernimmt. Allerdings wäre ein solches Bild nicht nur die Verkehrung der überkommenen Rolle der Mitgliedstaaten als „Herren der Verträge“[824]. Vielmehr würden auch die europäischen Realitäten der Urheberschaft von Zwangsgewalt verkannt und in ihr Gegenteil verkehrt.

Denn selbst so anschauliche Beispiele wie die oben nachgezeichneten Entscheidungen in den Rs. „Tafelwein“[825] oder „Agrarblockaden“[826] sollten nicht

821 *Gstrein/Zeitzmann*, ZEuS 2013, S. 239 (257).

822 Im Spiegel der Literatur kann dieses Ergebnis als konsentiert gelten. Vgl. nur unter Berufung auf BVerfG, 2 BvE 2/08 *Zippelius*, wonach für die fortbestehende bundesdeutsche Souveränität „vor allem die Wahrung des staatlichen Gewaltmonopols“ entscheidend sei, § 10 III, S. 60 f.; Auswärtiges Amt, Denkschrift zum Vertrag von Lissabon vom 13. Dezember 2007, S. 94.

823 *Kingreen*, in: Calliess/Ruffert (Hrsg.), EUV/AEUV, Art. 51 EU-GRCharta, Rdnr. 11.

824 Die Mitgliedstaaten sind noch immer die „Herren der Verträge“, so etwa mit Blick auf den Maastrichter Unionsvertrag *Blanke*, DÖV 1993, S. 412 (419); ferner *Griller*, in: Schuppert/Pernice/Haltern (Hrsg.), Europawissenschaft, S. 201 (228). Das Inkrafttreten des Lissabon-Vertrages hat nichts an diesem grundsätzlichen Status geändert; ferner etwa *Pache/Rösch*, NVwZ 2008, S. 479; für die Rechtsprechung grundlegend BVerfG, 2 BvE 2/08 vom 30.06.2009, Rdnr. 334.

825 EuGH, Rs. C-217/88, Slg. 1990, S. I-2879 (Tafelwein).

826 EuGH, Rs. C-265/95, Slg. 1997, S. I-6959 (Agrarblockaden).

den Eindruck erwecken, ein Großteil der gegenüber dem Bürger angewendeten Staatsgewalt sei nunmehr, wenn auch unter dem Signum staatlicher Hoheitsgewalt ausgeübt, tatsächlich durch europäische Vorgaben determiniert. Vielmehr dürfte auch weiterhin – obgleich sich diesbezügliches Zahlenmaterial nur schwer ermitteln ließe – die weit überwiegende Mehrzahl der in der Lissabon-Union vorgenommenen Akte der Zwangsanwendung durch rein nationale Gesetze veranlasst werden. Somit besteht der überkommene gewaltlegitimatorische Ableitungszusammenhang als Regelfall fort. Ähnlich wie bereits seinerzeit in der Maastricht-Debatte lässt sich also konstatieren, „dass trotz eines zunehmenden Eingriffs in die Verantwortungssubstanz der Mitgliedstaaten [...] das kompetentielle Schwergewicht" bei den Mitgliedstaaten verblieben ist.[827]

Folglich ist die Frage, ob eine Zwangsausübung national oder europarechtlich veranlasst ist, stets für jeden Einzelfall gesondert zu prüfen. So dürfte etwa außer Frage stehen, dass eine Bestrafung wegen der Verwirklichung „klassischer" Straftatbestände nach wie vor rein national bedingt ist und demnach auch nationale Staatsgewalt vorliegt.

Anders gestaltet sich die Situation dagegen bereits, wenn beispielsweise ein Gerichtsurteil wegen eines Verstoßes gegen das Allgemeine Gleichbehandlungsgesetz im Wege von Zwangsmaßnahmen vollstreckt wird. Da nämlich das Allgemeine Gleichbehandlungsgesetz zur Umsetzung mehrerer europäischer Richtlinien erlassen wurde, wären die betreffenden Zwangsmaßnahmen letztendlich auf den europäischen Gesetzgeber zurückzuführen. In diesem Fall würde also mittelbar unionsrechtlich determinierte Staatsgewalt vorliegen.

Insoweit kommt es entscheidend auf den jeweiligen konkreten Ableitungszusammenhang an,[828] mag dieser auch im täglichen Leben verschwimmen und für den Betroffenen kaum mehr ersichtlich sein.[829] Dessen ungeachtet ist es aber vor dem Hintergrund des Gewaltmonopols von größter Bedeutung anzuerkennen, dass die Existenz unionsrechtlich determinierten Rechts[830] auch die Existenz von unionsrechtlich determinierter Zwangsausübung bedeutet. Ebenso wie schon früh zwischen nationaler Gewalt und einer Gemeinschaftsgewalt *sui generis*

---

827 So mit Blick auf den Unionsvertrag von Maastricht *Blanke*, DÖV 1993, S. 412 (420).

828 Vgl. zum Souveränitätsbezug dieses Ableitungszusammenhanges *Poscher*, VVDStRL 67 (2008) S. 160 (163).

829 So auch *v. Bogdandy*, Supranationaler Föderalismus als Wirklichkeit und Idee einer neuen Herrschaftsform, S. 12.

830 Dazu etwa *Hillgruber*, in: Schmidt-Bleibtreu/Hofmann/Hopfauf (Hrsg), Grundgesetz, Art. 23, Rdnr. 36.

unterschieden wurde,[831] kann nunmehr, abhebend auf die Urheberschaft physischer Zwangsausübung, zwischen nationaler Zwangsgewalt und unionsrechtlich determinierter Zwangsgewalt differenziert werden.

Des Weiteren sollte ebenfalls nicht die Möglichkeit, beziehungsweise sogar die Tendenz übersehen werden, dass der bereits nicht unbeträchtliche Anteil der europarechtlichen Veranlassung von Zwangsausübung vermutlich weiter ansteigen wird.[832] Im Lissabonner Vertragswerk ist hier insbesondere auf die dynamischen Elemente wie etwa die Brückenklauseln oder die Erweiterungsmöglichkeit des Art. 83 Abs. 1 AEUV hinzuweisen. In diesem Kontext bleibt also abzuwarten, ob sich der aufgezeigte Trend zur weiteren Europäisierung von Sicherheit und Freiheit fortsetzen wird, oder ob, bedingt durch mitgliedstaatlich gezogene Integrationsgrenzen, eine Konsolidierung oder gar Stagnation einsetzen wird.[833]

Nicht minder bedeutsam als die europarechtlich determinierte Zwangsausübung ist die europarechtlich indizierte Zwangsuntersagung. Wie anhand der Entscheidungen in den Rs. „SAIL“[834] und „Tymen“[835] aufgezeigt, können europarechtliche Normen nicht nur zur Anordnung, sondern auch zur Verdrängung entgegenstehender nationaler Strafrechtsnormen führen. Der damit beschriebene Anwendungsvorrang des Unionsrechts mag zwar mittlerweile zu den Selbstverständlichkeiten der Integration zählen. Dennoch ist es richtig festzustellen, dass der zugrundeliegende Rechtskonflikt „einen durchaus schwerwiegenden Vorgang“[836] darstellt, und dass dieser ungeachtet seiner Häufigkeit keineswegs bagatellisiert werden dürfe:

Denn „ungeachtet der unterschiedlichen Rechtsfolgen von Anwendungs- und Geltungsvorrang handelt es sich für den konkreten Einzelfall um eine Art fakultative Verwerfung des formellen Gesetzes. [...] Das parlamentarisch legitimierte Strafgesetz bildet nicht nur die Grundlage für den richterlichen

---

831 *Ipsen*, Europäisches Gemeinschaftsrecht, § 11 Rdnrn. 3. ff, S. 317 ff.

832 Vgl. allgemein zur steigenden Bedeutung europäischer Gesetzgebung für das Alltagsleben *Calliess*, JZ 2009, S. 113.

833 So *Schorkopf*, EuZW 2009, S. 718 (724), der von einer Stagnation im Bereich des Strafrechts jedenfalls dann ausgeht, wenn die Praxis die Lissabon-Entscheidung des Bundesverfassungsgerichtes ernstnehme.

834 EuGH, Rs. 82/71, Slg. 1972, S. 120 (SAIL).

835 EuGH, Rs. 269/89, Slg. 1981, S. 3081 (Tymen).

836 So *Schröder*, Europäische Richtlinien und deutsches Strafrecht, der in dem Rechtskonflikt der Normverdrängung einen „gleichsam pathologischen Befund“ erkennt, welcher mit einem Bewusstsein hierfür „zu akzeptieren“ sei, S. 428.

Eingriff, sondern enthält auch den Willen, bestimmte Verhaltensweisen bestraft zu wissen."[837]

Wenn allerdings ein bestimmtes Verhalten trotz entsprechenden Bestrafungswillens des Souveräns ungeahndet bleibt, dann wird – wie schon erwähnt – mit dem Strafrecht gewissermaßen der Gesellschaft „die schärfste zu Gebote stehende Waffe"[838] aus der Hand geschlagen.

Folglich ist die zum Bestand des Gewaltmonopols gehörende Entscheidungskompetenz über das „Ob" von physischem Zwang zwischen Mitgliedstaaten und Union geteilt.

Ähnlich verhält es sich mit der Entscheidung über das „Wie" des physischen Zwangs. So schreibt das Unionsrecht den Mitgliedstaaten zwingend vor, bestimmte Taten ihrer Staatsangehörigen mit Freiheitsstrafe – teilweise nicht unter einer festgelegten Mindestgrenze – zu ahnden.

Indem also die Entscheidungsfreiheit über das „Ob" und das „Wie" von Zwangsmaßnahmen nicht mehr ausschließlich bei den Mitgliedstaaten liegt, haben diese – in autonomer Entscheidung – untrennbar mit dem Gewaltmonopol verbundene Zuständigkeiten an die Union abgetreten. Sehr treffend lässt sich daher von einem zumindest „geschwächten nationalen Gewaltmonopol"[839] sprechen.

e.) Das „geteilte Gewaltmonopol" – ein nicht nur etymologischer Widerspruch

Da der Ableitungszusammenhang zwischen der im Einzelfall ausgeübten Gewalt und ihrem Urheber oftmals nicht mehr nur unmittelbar vom mitgliedstaatlichen Parlament (als dem Souverän) zum Bürger, sondern auch mittelbar vom europäischen Gesetzgeber über die nationalen Parlamente und Regierungen zum Bürger verläuft, ist die Union im Rahmen ihrer Zuständigkeiten zur Teilhaberin an der Ausübung des Gewaltmonopols geworden. Da dem von Zwangsmaßnahmen betroffenen Einzelnen aber eben diese Urheberschaft der Union im Regelfall verborgen bleiben dürfte,[840]

---

837 So das Bewusstsein für den zugrundeliegenden Rechtskonflikt schärfend *Schröder*, Europäische Richtlinien und deutsches Strafrecht, S. 428 f.

838 BVerfGE 32, 98 Rdnr. 109 (Unterlassene Hilfeleistung).

839 So zutreffend *Meyer*, EuR 2011, S. 169 (192), der jedoch auch nicht ausschließen will, dass das staatliche Gewaltmonopol sogar gänzlich verloren ist und insoweit dessen Rekonstruktion auf EU-Ebene „grundsätzlich nötig" sei.

840 Vgl. auch *v. Bogdandy*, Supranationaler Föderalismus als Wirklichkeit und Idee einer neuen Herrschaftsform, S. 12.

könnte diese Beteiligung der Union am Gewaltmonopol bildlich gesprochen auch als „stille Teilhaberschaft" bezeichnet werden.

Aus einem demokratisch-legitimatorischen Blickwinkel ist eine sich solchermaßen darstellende Integrationsrealität jedoch nicht unproblematisch. Vor diesem Hintergrund ist es zu begrüßen, wenn die „Rekonstruktion des verlorenen oder geschwächten nationalen Gewaltmonopols auf EU-Ebene" für „grundsätzlich nötig" erachtet wird[841]. Die Notwendigkeit einer solchen „Rekonstituierung"[842] verdeutlicht sich bereits anhand des Umstands, dass die im vorliegenden Zusammenhang als „supranational-unionsrechtliche Dimension" entwickelte neuartige Komponente des Gewaltmonopols mitunter noch vollständig ausgeblendet wird. So ist etwa zu der Frage, warum der bundesdeutsche Strafvollzug nicht privatisiert werden dürfe, folgende Aussage getroffen worden:

„Die Bundesrepublik Deutschland ist gerade als Verfassungsstaat auf eine effektive Behauptung des Gewaltmonopols angewiesen. [...] Die Organisation Staat ist durch das Ziel, Frieden und Sicherheit für ihre Bürger zu gewährleisten, gerechtfertigt. Diese Gewährleistung spiegelt sich in einer grundlegenden und zwingenden Staatsaufgabe wider."[843]

Ausführungen wie eben diese sind Zeugnis einer ungebrochenen etatozentrischen Fixierung. Auch im Europa des 21. Jahrhunderts soll einzig und allein der Staat als Inhaber des Gewaltmonopols in Betracht kommen. In diesem Sinne stellt etwa *Jachtenfuchs* fest:

„In der OECD-Welt existiert keine institutionelle Alternative zum Staat als dem Träger des Gewaltmonopols."[844]

Dem allerdings widersprechen die Befunde der vorliegenden Untersuchung ausdrücklich. Es drängt sich vielmehr angesichts der im Integrationsverlauf eingetretenen Modifikationen ein Wechsel der Trägerschaft geradezu auf. Schließlich sind mittlerweile sowohl die Mitgliedstaaten wie auch die Europäische Union an der Ausübung des Gewaltmonopols beteiligt. Demnach müsste konsequenterweise

841 So zu Recht *Meyer*, der aber diese Rekonstruktion des Gewaltmonopols auf EU-Ebene – anders als vorliegend entwickelt – entscheidend auf das Territorialitätselement des Raums der Freiheit, der Sicherheit und des Rechts zurückführt, EuR 2011, S. 169 (192 f.).

842 *Meyer*, EuR 2011, S. 169 (192).

843 *Schimpfhauser*, S. 222.

844 *Jachtenfuchs*, in: Leibfried/Zürn (Hrsg.), Transformationen des Staates?, S. 69 (89); differenzierend dagegen *Griller*, in: Schuppert/Pernice/Haltern (Hrsg.), Europawissenschaft, S. 201 (223), der ein Gewaltmonopol der EU zumindest implizit für möglich hält.

von einem „geteilten Gewaltmonopol“ ausgegangen werden. Und tatsächlich: Es finden sich bereits Stimmen, die auf die Annahme einer solchen Teilung hindeuten, u.a. der bereits erwähnte *Jachtenfuchs*:

„Die Polizei- und Militärkräfte bleiben staatlich und unter staatlicher Kontrolle, die Staaten sind aber nicht mehr wie früher völlig frei in der Festlegung der Kriterien für den Einsatz des Gewaltmonopols und der Legitimation desselben. Vor allem innerhalb der EU wird so das Gewaltmonopol teilweise von den Staaten gemeinsam ausgeübt und nicht mehr wie früher vollständig in alleiniger staatlicher Autonomie.“[845]

Der Begriff des „teilweise ausgeübten“, also insofern „geteilten Gewaltmonopols“ birgt allerdings – wie hier gezeigt werden soll – einen etymologischen Widerspruch und rechtliche Ungereimtheiten in sich.

So fragt sich zunächst, ob ein Monopol überhaupt geteilt sein kann, wenn prägendstes Charakteristikum dieses aus der Handelssprache entlehnten Begriffes doch gerade dessen unbedingte Unteilbarkeit ist. Mit Blick auf die Klärung dieses etymologischen Problems erscheint es zunächst von Bedeutung, dass das begrifflich „schillernde“[846] Element des „Monopols“ nicht nur in der deutschen Sprache, sondern auch in anderen Idiomen als absolut inhaltsprägend für die Formel vom Gewaltmonopol anzusehen ist:

Während etwa im Englischen vom *monopoly of violence* beziehungsweise vom *monopoly on the use of force* gesprochen wird, wird mit dem *monopole des pouvoirs* auch im Französischen das Einzigkeitselement besonders betont. Weiterhin heben mit dem *монополия на применение силы* auch das Russische und mit dem *våldsmonopol* das Schwedische das Monopolelement sprachlich signifikant hervor.

Dieser inhaltlichen Signifikanz entspricht auch die sprachgeschichtliche Entwicklung. So stand der Begriff des Monopols (griechisch *monopolion*, römisch *monopolium*) bereits in der Antike für diejenige Marktform, bei der Angebot oder Nachfrage in einer Person – eben beim Monopolisten – vereinigt sind.[847] Von diesem Monopol im rein wirtschaftlichen Sinne leitete sich – ebenfalls noch mit dem Fokus auf Handel und Wirtschaft – das Monopol im Rechtssinne ab.[848]

845 *Jachtenfuchs*, in: Leibfried/Zürn (Hrsg.), Transformationen des Staates?, S. 69 (89).

846 *Möllers*, Staat als Argument, S. 273.

847 *Köbler*, Etymologisches Rechtswörterbuch, S. 273 f.; ferner speziell zum Monopol im wirtschaftlichen Sinne *Hochbaum*, in: von der Groeben/Schwarze, 6. Auflage 2003, Art. 31 EG, Rdnr. 10.

848 Vgl. *Hochbaum*, in: von der Groeben/Schwarze, 6. Auflage 2003, Art. 31 EG, Rdnr. 10, 12.

Bezogen auf den Bereich der Zwangsanwendung wurde schließlich durch *Max Weber* der Begriff des „Monopols legitimer physischer Gewaltsamkeit" geprägt. Letzterer beinhaltet die ausschließliche Befugnis zur Anordnung und Anwendung von legaler Zwangsgewalt.[849] Danach ist die Einzigkeit neben der Supremität zum konstitutiven Charakteristikum des Gewaltmonopols geworden.[850] Diese Eigenschaften lassen den Begriff des Gewaltmonopols auch weiterhin nicht nur sprachlich schillern. Sie verleihen ihm vielmehr eine nach wie vor unverzichtbare und im Globalisierungszeitalter sogar wieder wichtiger werdende Prägnanz und Ordnungswirkung. Denn in der vom Einzelnen erlebten Rechtswirklichkeit handelt es sich ausnahmslos entweder um legitime, also vom Gewaltmonopol gedeckte, oder aber um illegitime, außerhalb der rechtlichen Grenzen ausgeübte Gewalt. Es besteht insoweit überhaupt keine Veranlassung, das Gewaltmonopol an sich mit der zweifelhaften Feststellung zu schwächen, dass es „im Unterschied zu den Monopolen in der Wirtschaft [...] beim Gewaltmonopol kein tatsächliches Monopol geben" könne, da letzteres immer dadurch unvollständig bleiben würde, dass „es in der Gesellschaft immer Gewalt geben wird"[851]. Denn das Gewaltmonopol im rechtlichen Sinne erhebt überhaupt nicht den utopistischen Anspruch, Kennzeichen eines Gemeinwesens zu sein, in dem ausgeübte Gewalt vollständig und zu 100% legitime Gewalt ist. Aufgrund der schon von *Hobbes* genügend beschriebenen, zumindest „auch bösen" Natur des Menschen wird es tatsächlich wohl solange auch illegale Gewalt geben, wie es Menschen gibt.[852] Allein sind dies soziologische Phänomene und insoweit für die rechtliche Betrachtung des Gewaltmonopols unergiebig. Es überzeugt daher insbesondere nicht, wenn sich der Frage nach dem juristischen Aussagegehalt der Gewaltmonopolformel mit einem soziologischen Argument, nämlich dem „Faktum: empirische Widerlegbarkeit", genähert wird.[853]

Zwar mag die *Weber*sche Formel aus der Soziologie stammen. Dennoch kann sie auch nach mehr als 100 Jahren seit ihrer Schöpfung auch im Bereich des Rechts präzise Ergebnisse liefern. So kann hinsichtlich sämtlicher in der Rechtswirklichkeit vorhandener Gewalt eine „Schwarz-Weiß-Sicht" dergestalt erfolgen, dass Gewalt

---

849 *Weber*, Politik als Beruf, in: Winckelmann (Hrsg.), Max Weber – Gesammelte Politische Schriften, 3. Auflage, S. 505 (506).

850 So auch *Schliesky*, S. 508 f., der freilich zur Überwindung der „realitätsfremden monistischen Exklusion aller anderen Herrschaftsgewalten neben der Staatsgewalt" das Konzept einer gemeinsamen Souveränität entwickelt.

851 So aber *Wimmer*, S. 11.

852 In diesem Sinne zu Recht u.a. *Zippelius*, der sich dabei auch auf die moderne Anthropologie beruft, § 17 II, S. 104.

853 So aber *Möllers*, Staat als Argument, S. 275 f.

entweder im Rahmen des Gewaltmonopols als legitim, oder außerhalb davon als illegitim zu qualifizieren ist. Da es insofern lediglich darauf ankommt, dass der Inhaber der Hoheitsgewalt über die Legitimität von Gewalt entscheidet, deren Umfang festlegt und illegitime Gewaltausübung weitestgehend zu verhindern sucht, sind auch die in allen Rechtsordnungen anzutreffenden „Selbsthilferechte im Lichte des Gewaltmonopols“ als unproblematisch anzusehen.[854] Der Begriff des Gewaltmonopols ist demnach keineswegs – wie zuweilen behauptet wird[855] – ein Widerspruch in sich.

Da also im Recht wie in der Wirtschaft nicht auf den jedem Monopol immanenten Charakter der unbedingten Unteilbarkeit verzichtet zu werden braucht, müsste aus dem gegenwärtigen Stand der Integration im Grunde gefolgert werden, dass die achtundzwanzig in der Union verfassten Mitgliedstaaten ihr tradiertes Gewaltmonopol in politisch autonomer Entscheidung aufgegeben haben.[856] Allerdings ist vor dem soeben bereits erwähnten Hintergrund der innerstaatlichen Durchbrechungen des Gewaltmonopols durch Notwehrrechte etc.[857] explizit auf das begriffliche Dilemma des „geteilten Gewaltmonopols“ eingegangen und ein Versuch der Rettung unternommen worden:

„Gewiss kann man diese Normen als Ausnahmen oder Durchbrechungen eines staatlichen Gewaltmonopols ansehen. Dann würde sich die Frage stellen, inwieweit Monopole der Ausnahme zugänglich wären, ohne ihren Monopolcharakter zu verlieren. [...] Von einem staatlichen Monopol der Gewaltausübung kann jedenfalls nicht in dem Sinne gesprochen werden, dass der Staat im Gemeinwesen allein und exklusiv berechtigt wäre, Gewalt auszuüben. Dies alles erfordert nicht, die Lehre vom Gewaltmonopol aufzugeben.“[858] Notwendig sei nach dieser Ansicht

---

854 So zu diesem Thema vertiefend *Brenneisen/Martins*, Schutz privater Rechte zwischen dem Gewaltmonopol des Staates, den Selbsthilferechten des Bürgers, dem Prinzip der Nichteinmischung und der Notfallkompetenz, in: Brenneisen/Staack/Kischewski (Hrsg.), S. 499 (500 f.).

855 So fälschlicherweise *Wimmer*, S. 11.

856 In diese Richtung *Calliess*, in: Müller/Schneider (Hrsg.), Die Europäische Union im Kampf gegen den Terrorismus: Sicherheit vs. Freiheit?, S. 83 (91); ebenso *Meyer*, der von einem „verlorenen oder geschwächten nationalen Gewaltmonopol“ spricht, EuR 2011, S. 169 (192).

857 Konkret in Rede standen §§ 32, 34 StGB, §§ 227, 228, 229, 561, 859, 860, 904 BGB, § 127 StPO und Art. 20 Abs. 4 GG, vgl. *Gusy*, DÖV 1996, S. 573 (576).

858 *Gusy*, DÖV 1996, S. 573 (576); vgl. ferner zur Auflösung der im Grundrechtsbereich bestehenden Problematik des „doppelten Gewaltmonopols“ *Calliess*, Rechtsstaat und Umweltstaat, S. 445 ff.

aber zwingend, dass der Staat zumindest jederzeit über Legitimität und Illegitimität von Gewalt entscheiden könne und in der Lage sei, illegitime Gewaltausübung notfalls mit eigener Gewalt zu unterbinden.[859] Insoweit relativiert diese Betrachtungsweise die Einzigkeitskomponente des staatlichen Gewaltmonopols und fasst letzteres als Festsetzung der Bedingungen physischer Gewaltsamkeit auf.[860]

Übertragen auf die vorliegend im Rahmen der europäischen Integration bestehende Begriffsproblematik stellt sich letztgenannte Argumentation tatsächlich aber gerade als ein weiteres Argument für die Nichtzulassung der Figur des „geteilten Gewaltmonopols" dar. Denn wie besehen ist es insbesondere jene Einzigkeit des Legitimitäts- und Ableitungszusammenhanges von Gewaltausübung und Willensakt des mitgliedstaatlichen Souveräns, welche im Rahmen der beschriebenen Europäisierung durchbrochen wurde. Über die Frage der Legitimität oder Illegitimität von Gewalt entscheidet nämlich in vielen Fällen nunmehr die Union, während den Mitgliedstaaten die Verfügungsbefugnis über die Gewaltausübung dann entzogen ist.

Schließlich wäre es auch problematisch, da widersprüchlich, zwei verschiedene Ebenen als Monopolinhaber des Phänomens „Gewalt" zuzulassen. Wie besehen, existieren in der Lissabon-Union hinsichtlich Gewalt und deren Urheberschaft zwei grundsätzlich divergierende Ableitungszusammenhänge.[861] Ein „geteiltes Gewaltmonopol" würde deshalb nicht nur der Etymologie, sondern auch den legitimatorischen Erfordernissen einer Demokratie zuwiderlaufen. Deshalb kann der in der Literatur vertretenen Ansicht, die – als Ausweg aus dem Dilemma, „wonach ein Staat das Gewaltmonopol entweder vollständig oder gar nicht besitzt" – die Ausblendung der binären Kategorien fordert,[862] aus diesen Gründen nicht zugestimmt werden. Vor dem Hintergrund der Genese des staatlichen Gewaltmonopols, das erst in einem Jahrhunderte währenden Prozess im Sinne von Einzigkeit und Einseitigkeit perfektioniert wurde,[863] ist der insoweit ungenaue und widersprüchliche Begriff des „geteilten Gewaltmonopols" nach alledem entscheiden abzulehnen.

---

859 *Gusy*, DÖV 1996, S. 573 (576).

860 So *Kneihs*, Der Staat, S. 265 (S. 267); ebenso *Grimm*, in: Anders/Gilcher-Holtey (Hrsg.), Herausforderungen des staatlichen Gewaltmonopols, S. 18 (28).

861 Zur demokratisch-legitimatorischen Problematik der Ableitungszusammenhänge vgl. *Henke*, Plädoyer für kürzere Legitimationsketten in der Europäischen Union, EuR 2010, S. 118.

862 So freilich mit Blick auf die äußere, militärische Dimension des Gewaltmonopols *Jachtenfuchs*, in: Leibfried/Zürn (Hrsg.), Transformationen des Staates?, S. 69 (81).

863 Vgl. *Grimm*, in: Anders/Gilcher-Holtey (Hrsg.), Herausforderungen des staatlichen Gewaltmonopols, S. 18 (21 ff.).

f.) Die Verteidigung des staatlichen Gewaltmonopols

Es deuten, wie besehen, verschiedene Gründe darauf hin, dass das tradierte Gewaltmonopol der Staaten aufgegeben wurde, bzw. im unionalen Europa *de facto* signifikant geschwächt ist.[864]

In deutlichem Widerspruch hierzu steht die Tatsache, dass in der Vergangenheit nicht nur das Bundesverfassungsgericht, sondern auch viele Stimmen der Literatur entschieden am Terminus des staatlichen Gewaltmonopols festgehalten haben. Regelmäßig wurde letzteres als zu elementar für die Entwicklung des modernen Verfassungsstaates angesehen, als dass man es leichtfertig in Frage stellen dürfe: „Mit dem Verlust des Gewaltmonopols würde ein Staat auch seinen Staatscharakter verlieren.“[865]

So und ähnlich lautet die diesbezügliche Argumentation, die – bewusst oder unbewusst – oft auch von politischen Wunschvorstellungen geleitet ist.

Zur Feststellung der fortbestehenden Integrität des staatlichen Gewaltmonopols werden allerdings auch weniger politisch und funktional motivierte, als vielmehr rechtlich-tatsächliche Gründe angeführt. Insbesondere letztere sind zu berücksichtigen, wenn es zu klären gilt, ob das tradierte staatliche Gewaltmonopol angesichts der Tiefe der übertragenen Entscheidungskompetenzen noch aufrechterhalten werden kann. Diesbezüglich werden hauptsächlich zwei Argumente zu Felde geführt:

Zum einen bliebe nämlich dort, wo Staaten sich verbünden und den von ihnen geschaffenen Institutionen Kompetenzen zur physischen Gewaltanwendung übertragen, das Gewaltmonopol bestehen, solange die Staaten diese Bündnisstrukturen, wenn ihnen dies nötig erscheint, wieder verlassen können.[866] Angesprochen ist damit die Möglichkeit des Austritts aus der Union nach Artikel 50 EUV.

Zum anderen sei die Union, sobald es um die Vollstreckung von Rechtsakten geht, unbedingt auf den Zwangsapparat der Mitgliedstaaten angewiesen:

864 In diese Richtung auch *Meyer*, der von einem „verlorenen oder geschwächten nationalen Gewaltmonopol“ spricht, EuR 2011, S. 169 (192); ferner *van Ooyen*, der die von der Europäisierung ausgehenden Implikationen – wenn auch bezogen auf den Dualismus aus innerer und äußerer Hoheitsgewalt – ebenfalls treffend beschreibt: „Vor dem Hintergrund der Supranationalität im Bereich der Europäischen Union (EU) ist dieses klassische Schema des Staats- (Staats- und Verfassungsrecht) und Völkerrechts mindestens tw. überholt. Auf „staatlicher“ Ebene erweitert sich daher der Kreis der Hoheitsträger von Bund und Ländern um die dritte Ebene der europäischen Integration.“, in: Möllers (Hrsg.), Wörterbuch der Polizei, S. 841.

865 *Voigt*, S. 303.

866 *Haack*, Verlust der Staatlichkeit, S. 199.

„Die Union verfügt über keine Zwangsmittel, geschweige denn ein eventuelles Gewaltmonopol. Ebenso wenig hat sie ein unmittelbares Zugriffsrecht auf die mitgliedstaatlichen Gewaltpotentiale.“[867] Somit fehle ihr „weiterhin jede Kompetenz und jedes Zwangsinstrument [...], Rechtsgehorsam gegenüber den Mitgliedstaaten zu erzwingen“[868].

Als Verteidigungspositionen des staatlichen Gewaltmonopols stehen somit das mitgliedstaatliche Austrittsrecht und die Ermangelung unionalen Bundeszwanges zur Diskussion.[869]

aa.) Die Möglichkeit des Austritts aus der Union

Während das Primärrecht noch bis zum Vertrag von Nizza keine Möglichkeit zum Unionsaustritt kannte, sah erstmals der Verfassungsvertrag in Art. I-60 ein solches mitgliedstaatliches Recht explizit vor.[870] Letzteres hat am 1. Dezember 2009 nahezu unverändert mit Art. 50 Abs. 1 EUV Eingang in die geltende Rechtslage gefunden.

In der Existenz eines primärrechtlich verankerten Austrittsrechts wurde zuweilen eine in seiner Deutlichkeit kaum zu übertreffende „Abwendung von einer bundesstaatlichen oder gar superstaatlichen Option der Union“[871] gesehen. Andere, nationalstaatlich orientierte Stimmen schlossen aus der Widerrufbarkeit der übertragenen Hoheitsgewalt, nicht ohne Erleichterung, dass Europa gerade deshalb nicht als eigenständig souverän betrachtet werden könne.[872] Dritte wiederum, die die Existenz des primärrechtlich abgesicherten Austrittsrechts bedauerten, weil dieses die „Identität der Union als Schicksalsgemeinschaft“ untergrabe, sahen in

---

867 So *v. Bogdandy*, HFR 1997, S. 2, Rdnr. 15.

868 So *v. Bogdandy*, Supranationaler Föderalismus als Wirklichkeit und Idee einer neuen Herrschaftsform, S. 36.

869 Dieser beiden Argumente bedient sich regelmäßig die bislang wohl vorherrschende Meinung. Exemplarisch hierfür *Zippelius*, der den Fortbestand deutscher Staatsgewalt auch angesichts der Implikationen zwischenstaatlicher Integration bejaht. Bezugnehmend auf das Lissabon-Urteil des BVerfG führt *Zippelius* zunächst aus, dass vor allem die Wahrung des staatlichen Gewaltmonopols „entscheidend“ sei. Als Indizien und Argumente für diesen Fortbestand des Gewaltmonopols werden sodann die Ermangelung des Bundeszwanges und das mitgliedstaatliche Austrittsrecht genannt, § 10 III, S. 60 f. Folglich wird von den beiden genannten Argumenten auf das Gewaltmonopol, und von letzterem wiederum auf den Fortbestand der Staatsgewalt geschlossen.

870 Vgl. hierzu umfassend *Calliess*, Verfassung der Europäischen Union, Art. I-60.

871 So *Oppermann*, DVBl 2008, S. 473 (475) mit Blick auf Art. I-60 VV.

872 *Mäder*, S. 155.

der hitzigen Debatte um die explizite Verankerung eher ein Indiz dafür, dass sich die nach Art. 53 EUV auf unbestimmte Zeit konstituierte Union gerade deshalb in Richtung eines bundesstaatsähnlichen, föderalen Gebildes entwickele.[873]

Während an dieser Stelle noch dahinstehen kann, welche dieser Deutungen die möglicherweise besseren Argumente für sich beanspruchen kann, stellt sich die Frage, ob das nun garantierte Austrittsrecht jedenfalls als Indiz für die nach wie vor bestehende Integrität des mitgliedstaatlichen Gewaltmonopols gewertet werden kann.[874] Denn durch die Ausübung des Rechts nach Art. 50 Abs. 1 EUV könnten die Mitgliedstaaten sämtliche der Union bislang übertragenen Kompetenzen unmittelbar zurückerlangen, wodurch die diesbezüglich zuvor eingeschränkte Souveränität wieder vollständig aufleben würde. Mit dem Wirksamwerden des Austritts fänden die Verträge auf den betreffenden Staat keine Anwendung mehr, so dass auch das Gewaltmonopol dann wieder eindeutig einem einzelnen Träger exklusiv zufallen würde.

Allein ist es fraglich, ob diese auf die Zukunft bezogene, rechtlich-theoretische Möglichkeit bereits für sich genommen ausreicht, um daraus auf die weiterhin bestehende völlige Integrität des staatlichen Gewaltmonopols zu schließen.

Hiergegen spricht zunächst die Wirkweise des Unionsrechts. Denn solange noch ein Staat Mitglied der EU ist, hat dieser das vorrangige und unmittelbar wirkende Unionsrecht zu wahren. Dieses ist, wie oben beschrieben, unstreitig mit der Konsequenz verbunden, dass in einer Vielzahl von Fällen nicht mehr die nationale Gewalt, sondern eben die europäische Ebene entscheidet, ob und in welcher Form Zwangsgewalt anzuwenden ist. Ferner erscheint es angesichts der vielfachen, vor allem wirtschafts- und währungspolitischen Verflechtungen zweifelhaft, ob und inwieweit der Austritt aus der Union überhaupt noch eine ernsthafte und realistische Option darstellen kann.[875] Bereits vor Inkrafttreten des Lissabon-Vertrages wurde in diesem Zusammenhang davon ausgegangen, dass die praktische Relevanz des Austrittsrechts gegen Null tendieren wird.[876]

Schließlich ist hinsichtlich der Frage nach der Integrität des staatlichen Gewaltmonopols aus demokratietheoretischen und rechtsstaatlichen Erwägungen auf eine faktische *ex-nunc*-Betrachtung aus Sicht des Einzelnen abzustellen.

---

873 So wohl *Terhechte*, EuR 2008, S. 143 (152 f.).

874 In diesem Sinne *Haack*, Verlust der Staatlichkeit, S. 199.

875 *Zippelius* spricht hier von „zwischenstaatlichen Interdependenzen“, die eine rechtlich vorgesehene Sezessionsmöglichkeit durch „einen unentrinnbaren faktischen Zwang“ vereiteln können, § 10 III, S. 61.

876 Vgl. *Terhechte*, EuR 2008, S. 143 (153).

Wenn es, wie so oft gefordert wird, im Rahmen der Frage nach der Legitimierung der europäischen Gewaltableitungszusammenhänge entscheidend auf die Unionsbürger als Legitimationssubjekte und Betroffene ankommen soll, dann ist Europa zwingend vom Bürger her zu denken.[877] Hierbei ist es für den von einer unionsrechtlich veranlassten Zwangsmaßnahme Betroffenen allerdings ohne Relevanz, dass die Maßnahme möglicherweise nach einem in der Zukunft erfolgten EU-Austritt seines Heimatlandes überhaupt nicht oder möglicherweise anders angeordnet worden wäre. Im Ergebnis ist es also für die Frage nach der gegenwärtigen Integrität des staatlichen Gewaltmonopols ohne Bedeutung, dass die EU-Mitglieder mit Wirkung für die Zukunft aus der Union austreten können. Zwar würde bei einem austretenden Mitgliedstaat dessen individuelles Gewaltmonopol wieder aufleben. Als Argument für die Verteidigung des staatlichen Gewaltmonopols als übergeordneter Kategorie des Rechts ist das Austrittsrecht dagegen nicht geeignet.

bb.) Die Ermangelung echten Bundeszwangs

Eine ähnliche Argumentation wie zum Austrittsrecht wird mit Blick auf die Ermangelung echten Bundeszwangs vertreten. Weil die Union nämlich den mitgliedstaatlichen Rechtsgehorsam nicht erzwingen könne, bliebe das Gewaltmonopol ihrer Mitglieder unangetastet.[878]

Zwar verkennen auch die Vertreter dieser Ansicht nicht, dass die Union im Rahmen ihrer Kompetenzen über die Anordnung von Zwangsgewalt entscheiden kann. Ihr fehle es aber entscheidend an eigenen Streitkräften und operativen Polizeieinheiten. Über die zahlreichen Mittel zur rein rechtlichen Durchsetzung des Unionsrechts hinaus[879] bestünden eben gerade keine Möglichkeiten zur faktischen Durchsetzung: „Die Europäische Union verfügt über keine Mittel zur gewaltsamen Durchsetzung europäischen Rechts in den Mitgliedstaaten durch europäische Instanzen, es gibt also keinen unmittelbaren Zwang gegen die Mitgliedstaaten

877 Vgl. dazu auch *Pernice*, in: Calliess (Hrsg.), Verfassungswandel im europäischen Staaten- und Verfassungsverbund, S. 61. Für diesen sind das „Denken vom Bürger her“ (S. 64 ff.) sowie – aus verfassungssystematischer Sicht – „Die Einheit des zusammengesetzten Systems“ (S. 68 ff.) die beiden zentralen Elemente des von ihm entworfenen Modells des europäischen Verfassungsverbundes.

878 So etwa *v. Bogdandy*, Supranationaler Föderalismus als Wirklichkeit und Idee einer neuen Herrschaftsform, S. 36 ff.

879 Als ebenso wirksames wie gebräuchliches Mittel zur Durchsetzung unionalen Rechts ist vor allem das Vertragsverletzungsverfahren gem. Art. 258 AEUV zu nennen.

oder ihre Bürger. Sie setzt in ihrem Kompetenzbereich verbindliches Recht, das Monopol physischer Gewalt aber bleibt bei den Staaten."[880]

In Ermangelung des klassischen Bundeszwangs läge das Gewaltmonopol also nach wie vor ungeteilt bei den Mitgliedstaaten.[881] Dass die Union den Bürgern nicht mit eigener Polizei und den Mitgliedstaaten nicht mit eigenem Militär entgegentreten könne, sei Zeugnis für die Abwesenheit echter Gemeinschaftsgewalt.[882]

Eine sich isoliert an den faktischen Machtverhältnissen orientierte Sicht scheint den zuvor genannten Stimmen Recht zu geben. Denn tatsächlich hat die Union weder eine eigene Vollzugspolizei, noch hat sie eigenes Militär. Gleichwohl ist der zwischen dem fehlenden Bundeszwang und dem Fortbestehen des Gewaltmonopols hergestellte Zusammenhang insbesondere deshalb zweifelhaft, weil dieser die Bedeutung von Gewalt und Zwang überbewertet, und den Einfluss des Rechts und der Rechtsbefolgung dagegen unterbewertet. Dies räumen sogar jene Stimmen ein, die den fehlenden Bundeszwang der Union als Indiz für das Fortbestehen des staatlichen Gewaltmonopols werten: „Sind die [...] Überlegungen in ihrer Fixierung über den Gewalteinsatz nicht zu eng, um die Union zu erfassen? In der Tat, sie sind es!"[883]

Der von der Ermangelung des Bundeszwangs auf die Integrität des staatlichen Gewaltmonopols schließenden Ansicht ist entscheidend entgegenzuhalten, dass die Union als Rechtsgemeinschaft gerade nicht mehr in Kategorien des Zwangs oder militärischer Stärke zu bewerten und zu verstehen ist. Vielmehr ist ihr prägendes Charakteristikum die wie beschrieben gewachsene und freiwillig konsentierte Einsicht in die Verbindlichkeit des Rechts.[884] Dass es im Rahmen der Integration von vornherein nicht auf Gewalt und somit eben auch nicht auf Bundeszwang ankommen sollte, ist einmal von einer der großen Persönlichkeiten der Integration – *Walter Hallstein* – in für heutige Ohren pathetisch klingenden, aber durchaus eindrucksvollen Worten wie folgt beschrieben worden:

„Nicht Gewalt, nicht Unterwerfung ist als Mittel eingesetzt, sondern eine geistige, eine kulturelle Kraft, das Recht. Die Majestät des Rechts soll schaffen, was Blut und Eisen in Jahrhunderten nicht vermochten. Denn nur die selbstgewollte Einheit hat Aussicht auf Bestand."[885]

---

880 *Pernice*, in: Schuppert/Pernice/Haltern (Hrsg.), Europawissenschaft, S. 743 (776).

881 So etwa *Waltemathe*, S. 76; *Haack*, Verlust der Staatlichkeit, S. 211.

882 *Waltemathe*, S. 76.

883 So bereits zum Vertragsstand von Amsterdam *v. Bogdandy*, Supranationaler Föderalismus als Wirklichkeit und Idee einer neuen Herrschaftsform, S. 37.

884 Vgl. *Pernice*, in: Calliess (Hrsg.), Verfassungswandel im europäischen Staaten- und Verfassungsverbund, S. 61 (88).

885 *Hallstein*, Der unvollendete Bundesstaat, S. 33.

In einer dergestalt funktionierenden Rechtsgemeinschaft ist der europäischen Ebene ungeachtet fehlender Zwangsgewalt sogar eine Überordnung gegenüber der nationalen Ebene sicher. Denn die beiden herausragenden, geradezu eine „juristische Revolution“[886] manifestierenden Eigenschaften des Unionsrechts – unmittelbare Anwendbarkeit einerseits und Anwendungsvorrang andererseits – haben zur Folge, dass sich im Konfliktfall das Unionsrecht selbst gegenüber nationalem Verfassungsrecht durchsetzt.

Im Ergebnis erweist sich auch jene Position, die sich zur Verteidigung des Gewaltmonopols auf den fehlenden Bundeszwang der Union stützt, gleichfalls als nicht überzeugend.[887]

g.) Ergebnis – die Europäisierung des staatlichen Gewaltmonopols als freiwillige Beschränkung der mitgliedstaatlichen Souveränität

Vor dem Hintergrund des Näheverhältnisses von Gewaltmonopol und staatlicher Souveränität[888] wird in der Herausbildung einer supranational-unionsrechtlichen Dimension des Gewaltmonopols eine beträchtliche Einschränkung der mitgliedstaatlichen Souveränität erkennbar. Diese findet im aufgezeigten Verzicht auf die nationale Letztentscheidungsbefugnis ihren rechtlichen Ausdruck.[889] Die Einseitigkeit und Unabhängigkeit, mit dem einst der historische Nationalstaat über den Gewalteinsatz entschieden hat, existieren in der heutigen Lissabon-Union nicht länger. Die Tatsache, dass nunmehr ein autonomes Rechtssystem – wenn auch in einer noch praktisch begrenzten Minderzahl der Fälle – über den mitgliedstaatlichen Einsatz von Zwangsgewalt entscheiden kann, ist als Teil jener „juristischen Revolution“ zu werten, durch die die Integrationsbewegung zu einem der großen historischen Transformationsprozesse, „vergleichbar etwa mit der Herausbildung des souveränen Territorialstaates“[890], geworden ist. Dass die Mitgliedstaaten diesen historischen Prozess zumindest theoretisch jederzeit durch Inanspruchnahme des Austrittsrechts beenden und umkehren können, vermag an diesem Ergebnis

---

886 *V. Bogdandy*, HFR 1997, S. 2, Rdnr. 16.

887 So wohl auch *Griller*, in: Schuppert/Pernice/Haltern (Hrsg.), Europawissenschaft, S. 201 (223).

888 BVerfG, 2 BvE 2/08 vom 30.06.2009, Rdnr. 252 (Lissabon).

889 *Steiner*, BB 2008, Special 4, S. 2; vgl. auch *Schuppert*, der – für die internationale Ebene – mit Blick auf die „Deckungshoheit von nationaler Staatsgewalt und Rechtsetzungs- sowie Rechtsdurchsetzungsmonopol“ treffend einen „Prozeß der Erosion“ festgestellt hat, Staatswissenschaft, S. 901.

890 *V. Bogdandy*, HFR 1997, S. 1 f., Rdnr. 4, 16.

letztendlich nichts zu ändern. Gleichwohl hat das Vorhandensein der Austrittsmöglichkeit in Kombination mit dem bei den Mitgliedstaaten verbleibenden Monopol der unmittelbaren Zwangsausübung einschließlich der weit überwiegenden Verfügung über die Frage des „Ob“ und des „Wie“ des Zwangs zur Folge, dass im Ergebnis lediglich eine Souveränitätsbeschränkung, nicht jedoch ein völliger Souveränitätsverzicht vorliegt. Insoweit gibt es auch nach dem Vertrag von Lissabon noch hinreichend viel Staat in Europa, „der seine hoheitlichen Muskeln spielen lassen kann.“[891]

Im Übrigen wäre ein völliger Souveränitätsverzicht im Rahmen einer Vertragsreform auch nach Ansicht des Bundesverfassungsgerichts nicht mit dem Grundgesetz vereinbar. Voraussetzung wäre in diesem Fall „eine freie Entscheidung des Volkes jenseits der gegenwärtigen Geltungskraft des Grundgesetzes.“[892]

Mit Blick auf die Lissabon-Entscheidung des Verfassungsgerichts gilt es aber gleichwohl zu konstatieren, dass dessen unbedingtes Festhalten an der Integrität des mitgliedstaatlichen Gewaltmonopols schon am Tag der Urteilsverkündung nicht mehr den europäischen Realitäten entsprach. Denn das heutige materiell europäisierte Gewaltmonopol ist nicht annähernd mehr die im *Weber*schen Sinne den Staat erst ausmachende „alleinige Quelle des »Rechts« auf Gewaltsamkeit.“[893] Mit der beschriebenen Europäisierung des Gewaltmonopols ist vielmehr eben jener in der Souveränität liegende Ableitungszusammenhang zwischen dem Willen des Souveräns einerseits und der Gewaltausübung andererseits entscheidend unterbrochen worden.[894] Die möglicherweise intendierte, aber jedenfalls von der Lissabon-Entscheidung ausgehende verfassungsrechtliche Beruhigung erscheint gerade deshalb als umso bedenklicher, als dass sie eine auch die Öffentlichkeit einbeziehende Debatte über den weiteren Kurs der Integration zu verhindern geeignet ist.[895]

---

891 *Steiner*, BB 2008, Special 4, S. 2.

892 BVerfG, 2 BvE 2/08 vom 30.06.2009, Rdnr. 263 (Lissabon).

893 *Weber*, Politik als Beruf, in: Winckelmann (Hrsg.), Max Weber – Gesammelte Politische Schriften, 3. Auflage, S. 505 (506).

894 Ebenso *Schuppert*, der mit einem weiteren, nämlich auf die „Transnationalisierung klassischer Staatlichkeit“ gerichteten Fokus zum Ergebnis gelangt, dass sich „Rechtssetzungs- und Rechtsdurchsetzungsmonopol“ im Gefolge der Transnationalisierung signifikant verändert hätten, Staatswissenschaft, S. 869; zu einem anderen Ergebnis kommend und deshalb Anlass für „verfassungsrechtliche Beruhigung“ sehend *Poscher*, VVDStRL 67 (2008) S. 160 (169).

895 Eine solche Debatte wird unter anderem gefordert von *Nettesheim*, NJW 2009, S. 2867.

Nach alledem ist davon auszugehen, dass sich die Mitgliedstaaten mit der Schaffung einer neuen supranational-unionsrechtlichen Dimension dazu bereit erklärt haben, das staatliche Gewaltmonopol durch explizites politisches Handeln und in Kenntnis möglicher Konsequenzen bewusst und nachhaltig aufzugeben.[896] Dieses Ergebnis ist bereits mit Blick auf Teilbereiche der europäischen Zusammenarbeit angedeutet worden:

„Diese Staaten [Schengen-Gruppe] wurden nicht von einer außerhalb ihres Einflussbereichs liegenden veränderten Problemstruktur dazu gezwungen, die Grenzkontrolle als traditionelles Instrument der Verbrechensbekämpfung aufzugeben, sondern sie taten dies freiwillig wegen einer vertieften Integration Europas. Hier wurden die Bedingungen, unter denen das Gewaltmonopol ausgeübt werden kann, durch explizites politisches Handeln und in Kenntnis möglicher Konsequenzen gezielt verändert."[897]

Angesichts dieser Relativierungen des Gewaltmonopols kommt die bereits früh festgestellte Tatsache, wonach die Aufgabe, innere Sicherheit zu gewährleisten, ihren ausschließlich nationalstaatlichen Charakter verloren habe,[898] in aller Deutlichkeit zum Ausdruck. Somit bleibt als konkretes Ergebnis der Europäisierung von Sicherheit und Freiheit festzuhalten, dass sich die Mitgliedstaaten bewusst für einen politischen Autonomieverlust in Form der freiwilligen Aufgabe des tradierten staatlichen Gewaltmonopols entschieden haben.[899]

---

896 In diese Richtung auch *Meyer*, der zutreffend den Verlust bzw. die Schwächung des tradierten nationalen Gewaltmonopols feststellt und angesichts des gleichzeitigen Nichtvorhandenseins eines supranationalen Gewaltmonopols zu Recht die „Rekonstruktion des Gewaltmonopols auf EU-Ebene" als „grundsätzlich notwendig" betrachtet, EuR 2011, S. 169 (192 f.).

897 *Jachtenfuchs*, in: Leibfried/Zürn (Hrsg.), Transformationen des Staates?, S. 69 (75, 89), der allerdings zum Ergebnis gelangt, dass das Gewaltmonopol als solches noch bei den Staaten liege.

898 So bereits 2002 *Pitschas*, NVwZ 2002, S. 519.

899 In diese Richtung auch *Jachtenfuchs*, in: Leibfried/Zürn (Hrsg.), Transformationen des Staates?, S. 69 (89).

F. Die mögliche Entstehung eines europäischen Gewaltmonopols

An die Feststellung, dass die Mitgliedstaaten in freiwillig-autonomer Entscheidung nicht mehr auf ihrem tradierten Gewaltmonopol beharren, knüpft unmittelbar die Frage nach dem gewaltmonopolistischen *status quo* an. Da die Annahme eines „geteilten Gewaltmonopols" wie beschrieben abzulehnen ist, erscheint einerseits dessen Auflösung, andererseits der Übergang auf einen neuen Träger denkbar.

I. Das Schicksal des aufgegebenen staatlichen Gewaltmonopols

Das Vorhaben, dem weiteren Verbleib des europäisierten staatlichen Gewaltmonopols unter dem *status quo* der Lissabon-Union nachzugehen, mündet insbesondere in folgenden drei, aufeinander aufbauenden Fragestellungen:

Erstens, ob die Gegenwart nunmehr entweder eine Zeit ohne Gewaltmonopol ist, oder aber ob letzteres – geschwächt bzw. unter neuer Trägerschaft – fortbesteht. Zweitens, welcher Herrschafts- beziehungsweise Organisationsverband im Falle eines Übergangs als neuer Träger in Betracht käme. Schließlich drittens, ob ein historischer Zeitpunkt für den Übergang des Gewaltmonopols bestimmbar wäre.

1. Die mögliche Auflösung des Gewaltmonopols

Wenn zuweilen konstatiert wird, dass weder die Mitgliedstaaten noch die Union souverän seien und insofern ein offenes Verhältnis bestehe,[900] könnte dies zunächst auf die Auflösung des Gewaltmonopols in Form einer Pluralisierung der Herrschaftsgewalt hindeuten. Eine solche Verflüchtigung jenes grundlegenden Ordnungsprinzips erscheint theoretisch sowohl in horizontaler wie auch in vertikaler Dimension denkbar.

900 Etwa *Mäder*, S. 155.

a.) Horizontale Pluralisierung

Eine Erosion des Gewaltmonopols läge jedenfalls dann vor, wenn innerhalb des europäischen Raums verschiedene Herrschaftsgewalten in einem horizontalen Nebeneinander jeweils unbeschränkte Souveränität innerhalb ihres Machtbereichs beanspruchten. Diese an die „flickenteppichartigen Machtverhältnisse“[901] des Mittelalters erinnernde Beschreibung trifft jedoch auf die Lissabon-Union bereits aus dem einfachen und offensichtlichen Grunde nicht zu, als dass im Europa des frühen 21. Jahrhunderts keine solchen mosaikartig angeordneten, souveränen Klein- oder Kleinstherrschaften (mehr) anzutreffen sind.[902] Vielmehr sind im Zeitalter des offenen Verfassungsstaates auf keiner der verschiedenen Ebenen – Union, Mitgliedstaaten, Bundesländer, Regionen, Kommunen etc.[903] – umfassend souveräne und autarke Herrschaftsstrukturen erkennbar. Es existieren unterschiedliche, sich gegenseitig beeinflussende sowie horizontal und vertikal miteinander interagierende Rechtsordnungen.[904] Bezogen auf den bundesdeutschen Föderalismus bedeutet dies etwa, dass die Gemeinden und Landkreise untereinander, aber auch mit dem jeweiligen Bundesland kommunizieren. Letzteres wiederum steht nicht nur in Abhängigkeit mit den übrigen Bundesländern, sondern auch mit dem Bundesstaat sowie der Ebene der Europäischen Union.[905] Dass in der jüngeren Geschichte Europas wohl niemals weniger staatliche Autarkie zu beobachten war als gegenwärtig,[906] äußert sich im Zuge eines *multilevel constitutionalism* insbesondere daran, dass „die Bürger in ihren verschiedenen Identitäten als Landes-, Staats- und Unionsbürger zugleich Legitimationssubjekt und Adressaten der auf den verschiedenen Ebenen jeweils gesetzten Normen sind.“[907]

---

901 Dieses anschauliche Bild als Ausgangspunkt einer staatstheoretischen Entwicklung des Sicherheitsgedankens nutzend *Calliess*, ZRP 2002, S. 1 (2).

902 Das mittelalterliche Fehdesystem und das Recht des Stärkeren bildeten den Ausgangspunkt des Gewaltmonopols, vgl. dazu etwa *Grimm*, in: Anders/Gilcher-Holtey (Hrsg.), Herausforderungen des staatlichen Gewaltmonopols, S. 18 (21 ff.).

903 Zu den Mitgliedstaaten der Union und ihren regionalen Untergliederungen vgl. *Calliess*, Subsidiaritäts- und Solidaritätsprinzip in der Europäischen Union, S. 161 ff.

904 Vgl. *Calliess*, AnwBl 2009, S. 478 (478 ff).

905 Dazu *Pernice*, in: Calliess (Hrsg.), Verfassungswandel im europäischen Staaten- und Verfassungsverbund, S. 61 (63); hierzu ferner mit entschiedenem Fokus auf das Subsidiaritätsprinzip *Teufel*, Europa vom Kopf auf die Füße stellen, F.A.Z. Nr. 74 vom 28. März 2014, S. 20.

906 *Kokott*, VVDStRL 63 (2004), S. 10.

907 *Grabenwarter*, in: v. Bogdandy/Bast (Hrsg.), Europäisches Verfassungsrecht, S. 121 (175).

Die damit beschriebene offene Verfassungsstaatlichkeit ist also gerade durch die Abwesenheit von einzelnen, völlig autonomen und in sich geschlossenen Rechtsordnungen gekennzeichnet.[908]

Mit Blick auf die Frage nach dem Schicksal des europäisierten staatlichen Gewaltmonopols ist folglich festzustellen, dass letzteres zumindest nicht horizontal auf eine Vielzahl von neuen Trägern übergegangen und insoweit zersplittert ist.

b.) Vertikale Pluralisierung

Mag also die festgestellte Europäisierung des staatlichen Gewaltmonopols nicht zu einer horizontalen Pluralisierung geführt haben, so finden sich jedenfalls Beobachter, die die Auflösung des Gewaltmonopols in Form föderaler und somit vertikaler Pluralisierung für die mittelfristig wahrscheinlichste Entwicklungsperspektive halten:

„Voraussichtlich werden in Zukunft nicht mehr zahlreiche territorial gegeneinander abgegrenzte Monopole bestehen. Vielmehr werden sich diese, ähnlich wie bei Bundesstaaten, die Berechtigung zur Gewaltanwendung im Interesse der Rechtsdurchsetzung mit übernationalen Einrichtungen teilen, die entweder Verfügungsgewalt über Teile des staatlichen Zwangsapparates erhalten oder einen eigenen Zwangsapparat aufbauen."[909]

Dieser Prognose kann mit Blick auf den *status quo* der Lissabon-Union ein gewisser Wahrheitskern nicht abgesprochen werden. Denn tatsächlich sind gegenwärtig sowohl die Mitgliedstaaten wie auch die Union – freilich in unterschiedlichen Funktionen – an der Anwendung von Zwangsgewalt beteiligt. Dass die Union in manchen Fällen die Ausübung von Zwang anordnet und die mitgliedstaatliche Ebene diesen gewissermaßen nur noch „als verlängerter Arm des Unionsrechts"[910] ausführt, ist in der Literatur zu Recht als Argument für die Existenz eines europäischen Gewaltmonopols angedeutet worden:

„Der Einwand des fehlenden Gewaltmonopols der EU ist für sich betrachtet sicher nicht stichhaltig. Das Völkerrecht will nämlich Formen dezentraler Staaten nicht verhindern, in denen die Rechtsdurchsetzung primär in den Händen

---

908 Hierzu und zu dem so entstehenden gemeineuropäischen Verfassungsrecht *Calliess*, in: Calliess/Ruffert (Hrsg.), EUV/AEUV, Art. 1 EUV, Rdnr. 41.

909 *Grimm*, in: Anders/Gilcher-Holtey (Hrsg.), Herausforderungen des staatlichen Gewaltmonopols, S. 18 (38).

910 *Kingreen*, in: Calliess/Ruffert (Hrsg.), EUV/AEUV, Art. 51 EU-GRCharta, Rdnr. 11.

von einigermaßen selbständigen Untergliederungen (Ländern) bleibt. Es handelt sich dann um Formen der mittelbaren Verwaltung, ein in Bundesstaaten geradezu selbstverständliches Phänomen."[911]

So sehr aber die vorgenannten Aussagen zur Gewalthoheitsfrage in der Union für Fälle der unionalen Zwangsanordnung zutreffen mögen, so sehr verzerren sie aber das gegenwärtig insgesamt noch bestehende Verhältnis zwischen Union und Mitgliedstaaten. Zwar teilen sich europäische und nationale Ebene in einigen Bereichen tatsächlich die „Berechtigung zur Gewaltanwendung im Interesse der Rechtsdurchsetzung"[912]. Allerdings vollzieht sich diese Teilung eben gerade nicht dadurch, dass die Union Verfügungsgewalt über die mitgliedstaatlichen Zwangsapparate erhält. Wie im Rahmen dieser Arbeit insbesondere die Untersuchung der unionalen Exekutivbefugnisse ergeben hat, kann beispielsweise die Kommission lediglich einen rechtlichen Anspruch auf die Kooperation und Unterstützung der mitgliedstaatlichen Behörden geltend machen. Dieser Anspruch allerdings beruht nicht auf Zwang oder Befehl, sondern – wie die Union insgesamt – auf Freiwilligkeit.[913] Abgesehen davon, dass es insoweit an einer echten unionalen Verfügungsgewalt fehlt, ist die Union erst recht nicht im Begriff, einen eigenen Zwangsapparat aufzubauen.[914] Eine sich solchermaßen an Kategorien des Zwangs orientierende Abbildung des unionalen Gewalthoheitsverhältnisses blendet zudem die Bedeutung der elementaren Konzeption der Union als Rechtsgemeinschaft aus. Im Vergleich zu allen anderen internationalen und supranationalen Organisationen hat die EU vor allem gerade deshalb eine Alleinstellung, weil sie „zwanglos" funktioniert.[915] Der Annahme eines vertikal pluralisierten und insoweit zumindest teilweise supranationalen Gewaltmonopols muss also widersprochen werden.[916]

---

911 *Griller*, in: Schuppert/Pernice/Haltern (Hrsg.), Europawissenschaft, S. 201 (223).

912 So die Formulierung bei *Grimm*, in: Anders/Gilcher-Holtey (Hrsg.), Herausforderungen des staatlichen Gewaltmonopols, S. 18 (38).

913 *Hallstein*, S. 33.

914 Vgl. *v. Bogdandy*, HFR 1997, S. 2, Rdnr. 15.

915 *Pernice*, in: Calliess (Hrsg.), Verfassungswandel im europäischen Staaten- und Verfassungsverbund, S. 61 (67).

916 So auch *Meyer*, der zutreffend den Verlust bzw. die Schwächung des tradierten nationalen Gewaltmonopols feststellt und angesichts des gleichzeitigen Nichtvorhandenseins eines supranationalen Gewaltmonopols zu Recht die „Rekonstruktion des Gewaltmonopols auf EU-Ebene" als „grundsätzlich notwendig" betrachtet, EuR 2011, S. 169 (192 f.).

Ebenso wie eine vorrangig am Maßstab des Zwangs ausgerichtete Sichtweise würde auch die erwähnte föderal-rechtliche Deutung des Gewalthoheitsverhältnisses[917] gegenwärtig noch an der Integrationsrealität vorbeilaufen. Ohne an dieser Stelle ein weiteres Mal das plakative Bild von den Mitgliedstaaten als „Herren der Verträge“[918] zu bemühen, sei nur darauf verwiesen, dass der weit überwiegende Teil der Zwangsanordnungskompetenzen nach wie vor unzweifelhaft bei den Mitgliedstaaten zu verorten ist.[919] Dass nämlich die europäische Ebene stets das anordnet, was auf mitgliedstaatlicher Ebene lediglich noch zu vollziehen wäre, erscheint deshalb allenfalls als denkbares, aber derzeit noch sehr fernliegendes und unwahrscheinliches Szenario.

Da somit das gegenwärtige Gewalthoheitsverhältnis zwischen Union und Mitgliedstaaten nicht durch eine Komplementärverteilung bei gleichzeitiger Subordination der Mitgliedstaaten gekennzeichnet ist, ist auch die Annahme einer vertikalen Pluralisierung des Gewaltmonopols als nicht überzeugend abzulehnen.

c.) Auflösung in Form völliger Erosion

Im Rahmen des Auflösungsszenarios verbleibt schließlich die von vornherein als abwegig anmutende Möglichkeit einer vollständigen Erosion. Von Vollständigkeit in einem konsequenten Sinne wäre dann zu sprechen, wenn weder ein trägerschaftlicher Nachfolger des Gewaltmonopols bestünde, noch dessen Auftrag und materieller Inhalt anderweitig durchgesetzt würden. Der damit angesprochene Gedanke eines Absterbens der „Staatsgewalt im Reich der herrschaftsfreien Vernunft“ ist allerdings, wie die Geschichte ausnahmslos gezeigt hat, „in das Reich der Utopie“ zu verweisen.[920] Denn zweifellos würde das Fehlen einer ordnenden Gewalt alsbald zu anarchischen Unsicherheiten bis hin zum Bürgerkrieg führen.[921] In Kontrast zu diesem Szenario durchlebt das gegenwärtige Europa aber, nach überaus wechselvollen Jahrhunderten, die am längsten anhaltende Phase innen- und außenpolitischer Stabilität seiner Geschichte.

---

917 So etwa *Griller*, in: Schuppert/Pernice/Haltern (Hrsg.), Europawissenschaft, S. 201 (223).

918 Zu diesem Bild schon *Ipsen*, Europäisches Gemeinschaftsrecht, § 9 Rdnr. 7, S. 211; zuletzt etwa *Everling*, EuR 2010, S. 91 (95 f.).

919 Vgl. differenzierend zu den Mitgliedstaaten als Herren der Verträge *Ipsen*, Europäisches Gemeinschaftsrecht, § 9 Rdnr. 7, S. 211.

920 *Isensee*, Die Friedenspflicht der Bürger und das Gewaltmonopol des Staates, in: Müller/Rhinow/Schmid/Wildhaber (Hrsg.), FS für Eichenberger, S. 23 (31).

921 Statt vieler *Reuter*, Die Polizei 1986, S. 73.

Da eben diese Phase mit dem Beginn und der Vertiefung der europäischen Einigung zusammenfällt, vermag nichts darauf hinzudeuten, dass das Gewaltmonopol im Zuge der europäischen Integration erodiert und ersatzlos aufgelöst worden wäre. Das heutige Europa ist im Gegenteil durch eine komplexe Vielzahl überaus leistungsfähiger und funktionstüchtiger Rechtsordnungen und Rechtsebenen gekennzeichnet. Hinzu kommt, dass die europäischen Staaten in ihren verschiedenen Rechtsebenen wohl niemals integrationsoffener und so wenig autark waren wie heute.[922] Gerade aber deshalb, weil sich die regionalen und nationalen Verfassungsebenen mit dem europäischen Recht im gegen- und wechselseitigen Aufeinander-Angewiesensein zu einem einheitlichen System verbunden haben,[923] kann auch nicht im Entferntesten von einer Erosion des Gewaltmonopols und einer Renaissance des *bellum ommes contra omnium* im *Hobbes*schen Sinne ausgegangen werden.

Nachdem also weder eine horizontale, noch eine föderal-vertikale Pluralisierung als Erklärungsansätze für den Verbleib des staatlichen Gewaltmonopols in Betracht kommen, ist aufgrund der Abwegigkeit einer völligen Auflösung die Frage aufgeworfen, ob das europäisierte Gewaltmonopol seinem Inhalt und Auftrag nach nunmehr unter neuer Trägerschaft fortbesteht.

2. Die Überleitung auf einen neuen Träger

Die supranational-unionsrechtliche Dimension des Gewaltmonopols, die wie beschrieben die beiden überkommenen Dimensionen ergänzt, modifiziert und teilweise überlagert, hat zur Folge, dass ein nunmehr alle drei Dimensionen umfassendes Gewaltmonopol einen Träger voraussetzt, der sowohl die unionale als auch die mitgliedstaatliche Anordnungs- und Ausgestaltungskompetenz hinsichtlich der Gewaltausübung beinhaltet. Wenn weiterhin wie vorliegend davon ausgegangen wird, dass das Gewaltmonopol materiell weder ausschließlich bei den Mitgliedstaaten noch bei der Union selbst liegt,[924] so ist angesichts einer gleichfalls abzulehnenden Auflösung zunächst festzustellen, dass die Befugnis zur

922 *Kokott*, VVDStRL 63 (2004), S. 10.

923 So *Pernice*, in: Calliess (Hrsg.), Verfassungswandel im europäischen Staaten- und Verfassungsverbund, S. 61 (63).

924 Dass das Gewaltmonopol nicht bei der Union zu verorten ist, wird etwa zutreffend durch *v. Bogdandy*, HFR 1997, S. 2, Rdnr.15 festgestellt.

Zwangsanordnung abhängig von der zugrundeliegenden Rechtsmaterie in Teilen bei der Union und in Teilen bei den Mitgliedstaaten liegt.[925]

Diesen Zustand anschaulich beschreibend ist konstatiert worden, dass „die Letztverantwortung für eine Reihe existenzieller Belange im Verhältnis von Gemeinschaft und Mitgliedstaaten in der Schwebe liegt“[926]. Auch insoweit ist das sich aus innerstaatlicher und äußerer Dimension zusammensetzende Gewaltmonopol im überkommenen Sinne nicht länger existent.

Wird allerdings – wie vorliegend – an der für das Gewaltmonopol so unverzichtbaren Eigenschaft der Unteilbarkeit festgehalten,[927] so scheint ein Szenario von erheblicher staatstheoretischer Sprengkraft auf, nämlich der Übergang des tradierten staatlichen Gewaltmonopols auf einen neuen Träger. Eben diese Schlussfolgerung ist aber bislang entschieden abgelehnt worden. *Jachtenfuchs* etwa stellt fest: „In der OECD-Welt existiert keine institutionelle Alternative zum Staat als dem Träger des Gewaltmonopols.“[928]

Vor dem Hintergrund der Befunde dieser Arbeit fördern diese und andere ähnlich kategorische Aussagen allerdings einen faktischen Widerspruch zutage: So soll nämlich die staatliche Trägerschaft des Gewaltmonopols einerseits alternativlos sein, andererseits kann aber vor dem Hintergrund der hier aufgezeigten Implikationen der voranschreitenden Europäisierung nicht mehr von einer völligen Integrität des staatlichen Gewaltmonopols ausgegangen werden. Das aus diesem Widerspruch resultierende Spannungsverhältnis aus Anspruch und Wirklichkeit tritt in aller seiner Deutlichkeit auch und insbesondere im Urteil des Bundesverfassungsgerichts zum Lissabon-Vertrag zutage. Denn wenn das deutsche Höchstgericht hier einen integrationsfesten „ausreichenden Raum zur politischen Gestaltung der wirtschaftlichen, kulturellen und sozialen Lebensverhältnisse“[929] einfordert, und zu den elementaren Bestandteilen eben dieses Raums „seit jeher“[930] das Gewaltmonopol des Staates zählen soll, so drängt sich

925 In diese Richtung, wenn auch allgemeiner zur Souveränitätsfrage, *Ipsen*, Europäisches Gemeinschaftsrecht, § 9 Rdnr. 61, S. 232: „Die Einzigkeit der im Staat wirksamen Hoheit ist aufgehoben, damit ein Element der inneren Souveränität. Staatshoheit wirkt in Sachbereichsaufteilung neben Gemeinschaftshoheit.“

926 *Calliess*, in: Calliess/Ruffert (Hrsg.), EUV/AEUV, Art. 1 EUV, Rdnr. 37.

927 Sich von den „binären Kategorien“ des Gewaltmonopols zu lösen, wird – im Ergebnis nicht überzeugend – von *Jachtenfuchs*, in: Leibfried/Zürn (Hrsg.), Transformationen des Staates?, S. 69 (81) gefordert.

928 *Jachtenfuchs*, in: Leibfried/Zürn (Hrsg.), Transformationen des Staates?, S. 69 (89).

929 BVerfG, 2 BvE 2/08 vom 30.06.2009, 3. Leitsatz, S. 1 (Lissabon).

930 BVerfG, 2 BvE 2/08 vom 30.06.2009, Rdnr. 252 (Lissabon).

in diesem Zusammenhang der Eindruck auf, dass mit Blick auf die Integrität des Gewaltmonopols eine bewusst hemmende, weil von der Integrationswirklichkeit längst überholte Darstellung gewählt wurde. Tatsächlich lässt sich jene von dem Urteil ausgehende Vorstellung, dass das Gewaltmonopol in seiner Integrität unangetastet sei und dies auch künftig bleiben werde, nicht mit den in dieser Arbeit festgestellten Befunden in Einklang bringen. Namentlich erscheint unerklärlich, dass – wie schon seit Jahrhunderten – zwar allein der Staat Träger des Gewaltmonopols bleiben soll, gleichzeitig aber in einer steigenden Anzahl von Fällen Gewalt auf Anordnung der europäischen Ebene anzuwenden, beziehungsweise zu unterlassen ist.[931]

Wenn aber nicht mehr ist, was nicht mehr erklärt werden kann, so ist die Frage nach einer möglichen Alternativträgerschaft des Gewaltmonopols aufgeworfen. Doch welches Rechtssubjekt weist eine solche Quantität und Qualität an Kompetenzen auf, dass es als möglicher neuer Träger einer staatsrechtlich so fundamental bedeutsamen Kategorie wie der des Gewaltmonopols überhaupt ernstlich in Betracht kommen kann?

a.) Das Konzept des Staatenverbundes

Wenn der Frage nach einer möglichen Alternativträgerschaft nachgegangen wird, erscheint zunächst die Möglichkeit erörterungswürdig, dass die Mitgliedstaaten das Gewaltmonopol nunmehr gemeinsam und im Verbund ausüben.[932]

Nach dem auf *Paul Kirchhof* zurückgehenden Verbundskonzept konstituiert die Europäische Union einen „Staatenverbund, in dem Verfassungsstaaten sich so verbunden haben, dass die Intensität dieser Bindung den Staatenbund deutlich übersteigt, die Staatlichkeit eines Bundesstaates jedoch nicht erreicht“[933].

Erkennbares Anliegen dieses vom Bundesverfassungsgericht erstmals im Maastricht-Urteil[934] verwendeten und zuletzt im Lissabon-Urteil[935] bestätigten Europakonzeptes ist der dauerhafte Erhalt der europäischen Verfassungsstaaten mit dem Ziel, dass letztere die unverzichtbare kulturelle und kooperative Grundlage

---

931 Vgl. hier nur die jüngere Entwicklung zu den Strafrechtsrichtlinien.

932 So explizit mit Blick auf das Gewaltmonopol in der EU *Jachtenfuchs*, in: Leibfried/Zürn (Hrsg.), Transformationen des Staates?, S. 69 (89).

933 *Kirchhof*, in: v. Bogdandy/Bast (Hrsg.), Europäisches Verfassungsrecht, S. 1009 (1019).

934 BVerfGE 89, S. 155 (Maastricht).

935 BVerfG, 2 BvE 2/08 vom 30.06.2009 (Lissabon).

eines als „Friedens- und Freiheitschance“[936] verstandenen Europas bilden sollen.[937] Mit Blick auf einen möglichen neuen Träger des europäisierten Gewaltmonopols erscheint der Terminus des Staatenverbundes zunächst vor allem deshalb als interessant, weil dieses Modell zutreffend zum Ausdruck bringt, dass die Union eben nicht mehr nur ein loser Bund souveräner Staaten, sondern „mehr“, nämlich ein *Ver*bund ist.[938]

Doch obwohl der Verbundsterminus bereits die Vorstellung einer zwischen den Mitgliedstaaten und der EU geteilten Souveränität und Staatsgewalt impliziert,[939] lassen sich mit ihm die im Rahmen dieser Untersuchung festgestellten Modifikationen des staatlichen Gewaltmonopols nicht hinreichend präzise abbilden. Namentlich die supranational-unionsrechtliche Dimension des Gewaltmonopols, die dessen innere und äußere Dimension teils überlagert und teilweise ergänzt, kommt im Verbundsansatz nicht hinreichend deutlich zum Ausdruck. Für die Frage nach der Integrität des Gewaltmonopols ist es nämlich von erheblicher Bedeutung, dass in der Lissabon-Union eine vom Willen der Mitgliedstaaten zu trennende, autonome Rechtsordnung im Rahmen der ihr übertragenen Kompetenzen die Anwendung oder die Unterlassung von Zwang in Form verbindlicher Rechtsakte bestimmen kann. Auch im Rahmen der vorliegend relevanten Gewaltlegitimationsfrage begegnet das Modell des Staatenverbundes konzeptionellen Schwierigkeiten. So kann das Verbundskonzept lediglich den überkommenen Ableitungszusammenhang zwischen dem Bürger und dem mitgliedstaatlichen Gesetzgeber – gegebenenfalls auch bis hin zum Rat der Europäischen Union – abbilden. Wie beschrieben besteht jedoch ein weiterer Gewaltableitungszusammenhang, nämlich jener von den Unionsbürgern zum Europäischen Parlament. Letzterer erstreckt sich mittelbar und mehrstufig auch zur Europäischen Kommission sowie zum europäischen Gesetzgeber, dessen Teil das Europäische Parlament wiederum ist.[940] Wie geschildert, kann das vom europäischen Gesetzgeber gesetzte Recht im Rahmen der übertragenen Kompetenzen den Mitgliedstaaten die Anwendung von Zwang aufgeben oder untersagen. Im Ergebnis erfüllt das unionale

936 *Kirchhof*, in: v. Bogdandy/Bast (Hrsg.), Europäisches Verfassungsrecht, S. 1009 (1043).

937 So zuletzt auch *Klein*: „Die EU ist kein Staat, sondern ein Verbund demokratischer (!) Staaten.“, in: Metamorphose der Demokratie, F.A.Z. Nr. 200 vom 29. August 2011, S. 7.

938 *Calliess*, in: Calliess/Ruffert (Hrsg.), EUV/EGV, Art. 1 EUV, Rdnr. 29.

939 *Calliess*, in: Calliess/Ruffert (Hrsg.), EUV/EGV, Art. 1 EUV, Rdnr. 30.

940 Vgl. dazu näher *Henke*, der mit Blick auf die Wahl des Kommissionspräsidenten von einem „dreifachen Prinzipal-Agent-Verhältnis“ spricht, EuR 2010, S. 118 (122 f.).

Primärrecht damit Funktionen, die bislang exklusiv den einzelstaatlichen Verfassungen vorbehalten waren: Es konstituiert, legitimiert, organisiert und begrenzt öffentliche Gewalt nicht nur im Verhältnis der Organe zueinander, sondern auch unmittelbar gegenüber dem Einzelnen.[941] Als Folge dieses „Verfassungswandels" ist zu beobachten, dass sich das gewaltmonopolistische Letztentscheidungsrecht in einer als Rechtsgemeinschaft verfassten und daher zwanglos funktionierenden EU ebenso wie weitere wichtige Bereiche der Justiz- und Innenpolitik in der Schwebe befindet.[942]

Wenn allerdings der Begriff des Staatenverbundes die alleinige Bezogenheit des Verfassungsterminus auf den Nationalstaat zugrunde legt, so wird dieses Modell der Existenz einer von den Mitgliedstaaten zu trennenden Ebene, deren Entscheidungen die bisherige Unabhängigkeit und Einzigkeit bei der Frage der Gewaltanwendung aufhebt, nicht gerecht. Da das Staatenverbundsmodell so die Existenz eines gewaltlegitimierenden europäischen Verfassungsrechts weitgehend ignoriert, kann es die komplexe Frage der Gewaltbefugung nach dem *status quo* der Lissabon-Union nicht hinreichend präzise abbilden. Im Rahmen der Frage nach einer möglichen neuen Trägerschaft des europäisierten Gewaltmonopols lässt sich das Verbundskonzept somit nicht mit Erfolg zur Anwendung bringen.

b.) Das Konzept des Verfassungsverbundes

Wenn das Modell des Staatenverbundes vorliegend als konzeptionell zu eng abgelehnt wird, so muss ein möglicher neuer Träger des Gewaltmonopols den mitgliedstaatlichen und den unionalen Gewaltableitungszusammenhang zusammenführen und beide in sich vereinigen.

Während sich mit dem Staatenverbundsmodell, wie besehen, die überkommene, durch das nationale Verfassungsrecht konstituierte Gewaltlegitimation abbilden lässt, gilt es im Rahmen der Suche nach einem mit Blick auf das Gewaltmonopol umfassenden Deutungsansatz insbesondere auch den europäischen Gewaltableitungszusammenhang zu integrieren.

Ausgangspunkt ist hier zunächst der in den obigen Untersuchungen festgestellte beträchtliche Umfang der mittlerweile auf europäischer Ebene bestehenden Gewaltlegitimationsbefugnisse. Diese finden ihren Ausdruck in der aufgezeigten

---

941 So *Pernice*, in: Calliess (Hrsg.), Verfassungswandel im europäischen Staaten- und Verfassungsverbund, S. 61 (65 f.).

942 Vgl. in diesem Sinne, wenn auch nicht explizit mit Blick auf das Gewaltmonopol, *Calliess*, in: Calliess/Ruffert (Hrsg.), EUV/AEUV, Art. 1 EUV, Rdnr. 37.

supranational-unionsrechtlichen Dimension des Gewaltmonopols, mittels derer nunmehr auch der Einzelne in den Fokus einer zunehmend am Begriffspaar aus Sicherheit und Freiheit ausgerichteten Integration rückt.[943] Wenn aber die europäischen Verträge öffentliche Gewalt auch unmittelbar gegenüber dem Einzelnen konstituieren und legitimieren, so erfüllt das Recht der Europäischen Union damit eine Funktion, die bislang nur nationalstaatlichen Verfassungen vorbehalten war.[944] Unter der Bedingung einer Herauslösung des Verfassungsbegriffes aus dem etatistischen Kontext,[945] lässt es eben diese gewaltlegitimierende Funktion als gerechtfertigt erscheinen, zumindest im funktional-materiellen Sinne vom Vorliegen einer europäischen Verfassung auszugehen.[946] Dagegen verhindert es der tradierte Zusammenhang zwischen Verfassung und Staat, das Vorliegen einer europäischen Verfassung auch im formell-legitimatorischen Sinne zu bejahen. Nicht nur fehlt es diesbezüglich an einem offiziellen, auch für die Unionsbürger wahrnehmbaren verfassungsgebenden Akt. Vielmehr ist eben jene exakt hierauf abzielende Initiative des Europäischen Verfassungsvertrages 2005 an der Ablehnung durch die niederländischen und französischen Unionsbürger gescheitert. Bereits aus demokratietheoretischen Erwägungen müsste es deshalb als höchst zweifelhaft erscheinen, die europäischen Verträge gleichwohl in den Rang einer vollwertigen Europaverfassung zu heben.[947]

---

943 Vgl. dazu *Haack*, EuR 2009, S. 282 (288), der in der steigenden Einbeziehung des Einzelnen und der Tatsache, dass letzterer in den Bereichen Justiz und Sicherheit „zum Adressaten und zum Akteur der gesamteuropäischen Rechtsstruktur wird" ein Indiz für die Annäherung der Lissabon-Union an einen bundesstaatlichen Integrationsstand erblickt.

944 Insoweit erscheint es nur konsequent, dass der Europäische Gerichtshof seit seinem Urteil in der Rs. 294/83, Slg. 1986, S. 1339, Rdnr. 23 (Les Verts), das Primärrecht als „Verfassungsurkunde der Gemeinschaft" bezeichnet.

945 Vgl. zur Fähigkeit der Union, eine Verfassung zu haben sowie zu einem „postnationalen" Verfassungsbegriff *Calliess*, in: Calliess/Ruffert (Hrsg.), EUV/AEUV, Art. 1 EUV, Rdnr. 52.

946 So etwa *v. Bogdandy*, der bereits angesichts des Vertragsstands von Amsterdam ohne größere Umschweife vom Bestehen einer Verfassung der Union ausgeht, in: Supranationaler Föderalismus als Wirklichkeit und Idee einer neuen Herrschaftsform, S. 12; zum funktional verstandenen Verfassungsrecht der Union ist auch die EU-Grundrechtecharta zu zählen, vgl. dazu *Jarass*, Charta der Grundrechte der Europäischen Union, Einl., Rdnr. 9.

947 Mit Blick auf die europäische Staatsschuldenkrise wären zudem – „aus verständlichen Gründen" – namentlich die Bundesbürger kaum bereit, das Grundgesetz gegen eine neue Verfassung einzutauschen, so *Calliess*, F.A.Z. Nr. 220 vom 21. September 2011, S. 7.

Versteht man allerdings die europäischen Verträge im materiellen Sinne als funktionale Verfassung, so lässt sich mit diesem Verständnis – anders als noch nach dem Staatenverbundskonzept – eine Abbildung des unionalen Gewaltableitungszusammenhanges erreichen. Der gewaltlegitimatorische Ausgangspunkt sämtlicher Fälle unionsrechtlich determinierter Zwangsanwendung wäre demnach das europäische Verfassungsrecht. Von grundlegender Bedeutung ist in diesem Zusammenhang, dass der Vollzug europäischen Rechts grundsätzlich in der Hand der Mitgliedstaaten und der mitgliedstaatlichen Behörden verbleibt. Dies hat zur Folge, dass europäische und nationale Ebene im Rahmen der Zwangsanwendung aufeinander angewiesen sind. Eben dieses, auch in einem weiteren Sinne bestehende Aufeinander-Angewiesensein ist von *Pernice* als „Ausdruck der Komplementarität der Verfassungen im Mehrebenenverbund" gewertet worden.[948] Vor dem Hintergrund der Beobachtung, dass sich eben dieses Zusammenspiel und Ineinandergreifen der europäischen und nationalen Verfassungsebene seit nunmehr Jahrzehnten zwanglos, aber dennoch wirksam vollzieht, hat *Pernice* das Konzept einer als „Verfassungsverbund" konzipierten Europäischen Union entwickelt.

Charakteristisch für dieses Konzept ist das „Denken vom Bürger her" sowie die Annahme, dass sich nationale und europäische Verfassungsebene dergestalt zu einem einheitlichen System verbunden haben, dass auf diese Weise ein insoweit zusammengesetztes gesamteuropäisches Verfassungssystem konstituiert wird.[949] Im Unterschied zum Staatenverbundskonzept vermag mit diesem Modell dargestellt werden, wie die Mitgliedstaaten im Bereich der Zwangsanwendung in vielen Fällen lediglich noch als „verlängerter Arm des Unionsrechts"[950] fungieren. Trefflich wird des Weiteren auch der supranational-unionsrechtliche Gewaltableitungszusammenhang aufgezeigt. Wenn zum Beispiel durch die Umweltstrafrechtsrichtlinie aus 2008[951] eine Anpassung des mitgliedstaatlichen Strafnormenbestandes erfolgt und deshalb ein Einzelner wegen einer nach Art. 3 der Richtlinie obligatorisch zu ahndenden Listentat bestraft wird, so wird die zugrunde liegende rechtliche Kausalkette durch das Verfassungsverbundsmodell offengelegt:

---

948 Etwa in: Calliess (Hrsg.), Verfassungswandel im europäischen Staaten- und Verfassungsverbund, S. 61 (88).

949 *Pernice*, in: Calliess (Hrsg.), Verfassungswandel im europäischen Staaten- und Verfassungsverbund, S. 61 (63).

950 *Kingreen*, in: Calliess/Ruffert (Hrsg.), EUV/AEUV, Art. 51 EU-GRCharta, Rdnr. 11.

951 RL 2008/99/EG vom 19. November 2008 über den strafrechtlichen Schutz der Umwelt.

„[…] die auf den verschiedenen Ebenen in der jeweiligen politischen Gemeinschaft organisierten Bürgerinnen und Bürger (sind) Legitimationssubjekte und gleichermaßen Betroffene der komplementär sich entwickelnden Rechts- bzw. Verfassungsordnung.“[952]

Anders als das Staatenverbundsmodell blendet also der Begriff des Verfassungsverbunds die europäische Durchdringung des nationalen Rechts nicht aus. Er rückt diese vielmehr in das Zentrum seiner insoweit einheitlichen Deutung und Betrachtungsweise.

Gilt es aber wie hier der Möglichkeit einer gewaltmonopolistischen Alternativträgerschaft zu der des Staates nachzugehen, so manifestiert sich in der einheitlichen Betrachtung des Verfassungsverbundskonzeptes eine in diesem Punkt nicht unerhebliche Darstellungs- und Deutungsunschärfe. So würde es nämlich nicht der Integrationsrealität gerecht werden, wenn vom supranationalen Gewaltableitungszusammenhang als dem maßgeblichen oder zumindest einem gleichwertigen Weg der Gewaltlegitimation ausgegangen würde. Tatsächlich ist im Bereich des Gewaltmonopols und der Zwangsanwendung der Einfluss des Staates nach Quantität und Qualität noch immer als derart beherrschend anzusehen, dass eine strikte Trennung der Gewaltableitungszusammenhänge unverändert geboten ist. Insoweit überzeugt die Annahme einer vollständigen Einbindung der Mitgliedstaaten nicht.[953] Des Weiteren ist gegen das Verfassungsverbundsmodell eingewendet worden, dass dieses die verfassungsrechtlich relevanten Schichten zu einer nicht länger hinreichend getrennten Einheit verschmelzen würde, wodurch deren „jeweiliger unterschiedlicher normativer Erzeugungszusammenhang ausgeblendet“ würde.[954] Diese Kritik lässt sich unmittelbar auch auf die vorliegend gegenständliche Frage des Gewalthoheitsverhältnisses zwischen Union und Mitgliedstaaten übertragen. Wenn von einer materiellen Einheit des zusammengesetzten Verfassungssystems ausgegangen wird, so werden die beiden grundlegend zu trennenden Gewaltableitungszusammenhänge verschmolzen. Hierdurch wird infolge der Normenhierarchie der so nicht zutreffende Eindruck erweckt, dass sämtliche Zwangsmaßnahmen auf einem einheitlichen europäischen Ableitungszusammenhang beruhten. Tatsächlich aber stellt sich die europäische Veranlassung von Zwangsgewalt – wie besehen – nach wie

---

952 So *Pernice*, in: Calliess (Hrsg.), Verfassungswandel im europäischen Staaten- und Verfassungsverbund, S. 61 (64).

953 So auch *Calliess*, in: Calliess/Ruffert (Hrsg.), EUV/AEUV, Art. 1 EUV, Rdnr. 39.

954 So mit Hinweisen auf die im Einzelnen kritische Literatur *Calliess*, in: Calliess/Ruffert (Hrsg.), EUV/AEUV, Art. 1 EUV, Rdnr. 39.

vor lediglich als weitgehender Ausnahmefall dar. Die überwiegende Zahl von Zwangsmaßnahmen wird auch weiterhin in rein nationalen Strafrechts- und Prozessordnungsnormen wurzeln, zumal durch die Rechtsprechung nicht nur des deutschen Verfassungsgerichts der weiteren Herausbildung eines europäischen Strafrechts enge Grenzen gesetzt wurden. Im Ergebnis ist also das Verbundsmodell unter stärkerer Berücksichtigung der Mitgliedstaaten zu denken.[955]

Während sich also das Staatenverbundskonzept zur Darstellung des unionalen Gewaltableitungszusammenhanges als unzulänglich erwiesen hat, vermag das Verfassungsverbundskonzept die beiden grundlegend verschiedenen Gewaltableitungszusammenhänge nicht hinreichend deutlich zu trennen. Aufgrund des zweifellos integrationsförderlichen Gedankens einer materiellen Einheit würde das Modell des Verfassungsverbundes namentlich die faktische Bedeutung der unionalen Anordnung von Zwangsgewalt überzeichnen. Nach wie vor wurzelt die weit überwiegende Zahl der Anwendungsfälle von Zwangsgewalt im nationalen Recht. Deshalb würde es auch mit Blick auf das nach wie vor bestehende „Legitimationsdefizit der Union“[956] als allzu sehr vorwärtsgewandt anmuten, den Einzelnen zum Bürger eines solchen einheitlichen Verfassungssystems zu erklären, an dessen normenhierarchischer Spitze das *de facto* in der Öffentlichkeit noch nicht wahrgenommene Unionsverfassungsrecht steht.[957]

c.) Der Staaten- und Verfassungsverbund

Nachdem feststeht, dass die Konzepte des Staatenverbundes und des Verfassungsverbundes jeweils nur einen der beiden Gewaltableitungszusammenhänge – unter weitgehender Ausblendung des jeweils anderen – besonders akzentuieren, könnte als Lösungsansatz zur Klärung der Frage des gewaltmonopolistischen *status quo* die Vereinigung der beiden Deutungsmodelle in Betracht kommen. Eine solche Zusammenführung ist erklärtes Ziel eines dritten Verständniskonzeptes:

---

955 *Calliess*, in: Calliess/Ruffert (Hrsg.), EUV/AEUV, Art. 1 EUV, Rdnr. 39.

956 Vgl. zuletzt etwa *Lübkemeier*: „Richtig ist, dass Europa ein Legitimationsproblem hat“, in: Die Vermessung Europas, F.A.Z. Nr. 220 vom 21. September 2011, S. 8.

957 Vgl. hier nur *v. Bogdandy*: „Dem Unionsbürger ist in vielen Konstellationen kaum mehr ersichtlich, welcher Verband und welche Institution in welchem Umfang und unter welchen Voraussetzungen für das Recht verantwortlich ist, dem er Folge zu leisten hat.“, in: Supranationaler Föderalismus als Wirklichkeit und Idee einer neuen Herrschaftsform, S. 12. Die so bereits 1999 sehr treffend dargestellte Tatsache, dass der Bürger die verschiedenen Legitimationsketten nicht trennen könne, gilt unverändert fort.

Danach könnten die integrationsrechtlichen Realitäten nur dann präzise aufgezeigt werden, wenn die Union umfassend als „Staaten- und Verfassungsverbund“ verstanden wird.[958]

Dieser Deutungsansatz führt zunächst den nationalen und den unionsrechtlichen Gewaltableitungszusammenhang zusammen, betont dabei aber zugleich – der hier geschilderten Integrationsrealität entsprechend – die besondere Bedeutung der Mitgliedstaaten. In dem auf diese Weise entstehenden „überstaatlichen Gemeinwesen“ bilden letztere die unverzichtbare Grundlage der Zusammenarbeit.[959] Indem dieses Modell also einen umfassenden Deutungsansatz wählt, erreicht es die Annäherung an eine komplexe Integrationsrealität, die durch ein unübersichtliches Nebeneinander verschiedener, teils auch mehrstufiger und miteinander verknüpfter „Legitimationsketten“[960] charakterisiert ist.[961]

Ein beträchtlicher Vorteil dieses Modells vom Staaten- und Verfassungsverbund liegt insoweit in seinem nicht nur legitimatorisch umfassenden,[962] sondern auch integrationspolitisch flexiblen Ansatz. So können namentlich das Wechselspiel der verschiedenen Ebenen und die mitunter schwankende Integrationsdynamik abgebildet werden.[963] Denn während beispielsweise noch zur Zeit des Aufbaus des Binnenmarktes wesentliche Impulse von der europäischen Ebene ausgingen, hat sich in der jüngsten Finanz- und Währungskrise die Stärke der Mitgliedstaaten anhand diverser Stabilisierungsmaßnahmen wie namentlich der Griechenlandhilfe und dem Rettungsschirm[964] manifestiert. Gleichzeitig bilden die europäischen Institutionen und deren Zusammenarbeitsmechanismen die Grundlage dafür, dass auch in integrationspolitisch schwierigen Kontextbedingungen die europäische Idee nicht nachhaltig Schaden erleidet. Die europäischen

958 Zu diesem Ansatz ausführlich *Calliess*, in: Calliess/Ruffert (Hrsg.), EUV/AEUV, Art. 1 EUV, Rdnrn. 36 ff.

959 *Calliess*, in: Calliess/Ruffert (Hrsg.), EUV/AEUV, Art. 1 EUV, Rdnr. 39.

960 Begriff zurückgehend auf *Böckenförde*, Demokratie als Verfassungsprinzip, in: Isensee/Kirchhof (Hrsg.), HStR II 2004, § 24 Rdnrn. 11 ff.

961 Die Wahl des Kommissionspräsidenten als Beispiel für miteinander verflochtene Legitimationsketten nennend *Henke*, EuR 2010, S. 118 (122 f.).

962 Im Sinne von *Henke*, EuR 2010, S. 118 (119) müsste die Vereinigung von nationaler und unionaler Legitimationskette zu „höherer demokratischer Dignität“ der EU führen.

963 So bereits *Calliess* in: Calliess/Isak (Hrsg.), Der Konventsentwurf für eine EU-Verfassung im Kontext der Erweiterung, S. 9 (15).

964 Zur Problematik der Primärrechtskonformität dieser Maßnahmen vgl. *Calliess*, Perspektiven des Euro zwischen Solidarität und Recht – Eine rechtliche Analyse der Griechenlandhilfe und des Rettungsschirms, ZEuS 2011, S. 213.

Institutionen bilden in Krisenzeiten vielmehr jenes Forum, das es den Mitgliedstaaten ermöglicht, neben einer nationalen auch eine europäische Krisenbewältigungsstrategie zu entwickeln.

Nach alledem erweist sich das Modell einer als Staaten- und Verfassungsverbund konzipierten Europäischen Union als am besten geeignet, das in der gegenwärtigen Lissabon-Union bestehende, komplexe Gewalthoheitsverhältnis realitätsgerecht abzubilden. Ein solchermaßen verstandenes, allumfassendes Deutungsmodell ist schließlich auch in der Lage, für jeden Fall ausgeübter Zwangsgewalt die Frage nach deren Legitimität oder Illegitimität zu beantworten. Das mit *Max Weber* als „*Monopol legitimer physischer Gewaltsamkeit*"[965] aufgefasste Gewaltmonopol ließe sich also jedenfalls dann uneingeschränkt und in völliger Integrität aufrechterhalten, wenn als dessen Träger nunmehr der europäische Staaten- und Verfassungsverbund angesehen wird.

Freilich könnte unter den so beschriebenen Kontextbedingungen nicht mehr am Terminus des *staatlichen* Gewaltmonopols im tradierten Sinne festgehalten werden. Vielmehr würde sich ein so konzipiertes Gewaltmonopol aus einer staatlichen *und* einer europäischen Legitimationsquelle speisen. Insoweit wäre ein nunmehr beim europäischen Staaten- und Verfassungsverbund zu verortendes Gewaltmonopol auch als „europäisches Gewaltmonopol" zu verstehen und zu bezeichnen. Ein solches Ergebnis würde die Frage nach dem *status quo* des europäisierten Gewaltmonopols rechtlich am präzisesten beantworten können.

Allein, es muss die Annahme eines solchermaßen originär europäischen Gewaltmonopols, dessen Träger nunmehr der Staaten- und Verfassungsverbund wäre, noch an der fehlenden Rechtssubjektivität desselben scheitern. Nach alledem kann also festgehalten werden, dass einem echten europäischen Gewaltmonopol gewissermaßen bereits materiell der Boden bereitet ist und es insofern „nur" noch an einer formell-rechtlichen Trägerschaft fehlt. Gleichwohl gilt es in einem demokratisch-legitimatorischen Sinne darauf hinzuweisen, dass die Anerkenntnis eines europäischen Gewaltmonopols mit weitreichendsten politischen Konsequenzen und Folgen verbunden wäre. Dann nämlich würde die Europäische Union neben dem schon jetzt zu bejahenden Staatsgebiet und den Unionsbürgern als Staatsvolk auch über originäre Staatsgewalt verfügen. Nach der Lehre *Jellineks* wäre dann ein neuer Staat entstanden: Die Vereinigten Staaten von Europa.

Eine solche Entwicklung ist allerdings, das hat das Bundesverfassungsgericht unmissverständlich klargestellt, zumindest unter dem bundesdeutschen

---

965 *Weber*, Politik als Beruf, in: Winckelmann (Hrsg.), Max Weber – Gesammelte Politische Schriften, 3. Auflage, S. 505 (506).

Grundgesetz nicht möglich. Vielmehr müsste sich das deutsche Volk zunächst eine neue Verfassung geben und ggf. in diesem Zuge das Aufgehen der Bundesrepublik Deutschland in einem Europastaat beschließen.[966] Eingedenk der damit verbundenen Konsequenzen ist also die Schaffung eines europäischen Gewaltmonopols im Rahmen einer schlichten Primärrechtsreform nach dem Grundgesetz unzulässig und bedürfte zunächst eines nationalen Verfassungsgebungsprozesses. Diesbezüglich erscheint es als sehr problematisch, dass die weitreichenden nicht nur rechtlichen, sondern auch praktischen Implikationen der bisherigen Europäisierung bislang kaum im Bewusstsein der Unionsbürger angekommen zu sein scheinen.

3. Die Wahrnehmung durch Bürger und Öffentlichkeit

Dass die Europäische Union mittlerweile auch auf dem Gebiet der mitgliedstaatlichen Justiz- und Innenpolitik eine bedeutende Rolle spielt, dürfte nur sehr wenigen interessierten Unionsbürgern bewusst sein. Denn tatsächlich fällt es im Alltag oft schwer, den europäischen Ursprung einer unter nationalen Hoheitszeichen ausgeübten Zwangsmaßnahme auszumachen.[967] Doch obwohl sich dieses Ineinandergreifen der europäischen Verfassungsebenen im Regelfall bloß juristisch und somit recht unspektakulär vollzieht, ist diese Entwicklung für den Einzelnen von grundlegender Bedeutung: Das tradierte Gewaltmonopol des Staates, das seit Jahrhunderten als Grundlage des Gemeinwesens das friedliche Zusammenleben der Menschen absicherte, ist nach den Ergebnissen dieser Arbeit sukzessive europäisiert worden. Es bedarf lediglich noch eines auch formell tauglichen Rechtsträgers, damit ein echtes europäisches Gewaltmonopol und ein europäischer Staat entstehen.

Dem der Union eher gleichgültig gegenüberstehenden Bürger wird diese Entwicklung vermutlich verborgen geblieben sein. Viel zu sehr steht „Europa“ bei vielen nach wie vor symbolhaft für teure und ineffiziente, alles in allem aber weit entfernte und praktisch kaum relevante Bürokratie.[968] Dieses bedauerliche Europabild vieler Menschen wird aber in immer geringerem Maße einer Wirklichkeit gerecht, in der die Mitgliedstaaten, sowohl was Quantität und Qualität betrifft,

966 BVerfG, 2 BvE 2/08 vom 30.06.2009, Rdnr. 263 (Lissabon).

967 Vgl. hierzu auch *v. Bogdandy*, Supranationaler Föderalismus als Wirklichkeit und Idee einer neuen Herrschaftsform, S. 12.

968 So auch *Zippelius*, § 40 V, S. 328.

zunehmende Anteile ihrer Aktivitäten europäisieren.[969] Auch und insbesondere die Bedeutung der Union als reger Akteur der Innenpolitik wird landläufig unterschätzt. Wie die Untersuchungen im Rahmen dieser Arbeit gezeigt haben, tritt die Union zwar nicht selbst und mit eigenen Vollzugsbeamten dem Bürger gegenüber. Dennoch ist mittlerweile eine Vielzahl nationaler Normen, Verwaltungsakte und polizeilicher Maßnahmen in einer legislativen Kausalkette auf unionales Recht zurückzuführen.

Oft wird also dem von einer nationalen Zwangsmaßnahme betroffenen Unionsbürger nicht bewusst sein, dass die Maßnahme europarechtlich determiniert und vom jeweiligen Mitgliedstaat lediglich auszuführen war, wollte letzterer nicht Gefahr laufen, gegen unionsrechtliche Verpflichtungen zu verstoßen.

Offensichtlich verläuft also bei vielen Bürgern weiterhin eine Wahrnehmungsgrenze zwischen rechtlicher Ursache einerseits und praktischer Auswirkung andererseits. Dies ist aber nicht nur mit Blick auf den in Art. 1 Abs. 2 EUV statuierten Grundsatz der größtmöglichen Offenheit und Bürgernähe problematisch. Das mangelnde Wissen von der Funktions- und Wirkweise des Europarechts vermag nämlich auch den Unionskritikern zahlreiche stichhaltige Argumente dafür zu liefern, dass die Union entgegen aller Beteuerungen im Dickicht der Bürokratie versuche, die Mitgliedstaaten ihrer Souveränität zu berauben. Die Chance, durch zumindest in Ansätzen verständliche Vertragsgrundlagen Transparenz zu schaffen, wurde mit dem Reformvertrag von Lissabon versäumt. Während nämlich das einheitliche Dokument des Verfassungsvertrages noch geeignet war, zumindest grobe Strukturen des europäischen Normenbestandes erkennbar werden zu lassen, hat sich der aus zwei gleichrangigen Teilen zusammensetzende Lissabon-Vertrag zu einem für die Bevölkerung unverständlichen, ja geradezu „unlesbaren Monstrum“[970] entwickelt. Nüchterne Beobachter haben es deshalb als höchst unwahrscheinlich angesehen, dass im Rahmen der Ratifikation jeweils mehr Parlamentarier als „eine Handvoll EU-Spezialisten“ verstanden haben, worüber sie letztendlich abstimmten. Die Hoffnung, dass sich die Bürger inhaltlich mit der Vertragsreform auseinandersetzen würden, müsse deshalb als „geradezu absurd“ erscheinen.[971]

Wenn also die Union mit dem Raum der Freiheit, der Sicherheit und des Rechts das Ziel verfolgt, über die Wirtschaftsunion hinaus auch Wertegemeinschaft zu sein, dann müssen mangels eindeutiger Primärrechtsgrundlage europäische wie

969 Vgl. *Calliess*, AnwBl 2009, S. 478.
970 *Oppermann*, DVBl 2008, S. 473 (476).
971 *Oppermann*, DVBl 2008, S. 473 (476).

nationale Politiker diesen „Prozess des Zusammenwachsens“[972] deutlich benennen und klar artikulieren. Dazu gehört auch die Offenheit festzustellen, dass die Mitgliedstaaten im europäischen Staaten- und Verfassungsverbund in der Vergangenheit zunehmend an Autonomie verloren haben und die Union für das praktische Leben immer mehr an Bedeutung gewinnt. Der Vertrag von Lissabon hat diese Entwicklung entschlossen fortgeschrieben.[973] Auch und insbesondere mit Blick auf die innere, zivile Dimension des Gewaltmonopols ist in aller Klarheit festzustellen, dass der Kompetenzumfang und die politischen Handlungsmöglichkeiten des europäischen Integrationsverbundes mit dem Vertrag von Lissabon erheblich erweitert worden sind.[974] Dies aber ist gegenüber dem Bürger vielfach nicht hinreichend kommuniziert worden, etwa wenn hinsichtlich des Lissabon-Vertrages von einem „Mini-Vertrag“ gesprochen wurde. Deshalb besteht künftig erhöhter Nachholbedarf in Sachen demokratischer Legitimation. Die gestiegenen Einflussmöglichkeiten der nationalen Parlamente sowie die erhöhten Partizipationsmöglichkeiten des Einzelnen haben dafür zumindest primärrechtlich die Grundlage geschaffen.

Nur in einem offenen und unliebsame Wahrheiten nicht ausklammernden Umgang kann den Unionsbürgern letztlich vermittelt werden, dass die Union ihnen tatsächlich etwas zu bieten hat. So könnte etwa das Gefühl, gegenüber dem Terrorismus im Raum der Freiheit, der Sicherheit und des Rechts in einer Art Schicksalsgemeinschaft verbunden zu sein, zur Entstehung des oft vermissten europäischen Zusammengehörigkeitsgefühls beitragen. In jedem Fall kann Europa nur dann „aus dem Herzen kommen“[975], wenn die Bürger mit den europäischen Realitäten konfrontiert werden und diese als Vorteil und Fortschritt erkennbar sind.

4. Zwischenergebnis

Das tradierte Gewaltmonopol des Nationalstaats ist im Zuge der Europäisierung der Staatsaufgaben Sicherheit und Freiheit um eine supranational-unionsrechtliche Dimension erweitert worden. Diese ergänzt und überlagert die innere und äußere Dimension des Gewaltmonopols dergestalt, dass letzteres in seiner überkommenen

---

972 So BVerfG, 2 BvE 2/08 vom 30.06.2009, Rdnr. 357 (Lissabon).

973 So etwa auch *Beukelmann*, NJW 2010, S. 2081; *Bergmann*, DÖV 2008, S. 305 (308).

974 BVerfG, 2 BvE 2/08 vom 30.06.2009, Rdnr. 252 (Lissabon).

975 So mit Blick auf den Raum der Freiheit, der Sicherheit und des Rechts die Forderung von *Barrot*: „Unser Europa muss aus dem Herzen kommen“, Beitrag des Vizepräsidenten der Europäischen Kommission *Jacques Barrot* anlässlich der Anhörung vor dem Deutschen Bundestag am 18. März 2009 in Berlin, S. 5.

etatistischen Fixierung die europäische Wirklichkeit der Anordnung und Anwendung von Zwangsgewalt nicht mehr realitätsgerecht abzubilden vermag.[976]

Gleichwohl ist das Gewaltmonopol als solches im Zuge der Europäisierung von Sicherheit und Freiheit nicht untergegangen. Vielmehr hat eine materielle Überleitung auf den Staaten- und Verfassungsverbund der Europäischen Union stattgefunden.

Es bleibt daher zunächst festzuhalten, dass in bloß materieller Hinsicht die Existenz eines europäischen Gewaltmonopols bereits nach dem *status quo* der Lissabon-Union Rechtswirklichkeit ist.[977] Um aber ein europäisches Gewaltmonopol vollends anzuerkennen, fehlt es mit einem tauglichen Rechtssubjekt noch entscheidend an einem formellen Kriterium.[978] Namentlich die Figur des europäischen Staaten- und Verfassungsverbundes scheidet wegen dessen fehlender Rechtssubjektivität als neuer Träger des Gewaltmonopols aus.

Eine weniger präzise Stellungnahme als zu der Frage, ob ein europäisches Gewaltmonopol zumindest in materieller Hinsicht entstanden ist, ist hinsichtlich des

---

976 Eben diese infolge der Europäisierung eingetretenen Modifikationen nimmt auch *v. Bogdandy* zum Anlass, wenn er die Anerkennung der Tatsache fordert, dass auch supra- und internationale Institutionen öffentliche Gewalt innehaben und ausüben können, vgl. Prinzipien von Staat, supranationalen und internationalen Organisationen, in: Isensee/Kirchhof (Hrsg.), HStR XI 2013, § 232 Rdnr. 12 ff.

977 Die diesbezüglich herrschende Gegenansicht wird vertreten u.a. von *Grimm*, in: Anders/Gilcher-Holtey (Hrsg.), Herausforderungen des staatlichen Gewaltmonopols, S. 18 (35): „Die Vergemeinschaftung hat vor dem Gewaltmonopol Halt gemacht"; sich daran anschließend *Haltern*, in: v. Bogdandy/Bast (Hrsg.), Europäisches Verfassungsrecht, S. 279 (293); ferner *Jachtenfuchs*, in: Leibfried/Zürn (Hrsg.), Transformationen des Staates?, S. 69 (86), der die signifikanten Auswirkungen im Rahmen der Integration zwar anerkennt, aber im Jahr 2006 noch annimmt, dass „kein europäisches Gewaltmonopol im Entstehen begriffen" ist; ferner *v. Bogdandy*: „Jedoch kann die Union die Strafgewalt nur regeln, nicht aber ausüben. Das Gewaltmonopol bleibt unberührt", in: Supranationaler Föderalismus als Wirklichkeit und Idee einer neuen Herrschaftsform, S. 36; dagegen deutet *Griller* ein europäisches Gewaltmonopol bereits implizit an, in: Schuppert/Pernice/Haltern (Hrsg.), Europawissenschaft, S. 201 (223): „Der Einwand des fehlenden Gewaltmonopols der EU ist für sich betrachtet sicher nicht stichhaltig"; schließlich unentschlossen, aber die Rekonstruktion „des verlorenen oder geschwächten nationalen Gewaltmonopols auf EU-Ebene" zu Recht für notwendig erachtend *Meyer*, EuR 2011, S. 169 (192).

978 So auch *v. Bogdandy*, wonach bislang keine supra- oder internationale Institution vorhanden sei, die sowohl über das Gewaltmonopol als auch über souveräne Territorialherrschaft verfügen würde, s. Prinzipien von Staat, supranationalen und internationalen Organisationen, in: Isensee/Kirchhof (Hrsg.), HStR XI 2013, § 232 Rdnr. 14.

Zeitpunktes möglich, an dem letzteres entstanden ist. Zwar bildeten im Zuge der Europäisierung des Gewaltmonopols insbesondere die offizielle Einführung des Raums der Freiheit, der Sicherheit und des Rechts im Vertrag von Amsterdam sowie das Inkrafttreten des Vertrags von Maastricht entscheidende Wegmarken. Allerdings ist mit Blick auf die sukzessive Entwicklung des vorliegend für maßgeblich gehaltenen Kriteriums, nämlich die Bindung und Integration durch Recht, keine zeitlich eindeutige Aussage möglich. Unabhängig von den signifikanten Primärrechtsreformen finden sich im gesamten Integrationsverlauf Entscheidungen des Europäischen Gerichtshofes von diesbezüglich übergeordneter Bedeutung. Stellvertretend für diesen dynamischen Faktor der Bindung und Integration durch Recht sollen an dieser Stelle nur jene ganz grundsätzlichen Urteile wie etwa „Van Gend & Loos“[979] aus 1963 und „Costa/ENEL“[980] aus 1964, sowie jene Entscheidungen Erwähnung finden, die wie etwa die Rechtssachen „SAIL“[981] (1972), „Tymen“[982] (1981), „Hoechst“[983] (1989) oder „Agrarblockaden“[984] (1997) für den vorliegenden Kontext von grundlegender Bedeutung sind.

Wie auch die Jahresangaben der vorgenannten EuGH-Entscheidungen verdeutlichen, hat sich die freiwillige Akzeptanz der Bindung durch Recht im Bereich der Europäisierung von Sicherheit und Freiheit erst in Jahrzehnten europäischer Rechtsprechung und Rechtsprechungsbefolgung entwickelt. Da es sich also bei der das Wesensmerkmal der Integration darstellenden Rechtsakzeptanz um ein Langfristphänomen handelt, ist dieses einer zeitlichen Verortung mit Blick auf die Entstehung eines europäischen Gewaltmonopols nicht zugänglich.

Ebenso wenig wie sich allgemein rechtshistorisch bestimmen lässt, wann in einem bestimmten Territorium der Umschlag zum Gewaltmonopol des Staates eintrat,[985] lässt sich also angeben, wann exakt auf der Zeitachse der Integration das zumindest materielle europäische Gewaltmonopol entstanden ist. Folglich haben das Gewaltmonopol des Staates und das vorliegend beschriebene europäische Gewaltmonopol gemein, dass beide nicht als Ereignis, sondern nur als Prozess begriffen und verstanden werden können.

---

979 EuGH, Rs. 26/62, Slg. 1963, S. 1 (Van Gend & Loos).

980 EuGH, Rs. 6/64, Slg. 1964, S. 1251 (Costa/ENEL).

981 EuGH, Rs. 82/71, Slg. 1972, S. 120 (SAIL).

982 EuGH, Rs. 269/89, Slg. 1981, S. 3081 (Tymen).

983 EuGH, verb. Rs. 46/87 u. 227/08, Slg. 1989, S. 2859 (Hoechst).

984 EuGH, Slg. 1997, S. I-6959 (Agrarblockaden).

985 *Grimm*, in: Anders/Gilcher-Holtey (Hrsg.), Herausforderungen des staatlichen Gewaltmonopols, S. 18 (22).

II. Das Ende der Nationalstaaten und der Beginn europäischer Staatlichkeit?

Der Kanon jener Stimmen, die angesichts von Europäisierung und Internationalisierung das Ende der Staatlichkeit heraufbeschwören, ist groß und kann bereits auf eine gewisse Tradition zurückblicken. Schon 1932 traf *Carl Schmitt (1888–1985)* die diesbezügliche Aussage: „Die Epoche der Staatlichkeit geht jetzt zu Ende."[986]

Da sich seither die internationalen und insbesondere auch die europäischen Verflechtungen in erstaunlichem Tempo weiter verdichtet haben, hat die Ansicht vom Ende des tradierten Nationalstaates stets an Zulauf gewonnen.[987] Dieser Einschätzung ist zuzugeben, dass zumindest die europäischen Staaten wohl niemals integrationsoffener und so wenig autark waren wie heute.[988] Dem entspricht auch der hiesige Befund, dass der europäische Integrationsverband wohl niemals einem Bundesstaat näher war als nun gegenwärtig nach dem Vertrag von Lissabon.[989]

Doch obwohl die Frage nach der unionalen Rechtsnatur somit von derzeit nicht zu übersehender Aktualität und Relevanz ist, reicht die diesbezügliche wissenschaftliche Auseinandersetzung schon bis in die frühen Integrationsanfänge zurück. Bereits 1963 wurde „eine vorsichtige Analogie bundesstaatlicher Begriffe"[990] für hilfreich erachtet. Zweifellos war jedoch ein großer Anteil jener Erklärungsversuche zur Rechtsnatur der seinerzeitigen Europäischen Wirtschaftsgemeinschaft politisch motiviert. Es spiegelten sich darin oftmals vorauseilende oder aber auch bewusst hemmende Wunschvorstellungen wider.[991] Hiervon abgesehen vertrat die weit überwiegende Auffassung allerdings auch nach der Einheitlichen Europäischen Akte und dem vehemente Diskussionen auslösenden Maastrichter Unionsvertrag, dass die Gemeinschaft beziehungsweise die Union noch signifikant vom

---

986 *Schmitt*, Der Begriff des Politischen, S. 10.

987 In diese Richtung bereits im Jahr 1963 *Koppensteiner*: „Das Zeitalter der Staaten ist vorüber, das der Kontinente hat begonnen", S. 72; ferner *March*, Das Ende des klassischen Staates, der den „Verfall moderner Staatlichkeit in den einzelnen Ländern auch mit dem Erstarken der EU" erklärt, S. 113 ff.; a.A. zuletzt etwa *Teufel*, „Der Nationalstaat hat Zukunft und geht nicht auf in einer Europäischen Union", in: Europa vom Kopf auf die Füße stellen, F.A.Z. Nr. 74 vom 28. März 2014, S. 20.

988 *Kokott*, VVDStRL 63 (2004), S. 10.

989 So schon *Bergmann*, DÖV 2008, S. 305.

990 *Ophüls*, NJW 1963, S. 1697 (1698).

991 *Oppermann/Classen/Nettesheim*, § 12, Rdnr. 3.

Erreichen eines bundesstaatlichen Integrationsstandes entfernt sei.[992] Die auf den Maastricht-Vertrag folgenden, weitgehend als technische Reformen betrachteten Verträge von Amsterdam und Nizza haben in diesem Kontext insgesamt weniger intensive Debatten ausgelöst. Die vorherrschende Meinung sprach der EU weiterhin die Staatsqualität ab.[993]

1. Neue Diskussionsdynamik durch Verfassungsvertrag und Vertrag von Lissabon

In den für die Integrationsgeschichte so symbolhaft-bedeutsamen *Musei Capitolini* in Rom[994] wurde am 29. Oktober 2004 feierlich der Verfassungsvertrag unterzeichnet. Dieser Schritt beflügelte im Rahmen der anstehenden Ratifikationen – insbesondere im Zusammenhang mit den in einigen Ländern vorgesehenen Referenden – die Debatte um die Rechtsnatur der Union in ganz erheblichem Maße.

Zwar hatte bereits 1986 der Europäische Gerichtshof in seinem „Les Verts"-Urteil[995] konstatiert, dass es sich beim seinerzeitigen EWGV um die „Verfassungsurkunde einer Rechtsgemeinschaft" handele. Dennoch sorgte die geradezu schillernde, von manchem deshalb als „künstlich"[996] empfundene Staatssymbolik für große Aufmerksamkeit. Dabei entsprach die große Begeisterung der europhilen Beobachter der tiefen Besorgnis der Skeptiker. Und tatsächlich hätte die Union mit einer einheitlichen, einen Grundrechtekatalog einschließenden Verfassungsurkunde, mit einem Außenminister, mit „Gesetzen" und „Rahmengesetzen" und schließlich mit eigener Flagge und Hymne eine ganze Reihe ansonsten nur Staaten vorbehaltener Verfassungscharakteristika erhalten.

Durch die dann aber deutlich negativ ausfallenden Referenden in den Niederlanden und Frankreich sowie angesichts der in der Reflexionsphase explizit

---

992 So etwa *Koppensteiner*, S. 70; *Blanke*, DÖV 1993, S. 412 (421); *Seidel*, EuR 1992, S. 125 (131).

993 Statt vieler *Calliess*, in: Calliess/Ruffert (Hrsg.), EUV/EGV, Art. 1 EUV, Rdnr. 22; dagegen die EU bereits sehr weit in Richtung eines Bundesstaates vorangeschritten sehend und diese in ihrer Mischung aus Staatenbund und Bundesstaat als „liebenswertes Monstrum" bezeichnend *Griller*, in: Schuppert/Pernice/Haltern (Hrsg.), Europawissenschaft, S. 201 (264 f.).

994 In den Kapitolinischen Museen wurden am 25. März 1957 die Römischen Verträge unterzeichnet.

995 EuGH, Rs. 294/83, Slg. 1986, S. 1339, Rdnr. 23 (Les Verts).

996 So *Haltern*, in: v. Bogdandy/Bast (Hrsg.), Europäisches Verfassungsrecht, S. 279 (292).

erklärten Aufgabe der Staatssymbolik, kehrte allerdings zusehends Ruhe in die teils leidenschaftlich geführte Verfassungsdebatte ein.

Im Rahmen der Ratifikation des Lissabon-Vertrags sind die Diskussionen um die Rechtsnatur dann erneut belebt worden. Allerdings war dieses Vertragswerk – wie bereits erwähnt – zuvor um sämtliche Verfassungscharakteristika bereinigt und um einige „palliative Maßnahmen" wie etwa das Notbremseverfahren und einen Frühwarnmechanismus zur Einhaltung des Subsidiaritätsprinzips[997] ergänzt worden. Kritische Stimmen sahen darin die Absicht und das Ziel, das „Misstrauen derer zu sedieren, die nicht wollen, dass die Union zum Bundesstaat aufsteigt und die Mitgliedstaaten in die zweite Liga der Bundesländer absteigen"[998]. Da zudem nur noch in Irland ein Referendum vorgesehen war, fiel auch die Resonanz bei der Bevölkerung insgesamt geringer aus als noch im Vergleich zum Verfassungsvertrag. Letzteres ist aber wohl auch darauf zurückzuführen, dass die politischen Schlagzeilen unterdessen von anderen Ereignissen bestimmt wurden. In diesem Zusammenhang ist vor allem die seit dem Herbst 2008 alle anderen Themen überlagernde globale Finanz-, Wirtschafts- und sodann auch Währungskrise zu nennen.

Ungeachtet dessen wurde zumindest in Politik und Rechtswissenschaft die Frage nach der Rechtsnatur der Union weiter leidenschaftlich diskutiert. Die weit überwiegende Ansicht ging davon aus, dass auch mit dem Vertrag von Lissabon kein europäischer Bundesstaat konstituiert würde und die Nationalstaaten bestehen blieben.[999] Solche, die Furcht der Bürger vor einem Europastaat oder den Vereinigten Staaten von Europa beschwichtigenden Erklärungen erwiesen sich jedoch zumindest dann als wenig hilfreich, wenn diese nicht konsequent oder aber missverständlich formuliert waren: Bei der – ausgerechnet in der Publikation der Bundeszentrale für politische Bildung zum Vertrag von Lissabon[1000] – getroffenen Aussage „Die EU ist kein Staat, nimmt aber die ihr von den Mitgliedstaaten übertragenen Kompetenzen mit den Methoden des Bundesstaates wahr"[1001] handelt es sich um ein solches Beispiel, das die Bürger in ihrem Misstrauen eher noch bestärken muss. Nicht anders verhält es

997 Zum Frühwarnmechanismus vgl. Protokoll Nr. 1 über die Rolle der nationalen Parlamente in der Europäischen Union und Protokoll Nr. 2 über die Anwendung der Grundsätze der Subsidiarität und der Verhältnismäßigkeit.

998 *Steiner*, BB 2008, Special 4, S. 2.

999 *Niedobitek*, GLJ 2009, S. 1267 (1279); *Steiner*, BB 2008, Special 4, S. 2; Auswärtiges Amt, Denkschrift zum Vertrag von Lissabon vom 13. Dezember 2007, S. 5 f.; *Brok/Leinen*, Der Vertrag von Lissabon, S. 23; CDU-Grundsatzprogramm vom 03.12.2007, Punkt 321, S. 99.

1000 Vertrag von Lissabon, Band 709 der Schriftenreihe der bpb.

1001 *Brok/Leinen*, Der Vertrag von Lissabon, S. 22.

sich mit der Aussage „Der Nationalstaat wird sich wandeln, aber auf Dauer Bestand haben. Im Rahmen der ihr von den Mitgliedstaaten zugewiesenen Kompetenzen arbeitet die Europäische Union nach bundesstaatlichen Prinzipien und Methoden.“[1002]

Für scheinbare Klarheit hat dann in diesem Zusammenhang das Urteil des Bundesverfassungsgerichts zum Lissabon-Vertrag gesorgt. Danach ist die Union weiterhin als Staatenverbund konzipiert, also als „eine enge, auf Dauer angelegte Verbindung souverän bleibender Staaten.“[1003]

Diese Deutlichkeit, mit der das Verfassungsgericht die obligatorisch fortbestehende Souveränität der Bundesrepublik Deutschland betonte und einforderte, ist indes nicht ohne Kritik geblieben. Enttäuschte Stimmen bedauerten, dass nun, „obwohl die Präambel und Art. 23 GG es als Ziel deutscher Politik nennen“[1004] würden, der Beitrittstür Deutschlands zu einem europäischen Bundesstaat bis auf weiteres verschlossen sei.

Tatsächlich hat das deutsche Höchstgericht die Entstehung eines europäischen Bundesstaates im Wege bloßer Vertragsänderung mit allem Nachdruck untersagt. Ein solcher Schritt könne auch nicht aufgrund eines geänderten Grundgesetzes erfolgen, sondern allein aufgrund einer neuen Verfassung, die zuvor von der verfassungsgebenden Gewalt des deutschen Volkes erarbeitet wurde.[1005]

Mit leicht ironischem Unterton wurde über das Urteil zum Lissabonvertrag festgestellt, dass sich Deutschland „in ‚Integrationsverantwortung‘ gem. Art. 23 I 3 i. V. mit Art. 79 III, 20 I GG vom Gespenst des Europäischen Bundesstaats fernzuhalten“[1006] habe.

Vor dem Hintergrund des Hauptergebnisses dieser Arbeit – der weitreichenden Europäisierung des Gewaltmonopols – erscheint aber eben jene verfassungsgerichtliche Rigorosität, mit der die Staatswerdung Europas verneint wird, als durchaus fragwürdig.

2. Zur Frage der Staatsqualität der Union als einheitlicher Rechtspersönlichkeit

Da das Gewaltmonopol rechtshistorisch auf das Engste mit der Entstehung des modernen Staates verbunden ist, stellt sich die Frage, inwieweit sich die

1002 CDU-Grundsatzprogramm vom 03.12.2007, Punkt 321, S. 99.
1003 BVerfG, 2 BvE 2/08 vom 30.06.2009, Leitsatz 1 (Lissabon).
1004 So *Röper*, DÖV 2010, S. 285.
1005 BVerfG, 2 BvE 2/08 vom 30.06.2009, Rdnr. 263 (Lissabon).
1006 So mit kritischem Unterton *Oppermann*, EuZW 2009, S. 473.

vorliegend festgestellte zumindest materielle Existenz eines europäischen Gewaltmonopols auf die von vielen beschriebene Staatswerdung Europas auswirken könnte. Zuweilen ist nämlich gerade im Verbleib des Gewaltmonopols bei den Mitgliedstaaten „eines der maßgeblichen Kriterien gegen eine Qualifizierung der Union als staatliches System“[1007] erkannt worden.

a.) Die Ermangelung der Kompetenz-Kompetenz

Wie geschildert, sind in der Lissabon-Union sowohl die Mitgliedstaaten als auch die Union auf differenzierte Art und Weise an der Ausübung von Gewalt beteiligt. Im Rahmen der Anordnung, Legitimierung und Ausübung von Gewalt sind hierbei durchaus Parallelen mit der „mittelbaren Verwaltung“ in Bundesstaaten erkennbar.[1008] Dennoch bestimmen weiterhin die Mitgliedstaaten in der weit überwiegenden Zahl der Fälle sowohl über die Anordnung wie auch über die Zulassung von Zwangsgewalt. Von grundlegender Bedeutung ist darüber hinaus auch, dass die Entscheidung über die Zuständigkeiten der Union, aus denen diese wiederum Zwang legitimieren kann, nicht bei der Union selbst, sondern nach dem fortbestehenden Grundsatz der begrenzten Einzelermächtigung bei den Mitgliedstaaten liegt. Die damit angesprochene staatskonstituierende Kompetenz-Kompetenz, die seit jeher als wesentlicher Grund gegen die Existenz eines europäischen Bundesstaates angeführt wurde,[1009] fehlt der Union somit auch weiterhin.[1010]

b.) Die Möglichkeit des Austritts aus der Union im Kontext europäischer Staatswerdung

Mit dem in Art. 50 Abs. 1 EUV explizit verankerten Austrittsrecht haben die Mitgliedstaaten der Union grundsätzlich jederzeit die Möglichkeit, sich aus dem Staaten- und Verfassungsverbund der Union zu lösen und über die Wiederherstellung ihres Gewaltmonopols zu völliger Souveränität zurückzukehren. Die

---

1007 So *v. Bogdandy*, Supranationaler Föderalismus als Wirklichkeit und Idee einer neuen Herrschaftsform, S. 35.

1008 So *Griller*, in: Schuppert/Pernice/Haltern (Hrsg.), Europawissenschaft, S. 201 (223), der daraus den Schluss zieht, dass „der Einwand des fehlenden Gewaltmonopols der EU für sich betrachtet sicher nicht stichhaltig“ ist.

1009 So *Ophüls*, NJW 1963, S. 1697 (1698), der aber dennoch eine „vorsichtige Analogie bundesstaatlicher Begriffe“ befürwortet.

1010 Statt vieler *Hopfauf*, in: Schmidt-Bleibtreu/Hofmann/Hopfauf (Hrsg.), Grundgesetz, Einl., Rdnr. 46.

Unionsmitgliedschaft sowie alle damit einhergehenden Konsequenzen beruhen demnach auf Freiwilligkeit.[1011] Nach Ansicht des Bundesverfassungsgerichts handelt es sich hierbei um eine in ihrer Deutlichkeit nicht zu steigernde Absage an jedwede Form der unionalen Bundesstaatlichkeit:

„Dieses Austrittsrecht unterstreicht die Souveränität der Mitgliedstaaten und zeigt ebenfalls, dass mit dem derzeitigen Entwicklungsstand der Europäischen Union die Grenze zum Staat im Sinne des Völkerrechts nicht überschritten ist."[1012]

Solange den Mitgliedstaaten also das Recht zum einseitig erklärbaren und nicht weiter zu begründenden Austritt zusteht, bleiben sie die „Herren der Verträge"[1013]. Angesichts der Fortgeltung dieses seit jeher bestehenden Grundverhältnisses von Union und Mitgliedstaaten sowie in Anbetracht des durch den Lissabon-Vertrag erreichten Integrationsstandes, bei dem die Mitgliedstaaten zwar ihre Souveränität eingeschränkt haben, aber gleichwohl noch „über die grundlegenden Fragen der eigenen Identität konstitutiv entscheiden" können,[1014] kann nicht von einem „unionalen Europastaat" oder den „Vereinigten Staaten von Europa" ausgegangen werden.

3. Zur Frage der Staatsqualität der Union als Staaten- und Verfassungsverbund

Es kann kaum bezweifelt werden, dass sich die Union mit dem Vertrag von Lissabon in ihrer Tendenz weiter auf das bundesstaatliche Ufer hinzu bewegt hat.[1015] Mangels einer öffentlichen Debatte oder gar einer primärrechtlichen Erklärung hinsichtlich der Finalität der Union erscheint deshalb die häufig anzutreffende Besorgnis berechtigt, dass sich die Integration ungeachtet des expliziten Austrittsrechts weiter verdichtet und zu einem – ähnlich der Entstehung eines europäischen Gewaltmonopols – nicht näher bestimmbaren Zeitpunkt faktisch entscheidend weiterentwickelt. Auf diese Weise könnte die Europäische Union – was vom Bundesverfassungsgericht explizit ausgeschlossen wurde – aufgrund der rein normativen Kraft des Faktischen den Rubikon zum Bundesstaat überschreiten. Das dann zwar noch formaljuristisch bestehende Austrittsrecht wäre in diesem Fall vermutlich kaum mehr durchzusetzen. Ohnehin wurde schon vor Inkrafttreten des

1011 *Terhechte*, EuR 2008, S. 143 (151).
1012 BVerfG, 2 BvE 2/08 vom 30.06.2009, Rdnr. 329 (Lissabon).
1013 *Pache/Rösch*, NVwZ 2008, S. 479.
1014 So BVerfG, 2 BvE 2/08 vom 30.06.2009, Rdnr. 340 (Lissabon).
1015 So schon *Bergmann*, DÖV 2008, S. 305.

Vertrags von Lissabon damit gerechnet, dass dessen praktische Relevanz gegen Null tendieren wird.[1016]

Von nicht geringerer Bedeutung erscheint es, dass in der vorliegend aufgezeigten Entstehung eines zumindest materiellen europäischen Gewaltmonopols ein rechtsepochaler Schritt in Richtung eines europäischen (Bundes-) Staates gesehen werden kann. Wenn nämlich über das Gewaltmonopol gleichermaßen zutreffend wie anschaulich festgestellt wird, dass dieses nicht Attribut politischer Herrschaft als solcher ist, sondern Charakteristikum einer bestimmten Form von Herrschaft, nämlich der des Staates ist,[1017] dann wird dementsprechend Europa durch ein europäisches Gewaltmonopol weiter an ein bundesstaatliches Integrationsniveau herangeführt.

Daher erscheint es zumindest als nicht ausgeschlossen, dass die einen Staaten- und Verfassungsverbund bildende Europäische Union die verfassungsrechtliche Grundlage für eine spätere Staatswerdung Europas bilden könnte.

Nach dem *status quo* ist allerdings auch der als Staaten- und Verfassungsverbund konzipierten Union die Staatsqualität weiterhin abzusprechen.[1018] Dafür spricht zunächst, dass in diesem „überstaatlichen Gemeinwesen“[1019] weiterhin nur die Mitgliedstaaten über die Kompetenz-Kompetenz verfügen und dass auch nur diese zur unmittelbaren Anwendung von Zwang befugt sind.[1020] Aber auch wenn die Mitgliedstaaten – zumindest theoretisch – jederzeit aus der Union austreten können, vollzieht sich die weitere Vertiefung in Richtung föderaler Verfasstheit in einem kontinuierlich fortlaufenden Prozess.[1021] Dabei handelt es sich bei den augenscheinlichen und vielbeachteten Primärrechtsreformen oder der teils heftig umstrittenen Kompetenzrechtsprechung des Europäischen Gerichtshofes bei weitem nicht um die einzigen integrationsdynamischen Faktoren. Auch und insbesondere im „Alltag“ des europäischen Staaten- und Verfassungsverbundes vollzieht sich ein permanenter Konstitutionalisierungsprozess. In einer durch den rasanten Wandel der globalen Kontextbedingungen geprägten Zeit „rezipieren die mitgliedstaatlichen Verfassungen über Öffnungs- und Integrationsklauseln die rechtlichen und verfassungskulturellen Änderungsimpulse und gleichen sich auf diese Weise untereinander an“[1022]. So findet eine

---

1016 Vgl. *Terhechte*, EuR 2008, S. 143 (153).

1017 *Grimm*, in: Anders/Gilcher-Holtey (Hrsg.), Herausforderungen des staatlichen Gewaltmonopols, S. 18 (21).

1018 So statt vieler *Herdegen*, § 8, Rdnr. 32, S. 88 f.

1019 *Calliess*, in: Calliess/Ruffert (Hrsg.), EUV/AEUV, Art. 1 EUV, Rdnr. 39.

1020 *Müller-Graff*, EuR 2009, Beiheft 1, S. 105 (125).

1021 Vgl. dazu *Calliess*, in: Calliess/Ruffert (Hrsg.), EUV/EGV, Art. 1 EUV, Rdnr. 35.

1022 *Sommermann* in FS Steiner, S. 796 (797 f.).

kontinuierliche Vertiefung des Verfassungsverbundes statt.[1023] Zwar mag dieses insoweit „evolutive Verfassungsrecht“[1024] von Beginn an im Wesen der Union als einer auf Vertiefung abzielenden Rechtsgemeinschaft angelegt gewesen sein. Allerdings lassen fast siebzig Jahre einer immer weiter voranschreitenden Integration, die längst eben auch zur Europäisierung souveränitätsintensiver Bereiche geführt hat, die Frage nach der Notwendigkeit eines Innehaltens und einer Phase der Reflexion aufkommen. Diese Frage stellt sich umso dringlicher, wenn einerseits etwa bereits ein materiell-rechtliches europäisches Gewaltmonopol entstanden ist, andererseits aber die Mehrzahl der Bürger die Union nach wie vor lediglich als einen kostspieligen, im Übrigen aber weit entfernten Bürokratie-Apparat begreifen, dem sie – ausweislich kontinuierlich sinkender Beteiligung an den Europawahlen – weitgehend skeptisch oder bestenfalls desinteressiert gegenüberstehen.

Folglich gilt es, ungeachtet des scheinbar beruhigenden Urteils des Bundesverfassungsgerichts, auf die zahlreich vorhandenen Ängste vor einem europäischen Superstaat Rücksicht zu nehmen.[1025]

4. Zwischenergebnis

Entgegen mancher Befürchtung hat der Vertrag von Lissabon nicht das Ende der Staaten in Europa besiegelt. Ein solches Ende der europäischen Einzelstaatlichkeit und das Erstarken der Union zu einem Bundesstaat erscheinen derzeit und auch mittelfristig als eher unwahrscheinlich.

Gleichwohl ist aber der europäische Einigungsverband noch niemals näher an einen bundesstaatlichen Integrationsstand herangerückt als gegenwärtig. Ein wesentlicher Grund für diese Feststellung liegt im Hauptergebnis der vorliegenden Untersuchung – der Europäisierung des ehedem exklusiv staatlichen Gewaltmonopols.

Mit der Bereitschaft zur Modifizierung ihres Gewaltmonopols haben die Unionsmitglieder unzweifelhaft eines der sie maßgeblich „stützenden Elemente“[1026]

1023 Vgl. *Pernice*, in: Calliess (Hrsg.), Verfassungswandel im europäischen Staaten- und Verfassungsverbund, S. 61 (68 ff.).

1024 Vgl. dazu *Calliess*, in: Calliess/Ruffert (Hrsg.), EUV/EGV, Art. 1 EUV, Rdnr. 34.

1025 So etwa *Bergner*, S. 48.

1026 So mit Blick auf das Gewaltmonopol *Haltern*, in: v. Bogdandy/Bast (Hrsg.), Europäisches Verfassungsrecht, S. 279 (287), der aber zum Ergebnis kommt, „vor dem Gewaltmonopol hat die Vergemeinschaftung Halt gemacht“, S. 293.

preisgegeben. Da die Mitgliedstaaten aber insbesondere mit Blick auf die Gewaltausübung einen ganz entscheidenden Teil jenes Staaten- und Verfassungsverbundes ausmachen,[1027] auf den das Gewaltmonopol – wenn auch nur materiell – übergeleitet wurde, wird diese Preisgabe im Zuge der Einfluss- und Gestaltungsmöglichkeiten auf europäischer Ebene zumindest teilkompensiert.

Ungeachtet der aufgezeigten Europäisierungstendenzen bleiben die Mitgliedstaaten der Union zudem weiterhin im alleinigen Besitz der Kompetenz-Kompetenz. Als integraler Bestandteil des Staaten- und Verfassungsverbundes wird so jene „historisch gewachsene global anerkannte Organisationsform“[1028] – die sich „der Staat“ nennt – vermutlich auf lange Zeit erhalten bleiben. Hierfür sprechen im Übrigen auch nationalstaatliche Vorbehalte der mitgliedstaatlichen Politik und Verfassungsgerichtsbarkeit sowie die hohe kulturelle Pluralität Europas. Das britische, französische, italienische, spanische, tschechische, polnische oder deutsche Staatsvolk wird künftig kaum auf die Kultur eines eigenen Staates verzichten.[1029] In Ermangelung einer gemeinsamen Sprache scheinen die Völker Europas, die noch immer auf Fußballsiege „übereinander“ angewiesen sind, zudem auch nach wie vor emotional voneinander getrennt zu sein.[1030] Zu groß und – im Gegensatz zur Bundesrepublik Deutschland – zu ungebrochen erscheint schließlich auch der Nationalstolz, als dass man beispielsweise seitens Großbritanniens oder Frankreichs die Souveränität vollständig und dauerhaft zugunsten der Vereinigten Staaten von Europa aufzugeben bereit wäre.[1031] Auch in den jungen Demokratien Mittel- und Osteuropas, die erst vor rund zwei Jahrzehnten ihre Souveränität zurückerlangten, fände sich vermutlich nur wenig Enthusiasmus zu einem solchen Schritt.[1032]

1027 Vgl. *Calliess*, in: Calliess/Ruffert (Hrsg.), EUV/EGV, Art. 1 EUV, Rdnr. 37.

1028 So BVerfG, 2 BvE 2/08 vom 30.06.2009, Rdnr. 224 (Lissabon).

1029 *Kirchhof*, in: v. Bogdandy/Bast (Hrsg.), Europäisches Verfassungsrecht, S. 1009 (1011).

1030 *Steiner*, BB 2008 Special 4, S. 2.

1031 Vgl. dazu *Jachtenfuchs*, in: Leibfried/Zürn (Hrsg.), Transformationen des Staates?, S. 69 (88), wonach hinsichtlich einer politischen Union „die britische wie die französische Regierung sehr viel zurückhaltender“ waren als etwa die Bundesregierung; ebenso *Zippelius*, der im „nationalen Selbstbehauptungswillen der europäischen Völker“ die Grenzen der Integration sieht, § 40 V, S. 328.

1032 Ohne weder das eine noch das andere gut zu heißen, sei hier nur auf den höchst unterschiedlichen Umgang mit geschichtlichen Großereignissen hingewiesen, etwa wenn die Erinnerung an 2.000 Jahre Varusschlacht in Deutschland mit der an 600 Jahre Schlacht von Tannenberg in Polen verglichen wird, vgl. nur *Gnauck*, Polen feiert die Schlacht von Tannenberg 1410 – Symbol des Slawentums, Die Welt,

Dessen ungeachtet ist aber die Tendenz nicht zu übersehen, dass das Uhrwerk der Integration ungeachtet des mittlerweile erreichten hohen Einigungsstandes weiter in Richtung einer Stärkung der Gemeinschaftskompetenzen fortläuft.[1033] Diese dynamische Bewegung, maßgeblich vorangetrieben durch den Europäischen Gerichtshof, wohnt nahezu allen Politikfeldern der Union inne,[1034] wobei seit einem Jahrzehnt – wie beschrieben – ein Schwerpunkt im Bereich der inneren Sicherheit festzustellen ist. Insbesondere durch die aufgezeigte dynamische Fortentwicklung des Raums der Freiheit, der Sicherheit und des Rechts wird der einzelne Unionsbürger zunehmend in den Fokus der Integration gerückt. Diese bewusste Hinwendung zum „verlorenen Bürger“ wurde zuletzt in aller Deutlichkeit im „Stockholmer Programm“[1035] zum Ausdruck gebracht. Je mehr aber der einzelne Bürger in den Hauptfragen seines Daseins, wozu neben wirtschaftlichen Belangen eben auch entscheidend die Justiz und die Sicherheit zählen, zum Adressaten und zum Akteur der gesamteuropäischen Rechtsstruktur wird, desto näher kommt auch die Union insgesamt jenem originären und unabgeleiteten Status, der die Staatlichkeit ausmacht.[1036] Da somit der oft beschriebene Sog des Gemeinschaftsrechts bereits auch sehr sensible und souveränitätsintensive Bereiche erfasst hat, ist die Vision von den Vereinigten Staaten von Europa gegenwärtig zwar noch weit entfernt, dennoch aber keinesfalls in das Reich der Utopie zu verweisen.[1037] Mittelfristig aber ist, wie auch das Bundesverfassungsgericht in seinem Urteil zum Lissabon-Vertrag festgestellt hat, die europäische Integration auf den Fortbestand der Nationalstaaten angelegt und angewiesen. Gerade die Klarheit und Unmissverständlichkeit des deutschen Höchstgerichts in diesem Punkt dürfte viele Anhänger einer bundesstaatlichen Option sehr

---

Online im Internet: URL: http://www.welt.de/kultur/article8475774/Polen-feiert-die-Schlacht-von-Tannenberg-1410.html (Stand 01.01.2014).

1033 So auch *Maurer*, der die Bundesstaatlichkeit der EU zwar „(noch)“ ablehnt, weil ihre Hoheitsrechte beschränkt seien. Gleichzeitig erfassten die Hoheitsrechte der EU aber „immer weiter ausgreifende Bereiche“, § 4 Rdnr. 21, S. 120.

1034 Vgl. *Roth*, in Roth/Hilpold, S. 602 f.; *Bergmann*, DÖV 2008, S. 305.

1035 „Das Stockholmer Programm – ein offenes und sicheres Europa im Dienste der Bürger“ beschlossen vom Rat der Europäischen Union, EU-Dok. 17024/09; vgl. dazu auch *Beukelmann*, NJW 2010, S. 2081 (2083 f.); ferner *Hoppe*, in: Bergmann (Hrsg.), Handlexikon der Europäischen Union, Stichwort „Raum der Freiheit, der Sicherheit und des Rechts (RFSR)“, S. 770 (771).

1036 *Haack*, EuR 2009, S. 282 (288 f.).

1037 Vgl. *Calliess*, in: Calliess/Ruffert (Hrsg.), Verfassung der Europäischen Union, Art. I-60, Rdnr. 19; *Haack*, EuR 2009, S. 282 (288).

enttäuscht und sicherlich auch wesentlich zu der am Lissabon-Urteil geäußerten Kritik beigetragen haben.[1038]

III. Mögliche Risiken der aufgezeigten Entwicklung

Werden die im Rahmen dieser Arbeit festgestellten Ergebnisse kombiniert, so lassen sich gegenwärtig hinsichtlich des Standes und der Entwicklung des Verhältnisses zwischen der Union und ihren Mitgliedstaaten folgende Schlüsse ziehen:

Die Erfüllung und der Ausgleich der Staatsfundamentalaufgaben Sicherheit und Freiheit werden in einer sich beschleunigenden Dynamik von der europäischen Ebene wahrgenommen. Ungeachtet der nicht zu übersehenden „Angst vor einem Superstaat Europa"[1039] stellt der Vertrag von Lissabon einen neuen vorläufigen Höhepunkt der Hochzonung souveränitätssensibler Bereiche dar. Insbesondere hat die Union – nun auch primärrechtlich verbrieft – umfangreiche Zuständigkeiten im Bereich der Gewaltlegitimierung erlangt, so dass sich in der Folge das tradierte Gewaltmonopol des Staates zu einem zumindest in materieller Hinsicht „auch europäischem Gewaltmonopol" supranational-unionsrechtlicher Prägart gewandelt hat. Anknüpfungspunkt dieses neuartigen Typus des Gewaltmonopols sind weder die Mitgliedstaaten noch die Union selbst, sondern, wenn auch nicht Träger im formal-juristischen Sinne, der sich im wechselseitigen Zusammenwirken beider Ebenen konstituierende Staaten- und Verfassungsverbund.

Nach dem *status quo* haben die europäischen Nationalstaaten also ihre Souveränität in signifikanten Teilen zugunsten der Integration aufgegeben. Dennoch sind letztere dadurch nicht in ihrer Existenz bedroht. Europa ist nach allem, obwohl erste Ansätze des Entstehens europäischer Staatlichkeit erkennbar sind, noch beträchtlich von der Staatswerdung im eigentlichen Sinne entfernt.[1040]

Es ist nunmehr fraglich, welche Konsequenzen, Chancen und Risiken sich künftig aus einer so gezeichneten Integrationsrealität ergeben könnten.

Zunächst – so hat es den Anschein – liegen die mit der Europäisierung der Freiheits- und Sicherheitsgewährleistung einhergehenden Vorteile auf der Hand. Vor dem Hintergrund moderner internationaler beziehungsweise globaler

---

1038 Enttäuscht über die Absage an eine bundesstaatliche Option und dementsprechend kritisch äußern sich etwa *Schwarze*, EuR 2010, S. 108 (113) und *Röper*, DÖV 2010, S. 285.

1039 *Calliess*, Die neue Europäische Union nach dem Vertrag von Lissabon, S. 2.

1040 Ebenso *Bergmann*, DÖV 2008, S. 305.

Herausforderungen erweist sich nämlich der tradierte Nationalstaat immer öfter als überfordert und stößt – wie etwa zuletzt in der weltweiten Finanz- und Währungskrise – vermehrt an seine Grenzen. Auch überregional und international agierende Strukturen des Terrorismus und der organisierten Kriminalität lassen sich präventiv wie repressiv nur im Wege der Zusammenarbeit effizient bekämpfen.[1041] Unzweifelhaft erweist es sich ferner in einem sich internationalisierenden Umfeld von Vorteil, wenn „Europa" im Dialog mit anderen globalen Mächten wie etwa den USA, Russland, oder China mit einer Stimme spricht. Um letzteres konsequent und nachhaltig zu ermöglichen, kann die europäische Integration unbestritten einen wirkungsvollen Rechts- und Institutionsrahmen bieten. Deshalb besteht sowohl bei Praktikern und Politikern[1042], wie auch innerhalb der Wissenschaft die weit überwiegende Auffassung, dass die gegenwärtige Zeit eine Zeit ist, „in der Europa die richtige Antwort auf die Herausforderungen in einer globalen Welt ist."[1043] Gegen den Befund einer anhaltenden Europaskepsis haben Umfragen zudem immer wieder gezeigt, dass eine Mehrheit der Bürger ein gemeinsames europäisches Vorgehen beim Kampf gegen den Terrorismus und die organisierte Kriminalität begrüßt.[1044]

Vor dem Hintergrund dieser mit der Integration unzweifelhaft einhergehenden Vorteile fragt es sich, ob es nicht auch – wie so oft – eine Kehrseite der Medaille gibt. So sind kritische Stimmen der Ansicht, dass die beschriebene zumindest materielle Verlagerung des tradierten Gewaltmonopols auf den Staaten- und Verfassungsverbund der Union „eine für den Bürger gefährliche Mischung in einem latenten Zustand"[1045] sei. In Rede stehen somit die Risiken der aufgezeigten Europäisierung sowie die Frage, inwieweit diesen gegebenenfalls mit den Mitteln des Rechts begegnet werden kann.

1041 So etwa *Schäuble*, Was ist Freiheit ohne Sicherheit? Rede vom 19.10.2009 im Rahmen der Ringvorlesung „Der internationale Terrorismus als Herausforderung des Rechts" an der Freien Universität Berlin. Online im Internet: URL: http://www.bmi.bund.de/SharedDocs/Reden/DE/2009/10/bm_fu.html (Stand 01.01.2014).

1042 Diesbezüglich sehr anschaulich *Ole Schröder* in seiner Begrüßungsrede „Sicherheit ist europäisch" auf dem 14. Europäischen Polizeikongress, welcher vom 15. – 16. Februar 2011 zum Thema „Migration – Integration – European Security in Transition" in Berlin stattfand.

1043 Bundeskanzlerin *Merkel*, 169. Sitzung des Deutschen Bundestages am 19. Juni 2008.

1044 Vgl. etwa Eurobarometer Umfrage: www.europa.eu.int/comm/public_opinion/index_eu.htm.

1045 *Mäder*, S. 155.

1. Die Aufgabe des staatlichen Gewaltmonopols – ein Rückschritt in vorstaatliche Zustände?

Das staatliche Gewaltmonopol stellt wie besehen nicht bloß einen Schritt auf dem Weg zum modernen Rechtsstaat dar. Es ist vielmehr dessen Haupterrungenschaft und Wesensmerkmal.[1046] In der Überwindung des *bellum omnium contra omnes* liegt ferner auch ein signifikanter Fortschritt in der rein faktischen Qualität menschlichen Zusammenlebens. Vor dem Hintergrund also, dass die Einrichtung des staatlichen Gewaltmonopols einen epochalen Fortschritt der Menschheitsgeschichte bedeutete, fragt sich, welche Implikationen dessen Hochzonung in Form der dargestellten Europäisierung haben könnte.

In der Vergangenheit hat es nicht an Stimmen gemangelt, die eindringlich vor einer Beeinträchtigung des tradierten staatlichen Gewaltmonopols gewarnt haben. Ohne das Gewaltmonopol des Staates „gäbe es sicher entweder ein Oligopol der Mächtigen, der Reichen, die sich eine Privatarmee halten können oder zumindest einige Schläger. Oder es gäbe den freien Markt, in dem jeder nach eigenen Kräften Gewalt einsetzt – und das wäre eine Anarchie allerschlimmster Sorte."[1047]

Demnach könnte die wenn auch nur materielle Antastung des staatlichen Gewaltmonopols einen verhängnisvollen Rückschritt in jene Zeiten bedeuten, in denen ausschließlich das Recht des Stärkeren Geltung hatte.[1048]

Gleichwohl es in der Vergangenheit nicht an solchen und ähnlich drastischen Warnungen gemangelt hat,[1049] wurde das staatliche Gewaltmonopol sukzessive zugunsten der Vertiefung der Integration europäisiert. Die praktischen Erfahrungen, die die Bürger mit dieser Entwicklung aber bislang gemacht haben, waren indes alles andere als bedrohlich oder gar in einem vorstaatlichen Sinne prekär. Verkürzt lassen sich die Lebensumstände im Europa des frühen 21. Jahrhunderts als weitgehend sicher, frei von militärischer Bedrohung und abgesichert durch ökonomische Stabilität umschreiben, mithin also als politische Großwetterlage, welche mit Blick auf andere Regionen der Welt als geradezu beneidenswert erscheinen muss.[1050]

1046 *Tilch/Arloth*, S. 1998.

1047 *Baumann* in FS Wassermann, S. 256.

1048 So *Reuter*, Die Polizei 1986, S. 73 (76 f.).

1049 Vgl. hier nur *Fukuyama*: „Doch auch das Gegenteil ist nicht auszuschließen: ein Rückfall in den Zustand des ersten Menschen, der blutige und sinnlose Kämpfe ums reine Prestige führt, diesmal allerdings mit modernen Waffen.", S. 433.

1050 Rund eineinhalb Milliarden leben noch immer im Zustand physischer Unsicherheit. Vgl. The International Bank for Reconstruction and Development / The World Bank, „*World Development Report 2011 – Conflict, Security, and Development*",

Eine deutliche Eintrübung hat dieses Bild allerdings durch die Terroranschläge in Madrid und London, aber auch durch die fortbestehende Bedrohung durch den Terrorismus erfahren.[1051] Allerdings ist hier wiederum zu betonen, dass die Ursachen und Motive für diesen Terrorismus in keinem Zusammenhang mit der auf Europa beschränkten Modifizierung des staatlichen Gewaltmonopols stehen.

Es lässt sich somit festhalten, dass die Europäisierung des tradierten staatlichen Gewaltmonopols zumindest kurz- und mittelfristig nicht mit jenen Konsequenzen verbunden war, vor denen so oft gewarnt wurde. Im Gegenteil war die europäische Integration bislang wesentlicher Garant für Sicherheit, Freiheit und wirtschaftliche Prosperität.

2. Die Europäisierung der Sicherheit als Rückzug des Staates

Ein weitverbreitetes Muster der Kritik am gegenwärtigen Integrationsverlauf ist wirtschaftlicher Natur und beinhaltet den Vorwurf einer zunehmenden Neoliberalisierung Europas.[1052]

So wurde in diesem Zusammenhang vorgebracht, dass mit Beginn der 1990er Jahre eine „Zurückdrängung des Staates im Prozess der europäischen Integration [...] nicht nur mittelbar, sondern auch direkt und intentional"[1053] zu beobachten sei. Mit dem Vertrag von Lissabon sei eben diese Entwicklung konsequent und entschieden fortgesetzt worden:

„Auch im EU-Reformvertrag soll das neoliberale Wirtschaftsmodell als einzig zulässige Organisationsform weiter zementiert werden, obwohl damit seit Jahrzehnten eine Verarmung weiter Teile der Bevölkerung innerhalb der Europäischen Union, vor allem aber in der sog. Dritten Welt" einherginge.[1054] Im Ergebnis würde

---

Washington, DC, 2011, S. 2. Auch Online im Internet: URL: http://wdr2011.worldbank.org/sites/default/files/pdfs/WDR2011_Full_Text.pdf (Stand 15.09.2011).

1051 Vgl. dazu etwa das Interview des Hamburger Abendblatts mit dem Präsidenten des Bundesamtes für Verfassungsschutz *Fromm* vom 31.01.2009. Online im Internet: URL: http://www.abendblatt.de/politik/deutschland/article149059/Die-Terrorgefahr-in-Deutschland-ist-sehr-gross.html (Stand 15.09.2011).

1052 Vgl. etwa *Karrass*, Die EU und der Rückzug des Staates – Eine Genealogie der Neoliberalisierung der europäischen Integration, Bielefeld 2009.

1053 *Karrass*, S. 232.

1054 „Militarisierung durch die Hintertür, Der EU-Reformvertrag", Schreiben der *Informationsstelle Militarisierung e.V.* an die Bundestagsabgeordneten im Rahmen der anstehenden Ratifizierung des Vertrages von Lissabon.

„die europäische Union […] weiter dazu beitragen, den Staat zugunsten des Marktes zu schwächen, mittelbar […] und auch intentional."[1055]

Bemerkenswert an dieser Kritik erscheint zunächst, dass diese weder einem grundsätzlichen Etatismus zu entspringen scheint, noch als Ausdruck einer fundamental europaskeptischen Haltung gewertet werden kann. Vielmehr befürchten eben jene Stimmen, dass im Rahmen der prinzipiell befürworteten Einigung Europas eine Verlagerung und Hochzonung von Staatsaufgaben nicht adäquat kompensiert wird und auf diese Weise – etwa hinsichtlich des sozialen Ausgleichs oder der sozialen Sicherheit – Leerstellen oder gar ein Minus zum bisherigen *status quo* auftreten könnten. Demnach bestünde das Problem darin, „dass man auf supranationaler Ebene nicht das zu ersetzen vermag, was auf nationaler Ebene verlorengeht"[1056].

Ungeachtet der Frage, ob die letztgenannte Kritik tatsächlich mit Blick auf die Wirtschaftsintegration zutreffen mag – wofür jüngst allerdings immer mehr zu sprechen schien – lässt sich deren argumentatives Muster auch auf die vorliegende Thematik übertragen. So würde in der aufgezeigten Europäisierung von Sicherheit und Freiheit zweifelsohne dann ein Minus zum *status quo* und insoweit auch ein Rückzug des Staates begründet sein, wenn auf europäischer Ebene keine hinreichenden Ausgleichsmaßnahmen getroffen würden. Praktische Anlässe, den Eintritt eines solchen Szenarios zu fürchten, lassen sich leider nicht völlig von der Hand weisen:

Zum einen nämlich ist seit den 1960er Jahren ein ganz grundsätzlicher Trend hin zur Privatisierung[1057] zu beobachten. Zwar hat dieser Trend durch die infolge der Wirtschaftskrise notwendig gewordenen staatlichen Interventionen eine zeitweilige Verlangsamung erfahren, dennoch dürfte dieser keinesfalls der Vergangenheit angehören. Begleitet wurde diese Privatisierungswelle seit jeher sowohl von Kritikern, die vor dem vielbeschworenen „Rückzug des Staates" warnten,[1058]

1055 *Karrass*, S. 232.

1056 So *Streeck* im Gespräch auf die Frage, ob die Nationalstaaten den Sozialstaat besser verteidigen könnten als die Union, in: „Die Einigung Europas ist dramatisch gescheitert", FAS Nr. 32 vom 11. August 2013, S. 23.

1057 Zum Begriff der Privatisierung vgl. *Di Fabio*, JZ 1999, S. 585; methodisch zur Privatisierungsdiskussion *Schuppert*, Staatswissenschaft, S. 337 ff.

1058 Kritisch gegenüber der Privatisierung öffentlicher Sicherheit: *Gusy*, „die Forderung nach einer *lean policy* rückt in die Nähe einer Gefahr einer Flucht aus der Verantwortung", DÖV 1996, S. 573 f.; *Haurand*, „die Übertragung bzw. Überlassung von Sicherheitsaufgaben […] darf keineswegs den Kernbereich der Staatlichkeit aushöhlen", Kriminalistik 1997, S. 770 (779); *Volkmann*, der in diesem Zusammenhang explizit vor einer „möglichen Erosion des staatlichen

als auch von Befürwortern, die darin die Möglichkeit zum Bürokratieabbau in Form nunmehr effizienterer „schlanker Staaten“ sahen.[1059]

Neben dieser Grundsatztendenz hin zur Privatisierung ist es aber maßgeblich die nicht nur angespannte, sondern sich dramatisch verschärfende Lage der öffentlichen Haushalte nicht nur in Deutschland, die die Neigung beziehungsweise sogar die Notwendigkeit eines Rückzugs des Staates aus angestammten Aufgabengebieten künftig noch verstärken dürfte. Als jüngeres, in diesem Kontext einschlägiges Beispiel kann etwa die kontrovers diskutierte Reform des deutschen Gerichtsvollzieherwesens angesehen werden:

„Das GVZG-E verfolgt das Ziel, die Effizienz der Zwangsvollstreckung zu verbessern und zugleich für eine Entlastung der öffentlichen Haushalte zu sorgen.“[1060]

Aufgrund des im Rahmen dieser Arbeit aufgezeigten engen Zusammenhanges zwischen dem Justizgewährleistungsanspruch einerseits, und dem nunmehr von der Union und den Staaten im Verbund wahrgenommenen Gewaltmonopol andererseits, müssen solche Entwicklungen nachdenklich stimmen. Im Rahmen der parlamentarischen Beratungen zum GVZG-E warnte so der Deutsche Richterbund zu Recht vor einer Aufgabe des Gewaltmonopols.[1061]

Da nicht nur die Rechtspflege, sondern auch und insbesondere die Sicherheitsgewährleistung mit hohen Kosten verbunden ist, könnte ein Abbau mitgliedstaatlicher Sicherheitsstrukturen mit dem Hinweis auf eine Kompensation durch effizientere europäische Behörden und Agenturen begründet werden. Mitunter waren solche Schritte sogar ausdrücklich im Rahmen der Integration angelegt, wie dies etwa mit dem Abbau der mitgliedstaatlichen Grenzschutzkräfte und den Grenzkontrollanlagen in der „grenzenlosen Binnen-Union“[1062] der Fall war.

Gewaltmonopols“ warnt, NVwZ 2009, S. 216 (218); ferner auch *Zippelius*, nach dem ein übermäßiger Abbau von Staatsgewalt „allzuleicht [in] ein Übermaß an staatlicher Gewalt“ umschlagen könne, § 9 I 1, S. 46.

1059 Differenzierend *König*, DÖV 1998, S. 963; vermittelnd *Hammer*, DÖV 2000, S. 613 (621).

1060 So *Pilz*, DÖV 2009, S. 102 der den unter den BT-Drs. 17/1210 und BT-Drs. 17/1225 vorgeschlagenen Gesetzesänderungen aber wegen „erheblicher verfassungsrechtlicher Schwierigkeiten“ sehr kritisch gegenübersteht.

1061 DRB-Stellungnahme Nr. 24/10 aus Mai 2010: „Das Gerichtsvollzieherwesen ist nicht nur Teil der öffentlichen Daseinsvorsorge, sondern gehört zum Kernbereich hoheitlicher Aufgaben. […] Befugnisse dieser Art sind mit großer Verantwortung verbunden, weshalb sie in staatlicher Hand bleiben müssen und nicht Privaten übertragen werden dürfen. Das Gewaltmonopol muss beim Staat bleiben.“

1062 *Oppermann/Classen/Nettesheim*, § 37 Rdnr. 38, S. 668.

So sehr man aber auch den Bestrebungen zur Europäisierung der inneren Sicherheit aufgeschlossen oder aber aus etatistischem Blickwinkel eher skeptisch gegenüberstehen mag: Das überkommene Gewaltmonopol des Staates lässt sich jedenfalls schon jetzt nicht mehr als Europäisierungsschranke zu Felde führen. Da die Mitgliedstaaten hier ausdrücklich die Bereitschaft zu dessen Aufgabe erklärt haben, ist das Gewaltmonopol zumindest in seiner Funktion als trennscharfe Abgrenzungskategorie zwischen Union und Mitgliedstaaten nicht länger existent. Denkbar erscheint insofern allenfalls, das „geschwächte nationale Gewaltmonopol“[1063] im Rahmen der nunmehr gemeinsamen Wahrnehmung durch Union und Mitgliedstaaten dergestalt zu „rekonstruieren“[1064], dass aus ihm bis auf weiteres eine Absage an eine genuine Gewaltbefugung der europäischen Ebene zu folgern ist. Insbesondere ist aber auch aus dem europäisierten staatlichen Gewaltmonopol eine Privatisierungsgrenze hinsichtlich eines Kernbereichs an Sicherheitsaufgaben abzuleiten,[1065] denn eine „neuralgische Grenze“ verläuft dort, „wo die Einbeziehung Privater mit der Ausübung von Kontroll-, Anordnungs- oder Zwangsbefugnissen gegenüber Dritten verbunden sein kann.“[1066] Mit Bezug auf das tradierte Gewaltmonopol des Staates ist nämlich zu Recht festgestellt worden, dass dort „wo ein sachliches Feld durch den Einsatz des staatlichen Gewaltmonopols direkt oder indirekt nachhaltig bestimmt wird, wie in der Strafverfolgung, im Strafvollzug oder in Kernbereichen der allgemeinen Gefahrenabwehr, der Staatsvorbehalt greift.“[1067] In diesen Bereichen muss daher auch das europäisierte Gewaltmonopol eine insoweit mit Artikel 33 Absatz 4 GG inhaltsgleiche Privatisierungsschranke beinhalten.[1068]

1063 So *Meyer*, EuR 2011, S. 169 (192).

1064 Vgl. die Forderung nach einer Rekonstruktion des Gewaltmonopols auf EU-Ebene von *Meyer*, der aber diese Rekonstruktion anders entscheidend auf das Territorialitätselement des Raums der Freiheit, der Sicherheit und des Rechts bezieht, EuR 2011, S. 169 (192 f.).

1065 So *Schimpfhauser*, Das Gewaltmonopol des Staates als Grenze der Privatisierung von Staatsaufgaben – Dargestellt am Beispiel des Strafvollzuges, Frankfurt am Main 2009.

1066 *Gusy*, JZ 2009, S. 217 (224).

1067 *Di Fabio*, JZ 1999, S. 585 (592).

1068 So wurde Artikel 33 Absatz 4 GG auch seitens der Bundesregierung stets als Schranke der Privatisierung innerer Sicherheit betrachtet. Zuletzt etwa am 05.08.2011 in der Antwort der Bundesregierung auf die Große Anfrage der Abgeordneten *Katja Keul, Tom Koenigs, Omid Nouripour*, weiterer Abgeordneter und der Fraktion BÜNDNIS 90/DIE GRÜNEN – Drucksache 17/4573 – Regulierung privater Militär- und Sicherheitsfirmen:

Zusammenfassend bleibt im Privatisierungskontext festzuhalten, dass die Union ihren Bürgern ein hohes Maß an Sicherheit nicht mehr nur in Form bloßer politischer Absichtserklärungen versprochen hat, sondern dass sie mit der nunmehr rechtsverbindlichen Grundrechtecharta sogar eine entsprechende Grundrechtsverbürgung eingegangen ist: „Jeder Mensch hat das Recht auf Freiheit und Sicherheit."[1069]

Der größte Schaden für die Langfristperspektive der Union würde vermutlich dann eintreten, wenn die in der Schutzgewährung liegende Identifikationsfunktion des Raums der Freiheit, der Sicherheit und des Rechts angesichts tatsächlich oder gefühlt steigender Unsicherheit in ihr Gegenteil verkehrt würde. Im Falle vermehrter Aktivität grenzüberschreitender Banden oder infolge einer Serie schwerwiegender Terroranschläge würde sich das grenzenlose Reisen als plakatives „Aushängeschild" der Union vermutlich rasch in ein „Imageproblem" umkehren. Insoweit muss sich die Union künftig beim Wort nehmen lassen und in ihrem eigenen Interesse für ein größtmögliches Maß an Sicherheit sorgen.[1070] Keinesfalls darf also ein Rückzug des ohnehin schon „schwachen Nationalstaates"[1071] dergestalt erfolgen, dass im Interaktionsverhältnis der Ebenen Sicherheitsressourcen scheinbar verlagert, diese in Wirklichkeit aber bloß gekürzt oder gar ersatzlos gestrichen würden. Gleichfalls ist mit allem Nachdruck vor einer Entwicklung zu warnen, die sich zunächst als Europäisierung, sodann aber als reine Privatisierung darstellt. In einem solchen Fall würde der Staat zum einen den *status positivus* der Grundrechte und insbesondere das Grundrecht auf Sicherheit[1072] verletzen. Zum anderen würde der betreffende Staat die Gehorsamsbereitschaft seiner Bürger verwirken. Schließlich hatten diese dem Staat nur deshalb das Gewaltmonopol

---

„Eine ausdrückliche Erwähnung des staatlichen Gewaltmonopols findet sich im Grundgesetz nicht. Indem das Grundgesetz durch Artikel 20 Absatz 3 die Bundesrepublik Deutschland als Rechtsstaat konstituiert, nimmt es für sie jedoch das staatliche Gewaltmonopol in Anspruch. Die Aufrechterhaltung der inneren und äußeren Sicherheit – notfalls mit Mitteln physischer Gewalt – ist daher eine Aufgabe des Staates und unterfällt dem Funktionsvorbehalt des Artikels 33 Absatz 4 GG.", Deutscher Bundestag, Drucksache 17/6780, S. 21.

1069 So der Wortlaut von Art. 6 GRCh.

1070 So auch *Ruffert*, in: Pernice (Hrsg.), Der Vertrag von Lissabon, S. 169 (172).

1071 Wie viele so auch *Schröder*, der, als Antwort auf die im Zeitalter der Globalisierung zutage tretende Schwäche des Nationalstaates, allein die Europäisierung für konsequent hält, in: Der schwache Nationalstaat, Handelsblatt Nr. 119 vom 22. Juni 2012, S. 72.

1072 Zu dessen Entwicklung und Begründung *Isensee*, Das Grundrecht auf Sicherheit.

eingeräumt, damit dieser sie unmittelbar schützt. Dies aber hätte gravierende Folgen: Denn „erlebt der Bürger diesen Schutz nicht, entfällt seine Bereitschaft, sich der Gemeinschaft zu unterwerfen. Seine natürliche Freiheit kehrt zurück.“[1073]

3. Der drohende Verlust des breiten Konsenses über die Integration

Ungeachtet der bereits erreichten hohen Integrationsdichte ist eine anhaltende Sogwirkung des Gemeinschaftsrechts zu konstatieren. Als deren Folge existiert ein „scheinbar unaufhaltsamer Kompetenzdrift von den Mitgliedstaaten zur Union“[1074]. Letzterer wird seit den 1960er Jahren nicht zuletzt durch die entschlossen integrationsfördernde Judikatur des Europäischen Gerichtshofs weiter forciert.[1075]

Zwar wurde bereits nur wenige Jahre nach Abschluss der Römischen Verträge festgestellt, dass „die Fortbildung des Gemeinschaftsrechts durch den Gerichtshof der Gemeinschaft – die von vornherein bei den Vertragsschlüssen als wesentliches Moment der Entwicklung in Rechnung gestellt wurde – von größter Bedeutung“[1076] sei. Unterdessen hat aber das „sich im Lauf der Jahrzehnte verdichtende Gemeinschaftsrecht den demokratischen Primärraum fortschreitend eingeengt“[1077]. Längst sind auch Kernbereiche der mitgliedstaatlichen Souveränität wie namentlich die Justiz- und Innenpolitik erfasst.[1078] Anschauliche Beispiele hierfür sind der in dieser Untersuchung aufgezeigte Übergang von Kompetenzen im Bereich der inneren Sicherheit sowie die festgestellte, zumindest teilweise materielle Überleitung des staatlichen Gewaltmonopols auf einen neuen Träger: Die als Staaten- und Verfassungsverbund konzipierte Europäische Union.

Von integrationsfreundlich geprägten Stimmen der Wissenschaft[1079] wird dieser dynamische Integrationsverlauf ebenso begrüßt wie von Vertretern der

---

1073 So *Kirchhof*, DVBl 2009, S. 541 (549).

1074 *Haltern*, in: v. Bogdandy/Bast (Hrsg.), Europäisches Verfassungsrecht, S. 279 (283).

1075 So auch *Bergmann*, DÖV 2008, S. 305 (313); *Steiner*, BB 2008, Special 4, S. 2; diesbezüglich sehr kritisch *Herzog/Gerken*, in: F.A.Z. vom 8. September 2008, Nr. 210, S. 8; gleichfalls kritisch *Isensee*, DVBl 2009, S. 801.

1076 *Ophüls*, NJW 1963, S. 1697 (1699).

1077 *Klein*, in: Metamorphose der Demokratie, F.A.Z. Nr. 200 vom 29. August 2011, S. 7.

1078 So etwa *Kirchhof*, in: v. Bogdandy/Bast (Hrsg.), Europäisches Verfassungsrecht, S. 1009 (1011); ferner *Nettesheim*, NJW 2009, S. 2867; bereits im Jahr 2002 *March*, S. 114 f.

1079 Statt vieler *Nettesheim*, F.A.Z. Nr. 209 vom 8. September 2011, S. 8.

europäischen Institutionen[1080]. Tatsächlich stellt insbesondere der beschriebene Auf- und Ausbau des Raums der Freiheit, der Sicherheit und des Rechts ein durchaus vielversprechendes Mittel dar, um über den „Umweg" des Binnenmarktes doch noch zur langersehnten „Schicksals- und Wertegemeinschaft Europa" zu gelangen.

Vor einem solchen Hintergrund aber erscheint auch die Sorge vor ausufernden Unionskompetenzen als gleichermaßen berechtigt. In Anknüpfung an ein in der Literatur gezeichnetes Bild könnte der Vertragsstand von Lissabon dergestalt beschrieben werden, dass nun der „Kraken Union mit seinen saugnapfbesetzten Armen"[1081] auch in den höchst souveränitätssensiblen Bereich der Sicherheit und des Gewaltmonopols vorgedrungen ist. Vermutlich wird diese Sorge von vielen mitgliedstaatlichen Volksvertretern und Bürgern geteilt. Letzterem liegt eine konstant skeptische „Defensiv-Haltung"[1082] zugrunde, die oft wesentlich vielschichtiger und komplexer ist als jene oft zitierte und zweifellos vorhandene Angst vor einem „europäischen Superstaat"[1083] oder gar dem „Leviathan Europa"[1084]. Anschauliche Manifestationen dieser europaskeptischen Grundstimmung sind das Scheitern der französischen und niederländischen Referenden zum EU-Verfassungsvertrag 2005 sowie die allerorten als kräftezehrend und nervenaufreibend empfundene und erst im zweiten Anlauf 2009 erfolgreiche Ratifikation des Lissabon-Vertrags in Irland[1085]. Auch die Popularitätswerte der Union sind – ausgehend von einem ohnehin schon niedrigen Niveau[1086] – im Zuge der europäischen Staatsschuldenkrise weiter dramatisch gefallen: So erklärten in einer im August 2011 durchgeführten

---

1080 Vgl. hier nur *Barroso* und beispielsweise dessen Forderung nach einem *„moment fédérateur"* in der Europaparlaments-Debatte vom 14. September 2011, dazu *Busse*, „Permanenter Krisenrat ohne Echo", F.A.Z. Nr. 215 vom 15. September 2011.

1081 Siehe *Isensee*, DVBl 2009, S. 801 (806).

1082 So *Pernice/Hindelang* mit der Forderung, diese Haltung dadurch zu ersetzen, dass die Unionsbürger mittels der „alten und neuen Potentiale" von den Vorteilen der Integration überzeugt werden, EuZW 2010, S. 407 (413).

1083 In der Angst der Bevölkerung vor einem europäischen Superstaat sieht *Calliess* den Beweis für ein Erklärungsdefizit hinsichtlich der EU, in: Calliess/Ruffert (Hrsg.), EUV/AEUV, Art. 1 EUV, Rdnr. 57.

1084 *Calliess*, in: Calliess/Isak (Hrsg.), Der Konventsentwurf für eine EU-Verfassung im Kontext der Erweiterung, S. 9 (13) zeichnet dieses Schreckbild als eines von mehreren möglichen Szenarien.

1085 Hierzu und zum schwierigen Ratifikationsprozess insgesamt vgl. nur *Maurer*, § 4 Rdnr. 19a f., S. 118 f.

1086 Vgl. dazu das umfangreiche Material bei Eurobarometer. Online im Internet: URL: http://ec.europa.eu/public_opinion/topics_en.htm (Stand 15.09.2011).

Allensbach-Studie mehr als zwei Drittel der Befragten, dass sie der Europäischen Union „nicht so großes oder gar kein Vertrauen“[1087] entgegenbringen würden. Es ist kaum zu übersehen: Vor der für die Zukunft der Integration so dramatisch bedeutsamen Europawahl 2014 befindet sich „die EU im Stimmungstief“[1088].

Auf einem solchermaßen legitimatorisch schwierigen Terrain sowie in Anbetracht der Komplexität der Materie bleibt den Befürwortern eines immer engeren Zusammenschlusses oft nur die Möglichkeit, weitere Integrationsfortschritte in der Hoffnung vorzunehmen, dass der zunächst misstrauische Unionsbürger diese aufgrund des sodann sukzessive eintretenden Erfolges schon nachvollziehen und *ex post* legitimieren werde. Im so beschriebenen evolutiven Verfassungsrecht der Union, das gewissermaßen seiner Konstitutionalisierung voranschreitet und – ohne formell als Verfassung bezeichnet zu werden – längst eine solche darstellt,[1089] mag ein solches Vorgehen für sich betrachtet nicht nur als unschädlich, sondern sogar als zweckmäßig angesehen werden. Im Zusammenhang mit dem auf diese Weise strapazierten Grundvertrauen der Menschen in die Ehrlichkeit und Redlichkeit der Politik birgt es indes Gefahren.[1090] Denn was, wenn der langfristige Erfolg, der erkennbare europäische Mehrwert ausbleibt?

Ähnlich verhält es sich mit Blick auf die Judikatur des Europäischen Gerichtshofes: Dessen dynamische Kompetenzrechtsprechung, die dem Vertragstext mitunter konsequent vorausgeeilt ist, droht „dem Europäischen Gedanken dadurch einen Bärendienst zu leisten“[1091], dass das Vertrauen der Menschen in Gesetz und Recht als wertvollstes und zwingend erforderliches Gut einer

---

1087 Vgl. „Kein Vertrauen zu Europa“, Kurzbericht zur Befragung des Instituts für Demoskopie Allensbach in der F.A.S. Nr. 35 vom 4. September 2011, Volkes Stimme, S. 31. Anhand einer Grafik ist dort ersichtlich, wie das Misstrauen der Bundesbürger gegenüber der EU von 40 Prozent im Jahr 2002 bis auf 68 Prozent im August 2011 nahezu kontinuierlich angestiegen ist.

1088 Zu diesem Ergebnis kommt *Klodt* unter Verweis auf Zahlen des Euro-Barometers zum Ende des Jahres 2013, Warum die EU im Stimmungstief ist, in: F.A.Z. Nr. 46 vom 24. Februar 2014, S. 18.

1089 So etwa *Calliess*, in: Calliess/Ruffert (Hrsg.), EUV/AEUV, Art. 1 EUV, Rdnr. 56; *v. Bogdandy* sprach bereits angesichts des Vertragsstands von Amsterdam ohne größere Umschweife von der Verfassung der Union, in: Supranationaler Föderalismus als Wirklichkeit und Idee einer neuen Herrschaftsform, S. 12.

1090 Daher hält es *Calliess* zu Recht für „geradezu geboten, den Verfassungsbegriff im Sinne einer ehrlichen Politik (auch zukünftig) zu verwenden“, in: Calliess/Ruffert (Hrsg.), EUV/AEUV, Art. 1 EUV, Rdnr. 54.

1091 So *Rackow* in Bezug auf die EuGH-Urteile C-105/03 (Pupino) und C-176/03 (Umweltstrafrecht), ZIS 11/2008, S. 526 (536).

Rechtsgemeinschaft beschädigt wird.[1092] So werden vermutlich viele Europäer entgegen der Integrationsrealität von der weiterhin fortbestehenden völligen Souveränität ihres jeweiligen Heimatlandes überzeugt sein. In dieser Annahme befinden sich die Menschen zudem auch in scheinbarer Übereinstimmung mit dem Vertragstext:

Denn gemäß Artikel 4 Abs. 2 EUV achtet die Union „die Gleichheit der Mitgliedstaaten [...] und ihre jeweilige nationale Identität [...]. Sie achtet die grundlegenden Funktionen des Staates, insbesondere die Wahrung der territorialen Unversehrtheit, die Aufrechterhaltung der öffentlichen Ordnung und den Schutz der nationalen Sicherheit.“

Sollten allerdings die Menschen in einer tiefgreifenden politischen oder wirtschaftlichen Krise gewahr werden, in welcher Quantität und Qualität bereits Kompetenzen nach Europa verlagert worden sind, könnte auf lange Zeit Vertrauen und Integrationsbereitschaft verloren gehen. In der Folge könnten böswillige Fundamentalkritiker scheinbar überzeugend gegen die nach immer neuen Kompetenzen greifende Union Stimmung machen.[1093] Dieses Szenario bringt das Risiko zum Ausdruck, dass viele Bürger den eingeschlagenen Integrationskurs permanenter Vertiefung nicht nachvollziehen können und wollen, und so ein dauerhaft verfestigtes Desinteresse, beziehungsweise eine gar offene Ablehnung entsteht. Diese Gefahr erscheint als umso größer, je weniger ausgeprägt und je weniger kritisch die öffentlich geführte Europadebatte ausfällt.[1094]

Eine langfristige, sich über Generationen hinweg erfolgreich vollziehende Integration ist indes auf einen breiten Konsens – auch und insbesondere in den „Herzen der Menschen“[1095] – zwingend angewiesen. Um einen solchen Konsens erreichen und aufrechterhalten zu können, erscheint es unerlässlich, dass Europa bürgernäher wird und dabei gleichzeitig den Grundsatz der Subsidiarität einhält.[1096] Insgesamt ist entscheidend, dass Europa für die Menschen auch im Alltag

1092 Kritiker werfen dem EuGH vor, bereits „einen Großteil des Vertrauens, das ihm einst entgegengebracht wurde, verspielt zu haben“, so *Herzog/Gerken*, in: Stoppt den Europäischen Gerichtshof, F.A.Z. vom 8. September 2008, Nr. 210, S. 8.

1093 *Oppermann*, DVBl 2008, S. 473 (475).

1094 So zurecht negativ auf Deutschland verweisend, wo die Debatte ausschließlich zwischen Recht und Politik stattfände, aber die Öffentlichkeit kaum beteiligt sei *Nettesheim*, NJW 2009, S. 2867.

1095 So *Jacques Barrot*, Beitrag des Vizepräsidenten der Europäischen Kommission anlässlich der Anhörung vor dem Deutschen Bundestag am 18. März 2009 in Berlin, S. 2.

1096 So schon *Schily*, NVwZ 2000, S. 883 (888 f.).

positiv erlebbar wird.[1097] Ob dazu die unbestreitbar bedeutsamen und auch unmittelbar dem Einzelnen zugutekommenden Errungenschaften wie die Abschaffung der Binnengrenzen, die Einführung einer gemeinsamen Währung, die Unionsbürgerschaft, die Grundfreiheiten, die Unionsgrundrechte und nicht zuletzt auch der allgemein als „größter politischer Erfolg“[1098] des 20. Jahrhunderts bewertete europäische Frieden ausreichen, erscheint gegenwärtig leider mehr als ungewiss.[1099] Namentlich das Ursprungsmotiv der EU – Frieden durch Integration – „hat so erfolgreich gewirkt, dass es nicht mehr ausreicht“[1100]. In diesem Zusammenhang genügt es, auf die stetig sinkende Beteiligung an der Europawahl hinzuweisen: Im Jahr 2009 betrug diese gerade noch 43 Prozent[1101]. Hier handelt es sich um ein untrügliches Zeichen für das unverändert fortbestehende soziale und demokratische Legitimationsdefizit der Union.[1102]

Vor dem Hintergrund der Bankenkrise 2008/2009 sowie der sich anschließenden globalen Rezession und Staatsschuldenkrise, in deren Folge auch Unionsmitgliedstaaten in finanzielle Bedrängnis geraten sind, wird der Erfolg der Integration in der zweiten Dekade des 21. Jahrhunderts vermutlich primär anhand ökonomisch-fiskalischer Kriterien bemessen werden. Eine Schlüsselrolle wird hierbei der Stabilität der Gemeinschaftswährung zukommen. In diesem Zusammenhang hat *Seidel* bereits im Rahmen der Maastricht-Debatte eine kühne, aber gerade deshalb umso interessantere These aufgestellt:

„Sollte sich herausstellen, dass die mit dem Vertrag von Maastricht geschaffene Wirtschaftsunion ihre Aufgaben nicht erfüllt, insbesondere eine

---

1097 Vgl. in diesem Zusammenhang zu Recht auch die „neue Herausforderung“ des weltweiten Terrorismus nennend *Pernice/Hindelang*, EuZW 2010, S. 407 (413).

1098 So etwa *Schily*, NVwZ 2000, S. 883 (889).

1099 Sehr pessimistisch über die Natur des Menschen denkend sieht *Fukuyama* sogar die Gefahr, dass „die Menschen in Zukunft wieder des Friedens und des Wohlstands überdrüssig werden und zu neuen thymotischen Kämpfen und Herausforderungen aufbrechen“, S. 442.

1100 So *Lübkemeier*, in: Die Vermessung Europas, F.A.Z. Nr. 220 vom 21. September 2011, S. 8.

1101 Vgl. dazu etwa die Übersicht zu der Beteiligung an den Europawahlen beim Informationsbüro des Europäischen Parlaments in Deutschland. Online im Internet: URL: http://www.europarl.de/view/de/Europawahl/Wahlergebnisse/Wahlbeteiligung-EU.html (Stand 15.09.2011).

1102 Dazu eingehend *Haltern*, in: v. Bogdandy/Bast (Hrsg.), Europäisches Verfassungsrecht, S. 279 (283 ff.); sehr anschaulich auch *Klein*, in: Metamorphose der Demokratie, F.A.Z. Nr. 200 vom 29. August 2011, S. 7; jüngst etwa *Lübkemeier*, in: Die Vermessung Europas, F.A.Z. Nr. 220 vom 21. September 2011, S. 8.

stabilitätsorientierte Währungspolitik der Gemeinschaft durch sie gefährdet ist, wäre die Umwandlung der Gemeinschaft in einen Staatsverband – bundesstaatlicher Ausprägung – vorgezeichnet."[1103]

Mit Blick auf die europäische Staatsschuldenkrise der Jahre 2010/2011 erscheint derzeit allerdings eher das langfristige Gegenteil dieser Prognose als wahrscheinlich.[1104]

Dieser Einschätzung widerspricht es explizit auch nicht, dass das föderale Szenario kurz- und mittelfristige Augenblicksvorteile proklamieren mag. Letztere resultierten inmitten der Staatsschuldenkrise in einer Vielzahl von Stimmen, die entweder aus rechtswissenschaftlicher Sicht die „Herausbildung einer europäischen Föderation"[1105] feststellten und begrüßten, oder die von politischer Warte aus offen einen neuen bundesstaatlichen Aufbruch, einen „*moment fédérateur*"[1106], gefordert haben[1107]. Tatsächlich ist diesen Stimmen zuzugeben, dass sich in der gemeinhin unter der Bezeichnung „Euro-Rettungsschirm" firmierenden *European Financial Stability Facility (EFSF)* und mit den sich in der Diskussion befindlichen Eurobonds[1108] ein Ausmaß an Solidaritätsbereitschaft gezeigt hat, das nach Ansicht vieler größer ist als der geltende Vertrag es zulässt.[1109] Ferner handelt es sich bei den zuvor genannten Maßnahmen auch um eine Art finanziellen Beistand für schwächere Teilstaaten, den man als bündisches Prinzip eigentlich nur aus Bundesstaaten kennt.[1110]

1103 *Seidel*, EuR 1992, S. 125 (136).

1104 Vgl. dazu *Herrmann*, EuZW 2010, S. 413.

1105 So *Nettesheim*, Nicht weiter so, F.A.Z. Nr. 209 vom 8. September 2011, S. 8.

1106 So *Barroso* in der Debatte im Europaparlament vom 14. September 2011; hierzu auch *Busse*, „Permanenter Krisenrat ohne Echo", F.A.Z. Nr. 215 vom 15. September 2011.

1107 Den Zusammenhang zwischen Schuldenkrise und bundesstaatlichem Aufbruch in aller Deutlichkeit benennend *Schäuble*: „*We can only achieve a political union if we have a crisis*", in: *Seeing in Crisis the Last Best Chance to Unite Europe*, New York Times vom 19. November 2011, S. A6. Auch online im Internet unter: URL: http://www.nytimes.com/2011/11/19/world/europe/for-wolfgang-schauble-seeing-opportunity-in-europes-crisis.html?pagewanted=all (Stand 01.01.2012).

1108 Zur Frage der verfassungsrechtlichen Zulässigkeit der Euro-Bonds nach dem „Euro-Urteil aus Karlsruhe" (BVerfG, 2 BvR 987/10 vom 7. September 2011) vgl. *Calliess*, F.A.Z. Nr. 220 vom 21. September 2011.

1109 Vgl. nur *Teufel*, „Die Staatschefs brechen das Recht", F.A.S. Nr. 30 vom 31. Juli 2011, S. 1, 3.

1110 *Hanke*, Will Irland souverän bleiben, versinkt es in Armut, Handelsblatt vom 25.09.2010 Nr. 229, S. 10.

Es wird allerdings für die nachhaltige Bewältigung der Finanz- und Währungskrise – wie für die Integration insgesamt – maßgeblich darauf ankommen, ob auch die europäische Bevölkerung den eingeschlagenen Weg mittel- und langfristig mitgehen und legitimieren wird.[1111] Besonders deutlich wird in diesem Zusammenhang vor einer paneuropäischen Schulden- und Haftungsgemeinschaft gewarnt.[1112] Eine solche Transferunion, bei der „ein dauerhafter Ressourcentransfer aus Deutschland heraus institutionalisiert" würde, würde zwar *de facto* einen „Schritt in eine neue Staatlichkeit"[1113] begründen. Die Akzeptanz einer solchen Transferunion, insbesondere wenn sie mit Insolvenzen und Umschuldungen von Mitgliedstaaten einhergehen würde, erscheint allerdings mehr als ungewiss. Insbesondere wenn mit einem Wertverfall der Gemeinschaftswährung der Verlust signifikanter Teile des Sparvermögens einhergehen sollte, wird als Ausweg allein das aus den volkswirtschaftlich gesünderen Staaten bestehende Kerneuropa verbleiben. Würde nämlich das im kollektiven Gedächtnis vieler Europäer, aber insbesondere der Deutschen verankerte Schreckgespenst der Inflation mit der Europäischen Integration konnotiert werden, so wäre dies auf absehbare Zeit das Ende jeglicher nennenswerter Integrationsfortschritte, wenn nicht gar das Ende der Integration an sich. Auch die bislang erzielten Erfolge bei der Gewährleistung von Sicherheit und Freiheit würden dann vermutlich ebenso wenig als Verdienste Europas angerechnet werden, wie die Bewahrung des europäischen Friedens seit fast siebzig Jahren.

Die ab dem Jahr 2010 notwendig gewordenen Euro-Rettungsmaßnahmen sind somit bereits ein erster Belastungstest für die von den Bürgern bislang nicht als solche wahrgenommene Solidaritätsgemeinschaft Europa.[1114] Dies ist schon in einem frühen Stadium der europäischen Staatsschuldenkrise bekannt und benannt worden.[1115]

1111 So zuletzt auch *Calliess*, der in aller Deutlichkeit vor dem Szenario warnt, dass „die EU zwar nicht am Euro, aber an der erodierenden Akzeptanz ihrer Bürger" scheitert, NVwZ 2012, S. 1 (7).

1112 Vgl. nur *Kirchhof*, wonach das Sparen „als Kultur des Maßes" klassisch europäisch sei, in: „Zeit europäisch zu denken", F.A.Z. Nr. 197 vom 25. August 2011, S. 8.

1113 So *Sinn*, im Gespräch mit dem Handelsblatt: „Wieder die gleichen Fehler", Handelsblatt Nr. 240 vom 10. Dezember 2010, S. 14.

1114 So auch *Calliess*, ZEuS 2011, S. 213 (281).

1115 Vgl. hier etwa das Spiegel-Gespräch mit dem seinerzeitigen hessischen Ministerpräsidenten *Koch* im Mai 2010: „Sagen wir es so: Der Euro hat die europäischen Staaten viel stärker voneinander abhängig gemacht, als viele es wahrhaben wollten. Wir können nicht mehr so tun, als ob uns die Probleme unserer Nachbarn nichts angingen.", in: Der Spiegel Nr. 20 vom 17.05.2010, S. 24.

Nach alledem ist der europäische Integrationsverband schon jetzt signifikant weiter in Richtung einer Schicksalsgemeinschaft vorangeschritten, als dies bislang von der Öffentlichkeit wahrgenommen und insbesondere auch vom Bundesverfassungsgericht dargestellt wurde. Mit der Bewältigung der gegenwärtigen wirtschafts- und währungspolitischen Herausforderungen hat Europa somit bereits in der Gegenwart eine ernste Belastungsprobe zu bestehen, an dessen Ergebnis festgemacht werden kann, ob ein echtes europäisches Gemeinschaftsgefühl im Sinne der Solidarität möglich ist.[1116]

Bevor also weitere, vom Bürger zunächst nicht wahrgenommene und nicht mitgetragene Integrationsvertiefungen erfolgen, erscheint es als vorzugswürdig, in einer Phase der Konsolidierung und Reflektion zu sondieren, inwieweit das europäische Wirtschafts- und Währungssystem die Bewährungsprobe der Finanz- und Staatsschuldenkrise nachhaltig überstehen kann.

Das insoweit einem Projekt gleichende „Abenteuer"[1117] Europa wird hierbei entscheidend auf das langfristige Vertrauen der Menschen angewiesen sein, wobei solches Vertrauen nur aus einem offenen, ehrlichen und respektvollen Umgang erwachsen kann. Eben hieran schien es allerdings in der Vergangenheit immer wieder zu mangeln, etwa wenn – freilich mit der besten Absicht – versucht wurde, die Unionsbürger im Rahmen anstehender Wahlen oder Vertragsreformen mittels „billiger Handy-Gebühren"[1118] von den Vorteilen der Integration zu überzeugen.[1119]

1116 Vgl. dazu umfassend *Calliess*, Perspektiven des Euro zwischen Solidarität und Recht – Eine rechtliche Analyse der Griechenlandhilfe und des Rettungsschirms, ZEuS 2011, S. 213.

1117 So die Formulierung im Präambelabsatz 5 des Entwurfs eines Vertrags über eine Verfassung für Europa, vom Europäischen Konvent im Konsensverfahren angenommen am 13. Juni und 10. Juli 2003, dem Präsidenten des Europäischen Rates in Rom überreicht, 18. Juli 2003.

1118 Diesbezüglich zu Recht sehr kritisch *Haltern*, in: Calliess (Hrsg.), Verfassungswandel im europäischen Staaten- und Verfassungsverbund, S. 21 (22 f.). Mit Blick auf den Mandatsentwurf der Regierungskonferenz zum Reformvertrag kritisiert *Haltern*, dass dort als beispielhafte europäische Zusammenarbeit explizit die Roaming-Verordnung aufgeführt wird. So bekämen die Unionsbürger „statt eines Gemeinwesens, das sich als Träger der Zivilisation versteht, heute billige Handy-Gebühren" (S. 22 f.).

1119 Sogar noch inmitten der europäischen Staatsschuldenkrise wurde mit den „Vorkehrungen gegen zu hohe grenzüberschreitende Handy-Gebühren" Werbung für die Integration und die „Heimat Europa" gemacht, so etwa von *Hefty*, in: Heimat Europa, F.A.Z. Nr. 167 vom 21. Juli 2011, S. 1.

Weniger Aufheben wurde und wird dagegen regelmäßig um in der öffentlichen Meinung potentiell unbeliebte Vorhaben gemacht.[1120]

In diesem Zusammenhang erscheint es insgesamt von größerer Weitsicht zu sein, den Bürger mit Vor- wie Nachteilen gleichermaßen zu konfrontieren und ihm ferner das Aushalten von Schwierigkeiten und unliebsamen Realitäten zuzumuten und zuzutrauen. Ein hier einschlägiges Beispiel aus der vorliegenden Untersuchung ist etwa die Benennung der Differenzierungsmöglichkeiten hinsichtlich der Beteiligung am Raum der Freiheit, der Sicherheit und des Rechts nach dem Lissabon-Vertrag. Aus den Sprachfassungen wurde diesbezüglich ersichtlich, dass man offenbar bemüht war, den wahren Inhalt so weit wie möglich in harmonischen Worten zu verschleiern. Dass dabei der Begriff des *Opt-outs* wegen seines negativen politischen Beiklangs offiziell nicht verwendet wurde, ist zu Recht kritisiert worden.[1121] Schließlich hinterließ auch die Ratifikation des Lissabon-Reformvertrages, der materiell besehen in weiten Teilen mit dem Verfassungsvertrag identisch ist, einige Zweifel an der sozialen Legitimation der Union. So wirft es ein durchaus fragwürdiges Licht auf das Demokratieverständnis der handelnden Akteure, wenn etwa der Hohe Vertreter nach wie vor als Außenminister betrachtet wird, obwohl dieser natürlich „so nicht genannt werden" dürfe.[1122] Insgesamt dürfte in diesem Zusammenhang ein „Weniger" an Harmoniebedürfnis einem „Mehr" an Verständnis und Legitimation entsprechen.

Unterdessen gibt es allerdings auch Anzeichen dafür, dass in Reaktion auf das Scheitern des Europäischen Verfassungsprojektes ein Umdenken hin zu mehr Ehrlichkeit eingesetzt habe.[1123] Dies zu Recht: Denn nur ein solches Vorgehen fasst

---

1120 Vgl. hier etwa das Beispiel der Abschaffung der herkömmlichen Glühbirne zugunsten der Energiesparlampe. Dazu sehr treffend *Merz*: Wenn sich aber die Kommission durch „das Verbot der Glühbirnen [...] verzettelt und Wichtiges von weniger Wichtigem nicht hinreichend unterscheidet", dann sollte nicht unterschätzt werden, wie groß der durch eine Vielzahl solcher scheinbar unbedeutender Einzelmaßnahmen ausgelöste „Imageschaden" für die Union insgesamt ist, in: Europa streitet, Deutschland schaut zu, Handelsblatt Nr. 81 vom 27. April 2011, S. 1 f., 7; mit weiteren Beispielen wie der sog. Pizza-Normung oder dem im Mai 2013 angedachten, aber aufgrund der massiven öffentlichen Kritik sogleich wieder verworfenen Verbot offener Olivenöl-Kännchen in Restaurants, die allesamt das EU-Subsidiaritätsprinzip auf den Kopf stellten *Klodt*, Warum die EU im Stimmungstief ist, in: F.A.Z. Nr. 46 vom 24. Februar 2014, S. 18.

1121 *Monar*, in: v. Bogdandy/Bast (Hrsg.), Europäisches Verfassungsrecht, S. 749 (773).

1122 So aber den Reformvertrag lobend *Pernice*, EuZW 2008, S. 65.

1123 Vgl. etwa *Calliess*, der es „im Interesse bürgernaher Transparenz" für geradezu geboten hält, „den Verfassungsbegriff im Sinne einer ehrlichen Politik (auch zukünftig) zu verwenden", in: Calliess/Ruffert (Hrsg.), EUV/AEUV, Art. 1 EUV, Rdnr. 54.

den Einzelnen als mündigen Unionsbürger auf und könnte langfristig zu einer Umkehr des „beunruhigenden Trends“[1124] der seit dem ersten Direktwahlakt 1979 immer weiter sinkenden Beteiligung an den Europawahlen führen.[1125]

In Anbetracht der in nunmehr sechzig Jahren erreichten Integrationsdichte sollte womöglich auch der Europäische Gerichtshof seine Rolle als „Integrationsmotor“ überdenken. Dass sich Letzterer damit allerdings schwer tut, haben nicht zuletzt die obigen Ausführungen zu den *Implied powers* gezeigt. Unter deren Anwendung erstreckte der Gerichtshof – anscheinend unbeeindruckt von den negativen Referenden – die Kompetenzen in den seit jeher als „besonders sensibel“[1126] geltenden Bereich des Strafrechts. In Zeiten aber, in denen der breite Konsens über die Integration nicht länger auszumachen ist, droht die kurzfristig auf stärkere Integration abzielende Judikatur einen langfristig gegenteiligen Effekt zu erzielen.[1127] Mit den zahlreichen im Vertrag von Lissabon vorgesehenen Maßnahmen zur Reduzierung des „demokratischen Defizits“[1128] besteht allerdings die Hoffnung, dass womöglich im Wege einer Finalitätsdebatte eine europäische Öffentlichkeit entsteht und so zumindest wieder der Weg in Richtung eines breiten Konsenses über die Integration eingeschlagen werden kann.

4. Die Gefahr eines Machtvakuums im Falle der Handlungsunfähigkeit der Union

Angesichts der zunehmenden Verlagerung der Gewährleistung von Sicherheit und Freiheit in den europäischen Raum besteht eine weitere Besorgnis darin, dass im Falle temporärer oder dauerhafter Handlungsunfähigkeit der Union ein

1124 *Jacques Barrot*, Beitrag des Vizepräsidenten der Europäischen Kommission anlässlich der Anhörung vor dem Deutschen Bundestag am 18. März 2009 in Berlin, S. 2.

1125 Von 62 Prozent aus dem Jahr 1979 ist die Wahlbeteiligung auf bis zuletzt 43 Prozent im Jahr 2009 abgesunken. Vgl. dazu etwa die Übersicht zu der Beteiligung an den Europawahlen beim Informationsbüro des Europäischen Parlaments in Deutschland. Online im Internet: URL: http://www.europarl.de/view/de/Europawahl/Wahlergebnisse/Wahlbeteiligung-EU.html (Stand 15.09.2011).

1126 BVerfG, 2 BvE 2/08 vom 30.06.2009, Rdnr. 252 (Lissabon).

1127 *Dobler*, in: Roth/Hilpold, S. 558.

1128 Als diesbezüglich vielversprechend erscheint insbesondere die mögliche Vernetzung der europäischen Parlamente im Rahmen der Subsidiaritätsrüge, vgl. Art. 6 Protokoll (Nr.2) über die Anwendung der Grundsätze der Subsidiarität und der Verhältnismäßigkeit.

gefährliches Machtvakuum entstehen könnte. In ein solches Vakuum könnten, wie die Geschichte schon oft gezeigt hat, radikale und antidemokratische Kräfte „mit umso größerer Wucht zurückbranden“[1129] und als Krisengewinner hervorgehen. Eine solche Gefahr könnte sich namentlich darin manifestieren, dass bei fortschreitender Integration noch weiterreichende Befugnisse und Machtmechanismen auf die höhere, europäische Ebene verlagert würden und im Falle der Handlungsunfähigkeit oder gar dem Zerfall der Union der tradierte Nationalstaat als nachgelagerte Ebene selbst nicht mehr hinreichend handlungsfähig wäre.

Dieses für die Stabilität Europas katastrophale Szenario mag zwar gegenwärtig als unrealistisch und überzeichnet erscheinen. Es kann und sollte aber, insbesondere mit Blick auf die wirtschafts- und währungspolitischen Herausforderungen der Gegenwart, nicht als völlig abwegig ausgeblendet werden. Bereits die Regierungsübernahme durch fundamental europakritische Parteien in einigen Mitgliedstaaten oder ein mit Staatsinsolvenzen einhergehender Verfall der Gemeinschaftswährung dürften die Union auf eine vermutlich existentielle Probe stellen. In diesen fiktiven Lagen könnte es über die mehr oder minder freiwillig erfolgende Inanspruchnahme des Austrittsrechts sehr rasch zu einer Verkleinerung der Union kommen. Ferner könnten traditionell integrationswillige und wirtschaftlich stärkere Staaten wie Frankreich und Deutschland eine dauerhaft blockierte Union hinter sich lassen und dem bereits erwähnten Kerneuropakonzept folgen.[1130] Auch dieses Szenario würde sich für die übrigen, dann in der „Alt-Union“ verbleibenden Mitgliedstaaten als große Belastungsprobe darstellen.

Dass aber solche Negativszenarien dennoch nicht zu einer umfassenden Zerrüttung der Union und deren Mitgliedstaaten führen würden, zeigen folgende Erwägungen:

Zum einen sind nämlich ungeachtet aller Europäisierungstendenzen die einzelstaatlichen Behörden und Verwaltungsstrukturen namentlich im Bereich der Sicherheitsgewährleistung erhalten geblieben. Die tatsächlich-faktische Zwangsausübung ist auch nach dem Vertrag von Lissabon ausschließlich den Behörden und Sicherheitskräften der Mitgliedstaaten vorbehalten.[1131] Im Falle der Handlungsunfähigkeit der Union würde sich somit zumindest nichts am

---

1129 So mit Bezug auf die römische Republik, den Absolutismus in Frankreich und die Weimarer Republik *Zippelius*, § 9 I 1, S. 46.

1130 *Calliess*, in: Calliess/Ruffert (Hrsg.), Verfassung der Europäischen Union, Art. I-60, Rdnr. 19.

1131 Statt vieler *Müller-Graff*, EuR 2009, Beiheft 1, S. 105 (125).

Erscheinungsbild der durch den Bürger erlebten Hoheitsgewalt ändern. Nach wie vor würde die Anwendung von Zwangsgewalt allein durch mitgliedstaatliche Sicherheitskräfte erfolgen. Insoweit lässt sich der nationale Verfassungsstaat im Staaten- und Verfassungsverbund auch als „Reservekompetenzträger“ jener Zuständigkeiten ansehen, die im Falle eines unionalen Versagens verwaist und unexekutiert zu bleiben drohten. Vor diesem Hintergrund überzeugt es, wenn Vertreter der Literatur – wohl in Übereinstimmung mit dem Bundesverfassungsgericht – den „nationalen Verfassungsstaat als Garant der Freiheit seiner Bürger, als Raum der Grundrechtsverwirklichung, als den Menschen dienender Leistungs-, Daseinsvorsorge-, Sicherheitsvorsorge- und Risikovorsorge-Staat“ für „unverzichtbar“ erklärt haben.[1132] In einem auf europäischem Fundament fest verankerten „Haus der Vaterländer“[1133] kann so der Einzelne weiterhin in „seinen“ Staat das Vertrauen setzen und an diesen seine Erwartungen richten[1134]. Auf diese Weise findet der Bürger im jeweiligen Heimatland nicht nur eine kulturelle Heimat, sondern auch einen vertrauten Rahmen zur beruflichen und familiären Entfaltung.[1135] Die als Staaten- und Verfassungsverbund konzipierte Union lässt sich mit Blick auf diese erhöhte Krisenstabilität insoweit als „zweigestaffeltes Sicherheits- und Freiheitsverteidigungssystem“ beschreiben.

Ein weiteres gewichtiges Argument, das gegen den Eintritt eines der oben genannten Negativszenarien im Falle des Unionsversagens spricht, ist rechtlicher Natur und resultiert aus dem Konkurrenzverhältnis der verschiedenen Rechtskreise. Im Gegensatz zum Verhältnis zwischen Bundes- und Landesrecht, das durch den Geltungsvorrang des ersteren gekennzeichnet ist, beansprucht das Unionsrecht gegenüber dem nationalen Recht lediglich Anwendungsvorrang. Eine durch das Unionsrecht überlagerte nationale Rechtsnorm würde also im Falle des Ausfalls der Union wieder anwendbar werden.[1136] Auch dies ist ein für die Krisenstabilität

1132 So *Häberle*, S. 64.

1133 So das bereits 1962 von *De Gaulle* favorisierte, oftmals als grundlegende Integrationsskepsis oder gar Nationalismus kritisierte Integrationsmodell; im Zusammenhang auch *Abels*, in: Bergmann (Hrsg.), Handlexikon der Europäischen Union, Stichwort „Integrationsmodelle und -theorien“, S. 518.

1134 Vgl. *Klein*, der deshalb den Staat als „politischen Primärraum“ weiterhin für sinnvoll hält, in: Metamorphose der Demokratie, F.A.Z. Nr. 200 vom 29. August 2011, S. 7.

1135 *Kirchhof*, in: v. Bogdandy/Bast (Hrsg.), Europäisches Verfassungsrecht, S. 1009 (1035).

1136 So mit Blick auf die verschiedenen Rechtskreise sehr anschaulich *Maurer*, § 17 Rdnr. 18, S. 520.

der als Staaten- und Verfassungsverbund konzipierten Europäischen Union sprechendes Argument.

Es ist demnach zumindest mittelfristig nicht davon auszugehen, dass die aufgezeigte Europäisierung der Staatsfundamentalaufgaben Sicherheit und Freiheit die europäische Stabilität gefährden wird.

Gleichwohl sollte abschließend nicht verkannt werden, dass durch die weitere Europäisierung des staatlichen Gewaltmonopols langfristig insbesondere dann Gefahren drohen können, wenn sich in den im Laufe der Zeit immer heterogener werdenden Gesellschaften der Konsens über eine bestimmte staatliche Ordnung und über bestimmte Gemeinschaftswerte verflüchtigt. Denn wenn im Rahmen der erhofften europäischen Identität nationale Orientierungen aufgegeben werden und sich die Zusammensetzung der Bevölkerung infolge von Migration immer stärker verändert, „geht der letzte Rest dessen verloren, was nationale Identität genannt werden könnte“[1137]. Bleibt dann allerdings ein echtes, auf europäischen Werten fußendes Gemeinschaftsgefühl aus, dann droht Integrationsversagen auf breiter Front. Sowohl auf europäischer wie auch auf nationaler Ebene wäre dann das für jedes Gemeinwesen notwendige Mindestmaß an Einheit und Homogenität in Gefahr.[1138] Sollte in einem solchen Szenario die ordnende und zumindest politisch einende unionale Zentralgewalt wegbrechen, dann könnten zwischen den sich weltanschaulich, kulturell und religiös gegenüberstehenden Gruppen Konflikte bis hin zum Bürgerkrieg entstehen.[1139] Um diesen Gefahren vorzubeugen, müssen Union und Mitgliedstaaten zwingend – und konsequenter als bislang – darauf hinwirken, dass die in Art. 2 EUV genannten, das europäische „Gesellschaftsbild“[1140] verkörpernden Leitwerte wie Demokratie, Freiheit, Toleranz und die Gleichheit von Frauen und Männern uneingeschränkt Beachtung finden.[1141] Zu diesem Wertekonsens hinzuzurechnen sind ferner – wie die vorliegende Untersuchung ergeben hat – auch die aus dem Gewaltmonopol resultierende Friedenspflicht der Bürger sowie der Respekt vor den staatlichen Vollzugsorganen.

1137 *Röper*, DÖV 2010, S. 285 (291).

1138 Vgl. dazu auch *Isensee*, JZ 2010, S. 317, der vor dem Hintergrund des *Smend*schen Integrationsbegriffes auf die Integrations- und Migrationsproblematik in Deutschland eingeht.

1139 Vgl. etwa die düstere Prognose bei *Mäder*, S. 158 f., der in Zuwanderung, Islamisierung und Türkei-Beitritt die Gründe für die Auflösung und den Zerfall der Union sieht.

1140 *Bitterlich*, in: Lenz/Borchardt (Hrsg.), EU-Verträge, Art. 2 EUV, Rdnr. 4.

1141 Vgl. auch *Calliess*, JZ 2004, S. 1033.

Hinsichtlich der Zukunft dieser Werte gibt allerdings bereits die Gegenwart wachsenden Anlass zur Sorge. So ist Europa längst *de facto* zum „Einwanderungskontinent" geworden[1142]. Dies hat zur Folge, dass die EU seit einiger Zeit das Ziel auch einer beträchtlichen Anzahl von Migranten ist, deren Heimatkultur oft nur schwer mit zentralen europäischen Werten wie etwa der Gleichberechtigung und der religiösen Toleranz kompatibel ist. Als problematisch stellt sich diese *per se* nicht negative Kulturdifferenz namentlich dann heraus, wenn diese nicht nur fortbesteht, sondern sich in zweiter und dritter Generation als verhärtende Integrationsresistenz erweist.[1143] Bereits zum jetzigen Zeitpunkt existieren in vielen europäischen Städten kontinuierlich anwachsende, oftmals entscheidend religiös geprägte Parallelgesellschaften.[1144] Dort werden mitunter völlig andere Werte gelebt und andere Rechtsordnungen durchgesetzt, als in der noch vorhandenen Mehrheitsgesellschaft. So mag zwar bereits die bloße Existenz sogenannter „Friedensrichter" irritieren. Noch weitaus verstörender sind aber deren offenbar stark steigende Bedeutung und das von ihnen ausgehende Gefährdungspotential für den Rechtsstaat und die in Jahrhunderten errungene europäische Rechtskultur. Denn selbst wenn von den erschütternden Schätzungen, wonach „neunzig Prozent der Straftaten im muslimischen Milieu den deutschen Strafverfolgungsbehörden verborgen bleiben"[1145], nur die Hälfte zuträfe, wankt in diesen, einer Paralleljustiz unterliegenden Stadtvierteln das Gewaltmonopol.[1146]

Neben diese mitunter besorgniserregende aber dennoch nicht hinreichend thematisierte und gesellschaftlich diskutierte Entwicklung tritt die Tatsache, dass bereits das Europa der derzeit achtundzwanzig Mitgliedstaaten eine kritische, vor

---

1142 Vgl. dazu das Grünbuch der EU-Kommission Migration und Mobilität: Chancen und Herausforderung für die EU-Bildungssysteme vom 3. Juli 2008, KOM(2008) 423 endg., demzufolge in Städten wie Birmingham, Brüssel oder Rotterdam bereits die Hälfte aller Schüler einen Migrationshintergrund aufweisen.

1143 Vgl. zu einer erhöhten Integrationsresistenz des Islam *Isensee*, JZ 2010, S. 317 (319).

1144 Parallelgesellschaften untergraben die notwendige Einheit eines Gemeinwesens. Daher sieht *Isensee*, JZ 2010, S. 317 (318) die Integration als „subsidiäre Staatsaufgabe" an.

1145 Vgl. *Bubrowski/Haneke*, F.A.Z. Nr. 81 vom 5. April 2014, S. 5.

1146 So der Bundesvorsitzende der Deutschen Polizeigewerkschaft *Wendt* in einem vielbeachteten Interview mit WELT Online vom 10. April 2010. „Innere Sicherheit – Polizei warnt vor Chaos in Migrantenvierteln". Online im Internet: URL: http://welt.de/politik/deutschland/article7122561/Polizei-warnt-vor-Chaos-in-Migrantenvierteln.html (Stand 15.09.2011).

allem politische und wirtschaftliche Heterogenität aufweist.[1147] Vor diesem Hintergrund gilt es die Vor- und Nachteile weiterer Beitritte, vor allem dem der Türkei, sorgfältig abzuwägen. Da die gemeinsamen Werte der Union ihren Ursprung „in den historisch-kulturellen Grunderfahrungen ihrer Mitgliedstaaten“[1148] haben und die Religion wiederum ein wesentlicher Teil der Kultur ist,[1149] würde der Beitritt eines ausschließlich muslimisch geprägten Staates von der Größe der Türkei eine erhebliche Erhöhung der religiös-kulturellen Heterogenität Europas mit sich bringen. Je „inhomogener aber die Union wird, desto brüchiger wird der sie tragende Wertekonsens und desto schwieriger die Verständigung für ihre Zukunft.“[1150] Um also das in Art. 2 EUV gezeichnete „gemeinsame Gesellschaftsbild von EU und Mitgliedstaaten“[1151] Wirklichkeit werden und bleiben zu lassen, erscheint es notwendig, den Schwerpunkt künftiger europäischer Migrationspolitik auf eine Integration zu setzen, die die bereits in Europa lebenden Migranten in den Fokus nimmt und sich entscheidend um eine Vermittlung der europäischen Leitwerte bemüht.

Abschließend kann als dritter, für die erhöhte Krisenstabilität Europas sprechender Punkt die beschriebene Konstruktion der Union als Staaten- und Verfassungsverbund angeführt werden. Durch die Existenz verschiedener Ebenen, die von den Gemeinden über die Landkreise und Länder bis hin zum Bundesstaat und der Union reichen, besteht ein tiefgestaffeltes politisches Gemeinwesen. In dieser Vielschichtigkeit liegt ein bedeutsames Positivmerkmal der europäischen Integration. Schließlich wird durch die in einem Mehrebenensystem bestehende Verbundskonstruktion grundsätzlich ermöglicht, dass gegebenenfalls der Wegfall einer Ebene durch eine andere Ebene zumindest zeitweilig kompensiert werden kann. Insoweit liegt im Kooperations- und Konkurrenzverhältnis mehrerer autonomer Ebenen ein wesentliches Element künftiger europäischer Flexibilität und Stärke.

Vor diesem Hintergrund würde die in einem europäischen Bundesstaat erfolgende Aufwertung des supranationalen Elementes bei gleichzeitiger Abwertung der Mitgliedstaaten zu Bundesländern Europa eher schwächen als stärken. Dass

---

1147 Anschaulich dazu *Röper*, DÖV 2010, S. 285 (291), wonach etwa die Unabhängigkeitsbestrebungen der Lega Nord, Basken, Waliser und Schotten Indizien für die Desintegration von Europas Staaten sind.

1148 *Calliess*, in: Calliess/Ruffert (Hrsg.), EUV/EGV, Art. 6 EUV, Rdnr. 5.

1149 *Huber*, „In dir muss brennen, was in anderen zünden soll!“ – Die Frage nach Gott im Religionsunterricht der Berufsschule, Vortrag von *Wolfgang Huber* in Bad Boll vom 14. März 2002, IV, S. 7, abrufbar unter: http://ekd.de/print.php?file=/vortraege/huber_020314_reliunterricht.

1150 *Calliess*, ZEuS 2009, S. 559 (580).

1151 *Bitterlich*, in: Lenz/Borchardt (Hrsg.), EU-Verträge, Art. 2 EUV, Rdnr. 4.

aber das Staatenverbundselement im System des Staaten- und Verfassungsverbundes auf absehbare Zeit fortbestehen soll und nicht ohne weiteres sukzessive gegen einen europäischen Bundesstaat eingetauscht werden kann, hat das Bundesverfassungsgericht in seinem Urteil zum Lissabon-Vertrag in aller Deutlichkeit zum Ausdruck gebracht.[1152]

Insoweit ist angesichts der beschriebenen möglichen Risiken, die aus einer tiefgreifenden wirtschaftlichen oder politischen Krise der Union resultieren könnten, das Urteil des Bundesverfassungsgericht in seiner Klarheit und Eindeutigkeit deshalb zu begrüßen, weil es zumindest mittelfristig der Konsolidierung und Absicherung der Integration den Vorrang einräumt.[1153]

IV. Ergebnis: Das europäisierte Gewaltmonopol – eine gleichermaßen folgenreiche wie fragile Schöpfung des Rechts

Die aufgezeigte Europäisierung des Gewaltmonopols hat verdeutlicht, wie weit die Integration ungeachtet zahlreicher mitgliedstaatlicher Vorbehalte bereits *de facto* vorangeschritten ist.

Ferner haben die obigen Untersuchungen ergeben, dass mit dem europäischen Staaten- und Verfassungsverbund nicht nur staatsrechtliches und rechtshistorisches Neuland betreten wurde. Vielmehr ist, gewissermaßen als Kehrseite der Medaille, nunmehr auch ein bedenklicher Schwebezustand dergestalt eingetreten, dass zwischen Integrationsrealität einerseits und öffentlicher Wahrnehmung andererseits eine unter demokratietheoretischen Aspekten höchst bedenkliche Kluft verläuft.

Denn die Mehrheit der Bundesbürger wird, nicht zuletzt befördert durch das Urteil des Bundesverfassungsgerichts zum Lissabon-Vertrag, nach wie vor davon überzeugt sein, dass – entsprechend den Erfordernissen einer Demokratie – jede Wahrnehmung von Hoheitsgewalt letztlich auf den Willen des einzelstaatlichen Souveräns zurückgeht. Damit scheint gemäß Art. 20 Abs. 2 GG alle Staatsgewalt weiterhin quasi monolegitimatorisch vom Volke auszugehen.

1152 BVerfG, 2 BvE 2/08 vom 30.06.2009, Rdnr. 228 (Lissabon).

1153 Unangebracht erscheint es deshalb, dem Urteil mit Polemik zu begegnen, so jedoch *Oppermann*, EuZW 2009, der der Ansicht ist, die EU würde nunmehr „zum Ghetto, von der Mauer des Grundgesetzes umgeben“, S. 473; ebenso mit deutlich ironischem Unterton *Halberstam/Möllers, The German Constitutional Court says* „Ja zu Deutschland!“, GLJ 2009, S. 1241.

Tatsächlich aber existiert bereits nach dem *status quo* ein weiterer, vom europäischen Gesetzgeber mittelbar über die nationalen Parlamente und die nationalen Vollzugsorgane reichender, zweiter Gewaltlegitimierungsstrang. Längs also speist sich – bildlich mit *Max Weber* gesprochen – die im Alltag vorhandene Gewaltsamkeit aus zwei Quellen.[1154]

Da auf diese Weise das Gewaltmonopol als Wesensmerkmal des modernen Staates europäisiert worden ist, wird in der Existenz des Staaten- und Verfassungsverbundes nicht weniger als die am weitesten fortgeschrittene Staatenintegration der europäischen Geschichte erkennbar.

Allerdings verdeutlichen nicht nur die erwähnten legitimatorischen Defizite, sondern auch die Gefährdung des Wertekonsenses und der Wirtschafts- und Währungsstabilität, dass es sich – wie bei der europäischen Integration an sich – auch beim europäisierten Gewaltmonopol letztlich lediglich um eine fragile Schöpfung des Rechts handelt. Wie geschildert, ist auch das europäisierte Gewaltmonopol in seinem Fortbestand unbedingt auf die Einsicht in die zwanglose Verbindlichkeit des Rechts angewiesen. Denn ebenso wie sich dessen Entstehung erst in langen Integrationszeiträumen durch Befolgung des unionalen Rechts und der EuGH-Rechtsprechung sukzessive vollziehen konnte, könnte dieses durch eine schleichende Aufkündigung der freiwilligen mitgliedstaatlichen und unionalen Rechtsbefolgung sukzessive erodieren. Zahlreiche in jüngerer Zeit zu beobachtende Vorbehalte nationaler Verfassungsgerichte – allen voran die vom Bundesverfassungsgericht aufgestellte Rechtsprechung zum *ultra-vires*-Akt sowie zur Identitätskontrolle – belegen, dass die Rechtsgemeinschaft Europa ein angesichts der erreichten Integrationstiefe kritisches Stadium erreicht hat.[1155] Da die Bindung und die Integration durch Recht vorliegend aber als entscheidende Bedingungen sowohl für die Entstehung wie auch für den Fortbestand des materiell europäisierten Gewaltmonopols ausgemacht wurden, würde die faktische Nichtbefolgung unionalen Rechts zu einem Wiedererstarken des tradierten staatlichen Gewaltmonopols bis hin zu dessen erneuter völliger Integrität führen.

1154 Für *Weber* nämlich manifestierte sich das Gewaltmonopol in der Praxis vor allem in dem Umstand, dass der Staat „als alleinige Quelle des »Rechts« auf Gewaltsamkeit" gilt, in: Politik als Beruf, in: Winckelmann (Hrsg.), Max Weber – Gesammelte Politische Schriften, 3. Auflage, S. 505 (506).

1155 Vgl. dazu auch *Weber*, Die europäische Union unter Richtervorbehalt, JZ 2010, S. 157 (164), der mit Blick auf das BVerfG-Urteil zum Lissabon-Vertrag vor einer „Nachahmungsgefahr bei anderen europäischen Gerichten" warnt, die zu einer Europa schwächenden „Rechtszersplitterung" führen könnte.

G. Zusammenfassendes Ergebnis und Schlussbetrachtung

Indem sich die Union der Gewährleistung der Staatsaufgaben Sicherheit und Freiheit in einem immer umfänglicheren Maße annimmt, beschreitet sie eine neuartige Integrationsdimension. Denn während ursprünglich gemeinsame Maßnahmen im Bereich der Sicherheit allein der Flankierung der fortschreitenden ökonomischen Integration dienten, ist der Ausgleich von Sicherheit und Freiheit spätestens mit der Schaffung des Raums der Freiheit, der Sicherheit und des Rechts zum Selbstzweck und zum Ausdruck einer neuen europäischen Vision geworden.

Ob in dieser Vision allerdings schon die „Morgenröte europäischer Staatswerdung“[1156] zu erkennen ist, dürfte vorerst nicht nur aufgrund des Bundesverfassungsgerichtsurteils zum Lissabon-Vertrag, sondern auch angesichts der bei einer Vielzahl von Unionsbürgern wohl nach wie vor bestehenden europaskeptischen Vorbehalte bezweifelt werden.[1157] Ohne die aktive Mitwirkung der Unionsbürger und ohne deren gewissermaßen emotionale Verbindung und Annahme muss der Raum der Freiheit, der Sicherheit und des Rechts aber ein lebloses Rechtskonstrukt bleiben. Ohne den Einbezug des Einzelnen wird die Union ferner dem an sich selbst gestellten Anspruch nicht gerecht werden können, künftig ein politisches Gemeinwesen mit eigener Identität und eigenen Werten zu sein.

Abgesehen von der bislang fehlenden Identifikation der Bürger zeigt der Raum der Freiheit, der Sicherheit und des Rechts aber auch rechtlich und politisch besehen erste Risse und Haltepunkte. Diese manifestieren sich unter anderem in seiner territorialen Unvollständigkeit, dem komplexen Verhältnis bzw. der Konkurrenz zum Schengen-Raum sowie in weiteren, von mitgliedstaatlicher Seite gezogenen Integrationsgrenzen. Beispielhaft zu nennen sind hier die mangelnde Allgemeinverbindlichkeit der Grundrechtecharta, die vom Bundesverfassungsgericht in

---

1156 So die bildhafte Umschreibung von *Müller-Graff*, EuR 2009, Beiheft 1, S. 105 (125).

1157 Zuletzt wies auf diese Vorbehalte sehr prägnant *Teufel* hin, demzufolge die Hauptursachen für die steigende EU-Verdrossenheit die chronische Missachtung des Subsidiaritätsprinzips sowie die aus der „Euro-Krise der vergangenen fünf Jahre“ resultierende Verunsicherung der Menschen seien, in: Europa vom Kopf auf die Füße stellen, F.A.Z. Nr. 74 vom 28. März 2014, S. 20.

seinem Lissabon-Urteil[1158] eingezogenen Integrationsleitplanken sowie etwa die vom Schengen-Staat Dänemark im Juli 2011 einseitig wieder aufgenommenen Grenzkontrollen.

In ihrer übergeordneten, die Fundamente des Integrationswerkes erschütternden Wirkung darf allerdings auch nicht die europäische Staatsschuldenkrise unterschätzt werden. Die in deren Zuge getroffenen Maßnahmen ließen die vorliegend als fundamental bedeutsam bewertete Verfasstheit Europas als Rechtsgemeinschaft zuletzt in einem höchst zweifelhaften Licht erscheinen: Denn während sich die Griechenlandhilfe von 2010 zumindest noch rechtlich als grundsätzlich zulässiger, weil freiwilliger Beistand der Mitgliedstaaten qualifizieren ließ, fiel es auch integrationsfreundlichen Stimmen ungleich schwerer, die EFSF als ebenso primärrechtskonform zu bewerten. Ein diesbezüglicher Vorschlag lautete, Artikel 125 Abs. 2 AEUV im Lichte des europäischen Solidaritätsprinzips dahingehend auszulegen, „dass die EU ausnahmsweise und unter strengen Konditionen solchen Staaten, die überwiegend aufgrund der Finanzkrise in Not geraten sind, einen finanziellen Beistand leisten kann"[1159].

Ungeachtet ihrer rechtlichen Bewertung im Einzelfall warfen die im Zuge der europäischen Staatsschuldenkrise getroffenen Rettungsmaßnahmen – ebenso wie der zuvor auch von Deutschland kontinuierlich begangene Bruch der Währungsstabilitätsregeln[1160] – zahlreiche Fragen hinsichtlich der Berechenbarkeit und der Vertrauenswürdigkeit des Projektes Europa auf. Schließlich sollten eben jene jetzt zur Diskussion stehenden Regeln verhindern, dass jemals Abhängigkeiten und Alternativlosigkeiten entstehen, wie sie gegenwärtig in der Staatsschuldenkrise hervortreten.

Auch vor dem Hintergrund der Ergebnisse dieser Arbeit stellen sich die von manchem Beobachter kompromisslos als „Rechtsbruch"[1161] eingestuften Vorgänge gerade deshalb als so beunruhigend[1162] dar, weil sich die Union seit ihren frühen

---

1158 BVerfG, 2 BvE 2/08 vom 30.06.2009 (Lissabon).

1159 So *Calliess*, ZEuS 2011, S. 213 (270).

1160 Vgl. nur *Teufel*, „Die Staatschefs brechen das Recht", F.A.S. Nr. 30 vom 31. Juli 2011, S. 1, 3; ferner *Kirchhof* „Zeit europäisch zu denken", F.A.Z. Nr. 197 vom 25. August 2011, S. 8.

1161 So *Teufel*, „Die Staatschefs brechen das Recht", F.A.S. Nr. 30 vom 31. Juli 2011, S. 1, 3.

1162 So *Kirchhof* über den Versuch, „die Währungsunion mit Vereinbarungen und Vertragspraktiken zu retten, die weitere staatliche Souveränität auf eine Rechtsgemeinschaft verlagert, die ihre rechtliche Gebundenheit regelmäßig verletzt", in: „Zeit europäisch zu denken", F.A.Z. Nr. 197 vom 25. August 2011, S. 8.

Anfängen nicht nur stets als Schöpfung des Rechts verstanden[1163], sondern sich auch als solche bezeichnend[1164] das Vertrauen der Bürger eingeworben hat. Es besteht somit kein Zweifel, dass die Union im Zuge der europäischen Staatsschuldenkrise an einem entscheidenden und sensiblen Punkt angelangt ist[1165]. Die nunmehr nowendigen Weichenstellungen werden darüber entscheiden, ob „Europa" mittelfristig an einen Wendepunkt gelangen oder an „Tipping Point"[1166] ankommen.

Obgleich also – kulminierend in der Staatsschuldenkrise – die Ereignisse der jüngeren Integrationsgeschichte zu einem Innehalten und zu vertiefter Reflektion über den weiteren Integrationskurs angemahnt haben, hat sich die Europäisierung insbesondere auch im Bereich der Staatsaufgaben Sicherheit und Freiheit mit unverminderter Dynamik fortgesetzt. Diesem Befund entspricht es, dass diesbezüglich mit dem Reformvertrag von Lissabon Ende 2009 ein weiterer primärrechtlicher Höhepunkt erreicht wurde.

Im Lissabonner Vertragswerk ist der Raum der Freiheit, der Sicherheit und des Rechts nicht nur rechtlich signifikant aufgewertet worden. Dieser ist vielmehr insgesamt zur politischen Leitvision aufgestiegen. Von noch weitreichenderer Bedeutung erscheint aber die Tatsache, dass die Lissabon-Union nunmehr – auch primärrechtlich expliziter als je zuvor – für ein europäisches Gemeinwesen steht, in dem sich nationale und supranationale Ebene die Kompetenz zur Anordnung und Legitimierung von Zwangsgewalt teilen. Neben die innere und äußere Dimension des Gewaltmonopols ist ein neuer Bedeutungsgehalt – die supranational-unionsrechtliche Komponente – hinzugetreten. Ohne diese ließen sich die legitimatorischen Zusammenhänge bei der Gewaltausübung im heutigen Lissabon-Europa nicht mehr hinreichend präzise abbilden. Im so beschriebenen Mehrebenensystem haben die europäischen Nationalstaaten ihre Bereitschaft erkennen lassen, nicht länger auf dem für sie rechtshistorisch so fundamental bedeutsamen Gewaltmonopol zu bestehen. Es hat bereits *de facto* ein Übergansprozess eingesetzt, bei dem das Gewaltmonopol sukzessive auf eine gesamteuropäische Ebene übergeht.[1167]

1163 Vgl. dazu *Hallstein*, Der unvollendete Bundesstaat, S. 33.

1164 Etwa EuGH, Rs. 294/83, Slg. 1986, S. 1339, Rdnr. 23 (Les Verts).

1165 *Calliess*, ZEuS 2011, S. 213 (280).

1166 So das Szenario von *Mühl*, mit Blick auf die auch oben – E. II. 1. a) aa) – thematisierten Jugendkrawalle in England und Frankreich nicht ganz zu Unrecht, „die Lunten in Europa brennen" sieht, F.A.Z. Nr. 12 vom 15. Januar 2013, S. 27.

1167 In diese Richtung bereits *Battis/Kersten*, die – jedoch mit dem Fokus auf das Territorial- und nicht das Herrschaftselement – zutreffend feststellen: „Hoheitsgewalt ist heute in Europa nicht mehr im klassischen Territorialstaat monopolisiert. Sie wird

Der Umstand, dass bislang ein im juristischen Sinne originär europäisches Gewaltmonopol noch nicht entstanden ist, ist dabei einzig und allein auf die Ermangelung eines insoweit tauglichen Rechtsträgers zurückzuführen. Namentlich das diesbezüglich aufgrund seiner inhaltlichen Weite naheliegendste Modell der Union als Staaten- und Verfassungsverbund verfügt nicht über die insoweit erforderliche eigenständige Rechtssubjektivität.

Gleichwohl entspricht es nicht länger der Integrationsrealität, wenn der überkommenen staatsrechtlichen Institution des Gewaltmonopols ein weiterhin exklusiv staatliches Verständnis zugrunde gelegt wird. Längst nämlich hat das Phänomen der Europäisierung auch das staatliche Gewaltmonopol dergestalt umfänglich modifiziert, dass konsequenterweise – insbesondere mit Blick auf das Hinzutreten der supranational-unionsrechtlichen Dimension – von einem teileuropäisierten Gewaltmonopol zu sprechen ist. Eben diese Entwicklung ist aber bislang durchgängig ausgeblendet, bzw. nur sehr vereinzelt und mit Blick auf isolierte Bereiche und Thematiken vorsichtig benannt worden:

So ist etwa in Anbetracht der zunehmenden Europäisierung auch der Polizeiarbeit festgestellt worden, dass das staatliche Gewaltmonopol zwar auf europäischer Ebene nicht neu entstehe, „die Vorstellung eines nationalen Gewaltmonopols [...] der Realität aber dennoch nicht mehr gerecht“[1168] werde.

Wie in dieser Arbeit geschildert, ist aber ein solcher Schwebezustand im Kontext des Gewaltmonopols aus demokratisch-legitimatorischer Sicht unhaltbar. Es kann namentlich dann nicht mehr die Rede vom tradierten Gewaltmonopol des Staates sein, wenn „dem Unionsbürger in vielen Konstellationen kaum mehr ersichtlich ist, welcher Verband und welche Institution in welchem Umfang und unter welchen Voraussetzungen für das Recht verantwortlich ist, dem er Folge zu leisten hat.“[1169]

Nach alledem ist es an der Zeit, das teileuropäisierte staatliche Gewaltmonopol auch auf europäischer Ebene zu rekonstruieren[1170], bzw. zumindest die aufgezeigten Implikationen der Europäisierung auch explizit als solche zu benennen.

---

von den Gebietskörperschaften in einem Mehrebenensystem ausgeübt: den Städten, den Regionen bzw. Ländern, den Staaten und der Europäischen Union“, EuR 2009, S. 3 f.; a.A. *Jachtenfuchs*, nach dem „kein europäisches Gewaltmonopol im Entstehen begriffen“ sei, in: Leibfried/Zürn (Hrsg.), Transformationen des Staates?, S. 69 (86).

1168 So das Dilemma bei *Knelangen*, in: Möllers/v. Ooyen, S. 31.

1169 So *v. Bogdandy*, Supranationaler Föderalismus als Wirklichkeit und Idee einer neuen Herrschaftsform, S. 12.

1170 Diese Forderung wird zu Recht von *Meyer* erhoben, EuR 2011, S. 169 (192).

Parallelen zu dieser Entwicklung im Bereich des Gewaltmonopols bestehen im Bereich der staatlichen Souveränität. Dabei geht es hier aber weniger um die Frage des „Ob" einer Teilung, als vielmehr um die Frage, welche Souveränitätselemente noch bei den Mitgliedstaaten verblieben und welche bereits bei der Union zu verorten sind.

Im übergeordneten Kontext der Europäisierung von Sicherheit und Freiheit hat namentlich die Bedrohung durch den internationalen Terrorismus der Integration auf tragische Weise zu weiterer Dynamik verholfen. Diese Dynamik wurde jedoch bislang vor allem von den politischen und wissenschaftlichen Eliten vorgezeichnet, von den Unionsbürgern dagegen weder hinreichend wahrgenommen noch ausreichend legitimiert. Erneute, womöglich noch verheerendere Terroranschläge als jene vom 11. März 2004 in Madrid und jene vom 7. Juli 2005 in London könnten allerdings zu einem Umdenken und zu einem „Zusammenrücken Europas" im Kampf gegen den Terrorismus führen. Die Möglichkeit eines solchen Szenarios verdeutlicht sich in Anbetracht der Auswirkungen der Terroranschläge des 11. Septembers 2001; dies sowohl mit Blick auf die Weltpolitik als auch auf die „Innenpolitik" der Union. Vor dem Hintergrund unzähliger europäischer und nationaler Sicherheitsgesetze[1171], der in allen Ländern zu konstatierenden Verschiebung des Koordinatensystems „zugunsten von Sicherheitspolitik"[1172] und nicht zuletzt angesichts der ausgelösten und teilweise noch fortdauernden Kriege und Konflikte – etwa in Afghanistan oder im Irak – erinnert das Datum des 11. Septembers 2001 insoweit zumindest in Ansätzen an jene Folgewirkungen, die in einem Epochenroman von *Thomas Mann (1875–1955)* dem Ausbruch des Ersten Weltkrieges zugeschrieben werden:

„[...] ein historischer Donnerschlag, mit gedämpften Respekt zu sagen, der die Grundfesten der Erde erschütterte."[1173]

Über die „welthistorische Zäsur"[1174] des 11. Septembers 2001 lässt sich durchaus vergleichend feststellen, dass diese wie der erste Weltkrieg „eine Leben und Bewusstsein tief zerklüftende Wende und Grenze" darstellt und somit ein Ereignis,

---

1171 Zum Zusammenhang zwischen Terror einerseits und gesetzgeberischer Reaktion andererseits, sehr anschaulich und mit Blick auf die Praxis *Sturm*, in Lange (Hrsg.), Wörterbuch zur Inneren Sicherheit, S. 101 (106 f.).

1172 So *Wimmer*, S. 439.

1173 *Thomas Mann*, Der Zauberberg, Fischer Taschenbuch Verlag, Frankfurt am Main 2008, S. 994.

1174 So *Lerch*, in: „11. September 2001 – Zehn Jahre danach", F.A.Z. Nr. 211 vom 10. September 2011, S. 7.

„mit dessen Beginn so vieles begann, was zu beginnen wohl kaum schon aufgehört hat."[1175]

Nach alledem haben die Ereignisse des 11. Septembers 2001 sowie die Anschläge von Madrid und London signifikant bei der beschriebenen Europäisierung des Gewaltmonopols mitgewirkt.

Die in dieser Arbeit geschilderte, weiter sukzessiv voranschreitende Europäisierung der Staatsaufgaben Sicherheit und Freiheit ist allerdings auch mit erheblichen Risiken und langfristigen Unwägbarkeiten behaftet. Insbesondere erscheint es als problematisch, dass die Entwicklung der Union zu einem Staaten- und Verfassungsverbund von den Unionsbürgern bislang weder hinreichend wahrgenommen noch emotional ausreichend unterstützt wird.[1176] Dieses Auseinanderdriften von rechtlicher Integration einerseits und öffentlicher Wahrnehmung andererseits tritt auch im Urteil des Bundesverfassungsgerichts zum Lissabon-Vertrag anschaulich zutage. Denn anstatt den supranationalen „Ist-Zustand" der Union anzuerkennen,[1177] hielt das Gericht in vielen seiner Feststellungen am Mythos des souveränen Nationalstaates fest und stellte zweifellos populäre Forderungen zu dessen Erhalt auf. Vor dem Hintergrund der Integrationswirklichkeit aber, die nach den Ergebnissen dieser Arbeit durch eine geteilte Souveränität und ein in wichtigen Bereichen bereits europäisiertes Gewaltmonopol gekennzeichnet ist, hätte das Gericht jedoch – in seinem Sinne nur konsequent – die Wiederherstellung souveräner Staaten und nicht nur deren Fortbestand einfordern müssen. Insoweit bleibt vor dem Hintergrund der im europäischen Staaten- und Verfassungsverbund erreichten hohen Integrationsdichte unklar, welchen Umfang der „ausreichende Raum zur politischen Gestaltung der wirtschaftlichen, kulturellen und sozialen Lebensverhältnisse"[1178] im Einzelnen noch haben soll. Gleichwohl wäre der Vorwurf eines Ausweichens vor der Realität nicht nur aus Gründen des Respekts vor der Autorität des deutschen Höchstgerichts verfehlt. Letzteres wäre auch im Sinne des Europagedankens schlichtweg unredlich. Schließlich befand

1175 *Thomas Mann*, Der Zauberberg, Fischer Taschenbuch Verlag, Frankfurt am Main 2008, S. 9 f.

1176 Vgl. „Kein Vertrauen zu Europa", Kurzbericht zur Befragung des Instituts für Demoskopie Allensbach in der F.A.S. Nr. 35 vom 4. September 2011, Volkes Stimme, S. 31. Angesichts einer Grafik wird dort ersichtlich, wie das Misstrauen der Bundesbürger gegenüber der EU kontinuierlich von 40 Prozent im Jahr 2002 auf 68 Prozent im August 2011 angestiegen ist.

1177 So auch *Calliess*, Unter Karlsruher Totalaufsicht, in: F.A.Z. Nr. 198 vom 27. August 2009, S. 8.

1178 BVerfG, 2 BvE 2/08 vom 30.06.2009, 3. Leitsatz (Lissabon).

sich das Bundesverfassungsgericht im Rahmen des Ratifikationsverfahrens zum Lissabon-Vertrag in der misslichen Lage, vor dem Hintergrund der demokratisch-legimitatorischen Problematiken einen signifikanten Residualbestand deutscher Souveränität einerseits zu verteidigen, ohne aber andererseits gerade dadurch dem Integrationsprozess dauerhaft zu schaden. Insoweit musste das Bundesverfassungsgericht mit seinem Urteil eine Klammer zwischen den immer weiter auseinanderlaufenden Integrationspolen aus Recht und Öffentlichkeit bilden. Der Zerrissenheit einer so gezeichneten Integrationsrealität korrespondiert somit die scheinbare Unschärfe eines zwischen Europarechtsfreundlichkeit und Identitätskontrolle ambivalent bis widersprüchlich erscheinenden Urteils.

Vor dem Hintergrund dieser Signale stellt sich die Frage nach dem weiteren Kurs der europäischen Integration in neuer Tragweite und Dringlichkeit. Bezogen auf die Bundesrepublik Deutschland fragt sich konkret, wie sich die Forderung nach einem immer engeren Zusammenschluss der europäischen Völker („*an ever closer union*") zur Feststellung des Bundesverfassungsgerichts verhält, das Grundgesetz ermächtige ungeachtet seiner grundsätzlichen Europarechtsfreundlichkeit gerade nicht zu einem Eintritt in einen europäischen Bundesstaat.[1179]

Nach alledem spricht viel dafür, das Lissabon-Urteil als umfassendes „Gesprächsangebot"[1180] zu werten. Diesen Schluss legt insbesondere auch die Tatsache nahe, dass das Bundesverfassungsgericht in der Folgezeit – namentlich im Mangold-Beschluss[1181] – auf die Vertiefung der Konfrontation verzichtet hat.[1182] Es hat somit den Anschein, als ob nun in einer Phase des politischen und juristischen Innehaltens sowie in einem Prozess gesamtgesellschaftlicher Reflektion eine nachhaltige Antwort auf die Frage des künftigen Integrationskurses zu finden ist. Anstelle immer neuer und im Detail weitergehender Vorstöße, die sensiblen einzelstaatlichen Zuständigkeiten im Bereich der Sicherheit zu europäisieren, sollte daher zunächst im Sinne einer Bewahrung und Festigung des Erreichten über ein Bekenntnis zur künftigen Existenz der Mitgliedstaaten und über eine Aussage hinsichtlich des verbleibenden Mindestumfangs der Souveränität reflektiert werden. Dies könnte die Einleitung und der Beginn der von vielen seit langem geforderten Finalitätsdebatte sein. Bezogen auf die in dieser Arbeit untersuchten

---

1179 BVerfG, 2 BvE 2/08 vom 30.06.2009, Rdnr. 228 (Lissabon).

1180 So auch *Schorkopf*, EuZW 2009, S. 718 (724).

1181 BVerfG, 2 BvR 2661/06 vom 06.07.2010 (Mangold).

1182 *Terhechte* etwa begrüßt den Mangold-Beschluss gerade deshalb so sehr, weil das BVerfG darin „der Verlockung widerstanden" habe, „weiteres Öl ins Feuer zu gießen", EuZW 2011, S. 81.

Staatsaufgaben Sicherheit und Freiheit könnte hier ein erster Schritt die explizite, in den Verträgen an prominenterer Stelle als Art. 72 AEUV zu treffende Feststellung sein, dass – abgesehen von streng einzugrenzenden Ausnahmen – die Gewährleistung der inneren Sicherheit in der ausschließlichen Kompetenz der Mitgliedstaaten liegt und dort auch weiterhin verbleiben soll. Dies würde einen wichtigen Befund der vorliegenden Arbeit verdeutlichen, wonach nämlich, ungeachtet der aufgezeigten Europäisierung des Gewaltmonopols, nicht mit einer völligen „Abdankung des Staates“[1183] zu rechnen ist. Im Gegenteil: Insbesondere auf dem Feld der Gewährleistung elementarer Sicherheit wird der Nationalstaat unverzichtbar bleiben und so Zukunft haben.[1184]

Die Ergebnisse der vorliegenden Arbeit haben ferner verdeutlicht, dass im Staaten- und Verfassungsverbund der Union mittelfristig nicht auf das Verhältnis der einzelnen Ebenen untereinander eingewirkt werden sollte. Keinesfalls dürfen mit dem Gewaltmonopol zusammenhängende Aufgaben dauerhaft in einer Weise europäisiert werden, die faktisch einem Rückzug des Staates aus seinen Kernaufgaben gleichkäme.

Dessen ungeachtet kann allerdings auch nicht ernstlich bezweifelt werden, dass die Zusammenarbeit der Mitgliedstaaten bei der Prävention und Bekämpfung des internationalen Terrorismus und der organisierten Kriminalität nicht nur erforderlich ist,[1185] sondern im gemeineuropäischen Interesse liegt.[1186] Wie kaum ein anderes Politikfeld stellt diese Zusammenarbeit nämlich einen europäischen Mehrwert *par excellence* dar. Hier wünschen sich auch die ansonsten eher kritischen Unionsbürger ein gemeinsames Vorgehen.[1187] Unumstritten ist weiterhin, dass sich die größten Herausforderungen des 21. Jahrhunderts, namentlich der Terrorismus, die

---

1183 So auch die „feste Überzeugung“ von *Schuppert*, Staatswissenschaft, S. 920.

1184 So grundsätzlich *Teufel*, Europa vom Kopf auf die Füße stellen, F.A.Z. Nr. 74 vom 28. März 2014, S. 20.

1185 Vgl. hier etwa den unter dem Eindruck der Ereignisse des 11. Septembers 2001 erfolgenden dringenden Appell von *Walter*, „Es ist nunmehr an der Zeit, dass auf supranationaler Ebene gehandelt und nicht mehr bloß verhandelt wird“, Die Polizei 2002, S. 33.

1186 So etwa *Pernice/Hindelang*, EuZW 2010, S. 407 (413).

1187 Vgl. Spezial-EUROBAROMETER 251 „Die Zukunft Europas“, S. 40. Laut dieser im Mai 2006 veröffentlichten Umfrage handelt es sich beim „Kampf gegen den Terrorismus“ um jenes von insgesamt dreizehn Politikfeldern, bei dem der Wunsch nach mehr Entscheidungen auf europäischer Ebene am ausgeprägtesten ist. Online im Internet: URL: http://ec.europa.eu/public_opinion/archives/ebs/ ebs_251_de.pdf (Stand 15.09.2011).

unkoordinierte und illegale Migration sowie der Drogen-, Menschen- und Waffenhandel nur in einem dualen, also sowohl nationalen wie auch international-europäischen Ansatz erfolgsversprechend angehen lassen.[1188]

Die im Rahmen dieser Arbeit vorgenommenen Untersuchungen haben schließlich verdeutlicht, dass im globalen Mehrebenensystem – bestehend aus nationaler Rechtsordnung, Europarecht und Völkerrecht – eine klare Kompetenzabgrenzung im Sinne von nachhaltiger Sicherheit und Freiheit als unerlässlich erscheint. In Anbetracht der fortbestehenden Sogwirkung der europäischen Integration ist diese Feststellung für das Verhältnis zwischen Mitgliedstaaten und Union von entscheidender Bedeutung. Im „europäischen Verfassungsgerichtsverbund"[1189] werden hier weitere verfassungsrechtliche Konflikte unvermeidlich sein.[1190] Neben den sich daraus für die Rechtsgemeinschaft Europa ergebenden Unwägbarkeiten werden diese Auseinandersetzungen aber auch ein integratives Potential beinhalten. Denn bislang blieb die anhand der verschiedenen Modelle zur Deutung des gegenwärtigen europäischen Integrationsverbandes geführte Debatte weitgehend auf die Wissenschaft begrenzt[1191]. Wenn aber künftig auch die Bürger vermehrt in die Verständigung über die Zukunft einbezogen werden sollen und so möglicherweise eine Finalitätsdebatte eingeleitet werden kann, dann könnte hierdurch das Entstehen einer europäischen Öffentlichkeit gefördert und so ein wesentlicher Teil des bislang bestehenden Legitimations- und Demokratiedefizits behoben werden. In diesem Zusammenhang stellt sich der im Zuge der europäischen Staatsschuldenkrise kritisch geführte Diskurs mehr als Chance denn als Gefahr für die Integration dar. Hinzu tritt der Umstand, dass sich im Anschluss an die Bundestagswahl 2013

1188 So etwa *Schäuble*, Was ist Freiheit ohne Sicherheit? Rede vom 19.10.2009 im Rahmen der Ringvorlesung „Der internationale Terrorismus als Herausforderung des Rechts" an der Freien Universität Berlin. Online im Internet: URL: http://www.bmi.bund.de/SharedDocs/Reden/DE/2009/10/bm_fu.html (Stand 01.01.2014); ferner *Simmroß*, Die Polizei 2011, S. 192 (194, 199).

1189 Vgl. dazu *Skouris*, der anlässlich des 60. Geburtstags des BVerfG ein diesbezüglich harmonisches Bild zeichnet: „Es gibt nicht nur Karlsruhe – Gleichberechtigte Kooperation im europäischen Gerichtsverbund statt Kampf um das letzte Wort", F.A.Z. Nr. 221 vom 22. September 2011, S. 8.

1190 Dazu auch *Terhechte*, der namentlich die „Identitätskontrolle" und die „Ultra-Vires-Kontrolle" für mögliche verfassungsrechtliche Ausgangspunkte künftiger Konfliktszenarien hält, EuZW 2011, S. 81.

1191 Vgl. hierzu die obigen Ausführungen unter F. I. 2. (dort zu den Konzepten des Staatenverbundes, des Verfassungsverbundes sowie des Staaten- und Verfassungsverbundes) und F. II. (dort zum Konzept des europäischen Bundesstaates).

und nach der Europawahl 2014 ein politisch überaus günstiger Zeitpunkt für eine umfassende Verständigung über die Zukunft der EU bietet.

Der am 1. Dezember 2009 in Kraft getretene Vertrag von Lissabon, der im Gegensatz zu seinen Vorgängerverträgen nahezu alle Reformziele verwirklicht und so die künftige Handlungsfähigkeit der erweiterten Union sichergestellt hat,[1192] bietet jedenfalls einen zur Reflektion und Diskussion geeigneten Haltepunkt. Unterdessen besteht mit zahlreichen Möglichkeiten zur Einbeziehung und Partizipation des Einzelnen die Grundlage dafür, dass die europäische Einigung mittel- und langfristig auch durch die Bürger Europas gelebt werden kann.

Nach alledem kann „Europa" nur ein Europa überzeugter Europäer sein!

1192 *Pernice/Hindelang*, EuZW 2010, S. 407.

H. Thesen

1. Das Gewaltmonopol besteht fort:
   Der vor über einhundert Jahren maßgeblich von *Max Weber* geprägte Begriff des Gewaltmonopols ist auch im heutigen Lissabon-Europa des 21. Jahrhunderts gleichermaßen präsent wie unverzichtbar. Nach wie vor beantwortet das Gewaltmonopol mit Blick auf jeden Einzelakt physischer Zwangsanwendung trennscharf die Frage, ob es sich um einen Fall legaler oder illegaler Gewalt handelt. Als „Monopol legitimer physischer Gewaltsamkeit" besteht das Gewaltmonopol weiterhin in der Befugnis, exklusiv über die Anordnung von Zwangsgewalt zu entscheiden und diese im Falle der Anordnung zu vollziehen.

2. Modifikation des Gewaltmonopols durch die europäische Integration:
   Konzipiert als Wesensmerkmal des modernen Staates ist das Gewaltmonopol in langen Zeiträumen dem rechtshistorischen Prozess der europäischen Integration unterworfen gewesen. Nach nunmehr rund sechs Integrationsjahrzehnten hat dieser Prozess dazu geführt, dass die Staatsfundamentalaufgaben Sicherheit und Freiheit im zunehmenden Maße nicht mehr wie bislang allein von den Nationalstaaten, sondern nunmehr auch von der Europäischen Union verantwortet und wahrgenommen werden. In einer steigenden Zahl von Fällen ordnet nunmehr die europäische Ebene die Anwendung von Zwangsgewalt an und legitimiert diese. Als Folge der Vorrangigkeit des Unionsrechts haben die Mitgliedstaaten diesen Zwangsanordnungsbefehl zu befolgen und umzusetzen.

3. Die Ablösung der staatlichen Einzelmonopole und die Herausbildung eines gesamteuropäischen Gewaltmonopols – ein Prozess fließenden Übergangs:
   Die Staatsaufgaben Sicherheit und Freiheit sind im Verlauf der europäischen Integration sukzessive denationalisiert worden. In diesem Prozess haben die europäischen Staaten ihre Bereitschaft erkennen lassen, auf das Gewaltmonopol als exklusiv staatliche Institution zu verzichten. In der Folge ist ein gewaltlegitimatorischer Übergangszustand eingetreten. Dieser ist dadurch gekennzeichnet, dass in vielen Fällen – insbesondere für den betroffenen Bürger – kaum noch erkennbar ist, ob eine konkrete hoheitliche Gewaltanwendung ihren Ursprung beim nationalen, oder beim europäischen Gesetzgeber hat.

Ebenso wie sich das einstige rechtsepochale Gewaltmonopol des Staates sukzessive und zu einem nicht näher bestimmbaren Zeitpunkt herausgebildet hat, ist dieses nun in eine Phase des fließenden Übergangs hin zu einer Rekonstruktion auf gesamteuropäischer Ebene eingetreten. Sichtbarstes Zeichen dieses Prozesses ist der Umstand, dass im EU-Europa neben die innerstaatliche und äußere Dimension des Gewaltmonopols ein dritter Deutungs- und Bedeutungsgehalt hinzugetreten ist: Die supranational-unionsrechtliche Dimension des Gewaltmonopols.

4. <u>Das Gewaltmonopol ist unteilbar. Ungeachtet des Europäisierungsprozesses ist sein Träger unverändert der tradierte Nationalstaat:</u>
Das Gewaltmonopol ist weder etymologisch, inhaltlich noch demokratisch-legitimatorisch einer Teilung zugänglich. Ungeachtet seiner tiefgreifenden Europäisierung liegt es noch immer bei den Mitgliedstaaten. Denn bislang kommt keines jener Modelle, die zur Deutung des europäischen Integrationsverbandes diskutiert werden, als neuer Träger oder zumindest als Übergangsträger des Gewaltmonopols in Betracht. Mit Blick auf dessen mögliche Rekonstruktion auf europäischer Ebene erweist sich die Auffassung von der Union als Staaten- und Verfassungsverbund am ergiebigsten. Anhand eben jenes Modells lässt sich die mögliche Entstehung und Wirkweise eines neuartigen Typus des Gewaltmonopols beschreiben. Dieses europäische Gewaltmonopol ist im Unterschied zu seinem nationalstaatlichen Vorläufer dadurch gekennzeichnet, dass es neben innerer und äußerer Dimension nunmehr auch einen supranational-unionsrechtlichen Bedeutungsgehalt aufweist.
Ein Übergang des staatlichen Gewaltmonopols auf den europäischen Staaten- und Verfassungsverbund muss aber zum gegenwärtigen Zeitpunkt noch an dessen mangelnder Rechtssubjektivität scheitern. Nach alledem kann noch nicht von einem originär europäischen, sondern lediglich von einem materiell europäisierten Gewaltmonopol gesprochen werden.

5. <u>Das Gewaltmonopol bedarf der Verbindlichkeit des Rechts:</u>
Die freiwillige Anerkennung einer Bindung an das Recht und durch das Recht kompensiert den in der Union fehlenden klassischen Bundeszwang. Hierdurch ist die Integrität des mittlerweile in vielen Bereichen europäisierten Gewaltmonopols entscheidend vom zwanglosen Funktionieren der „Rechtsgemeinschaft Europa" abhängig. Denn die Infragestellung des Geltungsvorrangs europäischer Normen oder gar die Verweigerung der Rechtsbefolgung würden die Integrität des unionsrechtlich überformten Gewaltmonopols stark

beeinträchtigen und die Rechtsgemeinschaft Europa auf eine existentielle Probe stellen.

Aus Sicht eines einzelnen Mitgliedstaates ließe sich die Integrität des Gewaltmonopols – gewissermaßen als *ultima ratio* – dann durch Inanspruchnahme des Austrittsrechts aus Artikel 50 EUV bewahren. Letzteres hätte zur Folge, dass ein die Union verlassender Mitgliedstaat zu weitgehender Souveränität zurückkehren würde und bei ihm das staatliche Gewaltmonopol in seiner ursprünglichen Form wieder auflebte.

6. <u>Gesamtgesellschaftliche Relevanz des Gewaltmonopols:</u>
Wie einst das historische Gewaltmonopol des Nationalstaates wendet sich auch das nunmehr europäisierte Gewaltmonopol an alle Mitglieder und sämtliche Gewalten des Gemeinwesens: An die Polizeibeamten/innen als exekutive Träger der Hoheitsgewalt ebenso wie an die mitgliedstaatlichen und europäischen Volksvertreter. Letztere sind in Form der Gewaltlegitimierung mittelbar, aber dennoch nicht minder bedeutsam am Gewaltmonopol beteiligt. Und während sich aus der Friedenspflicht der Bürger unverändert deren Pflicht zum Gewaltverzicht ergibt, kommt der europäischen und mitgliedstaatlichen Richterschaft die elementar verantwortliche Aufgabe zu, mittels der übergeordneten Kategorie des Gewaltmonopols über Legitimität und Illegitimität von Zwangsgewalt zu entscheiden. Im Rahmen einer globalisierungsbedingt zunehmenden Wertekonkurrenz wird das Gewaltmonopol im 21. Jahrhundert eine Renaissance erleben.

7. <u>Der Raum der Freiheit, der Sicherheit und des Rechts als Anspruch und Vision jenes neuen europäischen Gemeinwesens, das seinen Bürgern im Zeitalter der Globalisierung Sicherheits- und Freiheitsgemeinschaft sein will:</u>
Zur Europäisierung des Gewaltmonopols hat maßgeblich der Auf- und Ausbau des Raums der Freiheit, der Sicherheit und des Rechts beigetragen. Dieser ist das visionäre Leitbild einer neuen Integrationsdimension und verkörpert den neuartigen Anspruch und Status der EU als Sicherheitsunion. Während die diesbezüglich materiellen Grundlagen mit dem Maastricht-Vertrag und der darin eingeführten polizeilichen und justiziellen Zusammenarbeit in Strafsachen geschaffen wurden, ist seit den Terroranschlägen von New York und Washington (2001) sowie Madrid (2004) und London (2005) eine neue Dynamik der Europäisierung innerer Sicherheit zu beobachten.

Über den mittels des Rechts erfolgenden adäquaten Ausgleich von Sicherheit und Freiheit will die Union von ihren Bürgern künftig als Gemeinwesen und als Wertegemeinschaft wahrgenommen werden. In diesem Zusammenhang sind Sicherheit und Freiheit nicht als Gegensätze zu begreifen. Vielmehr bedingen diese einander und stehen im Komplementärverhältnis des Gemeinwohls. Die Bedrohung durch den internationalen Terrorismus ist dabei für die sensible Balance aus Sicherheit und Freiheit mit weitreichenden Folgen verbunden. In Anbetracht der tiefgreifenden Konsequenzen, die erneute Terroranschläge für die demokratische Freiheit haben können, ist der Staatsaufgabe Sicherheit eine im Vergleich zu früheren Zeiten höhere Aufmerksamkeit zu widmen. Im Zeitalter der Globalisierung stehen grundrechtlich begrenzte, aber dennoch robuste staatliche Sicherheitsbefugnisse gerade nicht im Widerspruch zur demokratischen Freiheit. Denn die damit erst ermöglichte Terrorismusprävention dient dem langfristigen Erhalt der freiheitlich-demokratischen Grundordnung Deutschlands und auch Europas.

8. Das Lissabon-Urteil des Bundesverfassungsgerichts als Angebot zu einer umfassenden Verständigung über die Zukunft Europas:

Angesichts der aufgezeigten Europäisierung des Gewaltmonopols hätte die vom Bundesverfassungsgericht entwickelte Identitätskontrolle tiefgreifende Konsequenzen haben müssen:

Da nämlich die europäische Integration bereits weiter vorangeschritten war, als das Bundesverfassungsgericht in seinem Lissabon-Urteil feststellte – insbesondere war das tradierte staatliche Gewaltmonopol nach dem seinerzeitigen *status quo* bereits teileuropäisiert – müsste das Gericht im Falle einer konsequenten Identitätskontrolle von nun an jede weitere, die Zwangsausübung tangierende Kompetenzverlagerung untersagen. Gleichfalls wäre ein jeder die Gewaltanwendung berührender Sekundärrechtsakt Auslöser des bundesverfassungs-gerichtlichen Kontrollvorbehalts.

Eine solchermaßen streng durchgeführte Prüfung hätte allerdings zur Folge, dass die Bundesrepublik Deutschland kaum noch an der Weiterentwicklung des Raums der Freiheit, der Sicherheit und des Rechts mitwirken dürfte. Im Zweifelsfall wäre die Aktivierung des Notbremsemechanismus nach Art. 82 Abs. 3 und Art. 83 Abs. 3 AEUV obligatorisch. Vor dem Hintergrund der vom Bundesverfassungsgericht betonten Europarechtsfreundlichkeit des Grundgesetzes stellen aber die Funktionsfähigkeit und der Fortbestand der Union wiederum Schranken der Identitätskontrolle dar. Weder eine vollständige Verweigerung der europäischen Zusammenarbeit, noch die einseitige Rückverlagerung bereits übertragener Kompetenzen ließen sich mit der Identitätskontrolle rechtfertigen.

Nach alledem lässt sich das Lissabon-Urteil als ein Gesprächsangebot verstehen, das auf die Verklammerung der auseinanderdriftenden Integrationspole Recht und Öffentlichkeit gerichtet ist.

9. Europa bleibt ein Gemeinwesen *sui generis*:
   Auch unter Berücksichtigung der Europäisierung des Gewaltmonopols stellt die Union noch keinen Bundesstaat dar. Diesbezüglich fehlt es jedenfalls weiterhin am insoweit konstitutiven Element der Staatsgewalt. Entscheidend für die Absage an die unionale Staatsgewalt ist die Tatsache, dass es der europäischen Ebene nach wie vor an einer umfassenden Kompetenz-Kompetenz fehlt.

10. Das Europa des 21. Jahrhunderts bleibt ein Europa der Staaten:
    Der nationale Verfassungsstaat wird auf lange Sicht integrativer und unverzichtbarer Bestandteil des europäischen Staaten- und Verfassungsverbundes bleiben. Der Fortbestand des historisch gewachsenen Nationalstaates dient dabei nicht nur dem Erhalt des kulturellen Erbes eines in Vielfalt geeinten Europas.

    Als mögliche Reservekompetenzträger versetzen die Mitgliedstaaten die Union überhaupt erst in die Lage, in Zeiten politischer und wirtschaftlicher Umbrüche eine erhöhte Krisenstabilität zu entfalten. Als Staaten- und Verfassungsverbund gleicht die Union insoweit einem zweigestaffelten Sicherheits- und Freiheitsverteidigungssystem.

I. Literaturverzeichnis

ANDERS, Freia, GILCHER-HOLTEY, Ingrid (Hrsg.), Herausforderungen des staatlichen Gewaltmonopols – Recht und politisch motivierte Gewalt am Ende des 20. Jahrhunderts, Frankfurt/Main 2006

ASCHE, Matthias, Pflanzschule rechtschaffener und dem Vaterlande brauchbarer Männer, F.A.Z. Nr. 178 vom 3. August 2011, S. N 5

ASCHMANN, Gerrit, Exekutive Befugnisse für Europol?, Die Polizei 2002, S. 40

BATTIS, Ulrich, KERSTEN, Jens, Europäische Raumentwicklung, EuR 2009, S. 3

BAUMANN, Jürgen, Freiheit des Bürgers und Gewaltmonopol des Staates. Wie hat sich der demokratische Rechtsstaat seit Bestehen der Bundesrepublik Deutschland entwickelt?, in Festschrift für Rudolf Wassermann, Neuwied, Darmstadt 1985, S. 247

BECKER, Hans-Jürgen, Das Gewaltmonopol des Staates und die Sicherheit des Bürgers. Der Ewige Landfriede – vor 500 Jahren, NJW 1995, S. 2077

BERGMANN, Jan, Auswirkungen der EU-Osterweiterung auf das öffentliche Leben und Recht, ZEuS 2003, S. 85

BERGMANN, Jan, Bericht aus Europa: Vertrag von Lissabon und aktuelle Rechtsprechung, DÖV 2008, S. 305

BERGMANN, Jan, Handlexikon der Europäischen Union, 4. Auflage, Baden-Baden 2012

BERGNER, Christoph, Europa als Raum der Freiheit, der Sicherheit und des Rechts: Herausforderung für die Bekämpfung der Kriminalität, in Europäisches Symposium: Ethik – Technik – Management: Verantwortung in einer europäischen Unternehmenskultur, Band 60, 2008, S. 47

BERGSTRÖM, Carl Fredrik, Den tyska författningsdomstolens avgörande om Lissabonfördraget, SIEPS 01.07.2009

BEUKELMANN, Stephan, Europäisierung des Strafrechts – Die neue strafrechtliche Ordnung nach dem Vertrag von Lissabon, NJW 2010, S. 2081

BLANKE, Hermann-Josef, Der Unionsvertrag von Maastricht – Ein Schritt auf dem Weg zu einem europäischen Bundesstaat?, DÖV 1993, S. 412

BLECKMANN, Albert, in Ress (Hrsg.), Souveränitätsverständnis in den Europäischen Gemeinschaften, 1980, S. 33

BOGDANDY, Armin von, Supranationaler Föderalismus als Wirklichkeit und Idee einer neuen Herrschaftsform – Zur Gestalt der Europäischen Union nach Amsterdam, Baden-Baden 1999

BOGDANDY, Armin von, Supranationale und staatliche Herrschaft, HFR 1997, Beitrag 5

BOGDANDY, Armin von, BAST, Jürgen (Hrsg.), Europäisches Verfassungsrecht – Theoretische und dogmatische Grundzüge, 2. Auflage, Berlin, Heidelberg 2009

BRENNEISEN, Hartmut, STAACK, Dirk, KISCHEWSKI, Susanne (Hrsg.), 60 Jahre Grundgesetz, in: Polizei und Sicherheitsmanagement, Band 6, Berlin 2010

BROCKHAUS, ENZYKLOPÄDIE in 30 Bänden, 21. Auflage, Bände: 5 (BUCI–COME), 8 (EMAS–FASY), 10 (FRIES–GLAR), 15 (KIND–KRUS) und 26 (SPOT–TALA), Leipzig, Mannheim 2006

BROK, Elmar, LEINEN, Jo, Der Vertrag von Lissabon, in: Vertrag von Lissabon, Schriftenreihe der Bundeszentrale für politische Bildung Band 709, Bonn 2008

BUBROWSKI, Helene, HANEKE, Alexander, „Ich weiß, wo deine Schwester wohnt", F.A.Z. Nr. 81 vom 5. April 2014, S. 5

BUSSE, Nikolas, Permanenter Krisenrat ohne Echo, F.A.Z. Nr. 215 vom 15. September 2011, S. 2

BUSSE, Nikolas, Weder Festung noch Lotterie, F.A.Z. Nr. 99 vom 29. April 2013, S. 1

CALLIESS, Christian, Auf dem Weg zu einem einheitlichen europäischen Strafrecht? – Kompetenzgrundlagen und Kompetenzgrenzen einer dynamischen Entwicklung, ZEuS 2008, S. 3

CALLIESS, Christian, Das Euro-Urteil aus Karlsruhe ist nicht frei von Widersprüchen, F.A.Z. Nr. 220 vom 21. September 2011, S. 21

CALLIESS, Christian, Das Ringen des Zweiten Senats mit der Europäischen Union: Über das Ziel hinausgeschossen, ZEuS 2009, S. 559

CALLIESS, Christian, Der Kampf um den Euro: Eine „Angelegenheit der Europäischen Union" zwischen Regierung, Parlament und Volk, NVwZ 2012, S. 1

CALLIESS, Christian, Die Charta der Grundrechte der Europäischen Union – Fragen der Konzeption, Kompetenz und Verbindlichkeit, EuZW 2001, S. 261

CALLIESS, Christian, Die grundrechtliche Schutzpflicht im mehrpoligen Verfassungsrechtsverhältnis, JZ 2006, S. 321

CALLIESS, Christian (Hrsg.), Die neue Europäische Union nach dem Vertrag von Lissabon – Ein Überblick über die Reformen unter Berücksichtigung ihrer Implikationen für das deutsche Recht, Tübingen 2010

CALLIESS, Christian, Europa als Wertegemeinschaft, JZ 2004, S. 1033

CALLIESS, Christian, Europäische Gesetzgebung und nationale Grundrechte – Divergenzen in der aktuellen Rechtsprechung von EuGH und BVerfG?, JZ 2009, S. 113
CALLIESS, Christian, Perspektiven des Euro zwischen Solidarität und Recht – Eine rechtliche Analyse der Griechenlandhilfe und des Rettungsschirms, ZEuS 2011, S. 213
CALLIESS, Christian, Rechtsstaat und Umweltstaat, Zugleich ein Beitrag zur Grundrechtsdogmatik im Rahmen mehrpoliger Verfassungsrechtsverhältnisse, Tübingen 2001
CALLIESS, Christian, Sicherheit im freiheitlichen Rechtsstaat, Eine verfassungsrechtliche Gratwanderung mit staatstheoretischem Kompass, ZRP 2002, S. 1
CALLIESS, Christian, Subsidiaritäts- und Solidaritätsprinzip in der Europäischen Union, 2. Auflage, Baden-Baden 1999
CALLIESS, Christian, Unter Karlsruher Totalaufsicht, F.A.Z. Nr. 198 vom 27. August 2009, S. 8
CALLIESS, Christian (Hrsg.), Verfassungswandel im europäischen Staaten- und Verfassungsverbund – Beiträge der Ersten Göttinger Gespräche zum deutschen und europäischen Verfassungsrecht vom 15. bis 17. Juni 2006, Tübingen 2007
CALLIESS, Christian, 60 Jahre Grundgesetz – ein Jubiläum im Lichte der Europäisierung, AnwBl 2009, S. 478
CALLIESS, Christian, ISAK, Hubert (Hrsg.), Der Konventsentwurf für eine EU-Verfassung im Kontext der Erweiterung, Baden-Baden 2003
CALLIESS, Christian, RUFFERT, Matthias (Hrsg.), EUV/EGV – Das Verfassungsrecht der Europäischen Union mit Europäischer Grundrechtecharta, 3. Auflage, München 2007
CALLIESS, Christian, RUFFERT, Matthias (Hrsg.), EUV/AEUV – Das Verfassungsrecht der Europäischen Union mit Europäischer Grundrechtecharta, 4. Auflage, München 2011
CALLIESS, Christian, RUFFERT, Matthias (Hrsg.), Verfassung der Europäischen Union, Kommentar der Grundlagenbestimmungen, 1. Auflage, München 2006
CLAGES, Horst, Alter Wein in neuen Schläuchen?, Kriminalistik 1997, S. 771
DARNSTÄDT, Thomas, Im Vorfeld des Bösen, in: Der Spiegel, Nr. 28/2007, Titel, S. 18
DI FABIO, Udo, Das Recht offener Staaten: Grundlinien einer Staats- und Rechtstheorie, Tübingen 1998
DI FABIO, Udo, Privatisierung und Staatsvorbehalt – Zum dogmatischen Schlüsselbegriff der öffentlichen Aufgabe, JZ 1999, S. 585
DI FABIO, Udo, Sicherheit in Freiheit, NJW 2008, S. 421

ELLERMANN, Jan Ulrich, Europol und FBI, Baden-Baden 2005

EVERLING, Ulrich, Europas Zukunft unter der Kontrolle der nationalen Verfassungsgerichte – Anmerkungen zum Urteil des Bundesverfassungsgerichts vom 30. Juni 2009 über den Vertrag von Lissabon, EuR 2010, S. 91

FASTENRATH, Ulrich, SKERKA, Alexander, Sicherheit im Schengen-Raum nach dem Wegfall der Grenzkontrollen – Mechanismen und rechtliche Probleme grenzüberschreitender polizeilicher und justizieller Zusammenarbeit, ZEuS 2009, S. 219

FISCHER, Klemens H., Der Vertrag von Nizza, Text und Kommentar, Baden-Baden 2001

FISCHER-LESCANO, Andreas, TOHIDIPUR, Timo, Europäisches Grenzkontrollregime. Rechtsrahmen der europäischen Grenzschutzagentur FRONTEX, ZaöRV 2007, S. 1219

FOLZ, Hans-Peter, Karlsruhe, Lissabon und das Strafrecht – ein Blick über den Zaun, ZIS 2009, S. 427

FRANKENBERGER, Klaus-Dieter, Kulturkampf, F.A.Z. Nr. 185 vom 11. August 2011, S. 1

FUKUYAMA, Francis, Das Ende der Geschichte – wo stehen wir? München 1992 (Original: The End of History and the Last Man, New York 1992)

FUKUYAMA, Francis, Warum Staaten aufsteigen und fallen, Handelsblatt Nr. 30 vom 10./11.2.2012, S. 1, 52

GLAEßNER, Gert-Joachim, LORENZ, Astrid (Hrsg.), Europäisierung der inneren Sicherheit – Eine vergleichende Untersuchung am Beispiel von organisierter Kriminalität und Terrorismus, 1. Auflage, Wiesbaden 2005

GÖRLITZ, Niklas, Europäischer Verfassungsvertrag und künftige EU-Kompetenzen, DÖV 2004, S. 374

GRABITZ, Eberhard, HILF, Meinhard (Hrsg.), EUV/EGV, Das Recht der Europäischen Union, Band I, München Juli 2009

GROEBEN, Hans von der, SCHWARZE, Jürgen, Vertrag über die Europäische Union und Vertrag über die Europäische Gemeinschaft, Band 1, Baden-Baden 2003

GROSSE-BRÖMER, Michael, KLEIN, Oliver, Sicherungsverwahrung als Verfassungsauftrag, ZRP 2010, S. 172

GSTREIN, Oskar Josef, ZEITZMANN, Sebastian, Die „Åkerberg Fransson"-Entscheidung des EuGH – „Ne bis in idem" als Wegbereiter für einen effektiven Grundrechtsschutz in der EU?, ZEuS 2013, S. 239

GUSY, Christoph, Der öffentliche Raum – Ein Raum der Freiheit, der (Un-) Sicherheit und des Rechts, JZ 2009, S. 217

GUSY, Christoph, Rechtsgüterschutz als Staatsaufgabe – Verfassungsfragen der „Staatsaufgabe Sicherheit“, DÖV 1996, S. 573
GUTMANN, Thomas, PIEROTH, Bodo (Hrsg.), Die Zukunft des staatlichen Gewaltmonopols, 1. Auflage, Baden-Baden 2011
HAACK, Stefan, Individuelles Einbezogensein und europarechtliche Ordnung – Grundprobleme der Europarechtstheorie im Hinblick auf die Stellung des Einzelnen im „Raum der Freiheit, der Sicherheit und des Rechts“ nach dem Lissabonner Vertrag, EuR 2009, S. 282
HAACK, Stefan, Verlust der Staatlichkeit, Tübingen 2007
HÄBERLE, Peter, Europäische Verfassungslehre, 6. Auflage, Baden-Baden 2009
HALBERSTAM, Daniel, MÖLLERS, Christoph, The German Constitutional Court says „Ja zu Deutschland!“, GLJ Vol. 10 No. 08, 2009, S. 1241
HALLER, Gret, Die Bedeutung von Freiheit und Sicherheit in Europa und in den USA, APuZ 2008, S. 9
HALLSTEIN, Walter, Der unvollendete Bundesstaat, 1. Auflage, Düsseldorf und Wien 1969
HAMMER, Felix, Private Sicherheitsdienste, staatliches Gewaltmonopol, Rechtsstaatsprinzip und „schlanker Staat“, DÖV 2000, S. 613
HANNING, August, Sicherheit zuerst! Terroristische Bedrohungslage und staatliche Abwehrmechanismen, in: Das Verhältnis von Freiheit und Sicherheit im gemeinsamen europäischen Raum, Friedrich-Ebert-Stiftung, Forum Berlin, Berlin 2005
HAURAND, Günter, Sicherheit und Gewaltmonopol – Oder: Inwieweit dürfen staatliche Leistungen wirtschaftlichen Kriterien unterworfen werden?, Kriminalistik 1997, S. 770
HECKER, Jan, Die Europäisierung der inneren Sicherheit, DÖV 2006, S. 273
HEFTY, Georg Paul, Heimat Europa, F.A.Z. Nr. 167 vom 21. Juli 2011, S. 1
HENKE, Christoph, Plädoyer für kürzere Legitimationsketten in der Europäischen Union, EuR 2010, S. 118
HERDEGEN, Matthias, Völkerrecht, 11. Auflage, München 2012
HERZOG, Roman, GERKEN, Lüder, Stoppt den Europäischen Gerichtshof!, in: Frankfurter Allgemeine Zeitung vom 8. September 2008, Nr. 210, S. 8
HOFFMANN-RIEM, Wolfgang, Freiheit und Sicherheit im Angesicht terroristischer Anschläge, ZRP 2002, S. 497
HÖLSCHEIDT, Sven, Probleme bei der Durchsetzung des Unionsrechts in den Mitgliedstaaten, DÖV 2009, S. 341
HÖNKE, Jana, Sicherheit in Räumen begrenzter Staatlichkeit, APuZ 8/2009, S. 15
HUMMER, Waldemar, Die EU-Kommission stößt an ihre Grenzen – Fußnoten eines Europarechtlers, Wiener Zeitung vom 15. April 2009

IGNATIEFF, Michael, The lesser evil – political ethics in an age of terror, Princeton 2004
IPSEN, Hans Peter, Europäisches Gemeinschaftsrecht, Tübingen 1972
IPSEN, Jörn, SCHMIDT-JORTZIG, Edzard (Hrsg.), Recht – Staat – Gemeinwohl, Festschrift für Dietrich Rauschning, Köln, Berlin, Bonn, München 2001
ISENSEE, Josef, Das Grundrecht auf Sicherheit – Zu den Schutzpflichten des freiheitlichen Verfassungsstaates, Berlin, New York 1983
ISENSEE, Josef, Europäische Familienpolitik als Kompetenzfrage, DVBl 2009, S. 801
ISENSEE, Josef, Integration mit Migrationshintergrund, JZ 2010, S. 317
ISENSEE, Josef, KIRCHHOF, Paul (Hrsg.), Handbuch des Staatsrechts, Band II, Verfassungsstaat, 3. Auflage, Heidelberg 2004
ISENSEE, Josef, KIRCHHOF, Paul (Hrsg.), Handbuch des Staatsrechts, Band IV, Aufgaben des Staates, 3. Auflage, Heidelberg 2006
ISENSEE, Josef, KIRCHHOF, Paul (Hrsg.), Handbuch des Staatsrechts, Band XI, Internationale Bezüge, 3. Auflage, Heidelberg 2013
IWERSEN, Sönke, Der unaufhaltsame Aufstieg der Angst AG, Handelsblatt Nr. 136 vom 19.07.2010, S. 4
JARASS, Hans, Charta der Grundrechte der Europäischen Union – unter Einbeziehung der vom EuGH entwickelten Grundrechte und der Grundrechtsregelungen der Verträge, München 2010
JELLINEK, Georg, Allgemeine Staatslehre, Berlin 1900
JOUR-SCHRÖDER, Alexandra, KONOW, Christian, Die Passerelle des Art. 42 EU-Vertrag – Macht sie die Regeln des Verfassungsentwurfs für einen europäischen Raum der Freiheit, der Sicherheit und des Rechts obsolet?, EuZW 2006, S. 550
KARRASS, Anne, Die EU und der Rückzug des Staates – Eine Genealogie der Neoliberalisierung der europäischen Integration, Bielefeld 2009
KIRCHHOF, Paul, Das Grundgesetz – ein oft verkannter Glücksfall, DVBl 2009, S. 541
KIRCHHOF, Paul, Zeit, europäisch zu denken, F.A.Z. Nr. 197 vom 25. August 2011, S. 8
KLEIN, Hans Hugo, Metamorphose der Demokratie, F.A.Z. Nr. 200 vom 29. August 2011, S. 7
KLODT, Henning, Warum die EU im Stimmungstief ist, F.A.Z. Nr. 46 vom 24. Februar 2014, S. 18
KNEIHS, Benjamin, Verfassungsfragen des so genannten staatlichen Gewaltmonopols am Beispiel des österreichischen Rechts, Der Staat 2005, S. 265

KÖBLER, Gerhard, Etymologisches Rechtswörterbuch, Tübingen 1995
KOKOTT, Juliane, Die Staatsrechtslehre und die Veränderung ihres Gegenstandes: Konsequenzen von Europäisierung und Internationalisierung, VVDStRL 63 (2004), S. 7
KOKOTT, Juliane, The Basic Law at 60 – From 1949 to 2009: The Basic Law and Supranational Integration, GLJ 2010, S. 99
KÖNIG, Klaus, Rückzug des Staates – Privatisierung der öffentlichen Verwaltung, DÖV 1996, S. 963
KOPPENSTEINER, Hans-Georg, Die Europäische Integration und das Souveränitätsproblem, Baden-Baden 1963
KORTE, Stefan, Mitgliedstaatliche Verwaltungskooperation und private Eigenverantwortung beim Vollzug des europäischen Dienstleistungsrechts, NVwZ 2007, S. 501
KUGELMANN, Dieter, Der Einsatz von Polizeibeamten im Ausland, Die Kriminalpolizei 2007, S. 8
KUNZ, Josef Lorenz, Die Staatenverbindungen, Stuttgart 1929
LANGE, Hans-Jürgen (Hrsg.), Wörterbuch zur Inneren Sicherheit, 1. Auflage, Wiesbaden 2006
LÄUFER, Thomas (Hrsg.), Verfassung der Europäischen Union, Schriftenreihe der Bundeszentrale für politische Bildung, Band 474, Bonn 2005
LEIBFRIED, Stephan, ZÜRN, Michael (Hrsg.), Transformationen des Staates?, Frankfurt am Main 2006
LENZ, Carl Otto, Ausbrechender Rechtsakt, F.A.Z. Nr. 182 vom 8. August 2009, S. 7
LENZ, Carl Otto, BORCHARDT, Klaus-Dieter (Hrsg.), EU-Verträge – Kommentar nach dem Vertrag von Lissabon, 5. Auflage, Köln, Wien 2010
LERCH, GÜNTER, 11. September 2001 – Zehn Jahre danach, F.A.Z. Nr. 211 vom 10. September 2011, S. 7
LINDNER, Josef Franz, Der Vertrag von Lissabon zur Reform der Europäischen Union, BayVBl 2008, S. 421
LOCKE, Stefan, Wer ist das Volk?, F.A.Z. Nr. 64 vom 16.03.2013, S. 1 und 3
LÜBKEMEIER, Eckhard, Die Vermessung Europas, F.A.Z. Nr. 220 vom 21. September 2011
MÄDER, Werner, Vom Wesen der Souveränität, Ein deutsches und ein europäisches Problem, Berlin 2007
MAGER, Ute, HERRMANN, Danielle, Höchstrichterliche Rechtsprechung zum Europarecht, München 2004
MAIR, Stefan, Staatsversagen und Staatszerfall, in: Informationen zur politischen Bildung, Heft Nr. 303, Afrika – Schwerpunktthemen, 2/2009, S. 8

MANTHEY, Leslie, UNSELD, Christopher, Grundrechte vs. „effet utile" – vom Umgang des EuGH mit seiner Doppelrolle als Fach- und Verfassungsgericht, ZEuS 2011, S. 323

MARCH, Ulrich, Das Ende des klassischen Staates, Frankfurt am Main 2002

MAURER, Hartmut, Staatsrecht I, 6. Auflage, München 2010

MERTEN, Detlef, Rechtsstaat und Gewaltmonopol, Tübingen 1975

MERZ, Friedrich, Europa streitet, Deutschland schaut zu, Handelsblatt Nr. 81 vom 27. April 2011, S. 1 f., 7

MESTMÄCKER, Ernst-Joachim, Im Schatten des Leviathan. Anmerkungen zum Urteil des BVerfG vom 30.6.2009, EuR 2010, Beiheft 1, S. 35

MEYER, Frank, Das Strafrecht im Raum der Freiheit, der Sicherheit und des Rechts, EuR 2011, S. 169

MEYER, Jürgen (Hrsg.), Charta der Grundrechte der Europäischen Union, 2. Auflage, Baden-Baden 2006

MÖLLERS, Christoph, Staat als Argument, München 2000

MÖLLERS, Martin H. W. (Hrsg.), Wörterbuch der Polizei, 2. Auflage, München 2010

MÖLLERS, Martin H. W., OOYEN, Robert Chr. van (Hrsg.), Europäisierung und Internationalisierung der Polizei, Band 1: Europäisierung, 2. Auflage, Frankfurt am Main 2009

MONAR, Jörg, Der Raum der Freiheit, der Sicherheit und des Rechts im Verfassungsentwurf des Konvents, Integration 2003, S. 536

MONAR, Jörg, Die EU als Raum der Freiheit, der Sicherheit und des Rechts und die Herausforderung des internationalen Terrorismus, Integration 2002, S. 171

MÜHL, Melanie, Der Funke am Pulverfass, F.A.Z. Nr. 12 vom 15. Januar 2013, S. 27

MÜLLER, Christian, Das staatliche Gewaltmonopol, Historische Entwicklung, verfassungsrechtliche Bedeutung und aktuelle Rechtsfragen, Berlin 2007

MÜLLER, Erwin, SCHNEIDER, Patricia (Hrsg.), Die Europäische Union im Kampf gegen den Terrorismus: Sicherheit vs. Freiheit?, Baden-Baden 2006

MÜLLER, Georg, RHINOW, René A., SCHMID, Gerhard, WILDHABER, Luzius (Hrsg.), Staatsorganisation und Staatsfunktionen im Wandel, Festschrift für Kurt Eichenberger zum 60. Geburtstag, Basel, Frankfurt am Main 1982

MÜLLER-GRAFF, Peter-Christian, Der Raum der Freiheit, der Sicherheit und des Rechts in der Lissabonner Reform, EuR 2009, Beiheft 1, S. 105

MÜLLER-GRAFF, Peter-Christian, KAINER, Friedemann, Raum der Freiheit, der Sicherheit und des Rechts, in Europa von A bis Z, Schriftenreihe der Bundeszentrale für politische Bildung Band 393, S. 333

MURSWIEK, Dietrich, Art. 38 GG als Grundlage eines Rechts auf Achtung des unabänderlichen Verfassungskerns, JZ 2010, S. 702

NETTESHEIM, Martin, Ein Individualrecht auf Staatlichkeit? Die Lissabon-Entscheidung des BVerfG, NJW 2009, S. 2867

NETTESHEIM, Martin, Grundrechtskonzeptionen des EuGH im Raum der Freiheit, der Sicherheit und des Rechts, EuR 2009, S. 24

NETTESHEIM, Martin, Nicht weiter so, F.A.Z. Nr. 209 vom 8. September 2011, S. 8

NICOLAYSEN, Gert, Zur Theorie von den Implied Powers in den Europäischen Gemeinschaften, EuR 1966, S. 129

NIEDOBITEK, Matthias, The Lisbon Case of 30 June 2009 – A Comment from the European Law Perspective, GLJ 2009, S. 1267

NOLTE, Georg, Das Verfassungsrecht vor den Herausforderungen der Globalisierung, VVDStRL 67 (2008), S. 129

NONNENMACHER, Günther, Freiheit und Sicherheit, F.A.Z. Nr. 165 vom 19.07.2013, S. 1

OHLER, Christoph, Gemeinschaftsrechtlicher Rechtsschutz gegen personengerichtete Sanktionen des UN-Sicherheitsrats, EuZW 2008, S. 630

OPHÜLS, Carl Friedrich, Quellen und Aufbau des Europäischen Gemeinschaftsrechts, NJW 1963, S. 1697

OPPERMANN, Thomas, Den Musterknaben ins Bremserhäuschen! – Bundesverfassungsgericht und Lissabon-Vertrag, EuZW 2009, S. 473

OPPERMANN, Thomas, Die Europäische Union von Lissabon, DVBl 2008, S. 473

OPPERMANN, Thomas, CLASSEN, Claus Dieter, NETTESHEIM, Martin, Europarecht – Ein Studienbuch, 4. Auflage, München 2009

PACHE, Eckhard, RÖSCH, Franziska, Der Vertrag von Lissabon, NVwZ 2008, S. 473

PACHE, Eckhard, SCHORKOPF, Frank, Der Vertrag von Nizza – Institutionelle Reform zur Vorbereitung der Erweiterung, NJW 2001, S. 1377

PAPIER, Hans-Jürgen, Rechtsstaat im Risiko, DVBl 2010, S. 801

PERNICE, Ingolf, Der Vertrag von Lissabon – Ende des Verfassungsprozesses der EU?, EuZW 2008, S. 65

PERNICE, Ingolf (Hrsg.), Der Vertrag von Lissabon: Reform der EU ohne Verfassung?, 1. Auflage, Baden-Baden 2008

PERNICE, Ingolf (Hrsg.), Europa-Visionen, Humboldt-Reden zu Europa, Berlin 2007

PERNICE, Ingolf, HINDELANG, Steffen, Potenziale europäischer Politik nach Lissabon – Europapolitische Perspektiven für Deutschland, seine Institutionen, seine Wirtschaft und seine Bürger, EuZW 2010, S. 407

PILZ, Stefan, Verfassungsrechtliche Grenzen der Privatisierung des Gerichtsvollzieherwesens – Anmerkungen zum Entwurf eines Gesetzes zur Reform des Gerichtsvollzieherwesens, DÖV 2009, S. 102
PITSCHAS, Rainer, Innere Sicherheit in der EU und europarechtliche Grundlagen des Sicherheitsgewerbes, NVwZ 2002, S. 519
POSCHER, Ralf, Das Verfassungsrecht vor den Herausforderungen der Globalisierung, VVDStRL 67 (2008), S. 160
PÖTTERING, Hans-Gert, „Europa muss geschaffen werden" – Die Europapolitik Konrad Adenauers und die Herausforderungen des Einigungsprozesses heute, Die politische Meinung Nr. 373/Dezember 2000, S. 11
RACKOW, Peter, Rechtliche Rahmenbedingungen und Problemfelder Europäischer Terrorismusbekämpfung, Die Polizei 2011, S. 1
RACKOW, Peter, Verfasst der EuGH die Union? – EuGH v. 16.6.2005 – C-105/03 (Pupino), EuGH v. 13.9.2005 – C-176/03 (Nichtigerklärung des Rahmenbeschlusses über den Schutz der Umwelt durch das Strafrecht) und die Folgen, ZIS 11/2008, S. 526
REINISCH, August, The Action of the European Union to Combat International Terrorism, in: BIANCHI, Andrea, Enforcing International Law Norms Against Terrorism, Portland 2004, chapter 8, p. 119
REUTER, Niels, Freiheit und staatliches Gewaltmonopol, Die Polizei 1986, S. 73
RILL, Bernd, SCHOLZ, Rupert, Der Rechtsstaat und seine Feinde, Heidelberg 1986
ROELLECKE, Gerd, Der Rechtsstaat im Kampf gegen den Terror, JZ 2006, S. 265
RÖPER, Erich, Der Souveränitäts- und Volksbegriff des Bundesverfassungsgerichts, DÖV 2010, S. 285
ROTH, Günter H., HILPOLD, Peter, Der EuGH und die Souveränität der Mitgliedstaaten, Wien 2008
RUFFERT, Matthias, An den Grenzen des Integrationsverfassungsrechts: Das Urteil des Bundesverfassungsgerichts zum Vertrag von Lissabon, DVBl 2009, S. 1197
SACHS, Michael, Das Grundgesetz in seinem sechsten Jahrzehnt, NJW 2009, S. 1441
SAURER, Johannes, Individualrechtsschutz gegen das Handeln der europäischen Agenturen, EuR 2010, S. 51
SCHÄUBLE, Wolfgang, Aktuelle Sicherheitspolitik im Lichte des Verfassungsrechts, ZRP 2007, S. 210
SCHILY, Otto, Die Europäisierung der Innenpolitik, NVwZ 2000, S. 883
SCHIMPFHAUSER, Eva Maria, Das Gewaltmonopol des Staates als Grenze der Privatisierung von Staatsaufgaben – Dargestellt am Beispiel des Strafvollzuges, Frankfurt am Main 2009

SCHLIESKY, Utz, Souveränität und Legitimität von Herrschaftsgewalt – Die Weiterentwicklung von Begriffen der Staatslehre und des Staatsrechts im europäischen Mehrebenensystem, Tübingen 2004

SCHMIDT-BLEIBTREU, Bruno, HOFMANN, Hans, HOPFAUF, Axel, GG – Kommentar zum Grundgesetz, 12. Auflage, Köln/München 2011

SCHOBER, Konrad, Vom Verfassungsvertrag zum Reformvertrag – Das Gesetzgebungsverfahren der Europäischen Union zur Polizeilichen und Justiziellen Zusammenarbeit in Strafsachen, ZERP-Diskussionspapier 3/2008, Bremen 2008

SCHOCH, Friedrich, SCHMIDT-AßMANN, Eberhard, PIETZNER, Rainer (Hrsg.), Verwaltungsgerichtsordnung, Stand: 20. Ergänzungslieferung, München 2010

SCHÖNBERGER, Christoph, *Lisbon* in Karlsruhe: *Maastricht's* Epigones At Sea, GLJ Vol. 10 No. 08, 2009, S. 1201

SCHORKOPF, Frank, Die Europäische Union im Lot – Karlsruhes Rechtsspruch zum Vertrag von Lissabon, EuZW 2009, S. 718

SCHRÖDER, Christian, Europäische Richtlinien und deutsches Strafrecht: eine Untersuchung über den Einfluss europäischer Richtlinien gemäß Art. 249 Abs. 3 EGV auf das deutsche Strafrecht, Berlin, New York 2002

SCHRÖDER, Gerhard, Der schwache Nationalstaat, Handelsblatt Nr. 119 vom 22. Juni 2012, S. 72

SCHUBERT, Christian, Die Autofabrik als rechtsfreier Raum, F.A.Z. Nr. 89 vom 17. April 2013, S. 16

SCHUPPERT, Gunnar Folke, PERNICE, Ingolf, HALTERN, Ulrich (Hrsg.), Europawissenschaft, 1. Auflage, Baden-Baden 2005

SCHUPPERT, Gunnar Folke, Staatswissenschaft, 1. Auflage, Baden-Baden 2003

SCHWARZE, Jürgen, Der Reformvertrag von Lissabon – Wesentliche Elemente des Reformvertrages, EuR 2009, Beiheft 1, S. 9

SCHWARZE, Jürgen, Die Befolgung von Vorabentscheidungen des Europäischen Gerichtshofs durch deutsche Gerichte – Ergebnisse einer rechtstatsächlichen Bestandsaufnahme, Baden-Baden 1988

SCHWARZE, Jürgen, Die verordnete Demokratie – Zum Urteil des 2. Senats des BVerfG zum Lissabon-Vertrag, EuR 2010, S. 108

SCHWARZE, Jürgen, Europäische Verfassungsperspektiven nach Nizza, NJW 2002, S. 993

SEIDEL, Martin, Zur Verfassung der Europäischen Gemeinschaft nach Maastricht, EuR 1992, S. 125

SIMMROß, Thomas, Kriminalpolizei im 21. Jahrhundert – Anpassung oder Abschaffung? Die Polizei 2011, S. 192

SINN, Hans-Werner, „Wieder die gleichen Fehler“, Handelsblatt Nr. 240 vom 10. Dezember 2010, S. 14

SKOURIS, Vassilios, Es gibt nicht nur Karlsruhe, F.A.Z. Nr. 221 vom 22. September 2011, S. 8

SOMMERMANN, Karl-Peter, Staatsziele und Staatszielbestimmungen, Tübingen 1997

SOMMERMANN, Karl-Peter, Verfassungswandel im Prozess der europäischen Integration und der Globalisierung, in: Festschrift für Udo Steiner, Stuttgart 2009, S. 796

STEINER, Udo, Deutschland in Europa nach dem Reformvertrag von Lissabon, BB 2008, Special 4, S. 2

STREECK, Wolfgang, „Die Einigung Europas ist dramatisch gescheitert“, FAS Nr. 32 vom 11. August 2013, S. 23

STREINZ, Rudolf, Die Europäische Union als Rechtsgemeinschaft, in Festschrift für Detlef Merten, Heidelberg 2007, S. 395

STREINZ, Rudolf, OHLER, Christoph, HERRMANN, Christoph, Der Vertrag von Lissabon zur Reform der EU, Einführung mit Synopse, 3. Auflage, München 2010

SUHR, Oliver, Strafrechtsharmonisierung in der Europäischen Union – Neue Grenzziehungen und zusätzliche Kontrollaufträge, ZEuS 2008, S. 45

TERHECHTE, Jörg Philipp, Der Vertrag von Lissabon: Grundlegende Verfassungsurkunde der europäischen Rechtsgemeinschaft oder technischer Änderungsvertrag?, EuR 2008, S. 143

TERHECHTE, Jörg Philipp, Souveränität, Dynamik und Integration – making up the rules as we go along? – Anmerkungen zum Lissabon-Urteil des Bundesverfassungsgerichts, EuZW 2009, S. 724

TERHECHTE, Jörg Philipp, Von Lissabon zu Mangold – Die Konsolidierung des europäischen „Verfassungsgerichtsverbundes“ durch das BVerfG, EuZW 2011, S. 81

TEUFEL, Erwin, „Die Staatschefs brechen das Recht“, F.A.S. Nr. 30 vom 31. Juli 2011, S. 1, 3

TEUFEL, Erwin, Europa vom Kopf auf die Füße stellen, F.A.Z. Nr. 74 vom 28. März 2014, S. 20

THOMAS, Gina, Die groß verunsicherte Gesellschaft, F.A.Z. Nr. 185 vom 11. August 2011, S. 3

TILCH, Horst, ARLOTH, Frank, Deutsches Rechts-Lexikon, 3. Auflage, München 2001

TOMUSCHAT, Christian, Die Europäische Union unter der Aufsicht des Bundesverfassungsgerichtes, EuGRZ 1993, S. 489

VOIGT, Rüdiger, Den Staat denken – Der Leviathan im Zeichen der Krise, 1. Auflage, Baden-Baden 2007

VOLKMANN, Uwe, Broken Windows, Zero Tolerance und das deutsche Ordnungsrecht, NVwZ 1999, S. 225

VOLKMANN, Uwe, Polizeirecht als Sozialtechnologie, NVwZ 2009, S. 216

WALTEMATHE, Arved, Austritt aus der EU – Sind die Mitgliedstaaten noch souverän?, Frankfurt am Main 2000

WALTER, Bernd, Europäisierung der Inneren Sicherheit – ein Paradigmawechsel im Gravitationsfeld zwischen Souveränitätsdenken und Systemeffizienz, Die Polizei 2002, S. 33

WEBER, Albrecht, Der Raum der Freiheit, der Sicherheit und des Rechts im Vertrag von Lissabon, BayVBl 2008, S. 485

WEBER, Albrecht, Die Europäische Union unter Richtervorbehalt? – Rechtsvergleichende Anmerkungen zum Urteil des BVerfG v. 30.06.2009 („Vertrag von Lissabon"), JZ 2010, S. 157

WEBER, Albrecht, Vom Verfassungsvertrag zum Vertrag von Lissabon, EuZW 2008, S. 7

WEILER, Joseph H. H., The State „über alles". Demos, Telos and the German Maastricht Decision, in: Festschrift für Ulrich Everling, Band 2, S. 1651

WESTBERG, Gabriella, Ingen vanlig Svenson, Porträtt, Advokaten Nr. 1 2009, S. 16

WESTPHALEN, Friedrich Graf v., Gratwanderung zwischen Sicherheit und Freiheit, Terrorabwehr und freiheitlicher Rechtsstaat – ein Konflikt?, AnwBl 2008, S. 801

WIMMER, Hannes, Gewalt und das Gewaltmonopol des Staates, Wien, Berlin 2009

WINCKELMANN, Johannes (Hrsg.), Max Weber – Gesammelte Politische Schriften, 3. Auflage, Tübingen 1971

WOLF, Martin, Westwärts, HO! in: USA – Aufstieg und Krise einer Weltmacht, Spiegel Special Geschichte 4/2008, S. 48

WYSSUWA, Matthias, Feuer in Stockholm, In Problemvierteln randalieren Jugendliche, F.A.Z. Nr. 117 vom 23. Mai 2013

ZIMMERMANN, Frank, Wann ist der Einsatz von Strafrecht auf europäischer Ebene sinnvoll? Die neue Richtlinie zum strafrechtlichen Schutz der Umwelt, ZRP 2009, S. 74

ZIPPELIUS, Reinhold, Allgemeine Staatslehre – Politikwissenschaft, 16. Auflage, München 2010

ZULEEG, Manfred, Umweltschutz in der Rechtsprechung des Europäischen Gerichtshofs, NJW 1993, S. 31